JOSEF

MOSE

JOSUA

GIDEON

RUT

SAMUEL

SAUL UND DAVID

In unseren Veröffentlichungen bemühen wir uns, die Inhalte so zu formulieren, dass sie Frauen und Männern gerecht werden, dass sich beide Geschlechter angesprochen fühlen, wo beide gemeint sind, oder dass ein Geschlecht spezifisch genannt wird. Nicht immer gelingt dies auf eine Weise, dass der Text gut lesbar und leicht verständlich bleibt. In diesen Fällen geben wir der Lesbarkeit und Verständlichkeit des Textes den Vorrang. Dies ist ausdrücklich keine Benachteiligung von Frauen oder Männern.

Impressum

ejw Evangelisches Jugendwerk in Württemberg

ISBN Buch 978-3-86687-204-2
ISBN E-Book 978-3-86687-205-9

Lektorat: Punkt.Landung, Mirja Wagner, Marburg
Umschlaggestaltung: buch+musik – Heidi Frank, Stuttgart
Gestaltung und Satz: buch+musik – Daniela Buess, Stuttgart
Bildrechte Umschlag und Inhalt: © hibrida 13, Fotolia
Bildrechte Autorenfoto: privat
Druck und Gesamtherstellung: Kösel GmbH & Co. KG, Altusried-Krugzell

www.ejw-buch.de

Birgit Götz

AB GEHT DIE POST!

500 Spiele zu **50 biblischen Geschichten**
als fix und fertige Gruppenstunden
mit Kindern von **8 bis 12 Jahren**

buch+ musik

DA GEHT DIE POST AB!

„Na, welche biblische Geschichte wurde euch heute in der Jungschar erzählt?" „Äh ... weiß ich nicht mehr!" „Und was habt ihr sonst noch gemacht?" „Wir waren alle Teile eines belegten Brötchens und mussten uns zusammenfinden und richtig stapeln. Ah, jetzt fällt mir auch die Geschichte wieder ein: Gott hat das Volk Israel auch in der Wüste, wo gar nichts wächst, mit Brot vom Himmel versorgt!"

Wer biblische Geschichten einfach nur hört, vergisst sie schnell. Wer sie hört und sieht, kann sie sich etwas besser merken. Wer sie aber hört, sieht und dazu etwas spielt, der kann etwas von dem nachempfinden, was die Menschen damals in der Bibel erlebt haben. So bleibt die biblische Geschichte nicht mehr eine Geschichte von damals, sondern wird eine Geschichte von heute, von uns selbst. Eingebettet in ein passendes Spieleprogramm wird die Bibelgeschichte Mittelpunkt der Gruppenstunde und ist kein pures „Anhängsel". Spiele und Geschichte sollen zusammenpassen. Weil Spiele eine emotionale Beteiligung der Kinder fordern, bleiben sie in Erinnerung. Das gilt dann auch für die biblische Geschichte, die im direkten Zusammenhang mit dem Spieleprogramm steht. Eine Auswertung und Reflexion am Ende der Gruppenstunde kann helfen, das Erzählte und Erlebte zusammenzubringen und die biblische Geschichte nicht so schnell wieder zu vergessen.

Aufbau der Kapitel

Durch ein **Einstiegsspiel** sollen die Kinder mit in das Erleben der biblischen Personen oder in das Thema der biblischen Geschichte hineingenommen werden.
Zwei **Einstiegsfragen** bieten die Möglichkeit, die Kinder auch gedanklich auf die Geschichte und das Thema einzustimmen. Hier kann auch das Einstiegsspiel noch einmal aufgegriffen und darüber gesprochen werden.
Die **Vorlesegeschichte** als freie Nacherzählung des biblischen Textes soll den Inhalt kindgerecht und spannend vermitteln.
Zwei **Vertiefungsfragen** helfen, noch offene Fragen zu klären und eine Übertragung in das Leben der Kinder zu schaffen. Hier kann die Mitarbeiterin / der Mitarbeiter auch eigene Impulse setzen und den Kindern erzählen, was ihr/ihm selbst an der Geschichte wichtig ist.
Weitere **Spiele** greifen das Thema der Geschichte oder einen Gegenstand dazu auf und helfen, dass die Inhalte länger in Erinnerung bleiben. Gerade bezüglich der Spiele ist es manchmal sinnvoll, die Reihenfolge zu tauschen und zuerst die Spiele zu spielen und dann im Anschluss die Geschichte zu erzählen. Wenn z. B. die Israeliten ihren Schmuck hergeben, um daraus ein goldenes Kalb zu formen, das sie aber nicht anbeten sollen, dann ist es nicht sinnvoll, im Anschluss mit Gold und Schmuck zu spielen. Sonst verfestigt sich die falsche Aussage. Hier kann die Geschichte den Abschluss bilden.

Diese fix und fertigen Gruppenstundenentwürfe sind besonders für Mitarbeitende geeignet, die bislang nur wenig Erfahrung haben oder die sich (aus Zeitgründen) für die Vorbereitungen nicht alles selbst ausdenken können oder wollen.

Vorlesegeschichte

Die Vorlesegeschichte als freie Nacherzählung der biblischen Geschichte ist für all diejenigen gut geeignet, die nicht gern und gut frei erzählen möchten oder können. Es lohnt sich aber, die Geschichte im Vorfeld zu lesen und auch das Vorlesen ein wenig zu üben. Alle Geschichten sind am Bibeltext orientiert und stellen eine Möglichkeit dar, wie es damals gewesen sein könnte. Wichtige historische Hintergründe sind in die Geschichte integriert und müssen nicht extra erklärt werden. Begriffe wie „Israeliten" sind nicht immer historisch richtig verwendet, da es nicht zu jeder Zeit den Staat Israel gab, ich habe es der Verständlichkeit halber trotzdem so benannt. Viele Dialoge, die nicht in der Bibel stehen, sind frei erfunden, auch die Personen, wenn sie nicht in der Bibel namentlich genannt werden. Dies soll den Kindern dabei helfen, sich das Geschehen von damals besser vorzustellen und die eigene Fantasie zu unterstützen.

Da die Geschichten des Alten Testaments häufig nur im Zusammenhang zu verstehen und zu interpretieren sind, umfassen die Textangaben teilweise mehrere Kapitel. Mögliche **Fortsetzungsgeschichten** sind mit dem gleichen Symbol gekennzeichnet. Die Stundenentwürfe können aber auch für sich allein stehen.

Spiele

Die Spiele stehen im Zusammenhang mit der biblischen Geschichte und greifen daraus ein Thema, einen Gegenstand oder eine Situation auf. Die meisten Spiele kommen mit gewöhnlichen Materialien aus, die man entweder zu Hause findet oder für kleines Geld kaufen kann. Die Vorbereitungen zu Hause sind gering, sodass mit diesem Buch und ein wenig Material die Gruppenstunde so gestaltet werden kann, dass die „Post abgeht".

Spielefinder

Natürlich können nach diesem Aufbau auch viele andere biblische Geschichten erzählt und „bespielt" werden. Der Spielefinder ab Seite 247 hilft dabei. Und wer sich für Geschichten aus dem Neuen Testament interessiert, dem sei „Ab geht die Post! NT" empfohlen.

In der Hoffnung, dass durch dieses Buch die Gute Nachricht-Post von Jesus Christus verbreitet wird

Birgit Götz

Birgit Götz

INHALTSVERZEICHNIS

Mögliche Fortsetzungsgeschichten sind im Buch mit dem gleichen Symbol gekennzeichnet.

WIE ALLES BEGANN ...

ABRAHAM

JAKOB

PROPHETEN UND ANDERE MUTIGE PERSONEN

DANIEL

JONA

SPIELEFINDER

1. GOTT HAT DIE WELT ERSCHAFFEN

Bibeltext: 1. Mose 1
Zielgedanke: Gott hat die ganze Welt erschaffen. Auch die Dinge, die uns auf den ersten Blick unnütz erscheinen, haben einen sinnvollen Platz in Gottes Schöpfung.

Einstiegsspiel

Weg mit dem Ding

Alle Kinder stellen sich im Kreis auf. Der Timer auf einem Handy wird auf eine Zeit zwischen 30 und 60 Sekunden gestellt. Ein sogenanntes unnützes Ding (z. B. ein zerknülltes Blatt Papier) wird schnell im Kreis weitergegeben. Wenn der Timer klingelt, scheidet das Kind aus, das das unnütze Ding gerade in der Hand hat. Wer bis zum Schluss übrig bleibt, hat gewonnen.
Material: 1 unnützes Ding, 1 Handy mit Timerfunktion

Einstiegsfragen

- Welche Gegenstände gibt es in deinem Zimmer, die du völlig unnütz findest?
- Warum gibt es Unkraut?

Vorlesegeschichte

„Aua!" Miriam reibt sich das Schienbein. Tom hat zu stark geschossen. Der Ball ist im Gestrüpp gelandet und Miriam musste ihn herausholen. Dabei hat sie mit ihren nackten Beinen die Brennnesseln gestreift. Miriam hat sie zu spät bemerkt. Jetzt reibt sie sich die verbrannten Stellen. Kleine Quaddeln haben sich schon gebildet. Miriam reibt und kratzt. Tränen schießen ihr in die Augen. Brennnesseln tun wirklich weh! Miriam rennt zu Opa, der auf einem Terrassenstuhl sitzt und den Kindern beim Spielen zugesehen hat. „Opa!", ruft Miriam, „ich habe mich an den Brennnesseln verbrannt! Hier! Meine beiden Beine! Das tut so weh!" Opa nimmt Miriam auf den Schoß. „Wir machen ein bisschen Spucke drauf, das kühlt", sagt Opa. „Die Brennnesseln sind so blöd! Warum müssen die auch hier in unserem Garten wachsen? Niemand braucht diese blöden Pflanzen! Wer hat die überhaupt erfunden?", beschwert sich Miriam. Opa lacht. „Na, Gott hat die erfunden." Miriam schaut ihn überrascht an. „Ich dachte, Gott ist ein lieber Gott. Warum erfindet er dann so böse Pflanzen?" „Die Brennnesseln sind nicht böse", sagt Opa. „Gott hat sich dabei schon was gedacht." Opa drückt Miriam an sich und tröstet sie. Auch Tom ist schuldbewusst hergekommen. Er hat gemerkt, dass das Ballspiel mit Miriam nicht weitergeht.

„Wisst ihr, wie alles begann?", fragt Opa. „Wie? Wie alles begann?", fragt Tom. „Na, wie die Erde erschaffen wurde", sagt Opa. „Warum Gott die Brennnesseln erschaffen hat und all die anderen stacheligen Dinge." Opa lehnt sich auf seinem Terrassenstuhl zurück. „Am Anfang gab es gar nichts auf der Erde. Die Erde war noch ganz leer, nur Dunkelheit gab es. Und da sprach Gott: ‚Jetzt soll es Licht geben!' Und plötzlich strahlte das Licht. Gott fand das Licht richtig gut. Er trennte es von der Dunkelheit und nannte das Licht Tag und die Dunkelheit Nacht. Dann wurde es Abend, Nacht und Morgen. Das war der erste Tag. Am zweiten Tag sagte er: ‚Im großen Meer soll ein Gewölbe entstehen.' Er nannte das Gewölbe Himmel. Am dritten Tag sagte er: ‚Alles Wasser soll sich an bestimmten Stellen sammeln.' Und so entstanden große Inseln, große Seen und Meere. Gott nannte das Wasser Meer und die Inseln nannte er Erde. Gott war damit sehr zufrieden und er sagte: ‚Es ist sehr gut.' Dann befahl Gott: ‚Auf der Erde soll frisches Grün wachsen, Pflanzen und Bäume und Blumen und Pflanzen, die Samen haben, und Pflanzen, die Früchte haben.' Und Gott sah das alles an und fand es sehr gut.'"

Miriam unterbricht Opa: „Auch die Brennnesseln?" Opa nickt: „Ja, auch die Brennnesseln hat Gott gemacht. Und er fand sie auch sehr gut. Am vierten Tag sagte Gott: ‚Am Himmel sollen Lichter entstehen, damit man Tag und Nacht auseinanderhalten kann. Die Lichter sollen auch dazu da sein, dass man die Zeit bestimmen kann und weiß, wann man welches Fest feiern soll.' Gott machte zwei große Lichter, eines für den Tag und eines für die Nacht. Und er machte ganz viele Sterne. Gott setzte die Lichter an den Himmel, damit sie der Erde Licht geben, Tag und Nacht regieren und Licht und Dunkelheit voneinander unterscheiden. Und Gott fand das alles richtig gut. Am fünften Tag sagte Gott: ‚Im Wasser soll alles voller Leben sein. Ganz viele Fische sollen darin schwimmen und in der Luft soll es viele Vögel geben.' Gott sah sich das alles an, was er gemacht hatte, und fand es sehr gut.

Er sagte zu den Tieren: ‚Vermehrt euch! Seid fruchtbar! Füllt die Meere, füllt den Himmel.' Und Gott segnete die Fische und die Vögel. Am nächsten Tag, dem sechsten, sagte Gott: ‚Auf der Erde soll es ganz viele verschiedene Tiere geben, wilde Tiere und Kühe und Schafe und Ziegen, Kriechtiere und Fliegen und Käfer und Schmetterlinge.' Ganz viele verschiedene Arten hat Gott nur durch sein Wort erschaffen. Gott hat die ganzen Tiere angesehen und war sehr zufrieden. ‚Jetzt fehlt nur noch eins', sagte er, ‚die Menschen. Ich will ein Gegenüber haben, jemanden, der mir gleich ist, mit dem ich mich unterhalten kann. Jemanden, der sich um die Fische im Meer und um die Vögel in der Luft und um alle Tiere auf der Erde kümmert.' Und so hat Gott dich und Tom und mich und alle Menschen auf der Erde erschaffen. Er hat sie als Mann und Frau erschaffen. Und Gott segnete die Menschen und sagte: ‚Seid fruchtbar und vermehrt euch! Füllt die Erde, nehmt sie in Besitz und kümmert euch um alles. Ich gebe euch zur Nahrung die Pflanzen und die Früchte an den Bäumen. Die Tiere sollen das Gras fressen.' Und so geschah das alles. Gott schaute sich alles an, was er gemacht hatte, und sagte zu den Menschen: ‚Ihr seid sehr gut. Ihr seid gut gelungen!' Am siebten Tag machte Gott eine Pause. Er erklärte den Tag zum Ruhetag. So hat Gott die Erde erschaffen."

„Opa, woher willst du das alles wissen?", fragt Tom. „Du warst doch nicht dabei. So alt bist du nun auch wieder nicht." Opa lacht. „Nein, das stimmt. Was ich euch erzählt habe, steht in der Bibel. Auch die Menschen, die das aufgeschrieben haben, waren nicht dabei. Aber ihnen ist es wichtig zu sagen: Gott hat alles sehr gut gemacht. Du, Tom, und du, Miriam, ihr seid kein Zufall, sondern von Gott gewollt. So wie ihr seid, seid ihr perfekt." Miriam überlegt: „So wie du das sagst, Opa, klingt das richtig gut. Ich bin gewollt und ich bin perfekt, so wie ich bin. Aber das gilt doch nicht für die Brennnesseln, oder?" „Doch!", sagt Opa, „auch für die Brennnesseln. Brennnesseln sind sehr gesund, sie haben zum Beispiel viel mehr Vitamin C als eine Orange und ganz viel Eiweiß. Und außerdem sind sie ein Schutz für Schmetterlinge. Schmetterlinge legen ihre Eier unter die Brennnesselblätter. Dort können die Raupen in Ruhe schlüpfen und wachsen, weil andere Tiere sie nicht fressen. Durch die brennenden Brennnesseln sind sie vor ihnen geschützt." „Das ist ja schlau ausgedacht", antwortet Tom. „Die Brennnesseln sind also der Schutz für die Schwachen. Jeder hat seinen Platz und seine Aufgabe." „Genau", sagt Opa, „das gilt auch für alle Menschen, auch für die, die für uns vielleicht ein bisschen stachelig sind."

Vertiefungsfragen

- Was bedeutet Gottes „Sehr gut" für die Bereiche in deinem Leben, die du nicht gut findest?
- Wie kannst/sollst du mit Menschen umgehen, die du nicht so magst? Was denkt Gott über sie?

Spiele mit Müll

Wiederverwertung

Die Kinder werden in Kleingruppen eingeteilt. Auf einem Tisch werden mehrere gespülte leere oder alte Verpackungen ausgebreitet (z. B. eine alte Zeitung, eine leere Milchpackung, ein leerer Joghurtbecher, eine leere Flasche, eine leere Klopapierrolle). Die Kinder dürfen sich nun einen dieser Gegenstände aussuchen und sich dafür eine neue Verwendung ausdenken. Dabei darf der Gegenstand auch mit Scheren, Kleber und Stiften verändert werden. Anschließend präsentieren alle wie bei einem Werbespot ihre „Neuerfindung".
Material: gespülte leere oder alte Verpackungen, Kleber, Scheren, Stifte

Müll werfen

Verschiedene leere und gespülte Verpackungen (z. B. Joghurtbecher, Milchpackungen), verschieden große Schachteln, leere Klopapierrollen usw. werden mit unterschiedlichen Punkten beschriftet und wie beim Dosenwerfen zu einer Pyramide aufgebaut. Jedes Kind muss ab einer markierten Linie mit drei Tennisbällen versuchen, die Pyramide zum Einsturz zu bringen. Anschließend werden die Punkte derjenigen Müllgegenstände zusammengezählt, die umgestürzt sind. Wer die meisten Punkte hat, gewinnt.
Material: verschiedene leere und gespülte Verpackungen, verschieden große Schachteln, leere Klopapierrollen, 3 Tennisbälle, 1 Edding

Müllmikado

Verschiedene leere und gespülte Verpackungen (z. B. Joghurtbecher, Milchpackungen), verschieden große Schachteln, leere Klopapierrollen usw. werden mit Punkten versehen (Klopapierrolle (10 Punkte), Joghurtbecher (20 Punkte) usw.). Anschließend werden alle Verpackungen zu einem lockeren Haufen aufgeschüttet. Die Kinder werden in mehrere Gruppen eingeteilt. Ein Kind einer Gruppe beginnt und nimmt sich einen Gegenstand vom Müllhaufen. Wenn sich dabei nichts anderes bewegt, darf es sich noch einen weiteren Gegenstand nehmen. Dies wiederholt sich so lange, bis sich eine andere Verpackung bewegt. Die eben gezogene Verpackung muss wieder zurück auf den Haufen, und die nächste Gruppe ist an der Reihe. Welche Gruppe hat am Ende die meisten Punkte?

Variante: Jede Gruppe darf sich in jeder Runde nur einen Gegenstand nehmen und ihn nur dann behalten, wenn sich kein anderer Gegenstand bewegt hat. Sonst kommt er wieder zurück auf den Haufen. Die nächste Gruppe ist an der Reihe.

Material: verschiedene leere und gespülte Verpackungen, verschieden große Schachteln, leere Klopapierrollen, 1 Edding

Glücks-Müllmikado

Die Regeln gelten wie bei „Müllmikado". Diesmal werden jedoch gleiche Gegenstände mit unterschiedlichen Punkten bewertet (die nicht sofort zu sehen sind). Am Ende zählen die verdeckten Punkte.

Material: verschiedene leere und gespülte Verpackungen, verschieden große Schachteln, leere Klopapierrollen, 1 Edding

Müllstatuen

Die Kinder werden in mehrere Gruppen eingeteilt und haben die Aufgabe, aus Müll (z. B. verschiedene leere und gespülte Verpackungen) etwas zu bauen, das die anderen Gruppen anschließend erraten müssen (z. B. ein Haus, ein Auto, einen Tisch).

Material: Müll, Scheren, Kleber, Schnur, weiteres Bastelmaterial

2. ADAM UND EVA VERLASSEN DAS PARADIES

Bibeltext: 1. Mose 3
Zielgedanke: Wir schieben unsere Schuld gern auf andere. Das hat Konsequenzen. Gott bietet uns an, die Schuld zu vergeben, wenn wir sie erkennen.

Einstiegsspiel

Kartoffelfechten

Jeweils zwei Kinder spielen gegeneinander. Jedes Kind nimmt in jede Hand einen Esslöffel. Auf einen der Löffel wird eine Kartoffel gelegt. Auf „Los!" versuchen die Kinder, mit dem leeren Löffel die Kartoffel des anderen Kindes herunterzustoßen. Wer zuerst seine Kartoffel verliert, scheidet aus.
Variante: Es kann als Wettkampf ausgetragen werden, indem immer die Siegerkinder gegeneinander fechten, bis eine Siegerin / ein Sieger übrig bleibt.
Material: 4 Esslöffel, 2 Kartoffeln

Einstiegsfragen

- Hat dir schon mal jemand die Schuld für etwas in die Schuhe geschoben, das du gar nicht gemacht hast? Wie hast du reagiert?
- Wie kann man dich zum Unsinn machen anstiften?

Vorlesegeschichte

Klirr! Opa schreckt aus seinem Mittagsschlaf hoch. „Was ist passiert? Wo bin ich?" Opa reibt sich mit der Hand über die Augen und blickt auf. Vor ihm auf dem Boden liegt ein zerbrochenes Glas. Apfelschorle ist verspritzt. Tom und Miriam, seine Enkelkinder, stehen bedröppelt daneben. „Wer hat das Glas kaputt gemacht?", fragt Opa. „Miriam war es!", sagt Tom. „Sie hat den Ball schlecht geworfen." „Nein, das stimmt gar nicht!" Miriam ist wütend. „Tom hat absichtlich nicht gefangen. Hätte er sich mehr angestrengt, wäre das nicht passiert!" Jetzt ist auch Tom wütend. „Ja, ja, schieb nur die Schuld auf mich! Was kann ich dafür, wenn du so schlecht wirfst?" Miriam entgegnet: „Es ist ja schließlich dein Ball, der das Glas vom Tisch gepfeffert hat. Kann ich doch nichts dafür, wenn der Ball nicht richtig fliegen kann." „Hört auf, hört auf!" Opa hält sich die Ohren zu. „Das ist ja nicht zum Aushalten! Müsst ihr euch denn immer streiten? Könnt ihr nicht einmal friedlich miteinander spielen?" „Tom hat angefangen!" „Nein, Miriam war's!"

„Schluss jetzt!" Opa hält die beiden Kinder mit einer Geste davon ab, sich weiter zu streiten. „Das ist ja wie früher", sagt er. „Hast du dich früher auch mit deinem Bruder rumgestritten, Opa?", fragt Miriam. „Ja, das auch", sagt Opa, „aber ich meine, noch viel, viel früher. Damals, als die Menschen erschaffen wurden." „Du meinst, als Gott die Menschen erschaffen hat und sagte, sie sind sehr gut?", fragt Tom. „Aber wenn Gott sie doch sehr gut erschaffen hat, warum haben sie dann gestritten?"

„Das war so ...", antwortet Opa. Er schließt die Augen und denkt kurz nach. Dann beginnt er zu erzählen: „Damals, als Gott die Erde erschaffen hat, hat er auch den Garten Eden erschaffen. Es war ein toller Garten. Dort wuchsen die verschiedensten Bäume mit sehr leckeren Früchten. In der Mitte des Gartens gab es zwei Bäume: den Baum des Lebens, der Unsterblichkeit schenkt, und den Baum der Erkenntnis, der den Menschen zeigt, was gut und was schlecht ist. Adam und Eva, die beiden ersten Menschen, die Gott erschaffen hatte, führte er in den Garten. Er sagte zu ihnen: ‚Pflegt den Garten und schützt ihn. Von allen Bäumen dürft ihr essen, aber nicht von dem Baum der Erkenntnis. Sonst müsst ihr sterben.' Adam und Eva lebten dort und sie waren sehr glücklich. Sie lebten mit Gott zusammen, gingen mit ihm spazieren und konnten alles mit ihm besprechen. Adam und Eva waren nackt, aber das störte sie nicht.

In dem Garten gab es auch eine Schlange. Sie sagte eines Tages zu Eva: ‚Hat Gott wirklich gesagt, ihr dürft nicht die Früchte von den Bäumen essen?' ‚Natürlich dürfen wir von allen Bäumen essen, nur nicht von dem Baum in der Mitte des Gartens. Sonst müssen wir sterben.' ‚Nein, nein', sagte die Schlange, ‚ihr müsst nicht sterben, wenn ihr davon esst. Gott weiß, dass ihr dann so sein werdet wie er. Darum hat er es euch verboten. Wenn ihr davon esst, dann könnt ihr euer Leben selbst in die Hand nehmen. Ihr wisst, was gut und böse ist. Dann seid ihr nicht mehr von Gott abhängig.' Eva überlegte. Die Früchte von diesem verbotenen Baum sahen sehr lecker aus. Und wenn man davon klug werden würde, das wäre ja wirklich toll! Die Früchte waren so verlockend, dass Eva der Versuchung nicht widerstehen konnte. Vorsichtig berührte sie eine Frucht. Sie fühlte sich reif und lecker an. Sie pflückte die Frucht und biss hinein. Mmmh, lecker! Die Schlange hatte recht gehabt. ‚Wollte Gott etwa nicht, dass ich so etwas Gutes esse?', dachte Eva. Sie nahm die Frucht und ging zu Adam. ‚Hier, probier mal! Das ist die Frucht von dem verbotenen Baum. Aber sie ist so lecker, du musst sie probieren!' Adam überlegte kurz, aber dann nahm er die Frucht und biss hinein. Sie schmeckte himmlisch! Da fiel es Adam und Eva wie Schuppen von den Augen, dass sie nackt waren. Sie versteckten sich im Gestrüpp, pflückten Feigenblätter und flochten sich daraus Röcke.

Wie jeden Abend ging Gott im Garten spazieren. Aber Adam und Eva versteckten sich zwischen den Bäumen. Sie hatten ein schlechtes Gewissen. ‚Adam! Eva! Wo seid ihr? Ich kann euch nicht sehen.' Adam antwortete: ‚Wir haben gehört, dass du kommst, aber da haben wir Angst bekommen, weil wir beide nackt sind, und haben uns versteckt.' ‚Wer hat euch gesagt, dass ihr nackt seid?', fragte Gott. ‚Habt ihr etwa von den verbotenen Früchten gegessen?'

Adam wurde ganz rot im Gesicht. ‚Ich wollte ja gar nicht, aber die Frau, die du mir als Freundin geschaffen hast, hat gesagt, ich soll probieren. Da habe ich es gemacht.' Gott sagte zu Eva: ‚Was hast du da getan?' Eva antwortete: ‚Ich wollte es ja gar nicht, aber die Schlange, die hat so lange auf mich eingeredet, dass ich nicht anders konnte, als diese

Frucht zu probieren.' Da sagte Gott zur Schlange: ,Du bist verflucht! Ab jetzt kannst du nur noch auf der Erde kriechen, ein Leben lang. Und du und der Mensch, ihr werdet verfeindet sein. Du wirst dem Menschen in die Ferse beißen und der Mensch wird dir den Kopf zertreten. Und Eva, auch du wirst dafür bestraft, dass du mir nicht vertraut hast. Wenn du schwanger bist, wirst du dich daran erinnern. Denn nur unter Schmerzen wirst du deine Kinder bekommen können. Und du Adam', Gott wandte sich ihm zu, ,du musst dir dein Essen ab jetzt selbst verdienen. Das wird nicht immer einfach sein. Du wirst viel Schweiß vergießen. Dornen und Disteln wachsen dort, wo du eigentlich Getreide und Gemüse anpflanzen willst. Aus Staub seid ihr gemacht, Menschen, und zu Staub sollt ihr wieder werden. Ihr könnt nicht mehr im Paradies leben.'"

„Aber so gemein wie Adam und Eva sind wir doch gar nicht", sagt Miriam. „Und außerdem mag ich sowieso kein Obst!", fügt Tom hinzu. Opa schüttelt den Kopf. „Seht ihr", sagt Opa, „wie Adam und Eva versucht ihr, die Schuld von euch zu weisen und auf den anderen zu schieben. Oder ihr versucht etwas anderes dafür verantwortlich zu machen, sagt zum Beispiel, dass ihr gar nicht anders konntet, als so zu reagieren. Jetzt gerade und auch vorhin beim Streit. Wir Menschen machen Fehler. Menschen glauben zu wissen, was gut und was böse ist. Und wir wissen scheinbar auch ganz genau Bescheid, wer Schuld hat. Wir spielen uns wie Gott auf. Aber das sind wir nicht." Miriam und Tom sind sehr nachdenklich geworden. Dann sagt Miriam: „Es stimmt, ich habe das Glas mit dem Ball getroffen. Tom kann nichts dafür. Entschuldige bitte, dass ich dich beschuldigt habe." „Schon okay", sagt Tom, „das hätte doch jedem passieren können. Komm, wir räumen die Scherben gemeinsam weg und dann geht das Spiel weiter."

Vertiefungsfragen

- Wie gehst du damit um, wenn dir ein Fehler passiert?
- Wie hat sich Gottes Umgang mit unserer Schuld seit Jesus verändert?

Spiele für Rausschmeißer

Piff – Paff

Alle Kinder stehen im Kreis, eine Person aus dem Mitarbeiterteam steht in der Kreismitte. Die Person in der Mitte zeigt auf ein Kind und sagt: „Piff!" Das Kind muss sich schnell bücken, um nicht getroffen zu werden. Die beiden Kinder rechts und links davon versuchen, sich gegenseitig zu treffen, indem sie aufeinander zeigen und „Paff!" rufen. Wer zuletzt „Paff!" sagt oder gar nicht reagiert, scheidet aus. Es kann auch das Kind ausscheiden, auf das zuerst gezeigt wurde, wenn es sich nicht bückt. Wer ausgeschieden ist, geht in die Hocke. Wenn nur noch zwei Kinder übrig sind, gibt es ein Duell. Beide stellen sich Rücken an Rücken. Ein Codewort (z. B. „Tisch") wird vereinbart. Die Person aus dem Mitarbeiterteam nennt verschiedene Worte. Bei jedem Wort gehen die Kinder jeweils einen Schritt auseinander. Wird das vereinbarte Codewort genannt, drehen sich beide um, zeigen auf das andere Kind und sagen „Paff!". Wer schneller war, hat gewonnen.
Material: keines

Schere – Stein – Papier mit Fans

Alle Kinder stellen sich paarweise zusammen und spielen gegeneinander Schere – Stein – Papier. Dazu ballen die Kinder die Faust und sagen „Schnick, Schnack, Schnuck" und bewegen dabei jeweils die Faust von oben nach unten. Bei „Schnuck" zeigen sie mit den Fingern entweder eine Schere (gespreizter Zeige- und Mittelfinger), ein Blatt (flache Hand) oder einen Stein (Faust). Dabei gilt folgende Gewinnregel: Die Schere gewinnt gegen das Blatt, das Blatt gewinnt gegen den Stein und der Stein gewinnt gegen die Schere. Das Kind, das gewonnen hat, sucht sich ein anderes Kind, um gegen es anzutreten. Das Kind, das verloren hat, geht hinter dem Kind her, das es besiegt hat, und feuert es beim nächsten Wettbewerb an. Dies gilt auch für alle weiteren Wettbewerbe, sodass es zum Schluss zwei Gruppen gibt, die jeweils ein Kind anfeuern. Wer gewinnt?

Material: keines

Adam, Eva, Schlange

Neun Zettel werden vorbereitet, auf denen jeweils steht: vor Adam, vor Eva, vor Schlange; nach Adam, nach Eva, nach Schlange und Adam, Eva, Schlange. Diese neun Zettel werden in ein Körbchen gelegt. Die Kinder setzen sich in den Kreis. Drei Zettel, jeweils mit der Aufschrift Adam, Eva und Schlange werden gefaltet und an drei Kinder verteilt. Während Musik abgespielt wird, werden die Zettel im Uhrzeigersinn weitergegeben. Wenn die Musik stoppt, halten die drei Kinder den Zettel fest. Es wird aus dem Körbchen ein Zettel gezogen, z. B. vor Adam. Das Kind, das rechts von „Adam" sitzt, scheidet aus und stellt sich hinter seinen Stuhl. Welche drei Kinder bleiben bis zum Schluss im Spiel?

Material: 12 Zettel, Stift, 1 Körbchen, Musik und Abspielgerät

Rundlauf

Im Freien wird auf ebener Fläche mit Kreide ein Spielfeld aufgemalt, das durch einen Mittelstrich getrennt ist. Die Kinder werden in zwei gleich große Gruppen eingeteilt und stellen sich auf je einer Seite des Spielfelds auf. Ein Kind beginnt und wirft einen gut springenden Ball in das gegnerische Feld, dann stellt es sich hinter das letzte Kind auf der anderen Seite. Das erste Kind auf der anderen Seite muss den Ball mit der flachen Hand in das gegnerische Feld schlagen usw. Wer den Ball nicht korrekt schlägt, scheidet aus. Wenn nur noch zwei Kinder übrig sind, beginnt das Spiel von Neuem.

Material: 1 gut springender Ball, Kreide

Anfunken

Die Kinder sitzen im Kreis. Ein Kind (Lena) beginnt und sagt: „Funki, Funki, Lena ruft Funki, Funki Florian." Dabei winkt es mit den Händen rechts und links neben seinem Kopf wie Antennen. Nun muss Florian auf dieselbe Weise antworten und ein anderes Kind anfunken. Seine beiden Nebensitzer müssen mitmachen: Das rechte Kind winkt mit der linken Hand, das linke Kind mit der rechten Hand. Wer einen Fehler macht oder seinen Einsatz verpasst, scheidet aus.

Material: keines

Schenkelklopfer

Alle Kinder sitzen im Kreis und legen ihre Hände jeweils auf die Oberschenkel der Kinder rechts und links. Eine Hand beginnt und klatscht einmal auf den Oberschenkel. Die nächste Hand im Uhrzeigersinn ist an der Reihe und klatscht usw. Wenn eine Hand zweimal klatscht, wird die Richtung gewechselt. Die Hand, die einen Fehler macht oder nicht reagiert, scheidet aus und wird hinter den Rücken genommen. Welche zwei Hände bleiben bis zum Schluss übrig?

Material: keines

Apfel greifen

In der Mitte steht eine Schüssel mit drei Äpfeln. Alle Kinder laufen im Kreis oder wild durcheinander in einigem Abstand um die Schüssel herum, während die Musik läuft. Wenn die Musik ausgeht, müssen alle Kinder versuchen, sich einen Apfel zu schnappen. Wer einen Apfel hat, hält ihn mit gestrecktem Arm hoch und bekommt 1 Punkt. Wer zuerst 5 Punkte hat, gewinnt.

Material: 1 Schüssel, 3 Äpfel, Papier und Stift

Links, rechts, im Kreis

Alle Kinder stellen sich hintereinander auf mit Blick zur Spielleitung. Es wird vereinbart: „Eva" heißt „nach links springen", „Adam" heißt „nach rechts springen", „Schlange" heißt „im Sprung einmal um sich selbst drehen". Nun ruft die Spielleitung eines der drei Kommandos und die Kinder führen es sofort aus. Nach einigen Proberunden wird pro Fehler 1 Punkt vergeben. Wer zuerst 5 Punkte hat, hat verloren.

Material: keines

Paradies hüten

Ein Kind, das sich freiwillig gemeldet hat, ist der Wächter des Paradieses und kniet sich über ein Tuch (Paradies), das es nicht berühren darf. Alle anderen Kinder versuchen, dem Wächter das Paradies zu klauen. Wer das Tuch berührt, darf vom Wächter abgeschlagen werden. Er erstarrt genau an dieser Stelle zur Salzsäule. Wer kann dem Wächter das Paradies klauen?

Material: 1 Tuch

Jagen

Die Namen aller Kinder werden auf kleine Zettel geschrieben, gefaltet und in eine kleine Schüssel gelegt. Jedes Kind zieht einen Zettel und liest den Namen, ohne etwas zu sagen. Sobald die Musik startet, laufen und tanzen alle Kinder durch den Raum und versuchen dabei das Kind, dessen Name auf ihrem Zettel steht, zu verfolgen. Wenn die Musik stoppt, muss das Kind, dessen Name auf dem Zettel steht, abgeschlagen werden, bevor man selbst abgeschlagen wurde. Gelingt dies, darf man im Spiel bleiben. Wer abgeschlagen wurde, ohne vorher das andere Kind abgeschlagen zu haben, scheidet aus, sein Zettel wird ebenfalls aus der Schüssel genommen. Wer seinen eigenen Namen auf dem Zettel hat, ist automatisch eine Runde weiter.

Material: 1 kleine Schüssel, kleine Zettel und Stifte, Musik und Abspielgerät

Wort erraten

Eine Person aus dem Mitarbeiterteam denkt sich ein möglichst langes Wort oder einen Halbsatz aus (z. B. Rauswurf aus dem Paradies) und schreibt für jeden Buchstaben einen Strich auf ein Plakat, das von allen gesehen werden kann. Reihum darf jedes Kind einen Buchstaben nennen. Ist der Buchstabe im Wort/Halbsatz enthalten, wird er notiert und das Kind ist noch im Rennen. Nennt das Kind einen Buchstaben, den es nicht gibt, scheidet es aus. Das Wort / der Halbsatz darf nicht erraten werden, sondern jeder Buchstabe muss einzeln genannt werden. Wer den letzten richtigen Buchstaben sagt, gewinnt.

Material: 1 Plakat, 1 Stift, Begriffe

3. KAIN UND ABEL

Bibeltext: 1. Mose 4,1-16
Zielgedanke: Gott hat uns unterschiedliche Begabungen geschenkt, die wir füreinander und nicht gegeneinander einsetzen sollen.

Einstiegsspiel

Wegschnappen

Verschiedene oder gleiche Gegenstände, die man gut greifen kann (z. B. leere Flaschen, Bälle, Tücher, Löffel) werden im Kreis verteilt. Die Anzahl ist eines niedriger als die Anzahl der Kinder. Alle Kinder bewegen sich zur Musik durch den Raum. Wenn die Musik stoppt, muss sich jedes Kind einen der Gegenstände schnappen. Wer nichts erwischt hat, scheidet aus. Ein Gegenstand wird aus dem Spiel genommen, dann wird das Spiel so lange wiederholt, bis nur noch ein Kind übrig bleibt.
Material: verschiedene Gegenstände, Musik und Abspielgerät

Einstiegsfragen

- Hat dir schon mal jemand etwas weggeschnappt?
- Fühlst du dich manchmal benachteiligt, weil anderen scheinbar alles gelingt? Wie fühlt sich das an?

Vorlesegeschichte

„Das ist so gemein!" Miriam knallt den Stift auf den Tisch. Ihren Kopf vergräbt sie zwischen den Händen. Verzweifelt stöhnt sie laut. „Was ist denn los?", fragt Opa, der mit am Tisch sitzt und von seiner Zeitung aufblickt. „Das ist einfach so unfair!", ruft Miriam. „Sophie aus meiner Klasse kann einfach alles! Sie kann Mathe, sie kann Deutsch, sie ist sportlich, sie ist hübsch, sie hat viele Freundinnen, jeder mag sie und sie kann einfach alles. Und ich quäle mich hier mit den blöden Mathehausaufgaben herum. Das ist doch voll unfair! Ich kann mich noch so anstrengen, ich werde nie so gut sein wie Sophie!" „Ja", antwortet Opa, „das Leben fühlt sich manchmal ungerecht an. Und manchmal sind wir auch neidisch auf das, was andere können und haben. Aber dieser Neid kann auch gefährlich werden." „Wieso gefährlich?", fragt Miriam. „Neid gibt es schon so lange, wie es Menschen gibt. Ich will dir eine Geschichte erzählen", sagt Opa. Tom, Miriams Bruder, hat sich leise dazugesetzt. Er muss nur das Wort „Geschichte" hören, dann ist er schon zur Stelle. Opa setzt die Brille ab und beginnt.

„Adam und Eva, die ersten Menschen, hatten zwei Söhne, Kain und Abel. Kain wurde Bauer und Abel wurde Hirte. Ich kann mir vorstellen, dass die beiden manchmal gestritten haben.

Abels Tiere wollten natürlich grasen, aber die Felder gehörten Kain. Wo sollten Abels Tiere Futter finden? Und wo sollte Kain Getreide anpflanzen? Das war bestimmt nicht immer einfach. Eines Tages, so berichtet die Bibel, haben beide Gott ein Opfer dargebracht, um sich bei ihm für die reiche Ernte und die vielen Geburten der Tiere zu bedanken. Gott freute sich über das Opfer von Abel, aber das Opfer von Kain beachtete er nicht. Warum, das steht nicht in der Bibel. Von Gott angesehen zu werden, bedeutete damals, gesegnet zu sein und eine noch bessere Ernte oder noch mehr Tiere zu bekommen. Vielleicht ging es Kain wie dir, Miriam: Man sieht andere und fühlt sich ungerecht behandelt. Kain ärgerte sich darüber. Er wurde zornig, weil Abel mehr Erfolg mit seinen Tieren hatte als er mit seinem Getreide. Gott merkte, dass Kain nicht zufrieden war. Er warnte ihn: ‚Du musst Herr über dich sein. Du darfst dich nicht von deinen bösen Gefühlen verleiten lassen.'

Aber Kain hörte nicht auf Gott. Er sagte zu seinem Bruder Abel: ‚Komm und geh mit mir raus! Schau dir meine Felder an!' Als die beiden draußen waren, fiel Kain über Abel her und erschlug ihn. Einige Zeit später fragte Gott Kain: ‚Wo ist dein Bruder?' Und Kain antwortete patzig: ‚Was weiß denn ich? Muss ich etwa den Hirten hüten?' Da sagte Gott zu Kain: ‚Du hast deinen Acker mit dem Blut deines Bruders getränkt. Jetzt musst du ihn verlassen und als heimatloser Flüchtling auf der Erde umherziehen.' Kain flehte Gott an: ‚Tu das nicht! Das überlebe ich nicht! Sie werden alle über mich herfallen und mich töten.' Aber Gott versprach ihm: ‚Du stehst unter meinem Schutz. Wer dich tötet, muss bestraft werden.'"

„Das ist aber eine harte Geschichte", sagt Miriam. „Ich würde doch niemals Sophie umbringen, nur weil sie so begabt ist!" „Das will ich doch hoffen", sagt Opa und lacht. „Aber du würdest dich bestimmt ein bisschen freuen, wenn sie mal eine schlechte Note schreiben würde oder ihr etwas misslingt." „Ja, das stimmt." Miriam nickt. „Aber ist das schlimm?" Opa überlegt kurz, dann sagt er: „Es ist menschlich. Die Geschichte in der Bibel zeigt uns, wohin der Neid uns führen kann. Unsere Mitmenschen sind wie unsere Brüder und Schwestern. Würdest du dich freuen, wenn Tom neidisch auf dich ist und dauernd versucht, dich und deine Sachen zu zerstören?" „Nein, das fände ich richtig blöd. Aber Tom hat ja auch gar keinen Grund, neidisch auf mich zu sein. Er ist doch viel besser in der Schule als ich." Jetzt schaltet sich Tom ein: „Aber niemand kann so gut mit dem Ball umgehen wie du. Und ich kenne auch niemanden, der so hilfsbereit ist wie du. Du bist vielleicht keine Leuchte in Mathe, aber du hast andere Fähigkeiten, auf die ich manchmal neidisch bin. Wenn wir z. B. in eine Gruppe kommen, wo wir niemanden kennen, hast du innerhalb von Minuten jemanden kennengelernt. Ich dagegen stehe ganz peinlich in der Ecke herum." „Gut, dass du das sagst, Tom." Opa nickt zustimmend. „Gott hat uns unterschiedlich geschaffen. Es macht uns glücklicher, wenn wir dankbar sind für das, was wir können und haben, statt neidisch auf das zu schauen, was der andere hat und kann."

Vertiefungsfragen

- Wie können wir besser mit unserem Neid umgehen?
  Wie kann Gott uns dabei helfen?
- Was findest du an dir besonders gut? Was kannst du besonders gut?
  Wofür beneiden dich andere vielleicht?

Spiele für unterschiedlich Begabte

Die Kinder werden in Teams zu vier bis sechs Kindern eingeteilt und schicken pro Aufgabe ein Kind, von dem sie glauben, dass es die Aufgabe am besten lösen kann. Dafür wird jeweils nur die Überschrift des Spiels genannt. Die Erklärung erfolgt erst, wenn die spielenden Kinder ausgewählt sind. Es muss darauf geachtet werden, dass jedes Kind zum Spielen kommt.

Für Leichte

Ein leichtes Kind aus der Gruppe wird ausgewählt und erhält ein Stück Kreide. Es muss damit einen Strich an die Hauswand machen, der so hoch wie möglich ist. (Wenn dies nicht erlaubt oder möglich ist, müssen im Vorfeld Plakate in entsprechender Höhe aufgehängt werden.) Die eigene Gruppe darf das Kind dafür hochheben. Hilfsmittel wie Tische und Stühle sind dafür aber nicht erlaubt. Wer macht den höchsten Strich?
Material: Kreide oder evtl. Plakate, Klebeband und Stifte

Für Musikalische

Ein musikalisches Kind erhält einen sauberen Tischtennisball, den es in den Mund nimmt. Die Spielleitung nennt ihm ein Lied, das es nun der Gruppe mit Tischtennisball im Mund vorsingen muss. Wie schnell kann die Gruppe das Lied erraten?
Material: mehrere saubere Tischtennisbälle

Für Schlaue

Jeweils ein Kind der Gruppe erhält ein Suchsel (Buchstabensalat) mit verschiedenen Begriffen und einen Stift. (Ein Suchsel kann ganz leicht unter www.raetsel-fuer-kinder.de/buchstabensalat (letzter Zugriff am 13.03.2019) in verschiedenen Schwierigkeitsgraden hergestellt werden.) In 2 Minuten müssen so viele Begriffe wie möglich gefunden werden. Die Gruppe darf dabei nicht helfen. Wer findet die meisten Begriffe?
Material: pro Gruppe 1 Suchsel und 1 Stift, 1 Stoppuhr

Für Genießer

Einem Kind mit guten Geschmacksnerven werden Gummibärchen in fünf verschiedenen Farben gezeigt, dann werden ihm die Augen verbunden. Das Kind bekommt eines der fünf Gummibärchen in den Mund gesteckt und hat 15 Sekunden Zeit, sich für eine Geschmacksfarbe zu entscheiden. Die nennt es seiner Gruppe, die die Farbe notiert. Dann wird ihm das nächste Gummibärchen gegeben. Wer erschmeckt die meisten Gummibärchen richtig? Es können auch alle Kandidatinnen/Kandidaten gleichzeitig raten, dann sollte allerdings die Lösung der Gruppe zugeflüstert werden.
Material: pro Gruppe 1 Augenbinde, 5 Gummibärchen in 5 verschiedenen Farben, Papier und Stifte; 1 Stoppuhr

Für Schwere

Das Kind erhält einen Luftballon, muss ihn aufblasen und ihn durch Draufsetzen zum Platzen bringen. Alle Kinder starten gleichzeitig. Wer schafft dies am schnellsten?
Material: pro Gruppe 1 Luftballon

Für Geschickte

Von einer Startlinie aus wird ein Eimer im Abstand von 2 bis 3 Meter aufgestellt. Das Kind erhält von jedem deutschen Münzwert je eine Münze. Von der Startlinie aus muss es versuchen, so viele Münzen wie möglich in den Eimer zu werfen. Am Ende wird das Geld, das sich im Eimer befindet, zusammengerechnet. Wer hat das meiste Geld ins Ziel gebracht?
Material: von jedem deutschen Münzwert je 1 Münze, 1 Eimer, Markierung für die Startlinie

Für Große

An einer Leine werden in Kopfhöhe der Kinder ca. 20 Wäscheklammern aufgehängt. Das Kind muss nun versuchen, so viele Wäscheklammern wie möglich mit einer Hand abzumachen und sie auch in dieser Hand festhalten. Dazu hat es maximal 2 Minuten Zeit. Sobald eine Wäscheklammer auf den Boden fällt, ist der Versuch beendet und es werden die Wäscheklammern in der Hand gezählt.
Material: mindestens 20 Wäscheklammern, 1 Leine, 1 Stoppuhr

Für Wortgewandte

Ein Kind bekommt ein unsinniges Thema (z. B. Verzehrverbot von Süßigkeiten, Änderung der deutschen Nationalflagge, Abschaffung der Schulpflicht) und muss dazu spontan so lange wie möglich eine Rede halten. Dabei darf das Wort „und" nicht verwendet werden. Wie lange schafft es das Kind? Wird das Wort „und" gesagt oder entsteht eine Redepause, so gilt der Versuch als beendet und die Zeit wird gestoppt. Eine Maximalzeit von ca. 2 Minuten (je nach Anzahl der Gruppen) sollte festgelegt werden.
Material: 1 Stoppuhr, unsinnige Themen

Für Schnelle

Das Kind geht in den Vierfüßlerstand und bekommt etwas auf den Rücken gelegt (z. B. ein Buch, einen leeren Wäschekorb), das es über eine bestimmte Strecke transportieren muss. Die Zeit wird gestoppt. Fällt der Gegenstand herunter, muss noch einmal von der Startlinie begonnen werden. Wer transportiert seinen Gegenstand am schnellsten ins Ziel?
Material: Markierung für die Start- und Ziellinie, pro Kind 1 Gegenstand, 1 Stoppuhr

4. NOAH UND DER BUND GOTTES

Bibeltext: 1. Mose 6,1 – 9,17
Zielgedanke: Gott hat versprochen, uns und unserer Erde treu zu bleiben. Er sorgt für das Leben, wir dürfen es gestalten.

Einstiegsspiel

Blind vertrauen

Die Kinder werden in Zweierteams eingeteilt. Einem Kind werden die Augen verbunden. Das blinde Kind muss aus Holzklötzchen einen so hohen Turm wie möglich bauen, indem jeweils zwei Klötzchen nebeneinandergelegt werden, das nächste Stockwerk dann um 90 Grad versetzt. Das sehende Kind muss das blinde Kind dabei mit Worten dirigieren. Welches Team schafft es, die meisten Stockwerke zu bauen, ohne dass der Turm einstürzt?
Material: Holzklötzchen, Augenbinden

Einstiegsfragen

- Wem vertraust du blind?
- Hat dir schon mal jemand etwas versprochen und es dann nicht gehalten? Wie war das für dich?

Vorlesegeschichte

„Papa, bist du dir wirklich sicher, dass du hier ein Schiff bauen willst? Hier ist doch gar kein Wasser!" Sem schüttelt verwirrt den Kopf. „Die Leute lachen schon über dich!", sagt er. „Die Leute sagen, du bist nicht mehr ganz gescheit im Oberstübchen. Warum machst du das?" Noah legt den Hammer weg und schaut seinem Sohn in die Augen. „Gott hat mir gesagt, dass ich dieses Schiff bauen soll. Er sieht, wie die Menschen hier miteinander umgehen, und ist gar nicht zufrieden. Sie tun das, was Gott schlecht findet. Sie sind unehrlich zueinander und versuchen, Streit mit Gewalt zu lösen. Jeder denkt nur an sich selbst. Sie haben Gott vergessen. Das macht Gott traurig. Darum will er noch einmal von vorn beginnen. Mit unserer Familie will er das tun. Er weiß, dass wir ihn ehren und an ihn glauben. Nicht so wie die anderen Menschen. Er hat mir versprochen, dass unsere Familie weiterleben wird."

„Ja, aber warum dann so ein Schiff? Was hat Gott denn vor?", fragt Sem. „Gott will es so lange regnen lassen, bis die ganze Erde mit Wasser bedeckt ist. Darum brauchen wir ein Schiff, um zu überleben", antwortet Noah. „Aber unsere Familie ist doch gar nicht so groß, dass wir so ein riesiges Schiff brauchen", wendet Sem ein. „Ja, stimmt!" Noah nickt. „Wir sind nur acht Personen. Aber wir sollen von allen Tieren ein Paar mitnehmen. Gott hat zu mir gesagt, das Schiff muss 150 Meter lang, 25 Meter breit und 15 Meter hoch sein. Ich soll zwei Zwischendecken einziehen, sodass wir drei Stockwerke haben. Und er hat mir auch befohlen, dass ich für die Tiere und uns genug zu essen mitnehmen soll. Was genug ist, hat er mir nicht gesagt. Aber ich denke, dass wir eine Weile unterwegs sein werden. Willst du mir nun helfen, damit wir schneller fertig werden, Sem?" „Ja gut, ich helfe dir", antwortet Sem. „Aber es fällt mir schwer, weil die Leute schon so komisch gucken." „Lass sie gucken!", sagt Noah und sägt weiter an seinem Brett.

Während Noah und Sem an der Arche weiterbauen, kümmern sich die anderen Söhne von Noah, Japhet und Ham, um die Tiere. Es ist gar nicht so leicht, von jeder Tierart ein Männchen und ein Weibchen zu fangen. Aber es scheint so, als würde Gott ihnen dabei helfen, dass die Tiere freiwillig zur Arche kommen.

„Noch sieben Tage", sagt Gott, „dann will ich es vierzig Tage lang regnen lassen. Es soll ununterbrochen regnen, Tag und Nacht. Alles Leben, das ich erschaffen habe, wird dann vernichtet werden. Nur mit euch will ich einen neuen Anfang machen." Noah, seine Frau, seine Söhne und deren Frauen bereiten alles für ihre Abfahrt vor. Sie füllen die Ställe mit Futter, sie tragen Betten und Kissen in die Arche und richten ihre Betten her, Speisen und ausreichend Wasser bringen sie in die Speisekammern. Ihre Nachbarn lachen noch immer. „Glaubt ihr wirklich, dass das nötig ist? Ihr seid doch wirklich verrückt! Diesen Gott, von dem ihr da immer redet, den gibt es doch gar nicht!" Aber Noah und seine Familie lassen sich davon nicht beeindrucken. Sie sind sich sicher, dass sie Gott richtig verstanden haben. Noah, seine Frau, seine drei Söhne und deren Frauen beziehen die Arche. Auch die Tiere sind nun alle an Ort und Stelle in ihrem Stall. Noah schließt die Luke. Jetzt heißt es abwarten. Hält Gott seine Versprechen oder haben sie sich tatsächlich zum Deppen gemacht?

Sie sitzen beim ersten Abendessen in der neuen Umgebung, da hören sie ein leises Klopf, Klopf, Klopf. Ham rennt schnell zur Dachluke und schaut nach draußen. Schwarze Wolken sind aufgezogen und die ersten Tropfen fallen auf die Erde. Der Regen wird schnell stärker. Bald prasseln die Regentropfen nur so auf das Holzdach. Die Tiere werden unruhig. Sem, Ham, und Japhet versuchen, sie zu beruhigen. Auch in der Nacht regnet es ununterbrochen. Am nächsten Morgen sind schon die ersten Flüsse über die Ufer getreten. Noah und seine Familie schauen nun nicht mehr nach draußen. Sie haben mit den Tieren genug zu tun. Es regnet immer weiter. Ein paar Tage später, als sie gerade ihren Eintopf löffeln, geht ein ordentlicher Ruck durch das Schiff, so als würde etwas gegen das Schiff drücken. Die Bretter knarzen. Noah hätte sich fast den Eintopf auf seinen Schoß gekippt. Er kann gerade noch die Schlüssel festhalten, als wieder ein Ruck durch das Schiff geht. „Was ist los?" „Ist das hier ein Erdbeben?" „Was passiert mit uns?" Alle rufen durcheinander und schauen verängstigt die Holzwände an. Noah sagt: „Beruhigt euch! Ich glaube, unser Schiff beginnt zu schwimmen. Gott hatte recht, und die Menschen haben uns zu Unrecht ausgelacht."

Es regnet und regnet. Tagein, tagaus prasseln die Regentropfen auf das Schiff. Das Schiff bewegt sich nun frei im Wasser. Es hat so viel geregnet, dass auch die Berge mit Wasser bedeckt sind. Ham, der noch einmal durch die Dachluke schaut, sieht nur noch Wasser. Werden sie jemals wieder festen Boden unter den Füßen haben? Oder müssen sie in diesem Schiff verhungern und verdursten? Noch reichen die Vorräte, sie haben gut vorgesorgt.

Hoffentlich hat Gott sie nicht vergessen. Nach vielen Tagen und Nächten lässt das Klopfen nach. Die Regentropfen werden immer weniger und schließlich hört es ganz auf zu regnen. Eine ungewohnte Stille. Die grauen Wolken ziehen vorüber und die Sonne schaut vorsichtig dahinter hervor. Es dauert noch einige Tage, dann gibt es plötzlich wieder einen Ruck. Die Arche ist gestrandet. Aber noch ist die ganze Erde mit Wasser bedeckt. Drei Monate später öffnet Noah die Dachluke. Die ersten Berggipfel sind zu sehen. Noah lässt eine Taube fliegen. Er will sehen, ob sie einen Platz findet, auf dem sie landen kann. Aber die Taube kommt wieder zurück. Noah weiß jetzt, dass die ganze Erde noch mit Wasser bedeckt ist. Eine Woche später lässt er die Taube noch einmal fliegen. Diesmal ist die Taube länger unterwegs. Am Abend trägt sie im Schnabel einen Zweig mit kleinen Knospen. Noah freut sich. Das Wasser ist zurückgegangen. Er wartet noch einmal sieben Tage, dann lässt er die Taube noch einmal fliegen. Sie kommt nicht mehr zurück. Scheinbar hat sie einen Platz gefunden, an dem sie leben kann. Noah wartet, bis auch für alle anderen Lebewesen genug Land in Sicht ist. Dann öffnet er die Tür und lässt alle anderen Tiere ins Freie. Zögerlich treten die Tiere nach draußen. Ein Jahr ist vergangen, seit sie die Arche betreten haben. Die frische Luft und das zarte Grün sind für sie ganz ungewohnt. Ihre Beine sind ganz steif. Wie frisch geborene Tiere staksen sie zögerlich aus dem Schiff und erkunden neugierig die Umgebung. Aber nach kurzer Zeit haben sie sich daran gewöhnt und laufen davon.

Noah, seine Frau, seine Söhne und deren Frauen sind sehr glücklich. Nach so langer Zeit haben sie nun endlich wieder festen Boden unter den Füßen. Noah baut Gott einen Altar. Er dankt ihm für die Rettung. Gott sagt zu Noah: „Ich will die Erde nicht noch einmal bestrafen. Die Menschen sind zwar böse, und was sie sich ausdenken und planen, ist oft selbstsüchtig und ich habe keinen Platz in ihrem Leben. Aber trotzdem soll diese Erde bestehen bleiben. Saat und Ernte, Frost und Hitze, Sommer und Winter, Tag und Nacht sollen nie mehr aufhören. Als Zeichen dafür, dass ich mich daran halten will, male ich einen Bogen in den Himmel. Immer, wenn es regnet und die Sonne gleichzeitig scheint, dann wird dieser Bogen am Himmel leuchten. Dann will ich mich an mein Versprechen erinnern. Ich schließe einen Bund mit euch: Ihr sollt hier auf dieser Erde leben. Und nun geht und bepflanzt die Erde! Bekommt Kinder! Kümmert euch um die Tiere und vergesst nicht, dass ich es bin, der euch erschaffen hat."

Vertiefungsfragen

- Hättest du wie Noah Gott vertraut und das Schiff gebaut, ohne Wasser zu sehen?
- Wo und wie kannst du heute Gott vertrauen?

Spiele mit Tieren

Tierstaffel

Die Kinder werden in zwei gleich große Gruppen eingeteilt und stellen sich an einer Startlinie jeweils hintereinander auf. An der Ziellinie steht ein Körbchen, in dem sich so viele Zettel wie Kinder befinden, auf denen verschiedene Tiere notiert sind (z. B. Katze, Giraffe, Elefant, Affe, Frosch, Hase). Die ersten Kinder laufen zur Ziellinie und ziehen einen Zettel aus dem Körbchen. Auf dem Rückweg müssen sie sich wie das gezogene Tier bewegen. Die eigene Gruppe muss das Tier erraten. Erst wenn sie es erraten hat und das Kind wieder die Startlinie überquert hat, darf das nächste Kind starten. Welche Gruppe ist schneller?
Material: Markierung für die Start- und Ziellinie, 1 Körbchen, Zettel, Stift

Tiere ertasten

Einem Kind werden die Augen verbunden und es bekommt ein Spieltier (Stofftier oder Schleich®-Tier) in die Hand, das es ertasten muss. Wenn es nach 1 Minute das Tier noch nicht erraten hat, können die anderen Kinder helfen und die Geräusche des Tieres machen.
Tipp: Es können auch zwei Kinder gleichzeitig tasten. Wer ist schneller?
Material: 2 Augenbinden, Stoff- oder Schleich®-Tiere, 1 Stoppuhr

Tiere hintereinander ertasten

Die Kinder werden in mehrere Gruppen eingeteilt und allen werden die Augen verbunden. Die Kinder bekommen vier Tiere (Stofftier oder Schleich®-Tier) in einer bestimmten Reihenfolge zum Fühlen und müssen ihre Lösung anschließend notieren. Welche Gruppe errät alle Tiere in der richtigen Reihenfolge?
Material: Augenbinden, 4 Stoff- oder Schleich®-Tiere, Papier und Stifte

Tiere einfangen

Jedes Kind überlegt sich ein Tier, das man mit Geräuschen gut nachmachen kann. Ein oder zwei Kinder (je nach Gruppengröße) sind die Jäger und müssen versuchen, durch Abschlagen alle Kinder einzufangen. Wer abgeschlagen wurde, setzt sich in die Hocke und macht seinen Tierlaut. Ein anderes Kind kann es wieder befreien, wenn es das Kind abschlägt und dabei den Namen des Tieres ruft, das das Kind mit seinen Lauten nachmacht.
Material: keines

5. ABRAHAM UND SARA ZIEHEN UM

Bibeltext: 1. Mose 12,1-9; 15,1-6
Zielgedanke: Gott führt Menschen auf unbekannte Wege und will ihr ganzes Vertrauen.

Einstiegsspiel

Wegführung

Im Raum werden Stühle und Tische zur Seite geräumt oder das Spiel findet im Freien auf einer ebenen Fläche statt. Jeweils zwei Kinder bilden ein Team. Dem einen Kind werden die Augen verbunden, das andere erhält ein Glöckchen oder etwas anderes, das Lärm macht (z. B. Glas und Löffel, Trommel, Topfdeckel und Rührlöffel). Dann wird ein langer Wollfaden mit vielen Kurven vom einen zum anderen Ende gelegt. Das „blinde" Kind wird an den Anfang des Wollfadens geführt. Das andere Kind muss durch Klingeln oder Klopfen das „blinde" Kind entlang des Wollfadens führen. Dabei muss es immer mindestens 2 Meter Abstand vom „blinden" Kind halten und aus der Richtung klingeln oder klopfen, in die das „blinde" Kind laufen soll.
Variante: Die Mitte des Wollfadens wird markiert. Zwei Teams starten gleichzeitig von beiden Enden des Wollfadens. Sie müssen auf unterschiedliche Klänge hören, z. B. das eine Kind auf das Glöckchen, das andere auf die Trommel. Wer ist zuerst in der Mitte des Wollfadens angekommen?
Material: Augenbinden; Glöckchen oder andere Gegenstände, die Lärm machen; 1 langer Wollfaden; für die Variante: Markierung für die Mitte

Einstiegsfragen

- Wie leicht oder schwer war es für dich, dem Klang zu folgen?
- Von wem würdest du dich blind führen lassen? Wem vertraust du?

Vorlesegeschichte

Sara hat Bauchschmerzen. Nein, sie hat nichts Falsches gegessen. Und sie ist auch nicht schwanger – leider. Sara ist aufgeregt. Seit ihr Mann Abraham mit der Nachricht nach Hause kam, dass Gott sie von hier fortschickt, ist ihr Leben nur noch ein Durcheinander. Es mussten Körbe geflochten werden, um alles Gepäck zu transportieren. Saras Mägde haben riesige Vorräte an getrocknetem Fleisch, Obst und Gemüse gesammelt, damit sie unterwegs genug zu essen haben. Die Tiere wurden noch einmal untersucht, denn nur die gesunden können mitkommen. Für die alten und kranken Tiere haben sie neue Besitzer gefunden. So viele Vorbereitungen! Aber Abraham ist sich ganz sicher, dass Gott ihn zum Aufbruch in ein neues Land gerufen hat. „Gehe in ein neues Land. Ich mache dich zu einem großen Volk. Ich segne dich und mache dich zum Segen für andere Menschen." Das hat Gott zu ihrem Mann Abraham gesagt. Ob das stimmt? Wie soll Gott sie zu einem großen Volk machen? Sie sind sehr reich, haben viele Angestellte und große Herden. Aber kein einziges Kind. Abraham ist schon 75 Jahre alt, sie selbst 65, da ist es wohl vorbei mit der Geburt von eigenen Kindern.

Sara leidet darunter, dass sie keine Kinder hat. Die Menschen achten sie zwar, weil sie mit Abraham so reich geworden ist. Aber hinter ihrem Rücken tuschelt man über sie, das weiß Sara genau. Weil sie keine Kinder hat. Wenn sie bei Familienfesten mit den anderen Frauen zusammensitzt, muss sich Sara all die Geschichten der stolzen Mütter anhören, wenn sie von den ersten Zähnen, den ersten Schritten, der ersten Freundin und dem ersten Enkelkind erzählen. Sara kann nichts dazu sagen. Sie fühlt sich ausgestoßen. Sie fühlt sich nichts wert. Obwohl sie so viel hat! Darum war sie auch gar nicht so traurig, als Abraham ihr mitteilte, dass sie bald aufbrechen werden. Sie gehen in ein neues, unbekanntes Land. Dort kann Sara noch einmal von vorne anfangen. Und sie ist diese Frauen los, die sie belächeln, weil sie kinderlos ist.

Heute ist der Tag, an dem es nun endlich losgeht. Sara ist nervös. Haben wir an alles gedacht? Haben wir alles gepackt? Und wo werden wir hingehen? Nach Osten, Süden, Westen oder Norden? Sara verlässt sich ganz auf Abraham. Er wird es schon wissen. Sie verabschiedet sich von ihren Verwandten, die zurückbleiben. Dann setzt sich der ganze Trupp in Bewegung. Immer wieder dreht sie sich um und winkt so lange, bis ihr altes Zuhause hinter einem Hügel verschwunden ist.

Nun sind sie schon einige Jahre unterwegs. Ihr Weg war nicht besonders gerade. Zuerst ging es nach Westen, dann nach Süden. Dann retteten sie ihren Neffen Lot, der im Osten wohnt. Er war bei einem Krieg zwischen die Fronten geraten und wurde entführt. Sie reisten wieder nach Norden, um Lot zu befreien. Gott hat sie auf allen Wegen begleitet, wie er es versprochen hatte. Aber ein Kind haben sie trotzdem nicht bekommen.

Sara ist verzweifelt. Abraham geht es genauso. „Bist du dir damals wirklich sicher gewesen, Abraham, dass Gott uns auf diese weite Reise geschickt hat? Wie will Gott uns zu einem großen Volk machen, wenn wir immer noch kein Kind haben?" Sara schaut ihren Mann verzweifelt an. „Ja, liebe Sara, ich bin mir ganz sicher!", antwortet Abraham. „Ich habe auf unserem Weg auch oft gezweifelt. Ich wollte es dir nicht sagen, um dich nicht zu beunruhigen. Aber ich kam mir oft so vor, als hätte Gott uns an der Nase herumgeführt." Abraham macht eine kurze Pause. „Der Streit mit meinem Neffen Lot, die Hungersnot, der Ärger in Ägypten: Warum hat Gott uns diese Steine in den Weg gelegt? Ich habe keine Antwort darauf." Abraham fasst Sara an den Schultern und schaut sie an. „Aber letzte Nacht, da hat Gott wieder zu mir gesprochen!" Sara schaut auf. „Wirklich? Was hat er gesagt? Müssen wir wieder umziehen?" „Nein", antwortet Abraham, „davon hat er nichts gesagt. Gott hat gesagt: ‚Hab keine Angst, ich bin dein Schutz und belohne dich reich dafür, dass du mir vertraut hast. Ich mache dich zu einem großen Volk!'"

Sara schüttelt verächtlich den Kopf und befreit sich aus Abrahams Armen. Wütend stemmt sie die Hände in die Seiten. „Das hat er uns schon so oft versprochen! Aber nichts ist passiert!" „Ich weiß, ich weiß", versucht Abraham seine Frau zu beschwichtigen. „Aber letzte Nacht hat Gott gesagt: ‚Du bekommst einen Sohn!' Und dann hat Gott mich vor unser Zelt geschickt und gesagt: ‚Schau hinauf in den Himmel zu den Sternen! Kannst du mir sagen, wie viele das sind? Nein? Genauso unzählbar werden alle deine Nachkommen sein!'" Sara schaut Abraham unentschlossen an. Sie weiß nicht, ob sie ihm glauben soll. „Und woher willst du wissen, dass das stimmt?", fragt sie. „Das kann man nicht wissen, Sara, man kann es nur glauben. Es fühlt sich aber richtig an. Ich glaube, dass Gott seine Versprechen einlöst. Auch wenn ich es nicht weiß und Gott nicht sehen kann. Aber ich vertraue ihm. Willst du nicht mit mir glauben, Sara?"

Vertiefungsfragen

- Was hättest du an Abrahams und Saras Stelle getan?
- Wie leicht oder schwer fällt es dir, Gott zu vertrauen?

Spiele mit Sternen

Die Kinder werden in Mannschaften eingeteilt und erhalten jeweils ein leeres Glas mit Schraubdeckel. Darin sammeln sie Sterne nach erfolgreich abgeschlossenen Aufgaben. Am Ende werden die Sterne gezählt und so die Siegermannschaft herausgefunden.
Material für alle Spiele: pro Mannschaft 1 leeres Glas mit Schraubdeckel

Sterne schätzen

In ein leeres Marmeladenglas werden sehr viele abgezählte Sternnudeln gefüllt. Die Mannschaften müssen schätzen, wie viele Sterne sich in dem Glas befinden. Sie geben ihren Tipp schriftlich ab. Die Mannschaft, die mit ihrem Tipp am nächsten am Ergebnis dran ist, erhält einen Stern in ihr Glas. Nach jedem Spiel wird wieder neu geschätzt. Dabei wird nie genannt, welche Zahl die Gewinnermannschaft getippt hat und ob das Ergebnis höher oder niedriger ist. Erst am Ende der Spieleinheit wird das Rätsel gelöst.
Material: 1 leeres Marmeladenglas für die Sternchennudeln, 1 Packung Sternchennudeln (Nudelsuppe), Papier und Stifte

Milchstraße

Die Mannschaften stellen sich an einer Startlinie jeweils hintereinander auf. An der Startlinie gibt es für jede Gruppe ein Schälchen mit Sternchennudeln. Jedes Kind nimmt sich ein Sternchen. Auf „Los!" rennt jeweils das erste Kind einer Mannschaft zu einer mindestens 10 Meter entfernten Stelle und muss dort auf einen dünnen Faden seinen Stern auffädeln. Dann läuft es zurück und klatscht das zweite Kind ab, das dann starten darf. Welche Mannschaft es zuerst schafft, zwanzig Sterne aufzufädeln, erhält einen Stern in ihr Glas.
Material: 1 Packung Sternchennudeln (Nudelsuppe), pro Gruppe 1 Schälchen, dünner Faden, Markierung für die Startlinie

Sternschnuppen fangen

Aus weißem, gelbem oder silbernem Krepppapier werden lange Streifen geschnitten und mit Wäscheklammern am Oberteil einer Person aus dem Mitarbeiterteam befestigt. (Vorsicht: Krepppapier verfärbt die Kleidung, wenn es nass wird!) Das Spielfeld wird klar begrenzt. Auf „Los!“ müssen die Kinder versuchen, so viele Sternschnuppen wie möglich abzureißen. Dabei wird gezählt, wie viele Sternschnuppen die gesamte Mannschaft ergattert hat. Die Kinder können sich dafür auch ein taktisches Vorgehen überlegen, z. B. wer versperrt den anderen den Weg, wer schnappt sich die Sternschnuppen. Die Kinder dürfen sich die Sternschnuppen gegenseitig nicht wegnehmen. Das Spiel endet, sobald keine Sternschnuppen mehr am Oberteil der Mitarbeiterin / des Mitarbeiters sind. Die Mannschaft mit den meisten Sternschnuppen erhält einen Stern in ihr Glas.
Material: weißes, gelbes oder silbernes Krepppapier, Wäscheklammern

Bedeckt oder sternenklar

Zehn (oder mehr) runde Bierdeckel o. Ä. werden mit einer Wolke auf der einen Seite und einem Stern auf der anderen beklebt oder bemalt. Eine Mannschaft beginnt und stellt sich an einer Startlinie auf. Von dort aus müssen alle Bierdeckel über eine Ziellinie in mindestens 1 Meter Entfernung gerollt werden. Zeigt beim Fallen des Bierdeckels der Stern nach oben, erhält die Mannschaft dafür 1 Punkt. Landet der Bierdeckel schon vor der Ziellinie, muss er noch einmal gerollt werden. Die Mannschaft mit den meisten Punkten bekommt einen Stern in ihr Glas.
Material: mindestens 10 runde Bierdeckel, Korkuntersetzer oder Deckel von Marmeladegläsern, Stift oder Papier und Klebeband, Markierung für die Start- und Ziellinie

Sternbilder

Alle Kinder setzen sich in einen Halbkreis. Ein Kind setzt sich gegenüber hinter ein weißes Plakat, ein Schälchen mit Sternchennudeln steht bereit. Das Kind muss die Umrisse eines Begriffs mittels Sternchennudeln auf das Plakat legen. Wer den Begriff errät, bekommt 1 Punkt für seine Mannschaft. Dann wird gewechselt. Wer am Ende die meisten Punkte hat, bekommt einen Stern für seine Mannschaft in das Glas.
Material: 1 Schälchen mit Sternchennudeln (Nudelsuppe), 1 weißes Plakat, Begriffe

6. ISAAKS GEBURT

Bibeltext: 1. Mose 16; 18; 21
Zielgedanke: Gott hält seine Versprechen, auch wenn es lange dauert.

Einstiegsspiel

Brettwettlauf

Immer zwei Kinder bilden ein Team und erhalten jeweils ein Holzbrett, das sie zwischen sich halten. Auf das Brett wird ein kleiner Ball gelegt. Auf „Los!" müssen zwei Teams gegeneinander antreten und versuchen, so schnell wie möglich das Brett mit dem Ball darauf über eine Strecke zu transportieren. Wenn der Ball herunterfällt, wird er aufgehoben und von dieser Stelle aus gestartet, wenn der Ball wieder auf dem Brett liegt. Welches Team ist schneller?
Tipp: Die Teams können auch nacheinander starten, dann wird die Zeit gestoppt.
Variante: Die Bälle können variieren. Es kann mit einem Jonglierball begonnen werden, da dieser nicht so leicht wegrollt. Beendet wird das Spiel mit einer Murmel.
Variante: Auf das Brett werden leere Plastikbecher gestellt und eine Murmel gelegt. Dabei darf die Murmel nicht herunterfallen.
Variante: Auf das Brett werden Spielklötzchen mit doppelseitigem Klebeband befestigt. Auf jedes Brett werden zehn Murmeln gelegt. Wer kann die meisten Murmeln ins Ziel tragen?
Material: 2 Bretter, 2 kleine Bälle, evtl. 1 Stoppuhr; für die Varianten: Bälle verschiedener Größe (jeweils doppelt), 2 Murmeln; Plastikbecher, 2 Murmeln; Spielklötzchen, 20 Murmeln, doppelseitiges Klebeband

Einstiegsfragen

- Wobei hast du viel Geduld, wo bist du eher ungeduldig?
- Auf was oder wen musstest du schon einmal lange warten?

Vorlesegeschichte

Völlig erschöpft lässt sich Sara auf die Bank vor dem Zelt plumpsen. Schwer schnappt sie nach Luft. Die Arbeit auf dem Feld ist ihr einfach zu anstrengend. Vor wenigen Tagen hat sie ihren neunzigsten Geburtstag gefeiert. Sie ist einfach nicht mehr die Jüngste. Und dann auch noch der dicke Bauch! Sara legt die Füße auf einen Schemel, lehnt sich entspannt zurück und schließt die Augen. Verträumt streichelt sie ihren dicken Bauch und denkt zurück an die vergangenen Jahre.

Als sie mit Abraham vor 25 Jahren von zu Hause aufgebrochen war, war Sara froh gewesen, die Nachbarinnen nicht mehr sehen zu müssen. Sie hatten ihr zwar immer geholfen, sie aber auch immer wieder spüren lassen, dass eine Frau ohne Kinder nur eine halbe Frau ist.

Gott hatte Abraham, ihrem Mann, versprochen, sie zu einem großen Volk zu machen. In dieser Hoffnung waren sie losgezogen. Aber nichts war passiert. Sara bekam keine Kinder. Immer wieder erneuerte Gott sein Versprechen. Sara und Abraham schwankten zwischen Hoffnung und Verzweiflung. 12 Jahre ging das so. Aber irgendwann konnte Sara nicht mehr glauben. Sie hatte das Gefühl, sie müsse ihr Leben selbst in die Hand nehmen. Schließlich war sie schon 76 Jahre alt. Wie sollte sie da noch ein Kind bekommen?

Da kam ihr die Idee mit der Magd. Ihre Magd war Saras Besitz. Wenn also die Magd ein Kind von Abraham bekäme, dann wäre es ja eigentlich auch ihres, Saras Kind. So hatte sie gedacht und ihre Magd Hagar mit ihrem Mann Abraham verkuppelt. Und tatsächlich wurde Hagar schwanger und bekam einen Sohn. Aber das war nicht so schön, wie Sara es sich vorgestellt hatte. Hagar schaute auf Sara herab, weil die noch immer ohne eigene Kinder war. Niemals hätte Hagar zugelassen, dass Sara Ismael, so hieß das Baby, als ihr Kind ausgegeben hätte. Es gab ziemlichen Streit. Sara ließ Hagar nur die blödesten Aufgaben verrichten, weil sie die glückliche Mutter nicht ertragen konnte. Hagar haute daraufhin ab und kam nur zurück, weil Gott ihr ins Gewissen geredet hatte. Seitdem kamen sie mehr oder weniger miteinander klar. Aber Sara war überhaupt nicht glücklich.

Weitere 12 Jahre vergingen. Abraham verbrachte gerade seine Mittagspause vor dem Zelt, als ein Schatten auf ihn fiel. Er sah auf. Vor ihm standen drei Männer, die er noch nie gesehen hatte. Auch wo sie herkamen, wusste er nicht. Aber er fühlte: Das ist Gott, der uns hier besucht. Er lud sie ein, im Schatten unter den Eichen Platz zu nehmen. Einem Diener befahl er, frisches Brunnenwasser zu bringen, damit die Reisenden sich waschen und erfrischen konnten. Auch zu Sara ins Zelt rannte er und bat sie: „Nimm das beste Mehl und bereite drei Schüsseln mit Fladenbrot vor, wir haben Besuch!" Kaum hatte er zu Ende gesprochen, war er schon auf dem Weg zur Weide. Dort suchte er ein schönes und gesundes Kalb aus, ließ es schlachten und über dem Feuer grillen. Als alles fertig war, brachte er selbst seinen Gästen das Essen und schaute ihnen zu, wie sie die Leckereien verschlangen.
Als der letzte Bissen verdrückt war, sagte einer der Männer: „Wo ist deine Frau?" „Sie ist im Zelt", antwortete Abraham. „Nächstes Jahr werde ich wiederkommen", sagte der Mann. „Dann wird Sara einen Sohn bekommen." Sara stand direkt hinter der Zeltwand und hatte alles mitgehört. Sie lachte in sich hinein: „Ich werde doch keinen Sohn mehr bekommen, ich bin bald 90 Jahre alt." Kaum hatte sie den Gedanken gedacht, hörte sie den Mann draußen sagen: „Warum lacht Sara? Warum zweifelt sie daran, dass Gott ihr noch ein Kind schenken kann? Ist für Gott etwa irgendetwas unmöglich?" Sara bekam Angst. Woher wusste er, dass sie gelacht hatte? Er hatte sie doch weder gehört noch gesehen. „Ich habe nicht gelacht", sagte sie leise. „Doch, du hast gelacht!", hörte sie den Mann draußen sagen.

Noch jetzt, wo Sara auf der Bank in der Sonne sitzt und daran denkt, wird sie rot im Gesicht. Wie peinlich das war! Aber Gott hat sie auch wirklich lange warten lassen! 25 Jahre sind seit Gottes Versprechen an ihren Mann vergangen. So lange musste sie darauf warten, dass Gott ihr endlich ein Kind schenkt. Aber nicht mehr lange! Sara streichelt über ihren dicken Bauch. Das Kind bewegt sich heftig. In wenigen Tagen ist es so weit. Dann ist sie endlich Mutter! Isaak wird sie ihr Kind nennen, auch das hat Gott gesagt. Sara glaubt jetzt auch, dass Gott seine Versprechen erfüllt. Auch wenn das manchmal sehr lange dauert.

Vertiefungsfragen

- Warum konnte Sara Gott nicht glauben?
- Wie erfüllt Gott seine Versprechen heute?
  Warum lässt er uns manchmal warten, bis er ein Gebet erhört?

Spiele für Geduldige

Bierdeckel weitergeben

Alle Kinder ziehen einen Schuh und eine Socke aus und setzen sich in den Kreis. Einem Kind wird ein Bierdeckel zwischen die Zehen gesteckt. Nun muss der Bierdeckel ohne Zuhilfenahme der Hände im Kreis weitergegeben werden, indem die Kinder ihn jeweils zwischen die Zehen stecken und weitergeben. Schafft es die Gruppe, ohne dass der Bierdeckel herunterfällt?

Tipp: Die Kinder werden in zwei oder mehr Gruppen eingeteilt und müssen auf Zeit den Bierdeckel weitergeben. Fällt er herunter, wird noch einmal von vorn begonnen.

Material: mehrere Bierdeckel, evtl. 1 Stoppuhr

Flugblätter

Die Kinder werden in mehrere Gruppen zu maximal vier Kindern eingeteilt und stellen sich in zwei Gruppen gegenüber auf. Jeweils ein Kind erhält viele Flyer (z. B. von vergangenen Veranstaltungen) und legt sie sich auf den Kopf. Auf „Los!" muss es die Flyer so schnell und vollständig wie möglich zur gegenüberliegenden Seite transportieren. Dort gibt es die übrigen Flyer dem nächsten Kind, das den Weg zurückgeht usw. Die heruntergefallenen Flyer bleiben liegen. Welche Gruppe hat die meisten Flyer ins Ziel transportiert?

In einer zweiten Runde werden die Flyer bei ausgestrecktem Arm auf dem Handrücken transportiert.

Material: viele Flyer

Büroklammern suchen

In einem Raum wird eine bestimmte Anzahl Büroklammern versteckt, indem sie an verschiedenen Gegenständen befestigt (z. B. an Büchern, Vorhängen, Prospekten) oder einfach nur abgelegt werden. Alle Kinder haben 3 Minuten Zeit, die Büroklammern zu suchen und zu zählen. Sie werden nicht eingesammelt. Nach 3 Minuten nennt jedes Kind die Anzahl der gefundenen Büroklammern. Wer am nächsten dran ist, gewinnt.

In einem zweiten Spiel müssen die Büroklammern eingesammelt werden. Wer hat die meisten?

Material: Büroklammern, 1 Stoppuhr

Besenstiel-Puzzle

Die Kinder werden in Zweierteams eingeteilt und erhalten je ein Kinderpuzzle (mit 15 bis 20 Teilen) und einen Besenstiel. Auf „Los!" balanciert das eine Kind den Besenstiel auf der Handfläche, während das andere Kind das Puzzle löst. Die Zeit ist beendet, wenn das Kind den Besenstiel fallen lässt. Wer hat das größte zusammenhängende Puzzleteil?

Material: pro Team 1 Besenstiel und 1 Kinderpuzzle (15 bis 20 Teile)

Knoten aufknoten

Mehrere Paracord-Bänder (für jedes Kind eines) werden auf dieselbe Art wirr verknotet. Die Knoten sollten nicht zu fest sein. Auf „Los!" müssen die Paracord-Bänder entknotet werden. Wer schafft es zuerst?

Variante: Die Kinder erhalten jeweils ein Stück Paracord und dürfen es mit zehn Knoten verschlingen und verknoten. Dann wird das Knotenknäuel an ein anderes Kind weitergegeben. Auf „Los!" müssen alle versuchen, die Knoten wieder zu lösen. Wer schafft dies zuerst?

Material: pro Kind 1 Stück Paracord-Band oder eine andere dicke Schnur

Knoten blind aufknoten

Mehrere Paracord-Bänder (für jedes Kind eines) werden auf dieselbe Art wirr verknotet. Nun werden den Kindern die Augen verbunden. Wer schafft es zuerst, die Knoten allein durch Tasten zu entwirren?

Material: pro Kind 1 Stück Paracord-Band oder eine andere dicke Schnur, Augenbinden

Kartoffelball

An längeren Wollfäden wird jeweils eine Kartoffel festgebunden. Jedem Kind wird nun an der Hose ein Wollfaden samt Kartoffel befestigt, sodass die Kartoffel jetzt knapp über dem Boden hängt. Das erste Kind stellt sich in 5 Meter Entfernung gegenüber einem Stuhl auf und legt die Hände hinter den Rücken. Vor sich hat es einen Ball. Das Kind muss durch Bewegungen mit dem Körper die Kartoffel so schleudern, dass es den Ball unter den Stuhl rollen kann. Wie schnell gelingt es ihm?

Variante: Die Kinder werden in Gruppen eingeteilt und schießen nacheinander den Ball unter den Stuhl. Welche Gruppe ist schneller?

Variante: Bei ausreichend Platz werden die Kinder in zwei Mannschaften eingeteilt. Alle erhalten eine Kartoffel und stellen sich auf einem Spielfeld auf. Zwei Stühle dienen als Tore. Der Ball startet in der Mitte. Welche Mannschaft schießt die meisten Tore?

Material: pro Kind 1 langer Wollfaden und 1 Kartoffel, 1 Ball, 1 Stuhl, 1 Stoppuhr; für die Variante: 1 zusätzlicher Stuhl

7. JAKOB, ESAU UND DER SEGEN

Bibeltext: 1. Mose 25,19-34; 27,1-45
Zielgedanke: Gott leitet unser Leben. Wir müssen nicht tricksen, um zu einem erfüllten Leben zu kommen, sondern können Gott ganz vertrauen.

Einstiegsspiel

Wer bist du?

Alle Kinder sitzen im Kreis. Einem Kind werden die Augen verbunden, es wird in die Kreismitte gestellt. Alle anderen Kinder tauschen die Plätze. Dann zeigt das blinde Kind auf ein Kind im Kreis und fragt: „Wer bist du?" Das Kind antwortet: „Ich bin Donald Duck (oder eine andere bekannte Person, es kann auch eine Person aus dem Stuhlkreis sein, aber nicht der eigene Name)." Dabei darf das Kind seine Stimme verstellen. Das blinde Kind muss nun erraten, wer da gesprochen hat.
Material: 1 Augenbinde

Einstiegsfragen

- Wer würdest du gern sein?
- Warum lügen manche Menschen?

Vorlesegeschichte

Vorsichtig balanciert Jakob das Tablett mit den leckeren Speisen, die seine Mutter zubereitet hat. Der Ziegenbraten riecht so verführerisch, dass Jakob am liebsten selbst davon essen würde. Aber nein, das will er sich verkneifen. Jetzt soll so kurz vor dem Ziel nichts mehr schiefgehen. Hoffentlich bemerkt sein Vater den Betrug nicht. Jakob ist ganz aufgeregt, aber seine Mutter hat ihn beruhigt. „Es wird schon gut gehen, das weiß ich! Das spüre ich!", hat sie gesagt.

Was täte Jakob nur ohne seine Mutter! Rebekka ist echt die beste Mutter der Welt! Wie gut, dass der Diener seines Vaters damals so weit gewandert ist, um Rebekka für Isaak, seinen Vater, zu finden. Jakob mag es, bei seiner Mutter zu sitzen, wenn sie die alten Geschichten erzählt. Oft hat sie auch von ihrer Schwangerschaft erzählt. Erst dachte sie, sie könne keine Kinder bekommen. Aber dann wurde sie doch schwanger. Das Baby in ihrem Bauch habe so geboxt, dass sie sich an Gott wandte. Und Gott habe ihr damals schon vorhergesagt, dass sie zwei Kinder in ihrem Bauch trage. Zwei Kinder, die einmal zwei Völker werden würden und schon damals miteinander stritten. Esau war zuerst auf die Welt gekommen, dann Jakob. Sie sind zwar Zwillinge, aber doch so unterschiedlich! Esau hat überall rote Haare. Am liebsten ist er draußen und streift durch die Wälder. Manchmal kommt er tagelang nicht nach Hause. Aber dann bringt er seine Beute mit, die er unterwegs geschossen hat. Isaak findet Esau toll, er ist sein Lieblingssohn. Mit Jakob kann er nicht so viel anfangen. Jakob ist lieber bei der Mutter. Er arbeitet auf dem Feld und kommt jeden Abend nach Hause. Er braucht die Familie und sein Zuhause. Rebekka mag Jakob mehr als Esau, sie findet Esaus raue Art nicht so gut.

Auch jetzt ist Esau unterwegs. Das gibt Jakob die Möglichkeit, seinen Vater zu täuschen und den Segen von ihm zu bekommen, der eigentlich für seinen Bruder Esau, den Erstgeborenen, vorgesehen ist. Aber ist es wirklich Betrug? Schließlich hat Esau selbst auf sein Erstgeburtsrecht verzichtet. Jakob kann sich noch genau an diesen Tag erinnern. Er hatte nach einer ertragreichen Ernte die Linsen gereinigt und den ersten Linseneintopf des Jahres gekocht. Mit ein bisschen Speck roch das schon von Weitem sehr lecker. Jakob freute sich auf seine selbstgekochte Linsensuppe. Da polterte es plötzlich und Esau stampfte ins Zelt hinein. „Gib mir schnell was von dem roten Zeug da in deinem Topf! Ich bin am Verhungern!" Tagelang war Esau wieder unterwegs gewesen und scheinbar hatte er kein Glück bei seiner Jagd gehabt. Aber Jakob hatte kein Mitleid mit ihm. Esau war der Ältere und der Liebling seines Vaters. Obwohl Esau gegen den Willen seiner Eltern zwei Ausländerinnen geheiratet hatte, war er noch immer der Lieblingssohn seines Vaters. Jakob dagegen konnte tun und lassen, was er wollte, bei seinem Vater war er einfach nicht angesehen. Wenn sein Vater sterben würde, dann würde Esau alles bekommen, sogar den Segen des Vaters, und er, Jakob, würde dabei leer ausgehen. Wie ein Blitz durchzuckte eine Idee Jakobs Kopf, und er sagte zu Esau: „Ich gebe dir was von meiner Linsensuppe ab, wenn du mir dein Erstgeburtsrecht dafür abgibst!" „Was hilft mir jetzt, dass ich ein paar Minuten vor dir geboren bin? Ich habe Hunger! Gib mir endlich was zu essen!", brummte Esau. „Du musst es mir schwören", antwortete Jakob. Da blieb er hart. Esau hatte schon zu oft Ja gesagt und meinte es dann hinterher doch nicht so. Aber einen Schwur konnte man so leicht nicht brechen. „Meinetwegen, ich schwöre, dass ich dir, Jakob, mein Erstgeburtsrecht gebe. Und jetzt her mit der Suppe!" Jakob hatte ihm eine Schüssel mit der Linsensuppe und ein Stück Brot gegeben und auch selbst etwas davon probiert. Dann war Esau wieder davongestampft.

Jetzt endlich ist es so weit, Jakob wird zu seinem Recht kommen. Rebekka hatte heimlich gelauscht, als Isaak seinen Sohn Esau beauftragte, ihm ein Wild zu jagen und zuzubereiten, damit er ihn segnen könne. Nun ist Esau weg. Rebekka und Jakob haben ein paar Ziegen von der Weide genommen, zubereitet und Jakob mit Esaus Festgewand verkleidet. Das Ziegenfell haben sie ihm um die Arme und den Hals gewickelt, damit Jakob sich genauso behaart anfühlt wie Esau. Isaak ist blind. Er wird ihn nicht erkennen können. Aber wenn er ihn abtasten möchte oder an ihm riechen will, dann wird Jakob wie Esau riechen und sich wie Esau anfühlen. Vorsichtig trägt Jakob das Tablett in das Zelt seines Vaters. „Vater, hier bin ich mit dem Essen." Jakob bemüht sich, seine Stimme tief, locker und lässig wie Esaus Stimme klingen zu lassen. Isaak, der schon sehr alt ist und darum oft schläft, fragt etwas verwirrt: „Welcher meiner Söhne bist du?" Jakob schlägt das Herz bis zum Hals. Jetzt bloß keinen Fehler machen. „Ich bin Esau, dein Erstgeborener", antwortet er. „Ich habe deinen Wunsch erfüllt und dir etwas von meinem Wild zum Essen zubereitet. Setz dich auf, stärke dich und iss, damit du mich segnen kannst." Isaak scheint noch immer etwas verwirrt zu sein. Ist es nur der Schlaf, aus dem er hochgeschreckt ist, oder merkt

Isaak tatsächlich etwas? Misstrauisch fragt Isaak: „Wie hast du so schnell ein Wild für mich gefunden? Du bist doch sonst immer länger unterwegs." Darauf war Jakob nicht vorbereitet. Was soll er antworten? „Äh ... Gott hat es mir über den Weg laufen lassen. So konnte ich es erlegen und dir das Essen zubereiten, wie du es so gern magst." Puh, das ging ja noch mal gut. „Komm zu mir", sagt Isaak, „ich will fühlen, ob du wirklich Esau bist." Jetzt fliege ich auf, denkt Jakob. Er streckt Isaak die mit Ziegenfell umwickelten Arme entgegen. Isaak fährt mit der Hand darüber. Er stutzt. Er fährt noch mal darüber. „Also, deine Stimme klingt wie die Stimme von Jakob, aber deine Hände sind Esaus Hände. Bist du wirklich Esau?" „Natürlich bin ich dein Sohn Esau!" Jakob versucht, seiner verstellten Stimme etwas Empörung beizumischen, so als wäre das Misstrauen seines Vaters völlig unberechtigt. Dann endlich ist Isaak einverstanden und lässt sich die Kissen richten, damit er aufsitzen und essen kann.

Als Isaak fertig gegessen hat und das Tablett weggeräumt ist, bittet er Jakob zu sich. „Esau, komm her und gib mir einen Kuss!" Jakob tut, wie ihm befohlen. Isaak riecht Esaus Festgewand und glaubt nun endgültig, dass er Esau vor sich hat. „Knie nieder, damit ich dir meinen Segen geben kann." Isaak legt seine Hände auf Jakob und segnet ihn. Er verspricht ihm reiche Ernten und sagt voraus, dass ganze Völker ihm dienen werden. Er ernennt ihn zum Herrscher über seinen Bruder und schließt mit einem Schutzversprechen, dass kein Fluch ihn treffen soll. Als Isaak geendet hat, ist er erschöpft und muss sich erst einmal ausruhen. Es ist so, als sei all seine Lebensenergie nun in seinen Sohn geflossen.

Jakob verlässt schnell das Zelt seines Vaters. Er umarmt seine Mutter, die hinter der Zeltwand gelauscht und alles mitbekommen hat. Sie sind glücklich, dass Jakob endlich das Recht bekommen hat, das ihm zusteht. Jakob lässt seine Blicke über das Land schweifen, das nun ihm gehört. Er hat es zwar die ganzen Jahre schon bearbeitet, aber jetzt ist er als Gesegneter der rechtmäßige Besitzer. Jakob sieht die vielen Felder, Tiere, die Büsche ... Moment, was bewegt sich da? Jakob hält die Hand über die Augen. Oh, da kommt Esau mit seinen Dienern. Wie es aussieht, hat er ein Wild geschossen. Jakob verschwindet schnell in seinem Zelt, er will sich jetzt möglichst nicht blicken lassen.

Esau ist wie immer sehr laut und poltert herum. Er klappert mit den Töpfen, flucht, als er sich die Finger verbrennt, und rülpst nach einer kleinen Probe seines Essens. Jakob muss Esau nicht beobachten, denn Esau ist einfach gut zu hören. Als Esau die Mahlzeit auf ein Tablett stellt und zum Zelt seines Vaters geht, hält Jakob die Luft an. Was wird jetzt passieren? Hat Jakob etwas falsch gemacht? Esau hat ihm ja sein Erstgeburtsrecht versprochen, aber seinen Vater hat Jakob schon ein bisschen angelogen. Jakob hört die Stimme seines Vaters: „Wer bist denn du?" Was Esau sagt, kann Jakob nicht hören, aber er kann es sich denken. „Wer?", fragt sein Vater noch einmal. „Wer war denn dann der andere, den ich eben gesegnet habe? Er hat mir zu essen gebracht und ich habe ihn als meinen Erstgeborenen gesegnet. Das kann ich nicht mehr rückgängig machen." Isaaks Stimme klingt zornig. Esaus noch viel mehr. Er schreit laut: „Vater, hast du denn keinen Segen mehr für mich übrig? Segne mich auch!" Esau beginnt laut zu weinen. Jetzt fällt es Jakob schwer zu verstehen, was Isaak sagt. Er verlässt seine Deckung und schleicht zum Zelt seines Vaters. Durch einen Spalt kann er in das Zelt hineinschauen und sieht, wie Esau vor seinem Vater kniet. Der hat seine Hände auf Esaus Kopf gelegt und sagt: „Du wirst leben, aber weit weg von hier. Du musst dich mit deinem Schwert ernähren und deinem Bruder dienen. Aber eines Tages wirst du dich wehren!"

Auch Rebekka hat das Drama um Esau mitbekommen. Sie zieht Jakob am Ärmel in ihr Zelt. „Bist du verrückt? Du kannst dich doch hier nicht mehr blicken lassen! Dein Bruder ist sehr zornig auf dich. Er will dich bestimmt umbringen. Pack deine Sachen und fliehe zu meinem Bruder Laban. Bleib dort, bis sich der Zorn Esaus wieder gelegt hat. Ich werde dir eine Nachricht schicken, wenn du wieder zurückkommen kannst. Mach schnell!" Hastig rafft Jakob seine Habseligkeiten zusammen, umarmt seine Mutter und verlässt das kleine Zeltdorf. Er versucht, möglichst gebückt zu laufen und hinter den kleinen Büschen Deckung zu suchen. Bald ist er außer Sichtweite. Er hat den Segen seines Vaters gewonnen, aber seine Heimat verloren. „War es das wert?", fragt sich Jakob.

Vertiefungsfragen

- Was hat es Jakob gebracht, dass er gelogen hat?
  Was hat er gewonnen, was hat er verloren?
- Jakob wollte seinem „Glück" selbst nachhelfen, anstatt auf Gott zu vertrauen.
  Wie können wir heute Gott vertrauen?

Spiele mit Kleidern

Kleiderstaffel

Die Kinder werden in zwei Gruppen eingeteilt und stellen sich nebeneinander auf. Links von der Gruppe befinden sich einige Kleidungsstücke, die bei beiden Gruppen ähnlich sein sollten. Auf „Los!" beginnt das jeweils erste Kind, sich ein Kleidungsstück an- und wieder auszuziehen. Dann gibt es das Kleidungsstück an das Kind neben sich weiter und holt sich ein zweites Kleidungsstück. So wandern die Kleidungsstücke von links nach rechts. Die Spielleitung muss darauf achten, dass die Kleidungsstücke auch tatsächlich angezogen werden. Welche Gruppe schafft es zuerst, alle Kleidungsstücke nach rechts zu transportieren?
Material: 2 Röcke, 2 Mützen, 2 Jacken, 2 Paar Stiefel, 2 Paar Handschuhe o. Ä., die groß genug sind, damit sie allen Kindern passen

Kleidungsstücke finden

Viele verschiedene Kleidungsstücke werden im Raum verteilt und aufgehängt (z. B. mehrere Mützen, Jacken, Schals, Hosen, Schuhe, T-Shirts). Alle Kinder laufen frei durch den Raum zur Musik. Wenn die Musik stoppt, ruft die Spielleitung eine Eigenschaft eines Kleidungsstückes (z. B. trägt man auf dem Kopf / an den Beinen, ist rot/blau). Alle Kinder müssen versuchen, so schnell wie möglich ein passendes Kleidungsstück zu berühren. Das Kind, das dies als Letztes schafft, scheidet aus und hilft mit als Schiedsrichterin/Schiedsrichter.
Material: verschiedene Kleidungsstücke, Musik und Abspielgerät

Kleidung ertasten

Einem Kind werden die Augen verbunden. Es bekommt einen Wäschekorb mit vier verschiedenen Kleidungsstücken (z. B. Socke, T-Shirt, Unterhemd, Mütze), die es so schnell wie möglich ertasten und erraten muss.

Tipp: Möchten mehrere Kinder die Kleidung ertasten, so müssen sie entweder vor dem ersten Durchgang vor die Tür geschickt oder die Kleidungsstücke müssen ausgetauscht werden.

Material: 1 Wäschekorb, verschiedene saubere Kleidungsstücke, 1 Augenbinde

Kleidung auf- und abhängen

Die Kinder werden in zwei Gruppen eingeteilt und erhalten jeweils einen Wäschekorb mit derselben Anzahl Kleidungsstücke und entsprechend Wäscheklammern. Die Kinder stellen sich hintereinander an einer Startlinie auf. Auf „Los!" schnappen sich die ersten beiden Kinder ein Kleidungsstück aus dem Wäschekorb und zwei Wäscheklammern, laufen bis zu einer Wäscheleine und hängen dort ihr Kleidungsstück auf. Dann laufen sie zurück und klatschen das nächste Kind ab, das wiederum ein Kleidungsstück an die Wäscheleine hängen muss. Sind alle Kleidungsstücke aufgehängt, geht es wieder rückwärts und es müssen die Kleidungsstücke einzeln auf dieselbe Weise wieder zurückgebracht werden. Welche Gruppe hat zuerst alle Wäschestücke auf- und wieder abgehängt?

Tipp: Nach dem Aufhängen kann gestoppt werden und nach einer Verschnaufpause die zweite Runde nur mit Abhängen begonnen werden.

Material: 2 Wäschekörbe, mindestens 1 Kleidungsstück pro Kind, die doppelte Anzahl an Wäscheklammern

Kleidung auf- und abhängen im Rückwärtsgang

Der Spielaufbau ist wie bei „Kleidung auf- und abhängen". Allerdings laufen die Kinder beim Auf- und Abhängen rückwärts und hängen über Kopf die Wäsche auf und ab. Sie laufen dann vorwärts zurück.

Material: 2 Wäschekörbe, mindestens 1 Kleidungsstück pro Kind, die doppelte Anzahl an Wäscheklammern

Was ist modern?

Alle Kinder stellen sich an einer Startlinie auf. Ein Kind, das sich freiwillig gemeldet hat, ist der Modeschöpfer und stellt sich ihnen gegenüber im Abstand von ca. 10 Metern entfernt an der Ziellinie auf. Alle Kinder rufen: „Modeschöpfer, was ist modern?" Der Modeschöpfer nennt eine Farbe, die möglichst wenige Kinder an ihrer Kleidung tragen. Alle Kinder müssen nun das Feld von der Startlinie zur Ziellinie überqueren. Die Kinder, die die genannte Farbe an der Kleidung tragen, zeigen darauf und dürfen unbeschadet das Feld durchqueren. Die Kinder, die diese Farbe nicht tragen, dürfen vom Modeschöpfer abgeschlagen werden, der ebenfalls das Feld überquert. Rückwärtslaufen ist dabei nicht erlaubt. Wer vom Modeschöpfer abgeschlagen wurde, kommt mit auf seine Seite und ist ebenfalls Modeschöpfer. Es beginnt eine neue Runde. Das Spiel endet, wenn alle Kinder zu Modeschöpfern geworden sind.

Material: Markierung für die Start- und Ziellinie

Wer ist das?

Ein Kind, das sich freiwillig gemeldet hat, beschreibt die Kleidung eines anwesenden Kindes. Dabei darf es das Kind nur unauffällig anschauen. Bei der Beschreibung beginnt es mit allgemeineren Merkmalen, die auf mehrere Kinder zutreffen könnten (z. B. Jeans, Sportschuhe, lange/kurze Haare). Wer das gesuchte Kind zuerst erraten hat, darf das nächste vorstellen.
Material: keines

Kleider machen Leute

Ein Kind, das sich freiwillig gemeldet hat, stellt sich vor die Gruppe und beschreibt eine Person mit markanter Kleidung (z. B. Bäcker, Metzger, Maler, Müllmann, Polizist, Feuerwehrmann, Arzt, Krankenschwester, Bauarbeiter, Fußballprofi). Bei älteren Kindern können auch andere Personengruppen beschrieben werden. Dabei dürfen gern Klischees bedient werden, z. B. die Erzieherin (trägt selbst gemachte Kette), der Beamte (Anzug), die Sekretärin (lackierte Fingernägel). Die anderen Kinder müssen die gesuchte Person so schnell wie möglich erraten. Wer sie zuerst genannt hat, darf die nächste Person vorstellen.
Material: keines

Kleidertradition

Die Kinder werden in mehrere Kleingruppen eingeteilt und haben die Aufgabe, eine neue Mode oder Kleidertradition eines Landes zu erfinden und darzustellen. Z. B. ziehen sie den Pullover falsch herum an, damit er beim Essen nicht schmutzig wird oder tragen ein Kissen auf dem Kopf, damit sie überall Mittagsschlaf machen können. Nach 10 Minuten Beratung werden die neuen Kleidertraditionen vorgestellt.
Material: keines

8. JAKOB UND DIE HIMMELSLEITER

Bibeltext: 1. Mose 28,10-22
Zielgedanke: Gott ist nicht weit oben im Himmel, sondern kommt uns Menschen ganz nah.

Einstiegsspiel

Promis treffen

An die oberste Stufe einer möglichst langen Treppe mit geschlossenen Stufen werden Fotos oder Namen von Prominenten geklebt, die die Kinder toll finden. Nun stellen sich alle Kinder mit einem Abstand von 1 Meter vor der untersten Stufe auf. Das erste Kind beginnt und muss nacheinander auf jede Treppenstufe eine Münze oder einen Spielstein werfen. Wird eine Stufe ausgelassen, ist der Wurf ungültig und das nächste Kind ist an der Reihe. Wer schafft es, bis ganz nach oben die Münzen/Spielsteine zu werfen?
Material: 1 gerade, geschlossene Treppe, Fotos von Prominenten oder deren Namen auf Zetteln, Kreppklebeband, pro Stufe 1 Münze/Spielstein

Einstiegsfragen

- Wen würdest du gern mal treffen, der für dich unerreichbar scheint (Filmstar, Fußballprofi, Mensch aus der Geschichte ...)?
- Was stellst du dir vor, wo Gott wohnt?

Vorlesegeschichte

Jakob nimmt noch einen letzten Schluck, bevor er seinen Schlauch an der Quelle mit frischem Wasser auffüllt. Mit den nassen Händen fährt er sich durch die Haare und kühlt sich noch einmal das Gesicht. Der Weg vor ihm ist weit, sehr weit. Seine Mutter hat gesagt, dass er für den Weg zurück in ihre Heimat mindestens einen Monat braucht. Auf was hat er sich da bloß eingelassen? Warum ist er nur von zu Hause weggegangen? Hätten sie nicht eine andere Lösung finden können? Jakob schnürt seine Decke und hängt sie sich über die Schulter. Es ist nicht viel, was er mitnehmen konnte, zu eilig war der Aufbruch und zu weit ist der Weg, als dass er all seine Habseligkeiten mitschleppen könnte.

Jakob macht sich langsam wieder auf den Weg. Seine Gedanken gehen zurück an den Ort, an dem er jetzt lieber wäre: bei seiner Mutter. Sie hat ihn dazu überredet zu fliehen. Bei seinem Onkel in Haran wäre er in Sicherheit vor seinem Bruder Esau, hat sie gesagt. Aber warum hat man nicht Esau weggeschickt? Jetzt, wo Jakob doch alle Rechte eines Erstgeborenen besitzt. Theoretisch hätte er die Autorität gehabt, sich gegen Esau zu wehren. Aber nur theoretisch. Tatsächlich treibt Jakob auch das schlechte Gewissen.

Sein Bruder hatte ihm vor Jahren sein Erstgeburtsrecht für eine Linsensuppe verkauft. Das war damals schon listig von ihm gewesen, den Bärenhunger seines Bruders Esau auszunutzen. Und als er dann auch noch seinen Vater belogen und ihm vorgespielt hatte, er sei Esau und habe den Segen verdient, da war es ganz aus zwischen den beiden Brüdern. Esau hatte getobt! Und seine Mutter hatte Angst, dass Esau Jakob umbringen würde. Darum überredete sie ihn zur Flucht nach Haran, weit weg. Jakob hat zwar den Segen gewonnen, aber seine Familie verloren. Jetzt ist er ganz allein.

Jakob erreicht eine Hügelkette und wirft noch einen letzten Blick zurück auf sein Heimatland. Wird er seine Mutter noch einmal wiedersehen? Und wird er jemals wieder mit seinem Bruder reden können? Jakob seufzt und wandert weiter. Es gibt kein Zurück mehr. Was ihn in Haran erwartet, das weiß er natürlich auch nicht. Und Gott, den hat er wohl auch zurückgelassen, weil er seinen Vater betrogen und sich den Segen seines Vaters erschlichen hat. Jakob fühlt sich mutterseelenallein. War es das wirklich wert gewesen?

Die Sonne ist hinter dem Horizont verschwunden. Es ist zu dunkel, um weiterzuwandern. Jakob sucht sich einen Schlafplatz. Ein Kissen konnte er nicht mitnehmen, aber er findet einen großen Stein, den er dafür verwenden kann. In seine Decke eingewickelt schließt er die Augen. Er ist müde vom Wandern und darum schnell eingeschlafen.

Plötzlich schreckt Jakob hoch. Wo bin ich? Wo ist die Treppe? Jakob schaut sich verwirrt um. Noch ist es dunkel und nur der Mond spendet etwas Licht. Hier war doch eben noch eine Treppe! Oder habe ich das alles nur geträumt? Jakob reibt sich die Augen und lehnt sich wieder zurück. Er will weiterschlafen. Aber dann setzt er sich mit einem Ruck auf. Die Erinnerung kommt zurück. Ja, er hat geträumt. In seinem Traum sah er eine breite Treppe. Die Treppe reichte vom Himmel herab bis zum Boden. Auf der einen Seite gingen die Engel zum Himmel hinauf, auf der anderen Seite kamen die Engel wieder herunter. Gott selbst stand direkt vor Jakob und sagte: „Ich bin es, der Herr, dein Gott und der Gott deines Vaters Isaak und deines Großvaters Abraham. Ich werde dir das Land geben, auf dem du gerade bist. Und ich werde dich zu so einem großen Volk machen, dass man die Menschen gar nicht zählen kann. Dein Volk wird sich über das ganze Land hier ausbreiten, nach Osten und Westen, nach Norden und Süden. Ich werde dir beistehen und dich auf deiner Reise begleiten. Und ich werde dafür sorgen, dass du wieder in dieses Land zurückkehren kannst. Ich lasse dich nicht im Stich. Was ich versprochen habe, das werde ich auch halten."

Jakob ist ganz warm ums Herz. Gott hat ihn nicht vergessen. Obwohl Jakob sich schändlich gegenüber seiner Familie verhalten hat, hält Gott ihm die Treue. Die Verbindung zwischen Himmel und Erde ist ungebrochen, weil Gott sie erhält. Gott war bei ihm, als er noch bei seiner Familie wohnte. Gott hat versprochen, mit ihm zu gehen in das unbekannte Land zu der unbekannten Verwandtschaft. Und Gott ist auch hier. Jakob erschrickt. So nahe ist er Gott gekommen! Er rollt seine Decke zusammen. Im frühen Morgengrauen weiht er den Stein, auf dem er geschlafen hat, mit Öl und nennt ihn Bet-El: Haus Gottes. Jakob verspricht Gott: „Wenn du mich wohlbehalten zu meinem Onkel führst und auch wieder zurück in dieses Land, das du mir versprochen hast, dann sollst nur du allein mein

Gott sein. An dieser Stelle werde ich dir ein Heiligtum bauen. Und von meinem ganzen Besitz schenke ich dir den zehnten Teil." Jakob schnürt wieder seine Decke zusammen und hängt sie sich über die Schulter. Jetzt kann er fröhlich weiterwandern. Er weiß: Gott geht mit, egal, was passiert.

Vertiefungsfragen

- Warum steht Gott zu Jakob, dem Betrüger?
- Was bedeutet es für dich, dass Gott treu ist und dich nicht im Stich lässt? Wie begegnet dir Gott im Alltag?

Spiele auf der Treppe

Treppen steigen

Möglichst alle Kinder erhalten einen Würfel und stellen sich unten an einer längeren Treppe auf. Die Reihenfolge der Kinder muss gut eingeprägt werden (z. B. durch alphabetische Aufstellung der Kinder). Das erste Kind beginnt und würfelt. Bei einer geraden Zahl darf das Kind zwei Stufen nach oben steigen, bei einer ungeraden Zahl muss es eine Stufe nach unten (zu Beginn bleibt es dabei vor der ersten Stufe stehen). Dann kommt das zweite Kind an die Reihe und würfelt. Wer erreicht zuerst die oberste Stufe? Sobald das erste Kind die oberste Stufe erreicht hat, wird die begonnene Runde zu Ende gespielt. Schaffen es noch mehr Kinder auf die oberste Stufe?

Variante: Bei ungeraden Zahlen darf man zwei Stufen nach oben, bei geraden muss man eine Stufe zurück.

Variante: Bei langen Treppen (z. B. im Kirchturm) kann auch die gewürfelte Augenzahl nach oben (gerade) oder nach unten (ungerade) gestiegen werden.

Variante: Treffen sich zwei Kinder auf einer Stufe, so würfeln sie beide. Wer die niedrigere Augenzahl hat, muss zurück zur Startlinie.

Material: 1 längere Treppe, Würfel

Treppentransport

Die Kinder werden in zwei Mannschaften eingeteilt und setzen sich jeweils hintereinander auf je eine Stufe. Nun müssen die Kinder über diese Menschenkette einen Ball nach oben transportieren, indem alle die Hände über den Kopf nehmen und den Ball über den eigenen Kopf weitergeben. Welche Mannschaft hat den Ball zuerst oben?

Variante: Es können auch mehrere Gegenstände weitergegeben werden. Dazu erhält jede Gruppe einen Koffer mit verschiedenen Gegenständen (T-Shirt, Zahnbürste, eine Klopapierrolle, Kissen, Schuh usw.). Die Gegenstände müssen einzeln weitergegeben werden, auch der Koffer. Das letzte Kind der Reihe muss alles wieder in den Koffer einpacken. Wer schafft dies zuerst?

Material: 1 Treppe, 2 Bälle; für die Variante: 1 Koffer gefüllt mit verschiedenen Gegenständen

Treppen-Dart

Die Stufen einer langen Treppe mit geschlossenen Stufen werden von unten nach oben mit Zetteln beklebt, auf denen verschiedene Punktzahlen stehen (z. B. 1 Punkt, 2 Punkte, 5 Punkte, 10 Punkte, 20 Punkte, 50 Punkte). Die Kinder werden in kleine Gruppen eingeteilt und erhalten eine Münze oder einen Spielstein. Nun wird von der Spielleitung eine Zielzahl genannt, die so schnell wie möglich erreicht werden muss (z. B. 126). Die Gruppen werfen nun abwechselnd je eine Münze / einen Spielstein. Es werden die Punkte der Stufe gezählt, auf der die Münze / der Spielstein liegen bleibt. Die erworfene Zahl wird für alle sichtbar auf einem Plakat notiert und im Laufe des Spiels addiert. Die Münze / der Spielstein wird von der Stufe geholt und die nächste Gruppe ist an der Reihe. Wer die Zielzahl überwirft, also zu viele Punkte wirft, dem wird der letzte Wurf abgezogen. Wer schafft es, als erste Gruppe genau die Zielzahl zu erreichen? Die Runde muss jeweils beendet werden, damit alle dieselbe Chance auf den Gewinn haben.

Variante: Die Stufen werden nicht von unten nach oben beklebt, sondern in umgekehrter oder in gemischter Reihenfolge. Es können auch einzelne Stufen frei gelassen werden.

Variante: Ist die Treppe breit genug, werfen alle Gruppen ihre Münze / ihren Spielstein gleichzeitig. Dabei muss darauf geachtet werden, dass die Gruppen Münzen unterschiedlichen Wertes oder Spielsteine verschiedener Farbe haben. Bei großen Gruppen bringt dies etwas mehr Tempo und Spannung, weil die Wartezeit verkürzt wird.

Material: 1 gerade Treppe mit geschlossenen Stufen, mehrere Münzen/Spielsteine, Zettel, Kreppklebeband, 1 Plakat und 1 Stift; für die Variante: Münzen unterschiedlichen Wertes oder Spielsteine in verschiedenen Farben

Treppenstaffel

Die Kinder werden in mehrere Mannschaften eingeteilt und stellen sich hintereinander auf. Auf „Los!" startet jeweils das erste Kind von einer Startlinie aus, rennt zur Treppe, geht mit beiden Füßen auf die erste Stufe und wieder zurück. Es klatscht das nächste Kind seiner Mannschaft ab und sagt „eins". Das nächste Kind rennt zur Treppe und muss Stufe eins und zwei auf dem Hin- und Rückweg mit jeweils beiden Füßen betreten. Dann klatscht es das nächste Kind ab und sagt „zwei". Dies geht so lange, bis ein Kind die oberste Stufe erreicht hat.

Material: 1 Treppe

9. JAKOB HEIRATET

Bibeltext: 1. Mose 29,1-30
Zielgedanke: Gott geht mit uns nicht immer auf geraden Wegen, aber er geht mit.

Einstiegsspiel

Auf Umwegen ans Ziel

Auf dem Boden wird ein großer Kreis markiert, in dessen Mitte eine leere Plastikflasche steht. Der Durchmesser des Kreises muss so groß sein, dass niemand die Flasche berühren kann, ohne über die Markierung zu treten. Nun erhält die Gruppe die Aufgabe, die Flasche gemeinsam zu holen, ohne die Markierung zu übertreten. Hilfsmittel wie Bälle oder Besenstiele sind dazu nicht erlaubt. Wie schafft es die Gruppe?
Material: Markierung für den Kreis, 1 leere Plastikflasche

Einstiegsfragen

- Was wolltest du schon einmal haben und hast es nicht sofort, sondern erst später bekommen?
- Hat dich schon mal jemand im sprichwörtlichen Sinn fallen gelassen? Wie hat sich das angefühlt?

Vorlesegeschichte

Jetzt müsste er es bald geschafft haben. Dort vorne sieht er einen Brunnen und einige Hirten mit ihren Herden. Die will er mal nach dem Weg fragen. Jakob schultert noch einmal seine Decke und geht die letzten Schritte etwas schneller. Vier Wochen ist er jetzt schon unterwegs. So langsam hat er keine Lust mehr zum Wandern und zum Schlafen im Freien. Er will jetzt endlich am Ziel sein.

Am Brunnen angekommen wird er von den Hirten neugierig beäugt. Einen Fremden hat es schon lange nicht mehr hier in der Gegend gegeben. Jakob will wissen, wo er sich befindet. „Woher kommt ihr?", fragt er die Hirten. „Aus Haran", antwortet einer. „Aus Haran?" Jakob ist froh, diesen Namen zu hören. Dort soll sein Onkel wohnen, hat die Mutter gesagt. „Kennt ihr in Haran einen gewissen Laban?" „Na klar!", antwortet ein anderer Hirte und kaut gelangweilt auf einem Grashalm. Zum Reden haben sie scheinbar keine Lust und ihre Antworten sind so knapp wie nötig. „Geht es ihm gut?", will Jakob wissen. „Ja", antworten sie, „da drüben kommt Rahel, seine Tochter, mit ihrer Herde." Jakob ist so glücklich, endlich angekommen zu sein. Aber er will seine Freude nicht vor diesen neugierigen und wortkargen Hirten zeigen. Nervös läuft er auf und ab. Wie kann er die Hirten loswerden? Er will nicht, dass sie seine ganzen Emotionen sehen, wenn er seiner Cousine das erste Mal begegnet.

„Was macht ihr hier eigentlich? Warum tränkt ihr nicht eure Tiere und lasst sie wieder weiden? Es ist doch viel zu früh, um sie schon für die Nacht zusammenzutreiben." Jakob hofft, dass sie auf seinen Vorschlag eingehen und den Platz räumen, bevor Rahel ankommt. „Das ist nicht erlaubt. Wir warten immer, bis alle Besitzer des Brunnens da sind. Dann räumen wir gemeinsam den Stein zur Seite und tränken die Tiere. Es darf keiner allein am Wasserloch sein, sonst macht er womöglich noch Unsinn. Schließlich gehört uns der Brunnen gemeinsam." „Ach so ist das hier", denkt Jakob. „Schade."

Und dann ist Rahel auch schon da. Jakob sieht sie und weiß gar nicht, was er sagen soll. Rahel ist wunderschön! Vom ersten Augenblick an hat er sich in sie verliebt. Er will ihr etwas Gutes tun, für sie sorgen. Aber er hat gar nichts dabei. Kurzentschlossen schiebt er die schwere Steinplatte über dem Brunnen mit ganzer Kraft zur Seite. „Ich helfe dir beim Tränken!" Mehr kann Jakob nicht sagen. Er lässt Rahels Tiere trinken und achtet darauf, dass sie nicht in das Wasserloch fallen. Die anderen Hirten brummen zuerst etwas vor sich hin, weil noch nicht alle Hirten angekommen sind, aber dann lassen sie Jakob gewähren. Auch sie spüren, dass etwas in der Luft liegt.

Nachdem Jakob sich um die Tiere gekümmert hat, wendet er sich an Rahel. Er küsst sie auf die Wange. Jetzt kann er seine Gefühle nicht mehr unterdrücken. Er weint laut und kann gar nicht mehr aufhören. Es ist ihm peinlich, vor den anderen Männern so zu weinen, aber er kann nicht anders. Als er sich etwas beruhigt hat, sagt er: „Rahel, ich bin Jakob, der Sohn deiner Tante Rebekka. Ich bin seit vier Wochen unterwegs, um zu euch zu kommen. Ich bin so froh, dass ich endlich bei meiner Familie angekommen bin." Jakob wischt sich noch einmal über die Augen. Jetzt kann er die hübsche Rahel wieder anschauen und nimmt sie vor Freude in den Arm. Auch Rahel hat Tränen in den Augen. „Mein Vater hat viel von deiner Mutter erzählt, wie sie damals mit einem Diener weggegangen ist, um zu heiraten. Er vermisst deine Mutter sehr. Ich werde vorauslaufen und ihm erzählen, dass du angekommen bist. Der wird Augen machen." Rahel dreht sich um und rennt los. Laban ist schnell herbeigeeilt, und auch er freut sich sehr über Jakobs Ankunft. Er lädt Jakob ein, bei ihm zu wohnen und die Geschichte zu erzählen, warum er gekommen ist.

Als sie wie jeden Abend nach getaner Arbeit am Feuer sitzen und sich die alten Geschichten ihrer Väter erzählen, sagt Laban: „Jakob, du bist jetzt schon vier Wochen bei uns auf dem Hof und hilfst fleißig mit. Ich kann deine Hilfe gut gebrauchen. Aber ich will dir auch einen Lohn dafür bezahlen. Was willst du als Lohn haben?" „Gib mir deine jüngere Tochter Rahel zur Frau. Ich kann keinen Brautpreis für sie bezahlen, aber ich will sieben Jahre für sie arbeiten", antwortet Jakob. „Einverstanden", sagt Laban.

Sieben Jahre später findet die Hochzeit statt. Jakob hat Rahel sehr gern, darum ist ihm die Zeit bis zur Hochzeit so kurz vorgekommen, als wären es nur sieben Tage gewesen. Den ganzen Tag haben sie fröhlich getanzt und gut gegessen. Am Abend führt Laban seine Tochter tief verschleiert in Jakobs Wohnung, wie es Brauch ist. Jakob und seine Braut lieben sich in der Dunkelheit. Jakob ist glücklich. Endlich ist er angekommen. Er hat seine Heimat verloren, aber eine neue Familie gefunden. Mit Rahel will er eine große Familie gründen. Als Jakob am nächsten Morgen glücklich zu seiner Braut hinüberschaut, bekommt er einen riesen Schreck. Die Frau, die da neben ihm im Bett liegt, ist nicht Rahel, sondern Lea, ihre ältere Schwester! Wütend rennt er zu seinem Schwiegervater und zerrt ihn aus dem Bett. „Du hast mich betrogen. Du hast mir Lea statt Rahel gegeben!" Laban lächelt Jakob schief an. „Bei uns ist es üblich, dass zuerst die ältere Tochter heiratet, dann die jüngere. Wenn du mit Lea die Hochzeitswoche verbracht hast, dann gebe ich dir auch noch Rahel zur Frau. Aber dafür musst du noch einmal sieben Jahre hier arbeiten." Wütend stampft Jakob mit dem Fuß. Er wurde hinters Licht geführt. Aber er liebt Rahel so sehr, dass er bereit ist, diesen Preis zu bezahlen. „Meinetwegen! Aber dann muss es wirklich Rahel sein, die du mir zur Frau gibst!" Laban nickt.

Jakob verlässt das Haus. Er muss erst einmal frische Luft schnappen. Seine Gedanken gehen zurück an den Tag, als er vor sieben Jahren seinen Vater betrogen und sich als seinen älteren Bruder Esau ausgegeben hat. Nun ist er selbst betrogen worden. Seine Schuld an seiner Familie hat ihn scheinbar eingeholt. Was er damals mit seinem Bruder und Vater gemacht hat, das erlebt er jetzt am eigenen Leib. Ist Gott böse auf ihn? Jakob weiß es nicht. Er erinnert sich an seinen Traum, als Gott ihm versprochen hat: „Ich gehe mit dir!" Daran will Jakob sich festhalten.

Vertiefungsfragen

- Warum betrügen sich Menschen gegenseitig?
- Holt uns die eigene Lüge immer wieder ein?

Spiele mit dem Brautpaar

Begrüßungstanz

Alle Kinder tanzen zur Musik. Wenn die Musik stoppt, wird eine Anweisung gegeben, wie jetzt weitergetanzt werden soll (z. B. alle Kinder abklatschen, denen man begegnet; alle Kinder mit der Schulter leicht stoßen; bei den anderen Kindern einen Handkuss andeuten; die anderen Kinder mit dem Po anstupsen).
Material: Musik und Abspielgerät

Hochzeitsgäste benennen

Die Kinder werden in zwei Gruppen eingeteilt und setzen sich jeweils auf eine Seite eines gespannten und undurchsichtigen Tuches, das als Trennwand von zwei Personen aus dem Mitarbeiterteam gehalten wird. Jeweils ein Kind setzt sich direkt vor das Tuch. Auf „Los!" wird das Tuch fallengelassen und die zwei Kinder, die vorn am Tuch sitzen, müssen blitzschnell den Namen des Kindes sagen, das ihnen gegenübersitzt. Wessen Name zuerst genannt wurde, muss die Gruppe wechseln.
Variante: Im Vorfeld denken sich alle andere Namen bzw. Bezeichnungen aus (z. B. Onkel der Braut, Bräutigammutter). Diese Namen bzw. Bezeichnungen werden mehrmals wiederholt. Welche Gruppe gewinnt?
Material: 1 großes, undurchsichtiges Tuch

Familien finden

Je nach Anzahl der Kinder werden Zettel mit Familienmitgliedern verschiedener Generationen beschriftet (z. B. für Familie Schneider: Opa S., Oma S., Vater S., Mutter S., Sohn S., Tochter S.). Dies sollte für mindestens drei Familien gemacht werden. Alle Zettel werden gefaltet und in ein Körbchen gelegt. Für jede Familie steht ein Stuhl bereit. Nun zieht jedes Kind einen Zettel. Auf „Los!" darf er gelesen werden. Alle Kinder müssen ihre Familienmitglieder finden und sich nach Generationen sortiert auf den Stuhl setzen, dabei sitzt jeweils der Mann unten: Opa, Oma, Vater, Mutter, Sohn, Tochter. Welche Familie sitzt zuerst richtig?

Variante: Es gibt mehr Zettel als Kinder. Niemand weiß, wer fehlt. Trotzdem müssen sich die Familien so schnell wie möglich setzen.

Material: kleine Zettel, Stift, 1 Körbchen, mindestens 3 Stühle

Wadentasten

Einem Kind (oder mehreren), das sich freiwillig gemeldet hat, werden die Augen verbunden. Alle anderen Kinder stellen sich in einer Reihe auf und krempeln die Hosenbeine bis zu den Knien auf. Das blinde Kind muss nun die Waden der Kinder ertasten und erraten, um wen es sich handelt.

Variante: Alle Kinder strecken die Arme aus und das blinde Kind ertastet und errät die Kinder an Händen und Unterarmen.

Material: Augenbinden

Die Nase kenne ich

Aus einer großen Pappe, die etwas größer ist als ein Kopf, wird ein Loch geschnitten, durch das eine Nase passt. Ein Kind stellt sich vor die geöffnete Tür. Im Türrahmen wird ein undurchsichtiges Tuch als Sichtschutz von zwei Personen gehalten. Alle anderen Kinder hocken sich hinter das Tuch. Eines dieser Kinder bekommt nun die Pappe, steckt seine Nase durch das Loch und tritt an das Tuch, sodass man nur die Pappe sehen kann. Das Kind auf der anderen Seite muss erraten, wem die Nase gehört.

Tipp: Dies kann auch mit Ohren, Mund und Augen wiederholt werden.

Material: 1 großes, undurchsichtiges Tuch, 1 große Pappe, 1 Schere

Stopptanz

Alle Kinder tanzen zur Musik. Wenn die Musik stoppt, müssen alle Kinder in ihrer Bewegung verharren. Wer zuletzt stoppt, scheidet aus. Wer bleibt am Schluss übrig?

Material: Musik und Abspielgerät

10. JAKOB VERSÖHNT SICH

Bibeltext: 1. Mose 32 – 33
Zielgedanke: Gott macht zur Versöhnung bereit.

Einstiegsspiel

Geschenk weitergeben

Eine Süßigkeit, die für alle Kinder reicht, wird in einer Schachtel verpackt und mit mehreren Lagen Geschenkpapier eingepackt. Alle Kinder sitzen im Kreis. Eine Person aus dem Mitarbeiterteam stellt einen Timer auf 20 Sekunden. Das Geschenk wird im Kreis herumgegeben. Wenn der Timer klingelt, darf das Kind, das das Geschenk in den Händen hält, die oberste Lage Geschenkpapier auspacken. Dann wird wieder der Timer auf eine unbekannte Zeit gestellt und das Geschenk wird weiter im Kreis herumgereicht und beim Klingeln des Timers die nächste Lage Geschenkpapier ausgepackt. Dies geht so lange, bis das eigentliche Geschenk zum Vorschein kommt, das mit allen geteilt wird.
Material: 1 Süßigkeit (die für alle reicht), 1 Schachtel, Geschenkpapier, Klebeband, 1 Timer

Einstiegsfragen

- Wie fühlst du dich, wenn dir jemand etwas schenkt?
- Was braucht es, damit du dich mit jemandem, mit dem du dich gestritten hast, wieder versöhnst?

Vorlesegeschichte

„Vorsicht, der Stein hier ist lose!" Jakob hält seinen jüngsten Sohn Josef fest an der Hand. Gemeinsam waten sie durch das Wasser des Jabbok. Jakob hatte sich schon gestern bei Tageslicht eine seichte Stelle ausgesucht, um seine Familie sicher ans andere Ufer zu bringen. Jetzt, mitten in der Nacht, ist er froh, dass er sich bereits auskennt. „Gleich haben wir es geschafft, Josef!" Er will seinem Sohn Mut zusprechen, aber eigentlich ist er es selbst, der diesen Zuspruch gebrauchen kann. Jakob hat Angst. Schreckliche Angst! Der Streit vor 20 Jahren mit seinem Bruder Esau ist nicht vergessen. Jakob hatte sich als Esau verkleidet und ihm den Segen seines Vaters abgeluchst. Esau war damals so wütend gewesen. Seine Mutter Rebekka schickte Jakob fort zu seinem Onkel, denn es war nicht sicher, ob Esau Jakob vielleicht umbringen würde.

Bei seinem Onkel Laban hat Jakob die letzten 20 Jahre verbracht. Die ersten 14 Jahre waren auch schön gewesen. Er hat Rahel, dessen Tochter, lieben gelernt und geheiratet, nachdem sein Onkel ihm auch Lea, die ältere Schwester, untergejubelt hatte. Jakob hat elf Söhne und eine Tochter bekommen. Und riesige Herden an Schafen, Ziegen, Kamelen,

Kühen und Eseln! Gott hat ihn wirklich reich gesegnet, wie sein Vater es ihm damals zugesagt hatte. Jakobs Reichtum hat bei seinem Onkel und seinen Schwagern viel Neid hervorgerufen. Zehn Mal hat sein Onkel den Lohn geändert, aber er konnte nicht verhindern, dass Jakobs Herden immer größer wurden. Jakob hat sich immer gefragt, wie lange er wohl noch bei seinem Onkel wohnen bleiben kann. Da kam der Ruf Gottes genau zur rechten Zeit. Im Traum war ihm Gott begegnet: „Ich bin der Herr, dein Gott. Ich habe dir diese großen Herden gegeben. Gehe jetzt zurück in dein Heimatland. Ich beschütze dich und lasse es dir gut gehen." Nichts hielt ihn mehr bei Laban. Und so war er in einer Nacht- und Nebelaktion abgehauen. Wie gut, dass Laban ihm hinterher gereist war und sie doch noch Frieden schließen konnten. So kann er seine Vergangenheit getrost hinter sich lassen.

Auf ihn wartet neues Land auf der anderen Seite des Flusses. Aber Jakob freut sich nicht darauf. Denn dort wird er unweigerlich auf seinen Bruder Esau treffen. Diese Versöhnung ist nötig, das weiß Jakob. Aber er hat Angst davor, dass Esau ihm noch immer böse ist. Jakob hat Boten losgeschickt, die Esau darüber informieren sollen, dass Jakob auf dem Weg zu ihm ist. Sie kamen zurück und konnten nur berichten, dass Esau ihm mit 400 Mann entgegenkommt. Wie die Stimmung Esaus ist, konnten sie nicht sagen. Jakob ist wirklich sehr nervös. Seit Tagen kann er nachts nicht mehr schlafen. Gott hat ihn so reich gesegnet. Soll ihm das jetzt alles von Esau genommen werden?

Darum hat Jakob sich etwas einfallen lassen, um Esau zu besänftigen. 200 Ziegen, 200 Schafe, 20 Ziegenböcke, 20 Schafböcke, 30 Kamelstuten und ihre Jungen, 40 Kühe, 10 Stiere, 20 Eselstuten und 10 Eselhengste hat er in mehrere Herden aufgeteilt und sie nacheinander mit Dienern losgeschickt. Sie sollen Esau ausrichten: „Diese Herden gehören Jakob, deinem Diener. Er will sie dir schenken. Jakob selbst kommt hinter uns." Jakob hofft, dass Esau sich durch die Geschenke besänftigen lässt. Und sollte Esau so wütend sein, dass er die ganze Herde niedermetzelt, hat Jakob immer noch genug Gelegenheit, mit seinen Frauen, Kindern und dem, was Esau noch nicht erreicht hat, zu fliehen. Gestern sind die Herden mit einigem Abstand aufgebrochen. Heute Nacht hat er seine Familie geweckt, um sie im Schutz der Dunkelheit über den Jabbok und Esau entgegenzuschicken.

Josef ist gut auf der anderen Seite des Ufers angekommen. Seine Frauen sollen die Nacht nutzen, um den Herden zu folgen. Jakob will noch einmal zurück über den Jabbok. Irgendetwas zieht ihn dorthin, er kann es nicht genau sagen. Kaum hat er den Fluss verlassen, da tritt ihm ein fremder Mann entgegen. Gemeinsam beginnen sie einen Ringkampf, ohne dass Jakob hätte sagen können, was der Grund dafür ist. Sie kämpfen die ganze Nacht, ohne dass einer als Sieger hervorgeht. Im Morgengrauen, als der Fremde merkt, dass Jakob sich nicht besiegen lässt, gibt er ihm einen Schlag auf die Hüfte, sodass sich das Gelenk ausrenkt. Dann sagt er: „Lass mich los, die Nacht ist vorbei." Aber Jakob entgegnet: „Ich lasse dich erst los, wenn du mich gesegnet hast." „Wie heißt du?", fragt der Fremde. „Ich bin Jakob." Der Fremde antwortet: „Du sollt nicht mehr Jakob heißen, denn du hast mit Gott und den Menschen gekämpft und gewonnen. Ich gebe dir dafür den Namen Israel, das bedeutet: Gott möge herrschen." Dann segnet der Fremde Jakob und verschwindet.

„Ich habe Gott gesehen!", ruft Jakob. „Gott hat mir den Segen gegeben, den ich mir damals von meinem Vater erschlichen habe. Jetzt hat er den Segen gültig gemacht!" Jakob hat die Begegnung mit Gott verändert. Er weiß jetzt: Gott hält seine Versprechen. Er geht mit in die schwierige Begegnung mit Esau.

Jakob hinkt seiner Familie hinterher. Als er sie eingeholt hat, kann er Esau schon von Weitem erkennen. Auf dem Weg dorthin wirft er sich sieben Mal vor ihm nieder. Aber Esau kommt ihm einfach nur entgegen und wirft sich Jakob um den Hals. Beide weinen vor Freude. Nachdem Jakob wieder zu Atem gekommen ist, stellt er seine Familie vor. „Und was wolltest du mit den vielen Tieren, die du mir vorausgeschickt hast?", fragt Esau. „Ich habe sie dir als Geschenk geschickt, damit du mir verzeihst und mir freundlich begegnest", antwortet Jakob. „Ich habe selbst genug, lieber Bruder", sagt Esau, „behalte deine Tiere." „Nein, auf keinen Fall. Du sollst sie haben. Gott hat mich reich gesegnet und darum will ich sie dir schenken. Ich bin so froh, dass du mir verzeihst und mir nicht mehr böse bist. Nimm sie als Geschenk unserer Bruderschaft an." Jakob ist froh, dass die Fehler seiner Vergangenheit nun vergeben sind. Hier in seiner alten Heimat kann er wieder neu anfangen, weil Gott ihm seinen Segen dazu gegeben hat.

Vertiefungsfragen

- Warum vergibt Esau Jakob?
- Wie kann uns Gott helfen, uns mit Menschen zu versöhnen, mit denen wir uns gestritten haben?

Spiele mit Geschenken

Geschenke auspacken

Zwei gleiche Gegenstände werden in Geschenkpapier verpackt. Zwei Kinder bekommen Fausthandschuhe an. Auf „Los!" müssen sie versuchen, so schnell wie möglich das Geschenk auszupacken. Wer schafft es zuerst? Wenn mehrere gleiche Geschenke eingepackt sind, kann das Spiel mit anderen Kindern wiederholt werden.
Material: 2 gleiche Gegenstände in Geschenkpapier, 2 Paar Fausthandschuhe

Geschenke einpacken

Die Kinder werden in mehrere Teams eingeteilt und erhalten eine Pappkiste, eine Rolle Geschenkpapier, eine Schere, 1 Rolle Klebeband und eine Wunschliste, auf der verschiedene Gegenstände stehen, die besorgt werden müssen (z. B. Gabel, Kissen, Gänseblümchen, Stift, Gürtel, Buch). Auf „Los!" müssen die Kinder die Gegenstände besorgen und in die Pappkiste packen. Danach muss die Kiste in Geschenkpapier eingepackt werden. Welche Gruppe hat zuerst ihr Geschenk eingepackt?
Material: pro Gruppe 1 Wunschliste, 1 Pappkiste, 1 Rolle Klebeband, 1 Rolle Geschenkpapier, 1 Schere

Geschenke erraten

In Schachteln werden verschiedene Dinge eingepackt, die beim Schütteln der Schachtel ein Geräusch machen (z. B. LEGO® Bausteine, Kronkorken, Besteck, kleine Steine, trockene Erbsen, Schlüssel, Spielkarten). Die Dinge müssen so eingepackt sein, dass sie in der Schachtel genug Platz haben. Die Schachteln werden in Geschenkpapier eingepackt und nummeriert. Die Kinder spielen einzeln oder in Gruppen und müssen durch Schütteln erraten, was in dem Geschenk ist. Ihre Lösung notieren sie. Anschließend werden die Geschenke ausgepackt und die Lösungen verglichen. Wer hat die meisten Geschenke richtig erraten?
Material: Schachteln, Geschenkpapier, Papier und Stifte, verschiedene Gegenstände zum Einpacken

Geschenke ertasten

Es werden Gegenstände eingepackt (ohne Schachteln), die durch Ertasten erraten werden müssen (z. B. Buch, DVD, Puzzle im Beutel, Spielzeugauto, Stift). Das Geschenkpapier muss dafür allerdings mehrlagig verwendet werden. Die Lösungen werden notiert.
Material: Geschenkpapier, Papier und Stifte, Gegenstände zum Fühlen

Zu zweit ein Geschenk einpacken

Jeweils zwei Kinder bilden ein Team und erhalten eine Pappschachtel, Geschenkpapier, eine Rolle Klebeband, Geschenkband und eine Schere. Beide Kinder legen eine Hand auf den Rücken. Auf „Los!" müssen sie gemeinsam die Schachtel als Geschenk verpacken und mit dem Geschenkband verzieren. Prämiert wird das schönste Geschenk. Der Spaß sollte dabei allerdings im Vordergrund stehen.
Tipp: Es können auch die rechte Hand des einen Kindes mit der linken Hand des anderen Kindes am Handgelenk mit einem Tuch oder Stoffstreifen zusammengebunden werden. Die Kinder stehen sich dann gegenüber und müssen so das Geschenk einpacken.
Material: pro Team 1 Pappschachtel, Geschenkpapier, 1 Rolle Klebeband, Geschenkband, 1 Schere; evtl. Tücher oder Stoffstreifen zum Zusammenbinden der Hände

11. JOSEFS TRÄUME

Bibeltext: 1. Mose 37
Zielgedanke: Neid auf die Geschwister und Freunde bringt oft nichts Gutes, sondern zerstört.

Einstiegsspiel

Bonbons einsammeln

Bonbons in verschiedenen Farben sind im ganzen Raum versteckt oder liegen offen herum. Auf „Los!" müssen die Kinder versuchen, so viele Bonbons wie möglich zu sammeln. Erst wenn alle Bonbons eingesammelt sind, gibt die Spielleitung bekannt, welche Farbe wie viele Punkte gibt (z. B. Rot gibt 1 Punkt, Gelb gibt 2 Punkte, Grün gibt 4 Punkte). Es darf bei der Punktevergabe ruhig etwas unfair zugehen. Es kann auch ein in Alufolie eingepacktes Bonbon dabei sein, das 10 Punkte oder mehr gibt. Wer hat die meisten Punkte?
Material: Bonbons in verschiedenen Farben, Alufolie

Einstiegsfragen

- Wie reagierst du, wenn du ungerecht behandelt wirst?
- Hast du schon mal etwas von jemandem kaputt gemacht, das du gern haben wolltest?

Vorlesegeschichte

„Hier müssen sie doch irgendwo sein." Josef schaut sich ratlos um. Er ist auf einen Hügel geklettert, um die Umgebung besser sehen zu können. Aber wohin er auch blickt, er kann seine Brüder mit den Herden nicht entdecken. Sein Vater hat Josef hierher nach Sichem geschickt, um nach seinen Brüdern zu sehen, ob es ihnen gut geht. Dann sollte er mit dieser Nachricht wieder nach Hause kommen. Die Brüder sind weit in Richtung Norden aufgebrochen, vier Tagesreisen entfernt, weil es dort bessere Weideplätze gibt. „Wir gehen nach Sichem", haben sie gesagt. Jetzt ist Josef in Sichem. Aber von seinen Brüdern keine Spur. Dabei dürften sie doch nicht zu übersehen sein. Josef wandert weiter über die Felder Richtung Osten. Vielleicht haben sie ja die Richtung geändert? Aber auch dort kann er sie von einem Aussichtspunkt aus nicht entdecken. Josef kehrt um. Im Westen kann er sie auch nicht ausmachen. Oder sind sie doch weiter nach Norden gegangen? Josef stolpert über die Felder und weiß nicht, wo er jetzt hingehen soll. Vier Tage ist er gewandert, da kann er nicht mal eben nach Hause gehen und seinen Vater fragen.

Ach ja, sein Vater, der meint es wirklich gut mit ihm. Weil er ihn besonders liebt, hat er Josef ein schönes, buntes Gewand weben lassen. Das steht ihm wirklich ausgezeichnet! Seine Brüder beneiden ihn darum sehr, weil sie nicht so etwas Schönes geschenkt bekommen haben. Aber auch deshalb, weil Jakob mit diesem langen Gewand leider, leider nicht arbeiten kann. Was für ein Pech! Josef grinst in sich hinein. Er ist froh, dass er sich nicht mit den schmutzigen Tieren beschäftigen muss. Lieber hilft er ein bisschen im Garten mit, wenn es sein muss. Am liebsten aber unterhält er sich mit den vorbeiziehenden Händlern und hört sich ihre Geschichten an. Es ist auch schon vorgekommen, dass sie ihn um Rat gefragt und ihre Träume von ihm haben deuten lassen. Das kann Josef. Warum, weiß er auch nicht.

„Junge, ist dir dein Esel entlaufen oder was suchst du?" Josef dreht sich um. Ein Hirte mit seinen Schafen kommt auf ihn zu. Den hat Josef von Weitem gar nicht kommen sehen, so sehr war er in seine Gedanken vertieft. „Nein, ich suche meine Brüder", antwortet Josef. „Sie sind mit ihren Herden nach Sichem aufgebrochen, aber jetzt sind sie nicht mehr hier. Weißt du vielleicht, wo sie hingegangen sind?" Josef geht dem Hirten entgegen in der Hoffnung, dass der ihm weiterhelfen kann. „Ich habe gehört, dass sie zueinander gesagt haben: ‚Wir gehen weiter nach Dotan'. Das ist noch einmal eine Tagesreise weit nach Norden. Dort findest du sie vielleicht." „Hab Dank, da werde ich sie suchen." Josef verabschiedet sich und macht sich auf in die Richtung, die der Hirte ihm gezeigt hat. Ein gutes Stück Weg kann er noch schaffen, bevor die Dunkelheit hereinbricht. Dann wird er sich einen Platz für die Nacht suchen und morgen weiterwandern.

Ob er in der Nacht wieder etwas träumen wird? Josef erinnert sich noch ganz klar an die beiden Träume, die zu Hause für großen Streit gesorgt haben. Zuerst hatte er geträumt, dass er mit seinen Brüdern auf dem Feld war und Garben gebunden hat. Plötzlich stellte sich seine Garbe auf, die Garben seiner Brüder stellten sich dazu im Kreis und verbeugten sich vor Josefs Garbe. Ein anderer Traum war so ähnlich. Er sah Sonne, Mond und elf Sterne, die sich vor ihm verneigten. Für Josef war damals ganz klar, dass dies Vorhersagen von Gott waren. Er hat sie seiner Familie erzählt. Aber seine Brüder wurden sehr böse. „Du willst wohl unser König sein, was?" Und auch sein Vater war empört: „Ich, deine Mutter und deine elf Brüder sollen sich vor dir niederwerfen?" Josef hat nichts weiter dazu gesagt. Aber ab da hat er noch mehr den Hass seiner Brüder zu spüren bekommen.

Nur eine halbe Tagesreise entfernt haben seine Brüder eine traumlose Nacht verbracht. Als einer von ihnen am späten Vormittag in den Hügelketten eine Person über die Felsen klettern sieht, äußert er seine Vermutung. „Seht mal da oben! Diese Person sieht aus wie unser Bruder Josef!" „Stimmt", pflichtet ihm ein anderer bei, „so umständlich, wie der über die Felsen klettert, das kann nur Josef sein." Ein paar Brüder lachen. „Wahrscheinlich stolpert er dauernd über sein schickes Gewand!", sagt noch einer und macht dabei die weiche Stimme Josefs nach. „He Leute, das ist die Gelegenheit. Wir schnappen ihn uns, töten ihn und werfen ihn da drüben in den trockenen Brunnen. Dann wird Josef schon sehen, was er von all seinen Träumen hat!" „Ja, der hat's verdient!" „Gute Idee!" Die Brüder rufen durcheinander und überlegen, wie sie es am besten anstellen. „Lasst ihn am Leben!" Die Stimme von Ruben, dem Ältesten, bringt die Brüder zum Schweigen. „Lasst uns kein Blut vergießen. Werft ihn meinetwegen in den Brunnen, aber tötet ihn nicht!" Ruben hat vor, Josef später wieder aus dem Brunnen zu retten, aber das behält er schön für sich. Die Brüder überlegen und stimmen dann Rubens Vorschlag zu. Als Josef die Brüder erreicht hat, bleibt ihm gar keine Zeit mehr, sie zu begrüßen. Wie eine wilde Herde stürzen sich die Brüder auf ihn und reißen ihm das schöne Gewand vom Leib. All ihre angestaute Wut lassen sie an Josef aus. Erst im Brunnen ist er vor ihrem Zorn sicher. Die Brüder haben sich zum Mittagessen hingesetzt. Die Stimmung ist irgendwie komisch. Keiner traut sich etwas zu sagen. Schweigend löffeln sie ihren Eintopf. Juda eröffnet das Gespräch. „Was bringt es uns, wenn wir Josef im Brunnen verdursten lassen? Dann sind wir schuld an seinem Tod. Mir kommt gerade eine andere Idee. Da drüben ist eine Karawane nach Ägypten unterwegs. Wollen wir ihn nicht lieber als Sklave für 20 Silberstücke verkaufen?" Die Brüder sind froh, dass einer das Schweigen gebrochen hat. Die Idee ist wirklich brillant. Sie sind Josef los und haben ihn doch nicht umgebracht. Und dabei haben sie auch noch etwas Geld verdient. Josef ist schnell aus dem Brunnen geholt und verkauft. Ruben hat von all dem nichts mitbekommen und ist entsetzt, als er Josef aus dem Brunnen holen will. „Was mache ich jetzt? Ich habe als Ältester doch die Verantwortung für meine Brüder!" „Beruhige dich, Vater wird nichts merken. Wir schlachten ein Tier und beschmieren das schöne Gewand von Josef mit dem Blut und zerreißen es. Dann sagen wir ihm, ein böses Tier hat ihn gerissen. Er wird sicher nichts merken."

Der Heimweg ist lang und die Schuld auf ihren Rücken schwer. Der Vater bricht zusammen, als die Brüder ihm das zerrissene Kleid von Josef bringen. Niemand kann ihn wieder aufmuntern. Jakob ist ein gebrochener Mann. Ob das wirklich so eine gute Idee war, ihren Neid an Josef so auszulassen?

Vertiefungsfragen

- Wie geht man besser mit Neid um, als es die Brüder getan haben?
- Wo werden Menschen heute ungerecht behandelt?

Spiele mit Bonbons

Bonbons aus dem Sack

Eine Stofftasche wird mit je zehn Bonbons einer Farbe bestückt. Es sollten mindestens vier verschiedene Farben sein. Die Kinder werden in mehrere Gruppen eingeteilt und erhalten den Namen einer Bonbonfarbe. Die erste Gruppe beginnt und zieht ein Bonbon aus dem Sack. Ist es die eigene Farbe, darf es das Bonbon behalten und noch einmal ziehen. Ist es die Farbe einer anderen Gruppe, so gibt sie das Bonbon der entsprechenden Gruppe und auch den Sack. Diese Gruppe darf nun das nächste Bonbon ziehen. Welche Gruppe hat zuerst ihre zehn Bonbons aus dem Sack befreit?
Variante: Das Bonbon der anderen Gruppe wird wieder zurück in den Beutel geworfen, aber der Beutel trotzdem an die Gruppe weitergegeben, deren Farbe gezogen wurde.
Material: 1 Stofftasche, pro Gruppe 10 Bonbons einer Farbe

Bonbons essen

Alle Kinder sitzen am Tisch, vor jedem Kind liegt ein eingewickeltes Bonbon. Auf „Los!" müssen sie versuchen, das Bonbon mit dem Mund zu öffnen und auszuwickeln. Es sollten dafür nicht die Bonbons verwendet werden, die bei einem anderen Spiel auf dem Boden lagen. Wer schafft das am schnellsten?

Material: Tisch und Stühle, pro Kind 1 eingewickeltes Bonbon

Bonbon-Zehen-Staffel

Die Kinder werden in zwei Gruppen eingeteilt und setzen sich gegenüber in zwei Reihen auf Stühle. Alle ziehen ihre Schuhe aus. Auf der einen Seite jeder Reihe liegen fünf verpackte Bonbons, auf der anderen steht eine Schüssel. Die fünf Bonbons müssen nun von der einen Seite zur anderen wandern, indem jedes Kind das Bonbon mit den Zehen aufnimmt und es vor das nächste Kind legt. Das letzte Kind der Reihe legt die Bonbons in die Schüssel. Die Spielleitung kontrolliert, dass die Bonbons nicht gekickt, sondern tatsächlich auch mit den Zehen aufgehoben werden. Welche Gruppe hat zuerst alle fünf Bonbons in der Schüssel?

Material: 10 verpackte Bonbons, Stühle, 2 Schüsseln

Gedächtnisspiel mit Bonbons

Mindestens 20 leere Becher werden mit der Öffnung nach unten gestellt. Unter jedem Becher befindet sich ein Bonbon, unter zwei Bechern jeweils das gleiche. Die Becher werden gemischt. Die Kinder spielen entweder einzeln oder in Teams. Nun wird nach den Regeln von Memory® gespielt: Ein Kind/Team deckt zwei Becher auf. Sind darunter die identischen Bonbons zu finden, dürfen sie sie behalten und die nächsten zwei Becher umdrehen. Sind es zwei verschiedene Bonbons, kommt das nächste Kind/Team an die Reihe. Wer am Ende die meisten Bonbons hat, gewinnt.

Material: mindestens 20 leere Becher, mindestens 10-mal 2 gleiche Bonbons

12. JOSEF LANDET IM GEFÄNGNIS

Bibeltext: 1. Mose 39 – 40
Zielgedanke: Gott führt uns und bleibt an unserer Seite, auch in den Tiefpunkten unseres Lebens. Gott kann alles noch einmal verändern, auch wenn es zuerst nicht so aussieht. Es lohnt sich, ihm zu vertrauen.

Einstiegsspiel

Du bist raus!

Alle Kinder sitzen im Kreis. Es wird reihum gewürfelt. Wer eine ungerade Zahl würfelt, scheidet aus. Wer hat Glück und bleibt bis zum Schluss übrig? Das Spiel kann mehrmals wiederholt werden.
Variante: Es wird eine bestimmte Zahl festgelegt. Wer sie würfelt, scheidet aus.
Material: 1 Würfel

Einstiegsfragen

- Hast du schon mal Glück gehabt?
- Hast du schon mal Pech gehabt?

Vorlesegeschichte

„Habe ich eigentlich Glück oder Pech?", fragt sich Josef. Er sitzt auf einem umgedrehten Eimer und hat den Kopf in die Hände gestützt. Sein Leben hat sich schon so oft gedreht. Glück oder Pech? Er kann es wirklich nicht sagen. Zuerst war sein Leben eine einzige Glückssträhne. Er wurde als erster Sohn der Lieblingsfrau seines Vaters geboren. Darum hat sein Vater ihn immer bevorzugt, ihm schöne Kleider geschenkt und ihn weniger arbeiten lassen als seine Brüder. Die Brüder sind natürlich neidisch auf Josef gewesen und sauer, dass er so bevorzugt wurde. Sie haben ihn überfallen und an eine Karawane verkauft. Was für ein Pech! Die Händler wiederum haben ihn in Ägypten an Potifar verkauft. Potifar ist Beamter am Königlichen Hof. Gott hat Josefs Arbeit hier gelingen lassen. Darum hat Potifar Josef die Verantwortung über sein ganzes Haus und seinen ganzen Besitz übertragen. Obwohl er als Sklave nach Ägypten gekommen ist, ist er jetzt der persönliche Diener eines hohen Staatsbeamten. Was hat Josef doch für ein Glück!

Zumindest bis ihm die Frau von Potifar dazwischengekommen ist. Weil Josef hübsch ist, hatte sie ein Auge auf ihn geworfen. Sie wollte unbedingt, dass Josef mit ihr ins Bett ging. „Potifar hat mir all sein Vertrauen geschenkt. Da kann ich ihn doch nicht betrügen und mit seiner Frau ins Bett gehen", antwortete Josef ihr. Aber die Ehefrau konnte sein Nein nicht akzeptieren. Immer wieder umwarb sie ihn und wollte seine Nähe spüren. Aber Josef wehrte sich. Eines Tages war er noch im Haus beschäftigt. Alle anderen Diener hatten bereits Feierabend, Potifar war noch unterwegs. Da kam die Ehefrau des Potifar und wollte wieder mit Josef ins Bett gehen. Sie bedrängte ihn und hielt ihn an seinem Mantel fest. Aber Josef wehrte sich, wand sich aus seinem Mantel und rannte davon. Die Frau war stinksauer, als sie merkte, dass Josef ihr entwischt war. Da fiel ihr eine List ein. Sie wartete, bis ihr Mann nach Hause kam, dann tischte sie ihm eine Lügengeschichte auf. „Du hast mir diesen Sklaven ins Haus gebracht und siehe, was er angerichtet hat. Er wollte zu mir ins Bett steigen. Da habe ich laut geschrien und vor Schreck ist er davongerannt. Nur seinen Mantel hat er dagelassen." Potifar wurde zornig, war er sich doch sicher, dass er sich auf Josef verlassen konnte. Er ließ Josef sofort festnehmen und in das königliche Gefängnis werfen. Josef hatte wirklich Pech!

Jetzt sitzt Josef hier in diesem dunklen Loch. Was hat er eigentlich falsch gemacht? Ist er einfach nur zur falschen Zeit von der falschen Frau geboren worden? Oder warum wird er so vom Pech verfolgt? Oder wird er vom Glück verfolgt? Auch hier im Gefängnis lässt Gott Josef alles gelingen, was er tut. Zuerst sollte er nur helfen, das Essen auszuteilen. Aber als der Gefängniswärter gemerkt hat, dass auf Josef Verlass ist, hat er ihm immer mehr Aufgaben gegeben. Jetzt kann Josef sich frei im Gefängnis bewegen und mit allen anderen Mitgefangenen sprechen. Heute will er wieder die beiden neuen Gefangenen besuchen. Sie sind einmal Bäcker und Mundschenk beim Pharao gewesen. Aber irgendetwas ist da schiefgegangen, so landeten die beiden im Gefängnis. Mit ihnen kann man sich gut unterhalten, sie haben viel gesehen und sind sehr gebildet.

Als Josef die Zellentür zu den beiden öffnet, sieht er zwei traurige Gestalten auf ihren Matten sitzen. „Guten Morgen! Was ist los? Warum lasst ihr den Kopf hängen? Ihr seht so betrübt aus." Josef überlegt, ob er den Gefängnisarzt rufen soll, da antwortet der Bäcker: „Wir hatten beide heute Nacht einen Traum. Aber hier im Gefängnis gibt es keine Traumdeuter so wie am Hof des Pharaos. Niemand kann uns sagen, was die Träume bedeuten." Das ist also ihr Problem. „Träume zu deuten ist Gottes Sache", sagt Josef. „Erzählt mir doch mal eure Träume, vielleicht sagt Gott mir ja, was sie bedeuten."

Die beiden sehen sich irritiert an. Ein Gefangener, der Träume deuten kann? Na gut, sie haben eh keine andere Wahl. „Also, dann fange ich mal an", sagt der Mundschenk und räuspert sich. „Ich habe von einem Weinstock geträumt, der drei Reben hat. Der Weinstock blühte und trug schöne, große Trauben. In der einen Hand hatte ich den Becher des Pharaos, mit der anderen presste ich eine Traube aus. Der Saft lief direkt in den Becher. Ich gab den Becher dem Pharao." Josef muss nicht lange überlegen, er weiß, was der Traum bedeutet. „Ich kann dir sagen, was der Traum bedeutet." Der Mundschenk schaut ihn hoffnungsvoll an. „Was denn?", fragt er. „Die drei Reben bedeuten drei Tage. In drei Tagen wird dich der Pharao wieder in dein Amt als oberster Mundschenk einsetzen. Alles wird gut." Der Mundschenk schaut Josef fragend an. Wird das wirklich passieren? Hoffnung keimt in ihm auf. „Ja, so wird es sein. Aber eine Bitte habe ich an dich", sagt Josef. „Wenn du wieder am Hof des Pharaos bist, dann vergiss mich nicht. Lege ein gutes Wort für mich ein. Vielleicht braucht der Pharao einen Diener oder einen Traumdeuter. Dann empfiehl mich. Ich bin unschuldig nach Ägypten verschleppt und unschuldig in dieses Gefängnis geworfen worden. Befreie mich aus diesem Loch."

Der Bäcker hat aufmerksam zugehört. Weil der Traum des Mundschenks etwas Gutes bedeutet, traut er sich auch, seinen Traum zu erzählen. „Jetzt bin ich dran. Ich erzähle dir meinen Traum, Josef. Hoffentlich kannst du ihn auch deuten." Der Bäcker legt noch eine kleine Kunstpause ein, dann erzählt er: „Ich habe auch von mir selbst geträumt. Auf meinem Kopf trug ich drei Körbe mit Brot und Gebäck. Der oberste Korb war für den Pharao bestimmt. Da kamen Vögel herbeigeflogen und fraßen mir den ganzen Korb leer. Was bedeutet dieser Traum?" Josef will erst nichts sagen. Der Traum verheißt nichts Gutes. „Nun sag schon!", fordert ihn der Mundschenk auf. „Wir wollen es wissen!" „Also gut", antwortet Josef, „ich erkläre euch den Traum. Die drei Körbe bedeuten drei Tage. In drei Tagen wird der Pharao auch dich aus dem Gefängnis holen lassen. Aber anstatt dich wieder als Bäcker einzusetzen, wird er dich an einen Baum hängen und die Vögel werden dein Fleisch fressen." Dem Bäcker bleibt der Mund offen stehen. Sollte das wirklich stimmen? Sollte sein Leben in drei Tagen vorbei sein?

Josef weiß nicht mehr, was er noch sagen soll. Es ist alles gesagt. Worte des Trostes sind hier fehl am Platz. Josef verlässt die Zelle der beiden und geht seiner täglichen Arbeit nach. Aber der Gedanke an den Mundschenk und den Bäcker lässt ihn den ganzen Tag nicht mehr los. Hat der eine einfach nur Glück und der andere Pech gehabt? Oder hat Gott hier seine Hand im Spiel?

Vertiefungsfragen

- Wenn es uns schlecht geht, hat Gott uns dann verlassen?
- Wie kann man in unglücklichen Situationen noch auf Gott vertrauen?

Spiele für Glückliche

Sequenzen würfeln

Alle Kinder sitzen im Kreis. Es wird mit drei Würfeln gespielt. Ein Kind beginnt und wirft alle drei Würfel. Es muss eine Sequenz würfeln, also Eins, Zwei, Drei oder Zwei, Drei, Vier oder Drei, Vier, Fünf oder Vier, Fünf, Sechs. Dazu hat es drei Versuche. Nur die Sequenzen werden gezählt. Wer schafft die meisten?
Variante: Man kann pro Wurf je ein oder zwei Würfel mit entsprechender Augenzahl auswählen und beiseitelegen, z. B. die Drei und die Vier. Dann muss mit dem letzten Würfel eine Zwei oder Fünf gewürfelt werden.
Material: 3 Würfel

Indianerpoker

Die Regeln sind gleich wie bei „Vorhersehung". Allerdings halten sich die Kinder ihre Karten wie eine Indianerfeder an die Stirn, ohne sie selbst anzuschauen. Jedes Kind kann die Karten der anderen sehen, aber nicht seine eigenen. Es ist darauf zu achten, dass bei mehreren Karten immer die oberste abgelegt wird, damit man einigermaßen erahnen kann, ob man einen Stich macht oder nicht.
Material: pro 6 Kinder 1 Satz Zahlenkarten, Papier und Stift

Reißnagel werfen

Jedes Kind erhält einen Reißnagel und muss ihn zehnmal in die Luft werfen, sodass er wieder auf dem Boden oder Tisch landet. Dabei sollte er möglichst oft auf dem Kopf landen. Die Ergebnisse werden notiert. Wer hat Glück und schafft die meisten richtigen Landungen?
Variante: Die Reißnägel sollten möglichst oft auf der Seite landen.
Variante: Die Kinder müssen vorher eine Ansage machen, wie oft ihr Reißnagel auf dem Kopf / auf der Seite landet. Wer tippt richtig?
Material: Papier und Stift, pro Kind 1 Reißnagel

Vorhersehung

Alle Kinder setzen sich in Vierer- bis Sechsergruppen in einen Kreis und erhalten einen Satz Zahlenkarten (z. B. UNO®, Elfer raus!®, Ligretto®). Dann werden die Regeln für alle Kinder erklärt: Nacheinander legen die Kinder eine Karte ab. Es sticht jeweils nur eine höhere Karte derselben Farbe. Wenn z. B. das erste Kind eine rote Fünf legt, dann ist Rot Trumpf. Wenn das zweite eine blaue Zehn, das dritte eine rote Vier und das vierte eine rote Sechs legen, dann bekommt das letzte Kind den Stich, weil es die höchste rote Zahl gelegt hat. Haben alle Kinder die Regel verstanden, werden die Karten gemischt und je eine Karte verdeckt ausgeteilt. Es wird festgelegt, wer das Spiel beginnt (und damit auch den Trumpf festlegt). Jedes Kind schaut sich seine Karte an und entscheidet, ob es den Stich machen wird oder nicht. Das wird notiert. Dann werden die Karten der Reihe nach abgelegt und der Sieger nimmt den Stich. Es wird notiert, wer richtig getippt hat. Dafür gibt es 1 Punkt. Lag man falsch, gibt es keinen Punkt. In der zweiten Runde werden zwei Karten ausgeteilt, in der dritten drei usw. Auch das Kind, das startet, wechselt reihum. Es werden bis zu sechs Karten ausgeteilt. Dann wird zusammengezählt, wer die meisten Punkte hat.
Material: pro 6 Kinder 1 Satz Zahlenkarten, Papier und Stift

13. JOSEF DEUTET DIE TRÄUME DES PHARAOS

Bibeltext: 1. Mose 41,1-52
Zielgedanke: Gott hat uns begabt und will, dass wir die Gaben zum Guten für alle einsetzen.

Einstiegsspiel

Blindes Huhn

Die Kinder werden in Zweierteams eingeteilt. Einem Kind werden die Augen verbunden. Auf dem Boden werden trockene Erbsen oder Perlen verteilt. Das Kind muss in 1 Minute möglichst viele Erbsen finden. Dabei geht es am besten in Strümpfen durch den Raum, das sehende Kind gibt ihm hilfreiche Tipps, darf das blinde Kind aber nicht berühren. Wer sammelt die meisten „Körner"?
Tipp: Es können auch mehrere Teams gleichzeitig starten, dann muss die Anzahl der Erbsen/Perlen vergrößert werden.
Material: Augenbinden, trockene Erbsen/Perlen

Einstiegsfragen

- Wie hat dir schon mal jemand geholfen?
- Was kannst du besonders gut?

Vorlesegeschichte

Musa poliert das Besteck, legt es an seinen Platz und wirft noch einen letzten prüfenden Blick auf die königliche Tafel. Ja, so müsste alles passen. Das Frühstück steht bereit. Musa als oberster Mundschenk ist dafür verantwortlich, dass die Speisen für den Pharao, den König von Ägypten, richtig zubereitet, schmackhaft und bekömmlich sind. Musa testet die einzelnen Gerichte und hat die Aufsicht über alle Diener, die bei Tisch bedienen. Oft schon ist es vorgekommen, dass ein Pharao vergiftet wurde, weil ein anderer den Thron besteigen wollte. Darum leistet sich der Pharao diesen Luxus eines persönlichen Mundschenks. Musa ist sehr gewissenhaft. Als ihm vor zwei Jahren eine Schlampigkeit passiert ist, bekam der Pharao Durchfall und Musa und der königliche Bäcker landeten im Gefängnis. Aber dann hat der Pharao den Fall untersuchen lassen, Musa wieder in sein Amt eingesetzt und den Bäcker bestraft. Seitdem ist Musa noch genauer und ordentlicher bei seinen täglichen Aufgaben.

Mit Trompetenfanfaren wird die Ankunft des Pharaos im Speisezimmer angekündigt. Der Pharao sieht nicht so aus, als wäre er guter Laune, wie es die Trompeten verkünden. Musa reicht ihm seinen Becher: „Eure Hoheit, Ihr seht müde aus. Habt Ihr nicht gut geschlafen?", fragt Musa besorgt. Mürrisch winkt der Pharao ab. Er will nicht reden, nur essen. Wortlos wird ihm Brot und Obst gereicht. Doch außer ein paar Traubenbeeren und ein paar Schlucken Wein will der Pharao nichts anrühren. „Mein Herr, ist etwas mit den Speisen nicht in Ordnung?", fragt Musa besorgt. Hat er etwa wieder etwas falsch gemacht? „Nein, nein, das ist es nicht. Ich habe geträumt. Man soll mir all meine Wahrsager und Gelehrten in meinen Thronsaal schicken, jetzt sofort!" Entschlossen steht der Pharao auf und schreitet zügig in Richtung Regierungsgebäude davon. Musa gibt seinen Dienern Anweisungen, die Tafel abzudecken und die Speisen zu versorgen. Dann folgt er dem Pharao.

Die Gelehrten und Wahrsager sind bald eingetroffen und stellen sich in stummer Erwartung vor dem Thron auf. Der Pharao beginnt: „Ich hatte heute Nacht zwei Träume, die mich sehr beunruhigen. Von euch möchte ich wissen, was sie bedeuten. In meinem ersten Traum stand ich am Nil. Sieben schöne und fette Kühe stiegen aus dem Nil und fraßen das saftige Gras, das dort am Ufer wuchs. Dann kamen sieben hässliche und magere Kühe aus dem Nil und stellten sich zu den fetten Kühen. Plötzlich fielen die mageren Kühe über die fetten her und fraßen sie auf. Dann wachte ich auf." Der Pharao macht eine kleine Pause, dann fährt er fort: „In meinem zweiten Traum sah ich einen Getreidehalm, der trug sieben volle Ähren. Danach wuchsen auf demselben Feld ganz normale Halme mit nur je einer Ähre. Diese Ähren blieben winzig und waren vom Ostwind ausgetrocknet. Die kümmerlichen Ähren verschlangen die sieben dicken, vollen Ähren." Der Pharao schaut die Gelehrten und Wahrsager an. „Jetzt will ich von euch wissen, was diese Träume bedeuten." Die Gelehrten schauen sich fragend an. So direkt hat keiner eine Antwort. Sie ziehen sich zur Beratung zurück. Doch nach einiger Zeit schicken sie den Ältesten mit der Botschaft: „Mein Herr und König, wir wissen es nicht, was diese Träume bedeuten." Der Pharao ist wütend und verzweifelt. Dass diese Träume etwas über seine Zukunft sagen wollen, das weiß er. Aber was?

Musa hat die Erzählung der Träume mit angehört und dem Pharao seinen Becher gereicht, während er auf die Erklärung durch die Gelehrten wartete. Jetzt ist Musa enttäuscht, hätte er doch so gern gewusst, was der Pharao da geträumt hat. Plötzlich fällt Musa seine eigene Lage vor zwei Jahren ein, als er im Gefängnis saß und diesen Traum hatte. Natürlich! Josef, dieser Ausländer, kann bestimmt die Träume des Pharaos deuten. Fast hätte Musa vor Begeisterung über seinen Einfall den königlichen Becher fallen lassen. „Mein Herr und König, verzeiht, wenn ich mich einmische. Aber mir ist da eben etwas eingefallen. Erinnert Ihr Euch noch an meine Verfehlung vor zwei Jahren, als Ihr Durchfall bekamt und mich und den königlichen Bäcker habt ins Gefängnis werfen lassen? Damals haben wir auch geträumt. Ein hebräischer Gefängnisdiener konnte uns unsere Träume erklären und genauso ist es dann passiert, wie er es vorhergesagt hat. Er kann Euch bestimmt Eure Träume deuten." Der Pharao ist sofort damit einverstanden, diesen Gefangenen zu holen.

Josef hat schon gar nicht mehr daran geglaubt, dass er eines Tages diese Gefängnismauern lebendig verlassen wird. Als er jetzt von zwei Soldaten abgeholt wird, sieht er sein Ende kommen. Er wundert sich: Warum werden ihm jetzt noch einmal die Haare geschnitten? Und warum wird er gebadet und bekommt schöne Kleider? Ist das ägyptische Tradition, dass man nur frisch gewaschen und frisiert hingerichtet werden darf? Nein, das glaubt Josef nicht. Was haben sie vor? Als die Soldaten mit ihm die Stadt durchqueren und auf den Königspalast zugehen, ahnt Josef, dass er zum Pharao gebracht werden soll. Bedeutet das etwas Gutes oder Schlechtes? Hat der Mundschenk sich nach zwei Jahren doch noch an ihn erinnert und ein gutes Wort für ihn eingelegt? Oder ist er hier, um sein Todesurteil zu erfahren? Gleich wird er es wissen.

Bevor Josef den königlichen Thronsaal betritt, wird er darin unterwiesen, wie er sich vor dem Pharao verbeugen und verhalten muss. Nach ein paar Probeverbeugungen wird er in den Saal geführt. „Ah, Josef, der Hebräer", schallt es Josef vom anderen Ende des Saals entgegen. Die Stimme ist freundlich und nach Todesurteil hört sich das nicht an. „Mein Herr und mein König!" Josef verbeugt sich, wie man es ihm eben beigebracht hat. „Man sagte mir, du kannst jeden Traum sofort deuten. Ich habe heute Nacht geträumt und weiß, dass die Träume etwas bedeuten. Aber niemand in meinem Reich kann die Träume erklären. Nun setze ich meine Hoffnungen auf dich, Hebräer." Josef beendet seine Verbeugung und wagt es, den Pharao direkt anzusehen. „Nicht ich kann die Träume deuten, sondern Gott ist es. Aber ich bin mir sicher, Gott wird dem Pharao etwas Gutes ankündigen." Neben dem Thron sieht Josef Musa stehen, der ihm verschwörerisch zuzwinkert. Also war er es, der ihn aus dem Gefängnis holen ließ. Wurde ja auch Zeit! Der Pharao erzählt Josef seine Träume. Der hört aufmerksam zu. Und während der Pharao spricht, entstehen in Josefs Kopf Bilder davon, was diese Träume bedeuten.

Als der Pharao seine Erzählung beendet hat, antwortet Josef: „Mit diesen Träumen will Gott dem Pharao zeigen, was er vorhat. Die beiden Träume bedeuten dasselbe. Die sieben fetten Kühe und die sieben fetten Ähren stehen für sieben gute Jahre. Die sieben mageren Kühe und die sieben ausgetrockneten Halme stehen für sieben Jahre Hungersnot. Gott wird Euch die nächsten sieben Jahre eine so reiche Ernte schenken, dass Ihr im Überfluss lebt. Aber danach werden sieben Jahre Hungersnot kommen. Gott hat Euch den Traum zweimal geschickt, um deutlich zu machen, dass dieses Ereignis in jedem Fall eintreten wird. Ich rate Euch, einen klugen Verwalter einzustellen, der dafür sorgt, dass in allen Städten der fünfte Teil der Ernte für die sieben Hungerjahre gelagert wird. Dann habt Ihr nichts zu befürchten." Der Pharao ist erleichtert, dass ihm jemand seine Träume deuten konnte. Und er findet den Vorschlag von Josef gut. Ja, er hat den Eindruck, dass in Josef der Geist Gottes lebt. Der Pharao macht Josef zum zweiten Mann im Staat, gibt ihm seinen Siegelring und betraut ihn mit der Aufgabe, die Josef selbst vorgeschlagen hat. So wird Josef vom verkauften Bruder, Sklaven und Gefangenen zum Herrscher über Ägypten. Wer hätte das gedacht?

Vertiefungsfragen

- Gott begleitet Josef in allen Lebenslagen. Gilt das auch für dich?
  Was bedeutet das für Lebensphasen, in denen es dir nicht gut geht?
- Welche Begabungen hast du und wie kannst du sie für andere einsetzen?

Spiele für Sammler

Getreideregen

Eine Decke wird auf dem Boden ausgebreitet. Zwei Kinder spielen gegeneinander. Sie erhalten einen Becher und stellen sich auf die Decke. Eine Person aus dem Mitarbeiterteam wirft eine Handvoll Körner in hohem Bogen auf die Decke. Die Kinder müssen versuchen, mit ihrem Becher so viele Körner wie möglich zu fangen. Das Ergebnis wird notiert, dann werden die Körner von der Decke zusammengeschüttet und noch einmal für die nächsten beiden Kinder geworfen. Wer hat die meisten Körner gefangen?
Material: 1 Decke, 2 Becher, Körner, Papier und Stift

Getreide aufsammeln

Viele Körner werden auf dem Boden verstreut. Jedes Kind erhält einen Becher. Auf „Los!" müssen die Kinder so viele Körner wie möglich innerhalb 1 Minute aufsammeln. Wer hat die meisten Körner in seinem Becher?
Material: viele Körner, pro Kind 1 Becher, 1 Stoppuhr

Appel und Ei

Die Kinder werden in kleinere Gruppen eingeteilt und erhalten einen Apfel und ein Ei. Damit ziehen sie los in die Nachbarschaft und fragen dort, ob sie den Apfel und/oder das Ei in etwas anderes umtauschen können. Dies machen sie so oft, bis sie zu einer vorgegebenen Zeit wieder am Startpunkt eintreffen müssen. Dann tauschen sich alle darüber aus, wer was gesammelt hat.
Material: pro Gruppe 1 Apfel und 1 Ei

Quartett

Ein Spiel mit Zahlenkarten und vier verschiedenen Farben (z. B. UNO®, Elfer raus!®, Ligretto®) wird gemischt und anschließend an alle Kinder verteilt. Alle Kinder müssen vier oder acht Karten besitzen. Ziel des Spiels ist es, vier gleiche Zahlenkarten in vier unterschiedlichen Farben abzulegen. Jedes Kind legt eine Karte, die es dafür nicht gebrauchen kann, vor sich ab. Haben alle Kinder eine Karte vor sich abgelegt, wird sie nach links zum nächsten Kind geschoben. Das Kind nimmt die neue Karte auf und wählt wieder eine, die es nicht gebrauchen kann usw. Wer hat zuerst sein Quartett / seine Quartette voll?
Variante: Es werden auch „unnütze" Karten (z. B. von UNO®) untergemischt, sodass mehr Karten im Umlauf sind.
Material: mehrere Karten mit gleichen Zahlen in 4 Farben; für die Variante: „unnütze" Karten

Alphabet sammeln

Die Kinder werden in kleine Gruppen eingeteilt und erhalten die Aufgabe, zu jedem Buchstaben des Alphabets einen Gegenstand zu sammeln (z. B. Apfel, Blatt, Cent). Wer zuerst das Alphabet vollständig gesammelt hat, gewinnt.
Material: keines

Quartett zusammenraten

Die Kinder werden in Kleingruppen eingeteilt und erhalten mindestens vier Karten eines Kartenspiels mit Zahlenkarten in vier verschiedenen Farben (z. B. UNO®, Elfer raus!®, Ligretto®). Gruppe A sagt zu Gruppe B: „Wir möchten von euch eine rote Zwei." Wenn Gruppe B diese Karte hat, muss sie sie Gruppe A geben. Gruppe A darf noch einmal einen Wunsch an eine beliebige Gruppe äußern. Hat diese Gruppe die gewünschte Karte nicht, darf nun sie eine andere Gruppe um eine Karte bitten. Wer bekommt auf diese Weise zuerst sein Quartett / seine Quartette voll?
Material: mehrere Karten mit gleichen Zahlen in 4 Farben

Buchstaben sammeln

Die Kinder werden in kleine Gruppen eingeteilt und erhalten jeweils eine Zeitung, möglichst dieselbe Ausgabe (z. B. Werbeblättchen), und pro Person eine Schere. Ein Buchstabe (z. B. „E") wird genannt. Auf „Los!" müssen die Kinder innerhalb von 2 Minuten so viele „E" wie möglich ausschneiden. Wer hat die meisten „E" gesammelt? Dies kann mit anderen Buchstaben oder häufigen Wörtern wiederholt werden.
Material: pro Kind 1 Schere, pro Gruppe 1 Zeitung, 1 Stoppuhr

Stempel sammeln

Die Kinder werden in kleine Gruppen eingeteilt und erhalten ein Blatt Papier. Sie haben nun 15 Minuten Zeit, darauf so viele Stempel wie möglich zu sammeln. Dies ist in Geschäften wie auch in Privathäusern möglich. Nach der vereinbarten Zeit wird gezählt, wer die meisten Stempel gesammelt hat.
Material: pro Gruppe 1 Blatt Papier, 1 Stoppuhr

Unterschriften sammeln

Die Kinder werden in kleine Gruppen eingeteilt und erhalten ein Blatt Papier. Sie haben nun 15 Minuten Zeit, darauf so viele Unterschriften wie möglich zu sammeln. Dies ist in Geschäften wie auch in Privathäusern möglich. Nach der vereinbarten Zeit wird gezählt, wer die meisten Unterschriften gesammelt hat. Unterschriften der eigenen Gruppenmitglieder zählen nicht. Hier ist Ehrlichkeit gefragt.
Material: pro Gruppe 1 Blatt Papier und 1 Stift, 1 Stoppuhr

Wassertropfen sammeln

Die Kinder werden in mehrere Gruppen eingeteilt und erhalten je eine Wasserspritzpistole und einen leeren Eimer. Ein voller Eimer mit Wasser steht für alle Gruppen bereit. Ein Kind stellt sich in ca. 5 Meter Entfernung auf und hält den Eimer. Auf „Los!" schießt ein Kind der eigenen Gruppe mit der Wasserspritzpistole in den Eimer. Das Kind, das den Eimer hält, versucht, so viel Wasser wie möglich davon mit dem Eimer aufzufangen, darf den Abstand zur Gruppe aber nicht verringern. Wenn die Wasserspritzpistole leer ist, wird sie aufgefüllt und das nächste Kind spritzt das Wasser. In dieser Pause darf das Kind auch Wassertropfen der anderen Gruppen auffangen, allerdings ohne die anderen Kinder zu berühren. Welche Gruppe hat nach einer vereinbarten Zeit das meiste Wasser gesammelt?
Material: 1 voller Wassereimer, pro Gruppe 1 leerer Eimer und 1 Wasserspritzpistole

Kronkorken sammeln

Benötigt werden viele unterschiedliche Kronkorkenpaare (bei vielen Kindern auch vier gleiche Kronkorken). Alle Kronkorken werden gleichmäßig unter den Kindern verteilt. Die Kinder haben die Aufgabe, möglichst viele Kronkorkenpaare zu sammeln. Dazu gehen sie umher und suchen ein Kind, mit dem sie tauschen können, um ein Paar zu bekommen. Wer zuerst nur noch Paare hat, hat gewonnen.

Material: viele verschiedene Kronkorkenpaare

14. JOSEF VERSÖHNT SICH MIT SEINEN BRÜDERN

Bibeltext: 1. Mose 41,53 – 46,7
Zielgedanke: Gott macht Versöhnung möglich.

Einstiegsspiel

Silberner Becher

Pro Kind wird ein Plastikbecher in eine undurchsichtige braune Papiertüte gepackt und mit einem Gummi verschlossen. Ein Plastikbecher ist mit Alufolie überzogen. Jedes Kind erhält eine Tüte und darf nicht hineinschauen. Dann startet die Musik und die Kinder laufen kreuz und quer durch den Raum und geben ihre Tüten immer wieder an andere Kinder weiter. Wenn die Musik stoppt, öffnet jedes Kind seine Tüte. Wer den silbernen Becher hat, scheidet aus. Eine Tüte (nicht die mit dem silbernen Becher) kommt aus dem Spiel, alle anderen werden wieder verschlossen und kommen in einen Korb. Dort werden sie gemischt, dann nimmt sich jedes Kind eine Tüte und es geht weiter. Wer bleibt bis zum Schluss übrig?
Material: Alufolie, Musik und Abspielgerät, 1 Korb; pro Kind 1 braune Papiertüte, 1 Plastikbecher, 1 Gummi

Einstiegsfragen

- Wurdest du schon mal für etwas bestraft, das du gar nicht getan hast?
- Hast du manchmal ein schlechtes Gewissen? Warum?

Vorlesegeschichte

„Komisch!", denkt Naftali, „wieso ist der Geldbeutel in meinem Getreidesack? Ich habe ihn doch dem Verkäufer für das Getreide gegeben. Ist er dem Händler beim Beladen vom Tisch gefallen und versehentlich in meinem Getreidesack gelandet?" Naftali ist beunruhigt. Er füttert noch schnell die Esel, dann geht er zu seinen Brüdern in die Herberge. „Ich habe mein Geld, das ich zum Bezahlen verwendet habe, wieder." Er wirft das Geldsäckchen vor seinen Brüdern auf den Tisch. Sie erschrecken. „Wenn das rauskommt, dass du geklaut hast, dann haben wir aber mächtig Ärger am Hals!", ruft Ascher. „Ich habe nicht geklaut! Ich habe mein Getreide bezahlt, genauso wie ihr. Aber das Geld war in meinem Getreidesack. Keine Ahnung, wie es da reingekommen ist!" Ruben schüttelt verzweifelt den Kopf. „Wir hätten das damals nicht tun sollen. Wir hätten Josef nicht verkaufen sollen. Aber ihr wolltet ja nicht auf mich hören. Jetzt werden wir dafür bestraft, dass wir unseren Bruder im Stich gelassen haben!" Stille Tränen laufen Ruben über das Gesicht. Er als Ältester hatte damals die Verantwortung und wurde ihr nicht gerecht.

Und heute war es genauso, er konnte seinen Bruder Simeon nicht vor dem Gefängnis bewahren. Sie waren nach Ägypten gereist, weil es dort Getreide zu kaufen gab. Überall war Hungersnot. Nur die Ägypter waren so klug gewesen, hatten vorgesorgt und Scheunen voller Getreide, das sie jetzt verkauften. Darum waren die zehn Brüder losgezogen. Den Jüngsten, Benjamin, hatten sie beim Vater gelassen. In Ägypten mussten sie beim Regierungschef vorsprechen, bevor sie Getreide einkaufen durften. Der hielt sie für Spione und ließ sie ins Gefängnis werfen. Nach drei Tagen schickte er sie mit ihren Getreidesäcken nach Hause, um Benjamin zu holen. Simeon sollte so lange im Gefängnis bleiben, bis sie mit Benjamin wiederkommen würden. Was wird Vater sagen? Er wird nicht begeistert sein.

Nein, der Vater ist nicht begeistert. Es will ihm das Herz brechen, dass er jetzt auch noch Benjamin hergeben soll. Zwei seiner Söhne hat er schon verloren: Josef ist tot und Simeon sitzt in Ägypten im Gefängnis. Er lässt die anderen nicht nach Ägypten ziehen, sonst verliert er auch noch Benjamin. Erst als die Getreidesäcke leer sind und der Hunger immer größer wird, dürfen die zehn Söhne nach Ägypten reisen. Doppeltes Geld haben sie dabei, denn auch bei allen anderen war das Geldsäckchen im Getreidesack wieder aufgetaucht. Sie hatten die letzte Ware also gar nicht bezahlt. Außerdem nehmen sie reichlich Geschenke mit von dem, was sie noch zu Hause haben: Honig, Pistazien, Mandeln und kostbare Harze. Sie machen sich auf den weiten Weg nach Ägypten. Wird der Regierungschef ihnen gut gesinnt sein?

In Ägypten angekommen, reihen sie sich ein in die Schlange derer, die auch aus dem Ausland angereist sind, um Getreide zu kaufen. Es ist noch früher Morgen, als der Regierungschef an den Wartenden vorbeischreitet und auf seinem Thron Platz nimmt. Die Brüder warten, bis sie an der Reihe sind. Nachdem sie sich vor dem Regierungschef verneigt haben, spricht der nur mit seinen Bediensteten. Dann werden sie aus dem Saal geführt. Das ist sicher wegen des gestohlenen Geldes, denken sie. „Hört uns an! Wir haben das Geld dabei, das wir beim letzten Mal versehentlich wieder in unserem Sack vorgefunden haben. Wir haben auch neues Geld für das Getreide, das wir diesmal kaufen möchten." Ruben versucht, die Brüder vor dem Gefängnis zu bewahren. „Es ist alles gut!", beruhigt ihn der Diener. „Ich habe euer Geld erhalten. Das Geld, das ihr in euren Säcken gefunden habt, muss wohl Gott hineingelegt haben." Er grinst verschmitzt und führt die Brüder über den Hof. „Wartet hier, ich werde euren Bruder holen lassen."

Erleichtert über das Wiedersehen mit Simeon, dem es im Gefängnis wohl ganz gut gegangen sein muss, aber auch beunruhigt, was sie wohl erwarten wird, folgen sie dem Diener in den privaten Palast des Regierungschefs. Dort reicht man ihnen frisches Wasser, damit sie sich die Füße waschen können. Auch die Esel werden gefüttert und getränkt. Im Speisezimmer des Regierungschefs ist gedeckt. Sie sind scheinbar zum Mittagessen eingeladen. Ihre Geschenke breiten sie auf dem Tisch aus und warten.

Zur Mittagszeit wird der Regierungschef angekündigt. Als er den Saal betritt, werfen die Brüder sich vor ihm auf den Boden. Dann überreichen sie ihm ihre Geschenke aus der Heimat. „Wie geht es eurem Vater? Lebt er noch?", fragt der Regierungschef. „Ja, unserem Vater geht es gut", antwortet Ruben, der Älteste. „Und du bist wohl der Jüngste." Er zeigt auf Benjamin und schaut ihn mit seltsam grimmiger Miene an. „Gott segne dich, mein Sohn", sagt er und verlässt plötzlich den Saal. Die Brüder wundern sich. Was findet er an Benjamin so toll, warum schaut er so grimmig und warum erkundigt er sich immer nach dem Vater wie auch schon bei ihrer ersten Begegnung?

Erst nach einiger Zeit kommt der Regierungschef ohne ein Wort der Erklärung zurück. Sein Gesicht ist seltsam rot. Hat er etwa geweint? Sie werden zu Tisch gebeten. Die Diener weisen ihnen ihre Plätze an. Als sie sitzen, fällt ihnen auf: Wir sitzen ja genau nach unserem Alter sortiert! Der Älteste ganz oben, der Jüngste ganz unten. Woher wissen die das? Langsam wird es ihnen unheimlich. Aber dann werden schon die Speisen aufgetragen und Wein gereicht. Es schmeckt vorzüglich, und der Wein fließt die Kehle hinunter wie erfrischendes Wasser. Die Stimmung wird immer besser. Das mag am Wein liegen, aber auch daran, dass der Regierungschef sie nicht mehr für Spione hält. Am nächsten Morgen können sie mit frisch gefüllten Säcken wieder nach Hause reisen. Simeon darf mit. Ist ja noch mal alles gut gegangen.

Sie haben kaum die Stadtgrenze hinter sich gelassen, da werden sie von ein paar Reitern in königlicher Uniform eingeholt. Mit dabei ist auch der Diener aus dem Haus des Regierungschefs. „Warum habt ihr Gutes mit Bösem bezahlt und den silbernen Becher unseres Herrn gestohlen? Unser Herr hat euch freundlich empfangen, aber ihr habt seinen Becher mitgenommen." Die Brüder erschrecken. Hat etwa einer von ihnen den Becher mitgehen lassen? Nein, das können sie nicht glauben. Ruben stellt sich vor die Brüder und antwortet: „Wie könnt Ihr uns das zutrauen? Wir haben sogar das Geld wieder mitgebracht, das wir beim letzten Mal in unseren Säcken gefunden haben. Wir kämen nie auf die Idee, Gold oder Silber von Eurem Herrn zu stehlen." Ruben schaut in die Gesichter seiner Brüder, ob er sich nicht doch täuscht. Nein, sie sehen alle ehrlich betroffen aus. „Ein Vorschlag, mein Herr: Wenn sich der silberne Becher bei einem von uns findet, dann soll er sterben, wir anderen werden eure Sklaven sein." Ein großes Versprechen, aber Ruben ist sich sicher, dass sie es nicht einlösen müssen. „Gut", sagt der Diener des Regierungschefs, „wir werden eure Säcke kontrollieren. Bei wem wir den Becher finden, den nehmen wir als Sklaven mit, die anderen sind frei." Die Brüder laden ihr Gepäck von den Eseln ab und öffnen es. Der Diener durchstöbert die Getreidesäcke und das restliche Gepäck. Ruben atmet auf. Es sieht so aus, als würde er nichts finden. „Ha! Hier ist ja der Becher!" Triumphierend hält der Diener den silbernen Becher in der Hand. Die Brüder sehen sich erschrocken an. Wer hat den Becher mitgehen lassen? Benjamin?!? Nein, das ist doch nicht möglich! Sie laden ihr Gepäck wieder auf und gehen mit Benjamin und den Wachen zurück in die Stadt.

Dort werden sie direkt zum Regierungschef gebracht und werfen sich vor ihm zu Boden. „Was habt ihr euch eigentlich dabei gedacht, meinen Becher zu stehlen? Meint ihr, ich kann so einen Diebstahl nicht mit Leichtigkeit aufdecken?" Juda, den noch immer das schlechte Gewissen drückt, weil er vor 13 Jahren die Idee hatte, ihren Bruder Josef zu verkaufen, ergreift das Wort: „Mein Herr, Gott hat unsere Schuld ans Licht gebracht. Wir werden jetzt alle deine Sklaven sein genauso wie Benjamin, bei dem der Becher gefunden wurde." Noch einmal verneigt er sich vor dem Regierungschef. „Nein, so ungerecht will ich nicht sein. Ihr seid frei, nur der Jüngste muss als Sklave hierbleiben", antwortet er.

„Verzeiht, mein Herr!" Juda tritt vor die Brüder. „Ich muss da noch etwas erklären. Benjamin ist der jüngste Sohn unseres Vaters, den ihm seine Lieblingsfrau geboren hat. Sie ist leider bei seiner Geburt gestorben. Der ältere Sohn ist wahrscheinlich von einem Raubtier zerrissen worden. Unserem Vater ist nur noch Benjamin als Erinnerung an seine geliebte Frau geblieben. Ihr wolltet unbedingt, dass wir Benjamin mitbringen. Vater hat das nicht erlaubt. Es würde ihm das Herz brechen, wenn auch noch Benjamin sterben würde. Harte Überzeugungsarbeit war nötig, um Benjamin mitnehmen zu dürfen. Und schließlich haben nur die Hungersnot und unsere leeren Getreidesäcke dazu geführt, dass unser Vater in die Reise eingewilligt hat. Wenn wir aber jetzt ohne Benjamin nach Hause kommen, bedeutet das den sicheren Tod unseres Vaters. Er würde vor Kummer sterben. Darum habe ich mich für den Jungen verbürgt. Nehmt mich als Sklaven und lasst die anderen gehen!"

Der Regierungschef hat der Rede Judas mit versteinerter Miene zugehört. Er wendet sich seinem Diener zu und befiehlt, all seine Angestellten aus dem Saal zu schicken. Die Brüder wundern sich. Als der Regierungschef sie wieder anschaut, entdecken sie Tränen in seinen Augen. Es werden immer mehr. Der Regierungschef fängt an zu schluchzen und laut zu weinen. Er kann sich kaum beruhigen. Die Brüder schauen sich verstohlen an. Was ist hier los? Nachdem der Regierungschef sich einigermaßen beruhigt hat, beginnt er zu sprechen. „Ich bin Josef! Lebt mein Vater noch?" Die Brüder sind sprachlos. Was? Josef? Der Regierungschef steht auf und kommt zu den Brüdern. „Ich bin's, Josef, euer Bruder, den ihr nach Ägypten verkauft habt. Erschreckt nicht und macht euch keine Vorwürfe. Ihr hattet Böses mit mir im Sinn, aber Gott hat daraus etwas Gutes gemacht. Gott hat mich vor euch her nach Ägypten geschickt, um die Menschen vor der Hungersnot zu retten. Er hat mich zur rechten Hand des Pharaos gemacht, damit ich einen Platz für euch vorbereite, wo ihr ohne Hunger leben könnt." Josef tritt auf Benjamin zu, küsst ihn und umarmt ihn. Nun beginnt auch Benjamin vor Freude zu weinen. Josef küsst all seine Brüder. Erst jetzt finden sie ihre Sprache wieder. Sie umarmen Josef! Gott hat aus ihrem Fehler wirklich etwas Gutes gemacht. Versöhnung fühlt sich so gut an.

Vertiefungsfragen

- Warum kann Josef seinen Brüdern vergeben?
- Hast du dich schon mal bei jemandem entschuldigt? Wie hat sich das angefühlt?

Spiele für Transporteure

Eselführung

Immer zwei Kinder bilden ein Paar. Das stärkere ist der Esel, und ihm werden die Augen verbunden. Es nimmt das andere Kind, den Reiter, Huckepack. So müssen sie einen Parcours laufen. Der Reiter muss den Esel dabei mit Worten dirigieren. Welches Team ist am schnellsten?
Material: Augenbinden, Markierung für die Start- und Ziellinie, Hindernisse bzw. Markierung für den Parcours, 1 Stoppuhr

Transport auf dem Esel

Wie bei der „Eselführung" nimmt ein Kind ein anderes Huckepack. Der Reiter hält einen Löffel, auf dem sich eine Kartoffel befindet, in der Hand. Die beiden müssen so schnell wie möglich die Kartoffel durch einen Parcours bringen, ohne dass sie zu Boden fällt. Wer schafft dies am schnellsten?

Material: je Reiter 1 Löffel, 1 Kartoffel; Markierung für die Startlinie, Hindernisse bzw. Markierung für den Parcours

Wassertransport auf dem Esel

Die Kinder werden in größere Gruppen eingeteilt. Ein Kind nimmt ein anderes Huckepack. Jeder Reiter hält einen Becher mit Wasser in der Hand, der am Ende der Strecke in einen Eimer geschüttet wird. Der Eimer hat eine Markierung. Welche Gruppe füllt zuerst den Eimer mit Wasser bis zur Markierung?

Material: pro Gruppe 1 Becher, 2 Eimer, Wasser; 1 Edding, 1 Messbecher, Markierung für die Startlinie, Hindernisse bzw. Markierung für den Parcours

Getreidetransport

Die Kinder werden in mehrere Gruppen eingeteilt und stellen sich hintereinander an einer Startlinie auf. Jedes Team erhält eine Schüssel mit Getreide und einen Löffel. Auf „Los!" füllt das jeweils erste Kind den Löffel mit Getreide und muss dieses auf dem Löffel über Stühle und unter Tischen zu einer Schüssel ans Ziel bringen. Welche Gruppe hat nach 3 Minuten das meiste Getreide transportiert? Das Getreide wird dazu abgewogen.

Material: Schüsseln, Getreide, Löffel, Stühle, Tische, 1 Digitalwaage, Markierung für die Startlinie, 1 Stoppuhr, 1 Kehrblech

Händedruck weitergeben

Die Kinder werden in zwei oder mehr Gruppen eingeteilt und setzen sich in einer Reihe hintereinander. Sie schauen alle an die gegenüberliegende Wand, an der ein Tuch auf dem Boden liegt. Nur die jeweils letzten Kinder sitzen verkehrt herum und schauen zur Spielleitung. Alle Kinder geben je eine Hand dem Kind vor sich und eine Hand dem Kind hinter sich. Die Spielleitung würfelt. Bei einer Sechs geben die letzten Kinder einen Händedruck weiter. Wenn der Händedruck das erste Kind erreicht, läuft es schnell los und schnappt sich das Tuch. Diese Gruppe erhält 1 Punkt. Wenn ein Kind einen Laut von sich gibt oder das Tuch fälschlicherweise geholt wurde, erhält die gegnerische Mannschaft 1 Punkt. Auch wenn eine Sechs gewürfelt wurde, würfelt die Spielleitung weiter, um nicht dadurch das Signal zu geben, dass eine Sechs gewürfelt wurde. Alle weiteren Sechsen gelten dann aber nicht, bis das Tuch geholt wurde. Wer hat nach zehn Runden die meisten Punkte?

Material: 1 Würfel, 1 Tuch

Klopapierrollentransport

Die Kinder werden in mehrere Gruppen eingeteilt und stellen sich nebeneinander in einer Reihe auf. Alle Kinder erhalten eine leere Klopapierrolle. Das jeweils erste Kind erhält eine Murmel oder Perle. Auf „Los!" legt es die Murmel/Perle in seine Klopapierrolle und gibt sie so an das nächste Kind weiter, das die Murmel/Perle nur mit der Klopapierrolle empfangen und weitergeben darf, ohne die Öffnung zuzuhalten Wenn die Murmel/Perle auf den Boden fällt, muss das Kind weitermachen, das sie verloren hat. Welche Gruppe kann am schnellsten die Murmel/Perle weitergeben?

Material: pro Kind 1 leere Klopapierrolle, pro Gruppe 1 Murmel/Perle

Ab in den Sack

Dieses Spiel kann nur in einem Raum mit glattem Boden gespielt werden. Die Kinder werden in zwei Gruppen eingeteilt, stellen sich hinter einer Startlinie auf und erhalten jeweils einen Kartoffelsack. Pro Gruppe werden zwei Läufer bestimmt, die während des Spiels auch wechseln können. Die Läufer müssen alle Kinder im Sack so schnell wie möglich auf die andere Seite des Spielfelds bringen. Dazu steigt ein Kind in den Sack und wird von den Läufern über den Boden gezogen. Am Ziel angekommen, steigt es aus, die Läufer rennen mit dem leeren Sack zurück und holen das nächste Kind ab. Sind die Gruppen so eingeteilt, dass es in jeder Gruppe ähnlich viele große und kleine Kinder gibt, dürfen auch mehrere Kinder transportiert werden. Welche Gruppe hat zuerst alle Kinder auf die andere Seite gebracht?

Material: 2 Kartoffelsäcke oder feste Bettdeckenbezüge, Markierung für die Start- und Ziellinie

Rucksacktransport

Auf einer großen Wiese werden viele Gegenstände ausgelegt, mindestens fünf pro Kind. Alle Kinder haben einen Rucksack auf dem Rücken. Auf „Los!" müssen sie versuchen, so viele Gegenstände wie möglich einzusammeln. Dafür gelten folgende Regeln: Man darf immer nur einen Gegenstand aufheben. Man muss stehen bleiben und den Gegenstand in den Rucksack packen. Der Rucksack muss anschließend verschlossen werden. Wer mit offenem Rucksack herumläuft, darf überfallen und ausgeraubt werden, d. h., das Kind muss alle Gegenstände abgeben. Wer mit geschlossenem Rucksack auf der Wiese herumläuft, darf von einem anderen Kind abgeschlagen werden und muss einen Gegenstand abgeben. Wer steht, darf nicht abgeschlagen werden. Nach einer vorgegebenen Spielzeit oder wenn alle Gegenstände eingesammelt sind, endet das Spiel. Wer hat die meisten Gegenstände in seinem Rucksack?

Material: mindestens 5 Gegenstände pro Kind (z. B. eingepackte Bonbons oder Bierdeckel), pro Kind 1 Rucksack

15. MOSES GEBURT

Bibeltext: 2. Mose 1,1 – 2,10
Zielgedanke: Gott hält seine schützende Hand über Mose.

Einstiegsspiel

Versteckspiel mit Helfern

Die Kinder werden in zwei Gruppen eingeteilt, die einen sind die Verstecker, die anderen die Sucher. Ein Kind, das sich freiwillig gemeldet hat, muss versteckt werden. Die Verstecker müssen für das Kind einen guten Platz finden und die Sucher, die bis fünfzig zählen, von dem Versteck ablenken, indem sie sich selbst verstecken, Geräusche machen usw. Das versteckte Kind darf den Platz immer wieder wechseln. Gelingt es den Suchern, das Kind zu finden?
Material: keines

Einstiegsfragen

- Hast du dich schon mal vor jemandem versteckt? Warum?
- Wer ist für dich ein mutiger Mensch?

Vorlesegeschichte

„Ich glaube, der spinnt! Hast du das gehört?" Pua schüttelte entsetzt den Kopf. „Der Pharao will, dass wir alle neugeborenen Jungen umbringen. Das kann er doch nicht ernst meinen! Das geht gegen unsere Berufsehre. Wir Hebammen wollen doch den Babys ins Leben helfen und sie nicht umbringen!" Schifra bestätigte das, was Pua gesagt hat: „Doch, ich habe es auch so verstanden, dass wir direkt nach der Geburt den kleinen Säuglingen den Mund zuhalten und sie ersticken sollen. Aber nur, wenn es israelische Jungen sind." Beschwichtigend legte Schifra Pua eine Hand auf die Schulter. „Wir müssen ja nicht mitmachen", sagte sie. „Aber das darf der Pharao nicht wissen. Sonst sind wir dran." „Ich mache da bestimmt nicht mit!" Pua stemmte entschlossen die Hände in die Hüften. „Wie kommt er nur auf so eine Idee?", fragte Pua entsetzt. „Ich glaube", antwortete Schifra, „er hat Angst davor, dass die Israeliten ein immer größeres Volk werden. Damals zogen mit Josef ja nur er und seine Brüder mit ihren Familien nach Ägypten. Aber Gott hat es den Israeliten in Ägypten gut gehen lassen. Er hat dafür gesorgt, dass sie zu einem großen Volk geworden sind. Das macht dem Pharao jetzt Angst", erklärte Schifra.

„Aber warum denn?", fragte Pua nach. „Er kann sich doch freuen, wenn sein Volk so groß wird." „Ja, eigentlich schon", sagte Schifra, „aber er befürchtet, dass die Israeliten sich irgendwann gegen Ägypten stellen. Und wenn sie dann im Krieg einmal für die Ägypter kämpfen sollen, kann es ja sein, dass die Israeliten auf der Seite der Feinde gegen Ägypten kämpfen. Das will der Pharao natürlich verhindern. Zuerst hat er versucht, sie wie Sklaven zu behandeln. Sie mussten ihm beim Aufbau seiner Städte Ramses und Pitom helfen. Aber umso mehr der Pharao sie unterdrückte, umso stärker wurden die Israeliten und bekamen immer mehr Kinder. Jetzt hat er sich die Tötung der männlichen Säuglinge ausgedacht. Er hofft, so das Volk Israel klein zu halten."

„Aber nicht mit mir!", bestätigte Pua noch einmal ihre Aussage. „Ich mache da nicht mit! Wenn sich herumspricht, dass ich als Hebamme Babys töte, dann kann ich meinen Beruf gleich an den Nagel hängen. Machst du etwa mit, Schifra?", fragte sie. „Nein, natürlich nicht, was denkst du denn! Ich halte viel von dem Gott der Israeliten. Und ich glaube auch, dass er stärker ist als der Pharao. Aber wir müssen uns etwas überlegen, was wir dem Pharao sagen. Vielleicht sagen wir ihm einfach: Die israelischen Frauen sind so stark, dass wir gar nicht zur Geburt gerufen werden. Wenn wir dann kommen, liegt das Baby schon quicklebendig im Arm der Mutter." „Ja, Schifra", sagte Pua, „das ist eine super Idee! So machen wir es. Mal sehen, ob der Pharao diese Antwort gelten lässt."

Einige Zeit verging. Pua und Schifra waren erleichtert, dass der Pharao ihnen geglaubt hatte. Gott belohnte die Beiden für ihren Gehorsam und schenkte ihnen selbst eine große Familie. Doch der Pharao ließ sich eine neue Idee einfallen, um die Israeliten loszuwerden. Er befahl, alle männlichen Babys in den Fluss zu werfen. Ob sein Plan dieses Mal funktionierte ...?

Seit dem letzten Befehl des Pharaos sind nun einige Jahre vergangen und heute besucht Schifra ihre Freundin Jochebed. Sie hat vor drei Jahren einen Sohn geboren. Schifra war bei der Geburt dabei. Der Junge war kräftig und so süß! Niemals wäre sie auf die Idee gekommen, ihn zu ersticken. Jochebed hat ihn drei Monate lang vor den Soldaten versteckt. Aber dann konnte sie seine Geburt nicht mehr länger geheim halten. Sie bastelte ein Körbchen, dichtete es mit Teer ab, legte das Baby hinein und versteckte das Körbchen am Schilfufer des Nils. Miriam, ihre ältere Tochter, sollte das Baby bewachen und beobachten, was mit ihm passiert. Eines Tages sah Miriam, wie die Tochter des Pharaos im Nil badete. Dabei entdeckte sie das Körbchen mit dem Baby darin. Sie wusste sofort, dass es sich um einen israelischen Jungen handelte. Aber trotzdem wollte sie es als ihr eigenes Kind adoptieren. Miriam sprang schnell aus ihrem Versteck und bot an, eine israelische Mutter zu bringen, die das Kind stillen könne. Damit war die Prinzessin einverstanden. Und so durfte Jochebed ihr kleines Kind noch ein paar Jahre bei sich behalten.

Schifra ist heute gekommen, um sich von dem kleinen Jungen zu verabschieden. Er wird in den nächsten Tagen zur Prinzessin in den Palast ziehen. Sie hat ihm den Namen Mose gegeben. Schifra ist sich sicher: Aus diesem Jungen wird einmal etwas Besonderes. Weil Gott seine schützende Hand über ihn gehalten hat.

Vertiefungsfragen

- Warum haben Schifra und Pua dem Pharao nicht gehorcht?
- Wo könntest du dich einmal gegen Unrecht stellen und mutig deine Meinung vertreten?

Spiele für Verstecker

1, 2, 3, mein Kind ist frei!

Ein Kind, das sich freiwillig gemeldet hat, ist der ägyptische Soldat, alle anderen Kinder sind Mütter, die sich mit ihren israelischen Kindern verstecken, während der ägyptische Soldat bis zwanzig zählt. Ein Bereich, das Schilf, in dem man in Sicherheit ist, sowie ein Gefängnisplatz werden vereinbart. Der Sucher muss nun die Mütter suchen. Wenn er eine gefunden hat, läuft er zum Schilf und ruft ihren Namen. Dann muss sie aus dem Versteck kommen und in das Gefängnis gehen. Die Mütter können ihm aber zuvorkommen, zum Schilf rennen und rufen. „1, 2, 3, mein Kind ist frei!" Das Spiel endet, wenn alle Mütter gefunden wurden bzw. sich selbst befreit haben.
Material: keines

A zerstören

Die Kinder werden in zwei Gruppen eingeteilt: eine größere Gruppe, die sich versteckt, und eine kleinere Gruppe (Sucher), die die Kinder finden und „fangen" muss. Aus drei Holzstöcken wird ein A auf den Boden gelegt und ein Gefängnis markiert, die Spielfeldgrenzen werden besprochen. Die Sucher stellen sich zum A und zählen bis fünfzig, während sich die anderen Kinder verstecken. Finden die Sucher ein Kind, laufen sie zum A und rufen laut seinen Namen. Das Kind kommt ins Gefängnis. Wenn ein verstecktes Kind, dessen Name noch nicht gerufen wurde, das A zerstört, sind alle Gefangenen wieder frei. Das Spiel endet, wenn alle Versteckten im Gefängnis sind.
Material: 3 Holzstöcke, Markierung für das Gefängnis

Wer fehlt?

Alle Kinder sitzen im Kreis. Zwei Kinder, die sich freiwillig gemeldet haben, verlassen den Raum. Ein Kind aus der Kreismitte legt sich unter eine Decke in der Kreismitte. Die anderen Kinder tauschen die Plätze. Die beiden Freiwilligen werden hereingerufen. Das Kind, das zuerst den Namen des Kindes unter der Decke sagen kann, gewinnt.
Tipp: Mehrere Kinder werden unter die Decke gelegt.
Material: 1 Decke

Wasser verstecken

Ein Kind, das sich freiwillig gemeldet hat, geht vor die Tür. Ein Kind im Raum nimmt aus einem Becher einen großen Schluck Wasser und behält ihn im Mund. Das Kind vor der Tür wird hereingerufen. Es muss herausfinden, wer das Wasser im Mund versteckt hat. Natürlich tun alle Kinder so, als hätten sie ebenfalls Wasser im Mund. Das Kind zeigt auf ein Kind, von dem es glaubt, es hätte das Wasser im Mund. Das entsprechende Kind muss den Mund öffnen. Dies darf maximal dreimal wiederholt werden. Ist das Kind mit Wasser im Mund ertappt, erhält das Kind vor der Tür 1 Punkt. Hat es das Wasser gut versteckt, erhält das Kind mit Wasser im Mund 1 Punkt. Wer hat nach mehreren Durchgängen die meisten Punkte?
Material: Becher mit Wasser, evtl. Putzlappen

Zahlen verstecken

Jedes Kind erhält Papier und Stift und notiert sich die Namen aller Mitspielerinnen und Mitspieler. Auf DIN-A4-Papier werden zweistellige Zahlen geschrieben. Jedem Kind wird ein solches Papier auf den Rücken geklebt, ohne dass die anderen es sehen, dann verlässt das Kind den Raum und sucht sich ein Versteck, damit der Zettel nicht gesehen werden kann. Sind alle Kinder mit Zahlen ausgestattet, beginnt das Spiel. Die Kinder müssen nun herausfinden, welche Zahlen die anderen Kinder auf dem Rücken tragen. Dabei ist es nicht erlaubt, sich direkt vor eine Wand zu stellen oder auf den Boden zu legen. Nach einer vereinbarten Zeit wird das Spiel beendet. Wer hat die meisten richtigen Zahlen herausgefunden und auf seinem Papier notiert?

Material: pro Kind Papier und 1 Stift, DIN-A4-Papier, 1 dicker Stift, Kreppklebeband, 1 Stoppuhr

Buchstaben verstecken

Die Kinder werden in zwei Gruppen eingeteilt, erhalten jeweils einen Buchstaben auf den Rücken geklebt und werden mit Papier und Stift ausgestattet. Es gilt nun, die Buchstaben der anderen herauszufinden. Zusammengesetzt ergeben alle Buchstaben einer Gruppe ein Lösungswort. Welche Gruppe findet zuerst das Lösungswort der anderen Gruppe heraus?

Material: pro Kind Papier und 1 Stift, DIN-A4-Papier, 1 dicker Stift, Kreppklebeband

Countdownverstecken

Ein Kind, das sich freiwillig gemeldet hat, stellt sich in die Mitte eines begrenzten Versteckfeldes, schließt die Augen und zählt von fünfzehn abwärts bis null. Die anderen Kinder müssen sich in der Zeit verstecken. Ist das Kind bei null angekommen, darf es die Augen öffnen und drei Schritte in eine Richtung gehen. Sieht es ein Kind, ruft es dessen Namen und wird als Sucher abgelöst. Sieht es kein Kind, schließt es wieder die Augen und zählt von vierzehn an abwärts. Die versteckten Kinder müssen ihr Versteck verlassen, den Sucher kurz antippen und sich neu verstecken. Das Kind darf, bei null angekommen, wieder drei Schritte in eine Richtung gehen. Entdeckt es kein Kind, zählt es ab dreizehn usw. Das erste entdeckte Kind wird der neue Sucher.

Material: keines

16. MOSES FLUCHT UND BERUFUNG

Bibeltext: 2. Mose 2,11 – 4,17
Zielgedanke: Gott gibt uns eine Aufgabe und auch die nötige Kraft und Begabung dazu, sie auszuführen.

Einstiegsspiel

Wassertransport – Teil 1

Die Kinder werden in zwei Gruppen eingeteilt und stellen sich an einer Startlinie hintereinander auf. An der Startlinie steht ein Eimer mit Wasser, an der Ziellinie, die einige Meter entfernt ist, eine leere Flasche. Auf „Los!" müssen jeweils die ersten Kinder mit der Hand Wasser schöpfen und das Wasser an der Ziellinie in die Flasche füllen. Dann laufen sie zurück und klatschen das nächste Kind ab, das wiederum Wasser zur Flasche transportiert. Nach 2 Minuten wird gestoppt und gemessen, welche Gruppe mehr Wasser in der Flasche hat.
Tipp: Statt Wasser kann auch trockener Sand transportiert werden.
Material: Wasser, 2 leere Flaschen, 1 Stoppuhr, Markierung für die Startlinie, evtl. Sand

Einstiegsfragen

- Gibt es Dinge, die du tun musst, die dir eigentlich zu schwierig sind?
- Was tust du, wenn dir etwas zu schwer ist oder zu schwer erscheint?

Vorlesegeschichte

Mose wischt sich den Schweiß von der Stirn. „Heute scheint die Sonne aber auch besonders heiß!", denkt er. Er wird sich gleich nach einem Schattenplatz umschauen. Zuerst aber will er sehen, dass auch die Schafe und Ziegen seines Schwiegervaters, die er hütet, gut versorgt sind. Mose ist froh, hier in Midian eine neue Heimat gefunden zu haben. Eigentlich wäre er gern in Ägypten geblieben, aber seine große Schuld hatte ihn in die Flucht getrieben. Er hatte es ja nur gut gemeint. Damals, als er den Ägypter erschlug. Mose hatte zufällig gesehen, wie ein ägyptischer Aufseher einen israelischen Arbeiter erschlug. Der Pharao hatte die Israeliten zu Sklavenarbeit gezwungen. Sie mussten ihm beim Städtebau helfen. Dabei gingen seine Aufseher sehr grob mit den Israeliten um. Mose hatte das schon länger beobachtet. Aber als er sah, wie ein ägyptischer Aufseher einen unschuldigen Israeliten erschlug, platzte ihm der Kragen. Er erschlug den ägyptischen Aufseher, um den Tod an seinem Landsmann zu rächen.

Er war sich sicher, dass niemand ihn beobachtet hatte. Aber am nächsten Tag, als er versuchte, einen Streit zu schlichten, warf man ihm vor: „Willst du uns etwa auch töten wie den Ägypter gestern?" Da bekam Mose es mit der Angst zu tun. Auch der Pharao hatte davon erfahren und wollte ihn töten lassen. Mose war geflohen. Im fernen Midian hat er Jitro und seine sieben Töchter kennengelernt. Eine davon, Zippora, hat er geheiratet. Er ist zufrieden, so wie es jetzt ist. Er hat eine Aufgabe und ist in Sicherheit. Aber er vermisst seine Familie und sein Volk.

Nachdenklich schaut sich Mose nach einem schattigen Plätzchen um. Da bleibt sein Blick an einem seltsamen Busch hängen. „Brennt der etwa?", fragt sich Mose. Er geht näher heran, um sich diesen Busch etwas genauer anzusehen. „Mose! Mose!" Woher kommt die Stimme? Mose blickt sich irritiert um. Etwa aus dem Busch? „Ja, ich höre", antwortet er. „Komm nicht näher!", sagt die Stimme. „Du stehst auf heiligem Boden. Darum zieh deine Schuhe aus!" Mose tut, wie ihm die Stimme sagt. Dann spricht die Stimme weiter: „Ich bin Gott, den dein Vater verehrt hat, der Gott Abrahams, Isaaks und Jakobs." Mose erschrickt. Schnell zieht er seinen Mantel über den Kopf. Niemand darf Gott sehen. Er kniet sich vor den Busch nieder. Und hört weiter zu. „Ich habe schon lange beobachtet, wie die Israeliten in Ägypten unterdrückt werden. Ich habe ihre Hilfeschreie gehört. Jetzt will ich das Volk aus Ägypten herausführen und in ein fruchtbares Land bringen, das von Milch und Honig überfließt. Du bist der Mann, der sie aus Ägypten herausführen soll. Geh zum Pharao und bitte darum, mein Volk freizulassen."

„Ich?" Mose schlägt sich auf die Brust. „Wer bin ich denn, dass ich zum Pharao gehen könnte und das Volk aus Ägypten herausführen?", wendet Mose ein. „Ich schicke dich!", sagt Gott. „Und ihr werdet mich an diesem Berg, an dem wir jetzt stehen, anbeten. Das verspreche ich." Mose zögert. „Wenn ich nun zu den Israeliten gehe und sage: ‚Der Gott eurer Vorfahren schickt mich, euch aus Ägypten zu befreien!', dann werden sie mich fragen: ‚Wie heißt er denn, dein Gott?' Was soll ich dann sagen?", fragt Mose. „Sag ihnen", antwortet Gott, „ich bin der Ich-bin-da. Er-ist-da ist mein Name. Mit diesem Namen sollt ihr mich immer ansprechen, wenn ihr zu mir redet. Wenn du so über mich redest, werden sie auf dich hören. Ich weiß, dass der Pharao euch nicht gehen lassen wird. Aber dann werde ich viele Schrecken über das Land bringen, sodass er euch freiwillig gehen lässt."

„Okay!", sagt Mose. „Das werde ich ihnen sagen. Aber was ist, wenn sie mir nicht glauben? Wenn sie behaupten: ‚Das hast du dir nur ausgedacht! Gott ist dir gar nicht erschienen!' Was soll ich dann machen?", fragt Mose. „Was hast du da in der Hand?", fragt Gott. „Meinen Stock", sagt Mose. „Wirf ihn mal auf den Boden!" Mose wirft den Stock auf den Boden. Sofort verwandelt er sich in eine Schlange. Mose rennt davon. „Pack sie am Schwanz!", hört er die Stimme aus dem Busch. Mose versucht es. Und tatsächlich, die Schlange wird wieder zum Stock. Mose ist beeindruckt. „Stecke deine Hand in deinen Mantel!", hört er wieder Gottes Stimme. Mose tut, wie ihm geheißen. „Und jetzt zieh sie wieder heraus!" Die ganze Hand Moses ist über und über mit einem Ausschlag besetzt. Sie ist weiß wie Schnee. „Stecke sie noch einmal in deinen Mantel und hole sie dann wieder heraus!" Mose befolgt diese Anweisung und seine Hand ist wieder gesund. „So werden sie dir glauben, wenn du diese Zeichen tust", sagt Gott.

„Ach ja, noch was", sagt Mose, „ich kann doch überhaupt nicht gut reden. Mir fällt nie ein, was ich sagen soll. Ich stottere nur herum." Mose blickt beschämt zu Boden. „Wer hat den

Menschen die Stimme gegeben?", fragt Gott. „Wer macht den Menschen sehend oder blind, taub oder stumm? Ich bin es doch, dein Gott. Ich werde dir helfen und dir sagen, was du reden sollst." Mose ist etwas erleichtert, aber er will diesen Auftrag trotzdem nicht ausführen. „Gott, kannst du nicht einen anderen schicken?" Da wird Gott zornig und sagt: „Nein, du gehst! Du hast auch noch einen Bruder, Aaron. Er kann gut reden. Er ist auf dem Weg zu dir und wird sich freuen, dich wiederzusehen. Ihr beide gemeinsam werdet meinen Auftrag ausführen, zum Pharao gehen und ihn darum bitten, das Volk Israel aus Ägypten ziehen zu lassen. Ich bin euer Gott, ich werde mit euch sein. Und nun nimm deinen Stock und geh!"

Vertiefungsfragen

- Warum zögert Mose so lange?
- Was bedeutet Gottes Name Ich-bin-da für dich?

Wassertransport – Teil 2

Das Einstiegsspiel wird wiederholt. Diesmal bekommen die Kinder einen Becher für den Transport und einen Trichter zum Abfüllen.
Material: Wasser oder Sand, 2 leere Flaschen, 1 Stoppuhr, Markierung für die Startlinie, 2 Becher, 2 Trichter

Spiele für Redner und Schweiger

Diktat

Die Kinder werden in Zweierteams eingeteilt. Das eine Kind setzt sich am Ende des Raumes an einen Tisch und erhält Zettel und Stift, das andere Kind steht möglichst weit weg auf der anderen Seite des Raumes und erhält einen Diktattext. Die Diktattexte müssen alle unterschiedlich sein, sollten aber eine ähnliche Anzahl an Zeichen haben. Gut geeignet sind kurze Absätze aus Erstlesebüchern. Auf „Los!" diktieren die Kinder ihrer Partnerin / ihrem Partner ihren Text, den diese/dieser versucht aufzuschreiben. Bei entsprechend vielen Teams ergibt dies ein lautes und lustiges Gebrüll. Welches Team ist zuerst fertig?
Material: Tische, Papier und Stifte, für je 2 Kinder 1 Diktattext

Silben zusammensetzen

Die Kinder werden in Viererteams eingeteilt und stellen sich Rücken an Rücken im Quadrat auf, sodass sie sich nicht sehen können. Für jedes Viererteam werden zwei viersilbige Wörter (z. B. Schokolade und Sachunterricht) vorbereitet. Auf vier Zettel werden jeweils zwei Silben in Kleinbuchstaben geschrieben, von jedem Wort eine (z. B. scho und richt), in unterschiedlicher Reihenfolge. Die Zettel werden an die Kinder verteilt, die sich diesen ansehen und niemandem aus ihrem Team sagen dürfen. Nun müssen die Kinder miteinander reden und herausfinden, wie die beiden Worte heißen. Wie lange brauchen sie dafür?
Variante: Die Kinder dürfen sich die Silben einprägen, dann werden ihnen die Augen verbunden.
Material: viersilbige Worte, Zettel und Stifte; für die Variante: Augenbinden

Was ist das?

Die Kinder werden in drei Gruppen eingeteilt und erhalten jeweils zehn Zettel und einen Stift. Die erste Gruppe schreibt zehn Farben auf, auf jeden Zettel eine, die zweite Gruppe schreibt zehn Betätigungsfelder auf (z. B. arbeiten, kochen, essen, lernen, spielen, musizieren), die dritte Gruppe notiert zehn Orte (z. B. Schule, Krankenhaus, Bahnhof). Anschließend werden die Zettel gemischt und der Spielleitung gegeben. Die Spielleitung dreht von jedem Stapel den obersten Zettel um und nennt die drei Worte: „Was ist das: Es ist gelb, wird zum Kochen verwendet und man findet es im Bahnhof?" Die Gruppe, die darauf zuerst eine Antwort weiß (z. B. Pommes Frites), erhält 1 Punkt. Dann werden die nächsten Zettel umgedreht usw. Wenn nach 1 Minute nichts gefunden wird, was zu den drei Worten passt, werden die Stapel gemischt und die nächsten Zettel umgedreht.

Variante: Es werden nur zwei Kategorien verwendet.

Variante: Alle Gruppen erhalten Papier und Stift und notieren sich innerhalb von 2 Minuten so viele Dinge wie möglich, die auf diese drei Worte zutreffen.

Material: 30 Zettel, 3 Stifte, 1 Stoppuhr; für die Variante: Papier

Botschaft weitergeben

Alle Kinder erhalten ein DIN-A4-Papier und einen Stift. Aus einem Körbchen ziehen sie verdeckt einen Zettel, auf dem ein Begriff, eine Tätigkeit oder ein Lebewesen notiert ist. Jedes Kind liest seinen Zettel, ohne dass ihn ein anderes Kind sehen kann. Dann malen sie das Notierte oben auf das Blatt. Sind alle fertig, werden die Blätter jeweils nach links zum nächsten Kind weitergegeben. Das Kind muss unter das Gezeichnete den Begriff schreiben, den das Kind möglicherweise gemalt hat. Dann faltet es das Bild nach hinten, sodass nur noch der geschriebene Begriff zu sehen ist. Anschließend wird das Blatt wieder nach links weitergegeben und das Kind muss wieder zeichnen, was dort geschrieben steht. Es faltet danach den Begriff nach hinten, sodass nur noch das neue Bild zu sehen ist usw. Wenn das Papier eine Runde gemacht hat, darf jedes Kind sein Blatt auffalten und sehen, was aus dem ursprünglichen Begriff geworden ist.

Material: 1 Körbchen, Begriffe auf Zetteln, pro Kind 1 DIN-A4-Papier und 1 Stift

17. MOSE UND AARON VOR DEM PHARAO

Bibeltext: 2. Mose 4,27 – 7,7
Zielgedanke: Gott hält sein Wort, auch wenn es zuerst nicht danach aussieht.

Einstiegsspiel

Besenrein

Die Kinder werden in zwei Gruppen eingeteilt und erhalten Besen, Handfeger, Schrubber o. Ä. In der Mitte des Raumes wird eine Linie markiert. Ungefähr gleich viele Verpackungschips (aus Styropor) werden auf beiden Seiten des Raumes verteilt. Auf „Los!" haben beide Gruppen die Aufgabe, ihren Teil des Raumes von Styropor zu befreien, indem sie alles in das Feld der anderen Gruppe kehren. Nach 2 Minuten wird gestoppt. Wer hat diese Aufgabe am besten erledigt?
Material: Markierungslinie für die Raummitte, Verpackungschips, pro Kind 1 Besen / Handfeger / Schrubber o. Ä.

Einstiegsfragen

- Welche Aufgaben erledigst du ungern, die deine Eltern dir geben?
- Wo werden Menschen weltweit zur Arbeit gezwungen? Wer hilft ihnen?

Vorlesegeschichte

Mose schlägt das Herz bis zum Hals. Er steht vor den Toren des königlichen Palastes. Neben ihm sein Bruder Aaron. Wie Gott es ihm versprochen hatte, war Aaron ihm entgegengelaufen. Was war das für eine Wiedersehensfreude! So lange hatten sie sich nicht mehr gesehen. Gemeinsam hat Gott sie nun zum Pharao geschickt, um die Freiheit für ihr Volk Israel zu verlangen. Mose hatte viele Einwände, warum das nicht funktionieren würde, warum er nicht der richtige Mann dafür sei, warum das Volk ihm nicht glauben könne. Aber Gott hat Mose immer wieder versprochen, dass er ihn bei dieser schwierigen Aufgabe begleiten wird. Ein Zeichen dafür, dass Gott seine Versprechen hält, war die Begegnung mit Aaron, seinem Bruder. Mose weiß, Gott geht jetzt mit in den Königspalast. Trotzdem ist er sehr aufgeregt. Er kann nicht gut reden. Das soll Aron übernehmen. Aber Mose trägt die Verantwortung.

Auch die Ältesten des Volkes Israel stehen hinter Mose und Aaron. Mose hat sie gleich nach ihrer Rückkehr nach Ägypten zusammengerufen und ihnen erzählt, dass Gott sein Volk aus der Sklaverei in Ägypten befreien möchte. Die Israeliten werden immer noch gezwungen, Ziegel für den Städtebau des Pharaos herzustellen. Dafür müssen sie Lehm und Stroh mit Wasser anrühren und in Ziegelformen pressen. Ist der Lehm nicht feucht genug oder die Sonne zu heiß oder zu kalt, zerbrechen die Ziegel und es gibt mächtig Ärger. Die ägyptischen Aufseher sind nicht gerade sparsam, was den Einsatz ihrer Peitsche anbelangt. Darum möchten die Israeliten nichts mehr als ihre Freiheit. Mose und Aaron sind also zur rechten Zeit gekommen. Damit die Ältesten ihnen auch glauben, dass Gott sie wirklich geschickt hat, hat Mose vor ihren Augen seinen Stab in eine Schlange verwandelt und gezeigt, wie seine Hand krank und wieder gesund werden kann. Die Ältesten unterstützen Mose und Aaron jetzt und stärken ihnen den Rücken.

„Jetzt seid ihr dran!" Ein Palastdiener lässt Mose und Aaron in den königlichen Saal eintreten. „Bringt eure Bitte vor den Pharao. Aber macht nicht so lange! Es warten auch noch andere!" Mose und Aaron treten vor den Thron, auf dem der Pharao gelangweilt seine Fingernägel betrachtet. Mose knufft Aaron mit dem Ellenbogen in die Seite. „Fang an!", flüstert er ihm zu. „Wir sind gekommen", spricht Aaron mit lauter Stimme, die selbstsicherer klingt, als Aaron sich fühlt, „um dich im Namen unseres Herrn zu bitten, das Volk Israel in die Wüste ziehen zu lassen, um für unseren Gott ein Fest zu feiern." „Der Herr?", fragt der Pharao. „Wer soll das denn sein? Ich kenne keinen Herrn. Und ich denke auch gar nicht daran, euch gehen zu lassen." Aaron antwortet: „Der Herr ist der Gott unserer Väter, der Gott Abrahams, der Gott Isaaks und der Gott Jakobs. Ihm gehören und gehorchen wir. Wenn wir ihm kein Opferfest feiern, wird er uns mit Krankheit oder Krieg strafen." Der Pharao, der bisher gelangweilt zugehört hat, fährt wütend von seinem Thron hoch: „Was glaubt ihr eigentlich, wer ihr seid? Ihr wollt nur das Volk von der Arbeit abhalten. Es leben schon viel zu viele Israeliten in unserem Land. Da wollt ihr ihnen auch noch eine Arbeitspause verschaffen? Macht, dass ihr fortkommt! Zurück an eure Sklavenarbeit!" Der Pharao ist wütend. Mose und Aaron werden aus dem Thronsaal gescheucht. Der Pharao ruft seinen Schreiber herbei. „Richtet den Antreibern und den israelischen Listenführern aus, dass ab heute dieselbe Anzahl an Ziegeln gebrannt werden muss. Allerdings müssen sie sich das Stroh von nun an selbst besorgen. Die Israeliten sind faul, sie denken nur ans Feiern. Sie sollen mehr arbeiten!"

Die Nachricht vom neuen Arbeitsauftrag des Pharaos hat sich schnell im Volk verbreitet. Die israelischen Listenführer, die genau Buch darüber führen, wie viele Ziegel hergestellt wurden, beschweren sich beim Pharao: „Warum tust du uns das an? Was haben wir denn getan? Wir haben doch immer gemacht, was du von uns wolltest." Aber der Pharao antwortet nur: „Ihr seid faul. Euch ist so langweilig, darum schreit ihr: ‚Wir wollen in die Wüste und unserem Gott ein Opfer darbringen.' Macht, dass ihr wieder an die Arbeit kommt! Ich will die gleiche Anzahl an Ziegeln bekommen wie seither auch. Nur das Stroh müsst ihr selbst besorgen."

Die Beschwerde der israelischen Listenführer hat nichts gebracht. Sie treffen Mose und Aaron. „Warum habt ihr das getan? Jetzt hasst der Pharao uns noch mehr. Gott soll euch dafür strafen, dass ihr uns das angetan habt." Mose versteht Gott selbst nicht. Er betet: „Gott, warum behandelst du dein Volk so schlecht? Seit wir beim Pharao waren, geht es dem Volk Israel noch schlechter. Du hast nichts getan, um dein Volk zu retten. Was soll das?" Gott antwortet Mose: „Ich bin der Herr. Ich habe meinem Volk versprochen, es aus Ägypten und in ein freies Land zu führen. Diese Versprechen werde ich halten. Vertraue mir. Ich werde den Pharao dazu zwingen, euch gehen zu lassen." Mose ist erleichtert, dass Gott noch einmal bestätigt, was Mose schon so oft gehört hat. Er hat sich also doch nicht getäuscht. Mose lässt diese Botschaft unter den Israeliten weitersagen. Aber sie glauben ihm nicht. Sie sind von der harten Arbeit so erschöpft und völlig entmutigt.

Gott sagt noch einmal zu Mose: „Jetzt geh wieder zum Pharao und sage ihm, dass er euch gehen lassen soll." Mose wendet ein: „Aber ich bin doch so ungeschickt im Reden. Wenn mir schon die Israeliten nicht glauben, wie soll mir dann erst der Pharao glauben?" „Nimm Aaron mit", antwortet Gott. „Ich gebe dir die Kraft und die Macht, vor den Pharao zu treten, als wärst du Gott, und Aaron wird dein Prophet sein. Du sagst Aaron alles, was ich dir auftrage, und Aaron wird es dann dem Pharao sagen. Der Pharao wird eure Forderung ablehnen. Aber dann wird er meine Hand zu spüren bekommen. Ich bin dein Gott, auf den du dich verlassen kannst. Glaube mir!"

Vertiefungsfragen

- Würdest du Gott glauben, wenn er etwas verspricht, aber alles nur noch schlimmer wird?
- Wie kann man sich sicher sein, dass Gott sein Wort hält?

Spiele für Mägde und Knechte

Betten machen

Zwei Kinder (oder mehr) treten gegeneinander an. Jedes Kind hält einen Schlafsack in einem Beutel. Auf „Los!" müssen die Kinder den Schlafsack so schnell wie möglich aus dem Beutel ziehen und anschließend wieder in den Beutel stopfen. Welches Kind ist am schnellsten?
Material: mehrere Schlafsäcke mit Beutel

Trinken servieren

Die Kinder werden in zwei Gruppen eingeteilt und stellen sich jeweils hintereinander an der Startlinie auf. Die jeweils ersten Kinder erhalten ein Tablett mit einem Glas Wasser, das bis zum Rand gefüllt ist. Auf „Los!" müssen sie das Tablett mit dem Wasserglas durch einen Parcours transportieren. Sind sie wieder an der Startlinie angekommen, geben sie das Tablett an das nächste Kind weiter. Die Zeit wird dabei gestoppt. Wenn alle Kinder den Parcours absolviert haben, wird geschaut, wer am schnellsten war und dabei am wenigsten Wasser verschüttet hat.
Material: 2 Tabletts, 2 Gläser, Wasser, Markierung für die Startlinie, Hindernisse bzw. Markierung für den Parcours, 1 Stoppuhr, evtl. Wischtuch

Schuhe putzen

Die Kinder werden in kleine Gruppen eingeteilt (oder spielen einzeln). Jede Gruppe erhält einen schmutzigen Gummistiefel, dazu Wasser und mehrere Lappen. Auf „Los!" müssen die Gruppen den Stiefel so schnell wie möglich putzen. Welche Gruppe schafft dies zuerst?
Material: mehrere schmutzige Gummistiefel, Wasserschüsseln, Lappen

Essen vorkosten

Verschiedene Obst- und Gemüsesorten (z. B. Karotte, Kohlrabi, Paprika, Brokkolistiel, Apfel, Birne, Melone) werden in gleich große Würfel geschnitten. Alle Kinder bekommen die Augen verbunden und erhalten nacheinander die Obst- und Gemüsewürfel. Sie müssen erraten, um was es sich bei den Leckereien handelt.
Material: verschiedene Obst- und Gemüsesorten in Würfel geschnitten, pro Kind 1 Augenbinde

Schnürsenkel einfädeln

Die Kinder werden in zwei Gruppen eingeteilt und setzen sich nebeneinander. Jede Gruppe erhält einen Schuh mit Schnürsenkel. Auf „Los!" muss das erste Kind den Schnürsenkel aus dem Schuh herausziehen, das zweite Kind den Schnürsenkel wieder durch jedes Loch einfädeln, das dritte wieder herausziehen usw. Welche Gruppe ist zuerst fertig?
Material: 1 Paar Schuhe mit Schnürsenkeln

Kleider zusammenlegen

Die Kinder werden in Gruppen eingeteilt und erhalten einen Wäschekorb mit der gleichen Anzahl an Wäschestücken (unterschiedliche Kleidungsstücke z. B. aus dem Altkleidersack). Auf „Los!" müssen sie die Kleider so schnell wie möglich zusammenlegen und auf einen ordentlichen Stapel legen. Der Spaß sollte hierbei nicht zu kurz kommen. Wer ist zuerst fertig und hat es am besten gemacht?
Variante: Den Kindern werden die Augen verbunden. Welche Gruppe schafft es, die Wäschestücke ohne sehen zu können zusammenzulegen?
Material: pro Gruppe 1 Wäschekorb mit der gleichen Anzahl an Wäschestücken; für die Variante: Augenbinden

Hemden aufhängen

Eine Wäscheleine als Zielleine wird im Raum gespannt. Die Kinder werden in Gruppen eingeteilt und stellen sich im Kreis auf. Ein Kind bekommt einen Kleiderbügel und ein Hemd. Auf „Los!" hängt das Kind das Hemd auf den Kleiderbügel und schließt einen Knopf, dann gibt es das Hemd samt Bügel an das nächste Kind weiter. Das schließt auch einen Knopf und gibt das Hemd weiter. Der Kleiderbügel darf zu keinem Zeitpunkt herausfallen. Wenn alle Knöpfe auf diese Weise geschlossen wurden, rennt das letzte Kind mit dem Hemd zur Zielleine und hängt es daran auf. Welche Gruppe schafft dies zuerst?
Material: 1 Zielleine, pro Gruppe 1 Hemd mit gleich vielen Knöpfen und 1 Kleiderbügel

18. DER PHARAO BLEIBT HART

Bibeltext: 2. Mose 7,8 – 10,29
Zielgedanke: Der Pharao glaubt, er wäre der einzige Gott.
Aber Gott macht deutlich, wer wirklich mächtig ist.

Einstiegsspiel

Kraft messen

Alle Kinder halten nacheinander eine Körperwaage mit gestreckten Armen von sich und drücken mit den Handballen so fest wie möglich auf die Fläche der Waage. Die Ergebnisse werden notiert. Wer kann die meisten Kilos drücken?
Material: 1 Körperwaage, Papier und Stift

Einstiegsfragen

- Wen hältst du für besonders stark?
- Was kann ein Mensch, den du stark findest?

Vorlesegeschichte

„Aua!“ Mose hält sich den kleinen Zeh, dann läuft er schnell weiter. „Hier ist es aber auch furchtbar dunkel“, brummt er vor sich hin, „man sieht wirklich gar nichts.“ Mit seinem Stock tastet er sich vorsichtig vorwärts. Bald hat er die Landesgrenze nach Goschen erreicht. Dort wohnen die Israeliten. Und dort ist alles ganz normal. „Der Pharao ist aber auch wirklich stur!“, denkt Mose. „Er glaubt immer noch, er wäre der einzige Gott. Dabei hat er doch schon so oft die Größe des Gottes Israels erlebt.“ Während Mose sich weiter vorwärts tastet, denkt er an all die Plagen, die Gott über die Ägypter geschickt hat.

Gott hatte ihn und seinen Bruder Aaron zum Pharao, dem König von Ägypten geschickt, um die Freiheit für das Volk Israel zu verlangen. Aber erst musste Mose beweisen, dass Gott wirklich Gott ist. Also warf Aaron seinen Stock vor dem Pharao auf den Boden und dieser wurde zur Schlange. Daraufhin ließ der Pharao seine eigenen Zauberer rufen. Auch sie warfen ihre Stöcke zu Boden und diese verwandelten sich ebenfalls in Schlangen. Aber Aarons Schlange fraß die anderen Schlangen auf. Trotzdem blieb der Pharao stur. Er wollte die Israeliten nicht gehen lassen.

Darum verwandelte Gott alles Wasser im Nil zu Blut. Auch in den Töpfen und Krügen, die die Ägypter zu Hause hatten, wurde alles Wasser zu Blut. Es stank fürchterlich, aber die Zauberer des Pharaos konnten auch Wasser in Blut verwandeln. Das half zwar nichts, sondern machte alles nur noch schlimmer, aber den Pharao beeindruckte die Macht Gottes nicht. Sieben

Tage später machten Mose und Aaron sich wieder auf den Weg zum Pharao und baten ihn, das Volk Israel gehen zu lassen, damit es Gott opfern kann. Aber der Pharao weigerte sich. Da schickte Gott Frösche über das ganze Land. Der Nil und alle anderen Wasser wimmelten nur so von Fröschen. Die Frösche sprangen überallhin, auch in den Palast des Pharaos und in sein Schlafzimmer. Sogar in den Backöfen und in den Teigschüsseln ließen sich die Frösche nieder. Die ägyptischen Zauberer konnten genauso Frösche hervorkommen lassen, was auch diesmal nichts half. Der Pharao war nach wie vor von der Größe Gottes nicht beeindruckt. Es war wie ein Kräftemessen zweier Götter. Wer wird gewinnen?

Erst als die Froschplage zu schlimm wurde und das ganze Land mit so vielen Fröschen bedeckt war, dass die Menschen nicht mehr ein noch aus wussten, ließ der Pharao Mose und Aaron rufen. „Bittet doch euren Gott, dass er uns von diesen schrecklichen Fröschen befreit! Dann will ich euch auch ziehen lassen." „Gut", antwortete Mose, „ich werde meinen Gott darum bitten, dass die Frösche nur noch in den Flüssen leben." Und so war es. Aber dann überlegte es sich der Pharao doch wieder anders und ließ Israel trotz seiner Zusage nicht gehen. Und so ging es weiter Woche um Woche, Monat um Monat, Jahr um Jahr. Als nächstes kamen Stechmücken aus dem Staub. Die Zauberer konnten aus dem Staub keine Stechmücken entstehen lassen. Sie wussten: Der Gott der Israeliten ist der wahre Gott, nicht der Pharao. Aber er wollte auch nicht auf seine eigenen Leute hören. Danach schickte Gott Ungeziefer, das das ganze Land und alle Häuser bedeckte und alles kaputt fraß. Der Pharao war jetzt zumindest bereit, den Israeliten zu erlauben, dass sie ihren Gott anbeten dürften, aber nur in Ägypten selbst. Mose lehnte das Angebot ab. Gott hatte ihnen die Freiheit versprochen, da war es mit einem Opferfest in Ägypten nicht getan. Weil der Pharao nicht nachgab, schickte Gott eine Krankheit, an der alle ägyptischen Tiere starben. Nur die israelischen Tiere blieben gesund. Der Pharao ließ das extra nachprüfen, trotzdem blieb er weiterhin stur. Dann schickte Gott Geschwüre, die offene Wunden bei Menschen und Tieren machten. Weil der Pharao das Volk Israel immer noch nicht gehen lassen wollte, schickte Gott ein so schweres Unwetter mit Hagel, sodass alles, was noch im Freien war, zerschlagen wurde. Mose hatte die Ägypter zuvor sogar warnen lassen. Einige hatten auch längst verstanden, dass der Gott der Israeliten der lebendige Gott ist, und brachten ihre Tiere in Sicherheit. Andere lachten ihn jedoch nur aus, aber hinterher trauerten sie um ihre toten Tiere.

Die Zauberer baten den Pharao: „Lass sie doch endlich gehen! Wie viel Leid und Elend sollen sie noch über unser Land bringen?" Aber der Pharao wollte nicht klein beigeben. Er glaubte immer noch, der Gott Ägyptens zu sein. Ein anderer Gott hatte neben ihm keinen Platz. Daraufhin schickte Gott so viele Heuschrecken, dass das ganze Land schwarz bedeckt war. Die Heuschrecken fraßen alles, was der Hagel noch übriggelassen hatte. Aber der Pharao blieb stur.

Da schickte Gott eine Dunkelheit über das ganze ägyptische Land. Man sah die Hand vor Augen nicht. Die Dunkelheit war bedrückend und beängstigend. Der Pharao ließ Mose rufen. „Von mir aus könnt ihr gehen und eurem Gott ein Opfer darbringen. Aber eure Schafe, Ziegen und Rinder müsst ihr natürlich hierlassen. Sonst kommt ihr vielleicht nicht wieder." Mose schüttelte den Kopf. „Nein, Pharao, wir gehen als ganzes Volk. Denn welche

Tiere sollen wir unserem Gott denn dann opfern? Willst du uns etwa welche mitgeben? Außerdem wissen wir erst, wenn wir am Opferplatz angekommen sind, welches Tier wir für Gott opfern sollen." Da sprang der Pharao von seinem Thron auf. Wütend fuchtelte er mit den Händen. „Verschwinde! Wenn du mir noch einmal unter die Augen kommst mit deinen dämlichen Forderungen und mit deinem angeblich so lebendigen und starken Gott, dann bist du ein toter Mann!" „Gut", antwortete Mose, „wie du sagst, wir werden uns nicht mehr wiedersehen."

Mittlerweile ist Mose in Goschen angekommen. Wie eine Wolke liegt die Dunkelheit über Ägypten, aber da wo die Israeliten wohnen, scheint die Sonne wie jeden Tag. Gott hat wirklich seine Stärke gezeigt. Aber den Pharao konnte er noch nicht umstimmen. Hat Gott etwa gegen den Pharao verloren? Wie wird er die Israeliten befreien? Mose hat manchmal Zweifel, ob Gott sie jemals aus diesem Land befreien wird. Aber Mose glaubt, dass Gott der Stärkere ist.

Vertiefungsfragen

- Wie zeigt Gott heute seine Stärke?
- Warum will der Pharao nicht einsehen, dass Gott gewonnen hat? Wie ist das bei dir?

Spiele zum Kräftemessen

Kampf der Starken

Die Kinder bilden Zweierteams und stellen sich gegenüber auf. Ihre Kraft wird dabei auf die Probe gestellt.

- Die Kinder machen sich steif wie ein Brett und müssen versuchen, sich gegenseitig wegzuschieben.
- Die Kinder stehen sich gegenüber und berühren sich mit ausgestreckten Armen an den Handflächen. Durch Drücken und Nachlassen müssen sie versuchen, das andere Kind aus dem Gleichgewicht zu bringen. Beide Füße müssen auf dem Boden bleiben. Wer zuerst einen Schritt macht, verliert.
- Die Kinder stehen Rücken an Rücken und müssen versuchen, durch Bewegung des Rumpfes das andere Kind wegzuschieben.
- Ein Kind stellt sich hinter das andere und umfasst dessen Taille mit den Händen. Der Gefangene muss versuchen, sich ohne Zuhilfenahme seiner Hände zu befreien.

Material: keines

Kampf der Spinnen

Alle Kinder verwandeln sich in Spinnen. Sie bewegen sich nur auf Händen und Füßen fort, der Bauch zeigt zur Decke. So müssen sie versuchen, die anderen Spinnen durch Anrempeln aus dem Gleichgewicht zu bringen. Wer mit einem anderen Körperteil den Boden berührt, scheidet aus. Wer bleibt bis zum Schluss übrig?

Material: keines

Liegestützkampf
Immer zwei Kinder gehen gegenüber in den Liegestütz (ausgestreckte Arme und Beine, Bauch zeigt zum Boden) und versuchen, dem Gegner einen Arm wegzuschlagen, sodass dieser das Gleichgewicht verliert. Wem gelingt es?
Material: keines

Besenkampf
Zwei Kinder stehen sich auf jeweils einer Bierbank (oder einem wackeligen Hocker) im Abstand einer Besenlänge gegenüber. Der Platz hinter den Bierbänken sollte mit Kissen, Rasen oder Sand gepolstert sein. Jedes Kind erhält einen Besen. Auf „Los!" versucht jedes Kind, mit dem Besen das andere Kind von der Bank zu schubsen. Wer zuerst absteigt, hat verloren.
Variante: Die Kinder stehen in einem kleinen abgegrenzten Spielfeld (1,50 m x 1,50 m) und müssen sich aus dem Feld schubsen.
Material: 2 Bierbänke oder Hocker, 2 Besen; für die Variante: Markierungen für das Spielfeld

Kissenkampf
Immer zwei Kinder stehen sich gegenüber. Auf dem Kopf tragen sie ein Kissen, das sie nicht mit den Händen festhalten dürfen, in der Hand haben sie eine halbe Schwimmnudel. Auf „Los!" versuchen die Kinder, sich gegenseitig das Kissen vom Kopf zu schlagen. Gewonnen hat, wer sein Kissen am längsten auf dem Kopf behält.
Tipp: Es können auch alle Kinder gleichzeitig spielen, jeder gegen jeden.
Material: pro Kind 1 Kissen und 1 halbe Schwimmnudel

Zeitungskampf
Immer zwei Kinder stehen sich gegenüber, zwischen ihnen liegt eine aufgeschlagene Doppelseite einer Zeitung. Auf „Los!" müssen sie versuchen, das jeweils andere Kind auf die Zeitung zu ziehen. Wer zuerst die Zeitung berührt, verliert.
Material: pro Paar 1 Zeitungsdoppelblatt

Fingerkampf
Zwei Kinder halten eine Pappe am jeweils gegenüberliegenden Ende nur mit Daumen und Zeigefinger einer Hand fest. Auf „Los!" müssen beide versuchen, dem anderen Kind die Pappe aus der Hand zu reißen.
Variante: Die Hände werden getauscht, indem die Rechtshänder die Pappe mit der linken Hand und die Linkshänder mit der rechten Hand festhalten.
Material: pro Paar 1 stabile Pappe

19. LETZTE PLAGE UND AUSZUG

Bibeltext: 2. Mose 11,1 – 12,42
Zielgedanke: Gott befreit sein Volk.

Einstiegsspiel

Koffer packen

Die Kinder werden in kleinere Gruppen eingeteilt und erhalten je einen Koffer/Wäschekorb. Eine Person aus dem Mitarbeiterteam buchstabiert in Gedanken das Alphabet, bis ein Kind „Stopp!" ruft. Der Buchstabe, bei dem die Person in Gedanken angekommen ist, wird genannt. Alle Kinder müssen so schnell wie möglich einen Gegenstand besorgen, der mit diesem Buchstaben beginnt. Wer zuerst zurück ist, erhält 1 Punkt. Mehrere Runden werden gespielt.
Material: pro Gruppe 1 Koffer/Wäschekorb

Einstiegsfragen

- Was würdest du mitnehmen, wenn du plötzlich aus Deutschland fliehen müsstest?
- Was würde dir an Deutschland am meisten fehlen?

Vorlesegeschichte

„Iiih, Papa, was machst du denn da? Warum schmierst du Blut an unseren Türrahmen? Das ist doch voll eklig!" Pallu schüttelt sich. Angewidert schaut er seinem Vater zu, wie er mit einem Kräuterbüschel das Blut des geschlachteten Lammes an den Türrahmen streicht. „Ja, das sieht eklig aus", antwortet der Vater, „aber dieses Blut ist unsere Rettung." „Die Rettung? Für was denn Rettung?", fragt Pallu. „Gott hat schon lange versprochen, uns aus der Sklaverei in Ägypten zu befreien und in ein eigenes Land zu führen. Du siehst doch, wie wir tagein tagaus Ziegel für den Pharao herstellen müssen. Und du kennst auch den alten Mann von nebenan, der an den Prügeln eines ägyptischen Sklavenaufsehers gestorben ist", erklärt der Vater. „Ja, das finde ich auch voll gemein!", antwortet Pallu. „Warum darf der das?" „Ich weiß gar nicht, ob er das darf", antwortet der Vater, „aber wir Israeliten sind hier in Ägypten die Ausländer. Der Pharao hat Angst davor, dass irgendwann mehr Ausländer als Ägypter in seinem Land leben. Darum behandelt er uns wie Sklaven. Aber Gott hat versprochen, uns jetzt von dieser Sklaverei zu befreien. Mose und Aaron, die kennst du doch auch, oder?" „Ja", antwortet Pallu, „klar, die kennt ja jeder." „Genau", fährt der Vater fort, „Gott hat Mose und Aaron beauftragt, den Pharao darum zu bitten, dass wir gehen dürfen. Der Pharao hat's nicht gemacht, und Gott hat ihm viele Plagen geschickt. Bis jetzt hat das noch nichts gebracht. Aber Gott hat versprochen, dass es heute Nacht so weit sein wird. Mama hat sich von ihrer Herrin goldenen Schmuck erbeten, sozusagen als Belohnung für ihre harte Arbeit. Die hat ihn ihr sogar gegeben. Wahrscheinlich ahnt sie auch, dass heute Nacht etwas geschehen wird. Und wir, wir warten jetzt darauf, dass Gott das Kommando gibt. Bis dahin müssen wir alles machen, was Mose uns ausgerichtet hat."

„Was hat Mose uns denn ausgerichtet?", fragt Pallu. „Er hat uns gesagt, dass wir ein einjähriges, gesundes Lamm schlachten sollen. Mit dem Blut bestreiche ich gerade den Türrahmen. Wir sollen das Fleisch heute Abend grillen und das komplette Lamm aufessen. Wenn wir dafür eine zu kleine Familie sind, um das ganze Fleisch zu essen, dann sollen wir unsere Nachbarn dazu einladen." „Oh ja! Können wir Jamin einladen?", fragt Pallu begeistert. Jamin ist sein bester Freund. „Ja, ich denke, das geht", sagt der Vater, „denn das Lamm werden wir allein nicht schaffen. Zu dem Lamm gibt es dann noch Brot, das wir ohne Sauerteig backen. Heute haben wir keine Zeit mehr, noch lange den Brotteig gehen zu lassen. Heute muss alles ganz schnell gehen. Pack schon mal deine Sachen zusammen, Pallu. Und hilf auch deinen jüngeren Geschwistern dabei. Bald geht es los!" Pallu hat noch so viele Fragen, aber er merkt, dass jetzt keine Zeit für Antworten ist. Vielleicht später beim Abendessen. Er freut sich schon auf Jamin.

Später nach dem Essen fällt Pallu wieder ein, was er eigentlich noch fragen wollte. „Papa, du hast vorhin gesagt, dass das Blut an unseren Türrahmen unsere Rettung ist. Aber du hast gar nicht gesagt, wovor wir gerettet werden." „Stimmt!", antwortet der Vater. „Weil der Pharao das Volk Israel nicht gehen lässt, hat Gott noch eine letzte Strafe vorhergesagt. Heute Nacht um Mitternacht wird der Todesengel umhergehen und alle Erstgeborenen töten, bei den Menschen und bei den Tieren." „Was ist denn ein Erstgeborener?", fragt Pallu. „Ein Erstgeborener ist der, der in einer Familie zuerst geboren wurde, also das älteste Kind einer Mutter oder das erste Lamm eines Schafes." Pallu erschrickt. „Ich habe nur jüngere Geschwister!", ruft er. „Muss ich etwa heute Nacht sterben?" „Nein, nein", beruhigt ihn der Vater, „darum habe ich doch den Türrahmen mit Blut beschmiert. So weiß der Todesengel, dass hier eine israelische Familie wohnt, die an Gott glaubt. Das Blut am Türrahmen rettet uns vor dem Todesengel. Er wird an allen Häusern vorbeigehen, deren Türrahmen mit Blut bestrichen sind." Pallu ist erleichtert, dass ihm nichts passieren wird. Aber etwas mulmig ist ihm doch zumute.

Pallu sitzt mit seiner Familie und den Nachbarn um das Feuer herum, das schon weit heruntergebrannt ist. Gemeinsam haben sie gegessen, getrunken und gebetet. Die Alten haben Geschichten erzählt von früher, von ihren Vorfahren, von Abraham, wie er auszog, von Isaak, der von seinem Sohn Jakob betrogen wurde, von den Söhnen Jakobs, die Josef nach Ägypten verkauften. Und von Josef, der als Regierungschef seine Brüder vor der Hungersnot in der alten Heimat rettete. Seitdem sind 430 Jahre vergangen. Viele Jahre, in denen es den Israeliten in Ägypten gut ging. Aber jetzt sind sie an einem neuen Teil ihrer Geschichte angekommen. Israel wird Ägypten verlassen und in das Land ziehen, das Gott ihm versprochen hat. Pallu sitzt angezogen und mit seinem Stock in der Hand neben den anderen. Sie warten auf das Signal zum Aufbruch.

Es ist schon weit nach Mitternacht. Eigentlich müsste Pallu schon längst schlafen, aber diese Nacht ist so aufregend, so anders. Von Weitem hören sie das Jammern und Klagen der

Ägypter, die den Tod ihrer Erstgeborenen beweinen. Auch der Pharao wird traurig sein, denn sein Erstgeborener, der ihm auf den Thron folgen sollte, lebt nicht mehr. Wahrscheinlich sind die Ägypter froh, wenn die Israeliten endlich gehen und keine weiteren Strafen mehr über das Land bringen. „Werde ich Ägypten vermissen?", fragt Pallu sich. Wahrscheinlich nicht, denn seine Freunde gehen mit. Wie Jamin zum Beispiel.

Vertiefungsfragen

- Unter welchen Umständen würdest du deine Heimat verlassen?
- Wie beschützt Gott heute die Menschen, die an ihn glauben?

Spiele zum Kofferpacken

Ich packe meinen Koffer extrem

Alle Kinder sitzen im Kreis. Ein Kind beginnt und sagt: „Ich packe meinen Koffer und nehme mit: eine Zahnbürste." Das Kind neben ihm wiederholt den Satz und fügt einen eigenen Gegenstand hinzu, den es mitnehmen möchte (z. B. „Ich packe meinen Koffer und nehme mit: eine Zahnbürste und ein Buch."). Dies wird so lange im Kreis wiederholt, bis ein Kind etwas Falsches wiederholt oder einen Gegenstand vergessen hat.
Variante: Es dürfen nur Gegenstände oder Menschen mitgenommen werden, die in der Geschichte vorkommen.
Variante: Die Gegenstände müssen in alphabetischer Reihenfolge mitgenommen werden, d. h. das erste Kind nimmt etwas mit A mit, das zweite mit B usw.
Variante: Auf dem Boden in der Kreismitte liegen verschiedene Fotos von Menschen, Gegenständen oder Landschaften (z. B. aus einem Memory®). Das Kind, das an der Reihe ist, nimmt sich ein Foto, benennt es und legt es verdeckt ab. So bildet sich mit der Zeit eine lange Schlange von zugedeckten Kärtchen. Wer kann am Schluss alle Kärtchen richtig benennen?
Variante: Statt Gegenständen werden Bewegungen mitgenommen. „Ich fahre in den Urlaub und mache so: ..." Dabei macht das Kind eine Bewegung (z. B. winken). Das zweite Kind wiederholt die Bewegung und fügt eine eigene hinzu (z. B. sich ans Ohr fassen). Wer kann zum Schluss alle Bewegungen in der richtigen Reihenfolge wiederholen?
Material: keines; für die Variante: Fotos von Menschen, Gegenständen oder Landschaften

Erinnerungen einpacken

Auf einem Zettel werden Fragen der näheren Umgebung notiert und für alle Kinder kopiert. Fragen können z. B. sein: Welche Farbe hat das Klingelschild von Hausnummer 15? Wer wohnt zwei Häuser weiter im zweiten Stock? Wie viele Fenster hat „unser" Haus von außen betrachtet? Wie viele Mülltonnen stehen vor Hausnummer 20? Alle Kinder bekommen einen Fragenzettel und einen Stift. Auf „Los!" müssen sie so schnell wie möglich alle Antworten notieren. Wer ist zuerst fertig und kann seine Erinnerungen mitnehmen?
Material: 1 vorbereiteter Fragezettel, kopiert für alle Kinder; pro Kind 1 Stift

Kofferschloss knacken

Ein Koffer mit dreistelligem Zahlenschloss steht in der Raummitte. Darin befindet sich dann Reiseproviant für die Gruppe (z. B. etwas zu essen und/oder zu trinken). Die Aufgabe der Kinder ist es, den Zahlencode zu knacken. Die Kinder sollen sich dazu genau im Raum umschauen und Ungewöhnliches entdecken. Genaueres dazu wird nicht erklärt. Die Lösung kann durch verschiedene Hinweise verschlüsselt dargestellt werden (z. B. Münzen, die auf einer Fensterbank liegen und den Wert 5 ergeben, eine Anzahl Wäscheklammern an einem Vorhang, ein Würfelbild aus Nudeln oder Steinchen, ein Suchsel mit nur einem einzigen Zahlenwort). (Ein Suchsel kann ganz leicht unter www.raetsel-fuer-kinder.de/buchstabensalat (letzter Zugriff am 13.03.2019) in verschiedenen Schwierigkeitsgraden hergestellt werden.)
Variante: Hat der Koffer zwei Zahlenschlösser, die unterschiedlich eingestellt werden können, spielen zwei Gruppen miteinander. Erst wenn beide das Rätsel gelöst haben, kann der Koffer geöffnet werden.
Material: 1 Koffer mit dreistelligem Zahlenschloss, entsprechende Materialien je nach Hinweis, Reiseproviant; für die Variante: 1 Koffer mit zwei Zahlenschlössern

Proviant schmieren

Die Kinder werden in Gruppen eingeteilt und erhalten eine Packung Cracker und Frischkäse. Ihre Aufgabe ist es, aus den Materialien ein Tier zu bauen (z. B. Schmetterling, Giraffe, Spinne). Anschließend muss die andere Gruppe das Tier erraten. Im Anschluss kann alles gemeinsam verzehrt werden.
Material: Cracker, Messer, Frischkäse

20. WOLKEN- UND FEUERSÄULE

Bibeltext: 2. Mose 13,17-22
Zielgedanke: Gott geht mit.

Einstiegsspiel

Reiseleiter

Alle Kinder stellen sich hintereinander auf und halten sich mit den Händen an den Schultern des Kindes vor ihnen fest. Allen werden die Augen verbunden, nur das letzte Kind kann etwas sehen. Dann setzt sich die Schlange in Bewegung. Das letzte Kind gibt dabei die Kommandos, wo es hingehen soll.
Material: Augenbinden

Einstiegsfragen

- Was war bislang deine weiteste Reise?
- Wie muss ein Reiseleiter sein, damit du mit ihm verreist?
  Welche Eigenschaften muss er haben?

Vorlesegeschichte

Zufrieden stützt sich Mose auf seinen Stab. „Es ist ja alles noch mal gut gegangen", denkt er. Der Pharao hat sie tatsächlich gehen lassen. Seine Botschaft war sehr kurz gewesen, so sehr hatte ihn der Tod seines Sohnes getroffen. Bis zum Schluss war der Pharao überheblich gewesen. Nach der großen Finsternis hatte der Pharao zuerst eingewilligt, dass das Volk gehen darf, um Gott ein Opfer zu bringen. Nur die Tiere sollten sie zurücklassen. Der Pharao wollte sicher sein, dass die Israeliten wieder zurückkommen. „Welche Tiere sollen wir denn dann opfern?", fragte Mose. „Willst du uns etwa Tiere mitgeben? Nein, wir nehmen alles mit, auch unsere Schafe, Ziegen und Rinder. Erst vor Ort werden wir wissen, welche Tiere wir unserem Gott opfern sollen." Aber der Pharao blieb stur. „Ich lasse euch nicht gehen. Das ist mein letztes Wort. Mose, lass dich nie wieder hier blicken!", hatte der Pharao gerufen. Mose hatte ihn siegesgewiss angelächelt: „So wie du es sagst, wird es sein. Wir werden uns nicht mehr wiedersehen."

Und dann ging alles ganz schnell. Die Israeliten hatten sich auf ihre Abreise vorbereitet. Die Sachen waren gepackt, die Tiere gefüttert, die Sandalen an den Füßen und der Mantel mit einem Gürtel festgebunden. Für das letzte Abendessen hatten alle ihr Lamm geschlachtet, die Türrahmen mit seinem Blut bestrichen und sich in den Häusern versammelt. Der Todesengel Gottes hatte dafür gesorgt, dass die Ägypter viele Tote zu beklagen hatten. Alle Erstgeborenen waren gestorben. Dabei gab es keinen Unterschied zwischen Arm und Reich, zwischen Mensch und Tier. Es gab nur einen Unterschied zwischen Ägyptern und Israeliten. Die Häuser, die mit dem Blut des Lammes bestrichen waren, wurden vom Todesengel verschont.

Der Pharao ließ Mose ausrichten: „Geht! Macht, dass ihr verschwindet, bevor ihr noch mehr Unheil über Ägypten bringt!" Und so waren die Israeliten losgezogen. Mit ihnen kamen auch einige Ägypter, die von dem Gott der Israeliten so beeindruckt waren, dass sie ab jetzt auch mit ihm leben wollten. Sie kehrten ihrer Heimat den Rücken zu und starteten als Ausländer mit den Israeliten in ein neues Abenteuer.

Und jetzt sind sie unterwegs. Eigentlich ist der Weg am Mittelmeer entlang der kürzere. In nur wenigen Wochen könnten sie das versprochene Land erreichen, in dem schon ihre Väter gewohnt haben. Und dann wären sie am Ziel ihrer Reise und in Sicherheit. Aber das Land entlang der Küste ist von den Philistern dicht besiedelt. Ein so großes Volk wie die Israeliten könnte da nicht so einfach durchziehen, ohne dass es Streit oder Krieg geben würde. Gott hat befürchtet, dass die Israeliten bei der kleinsten Schwierigkeit mit den Bewohnern aufgegeben und wieder zurück nach Ägypten gehen würden. Darum hat er einen Weg über die Halbinsel Sinai gewählt. Das ist zwar ein großer Umweg, dafür aber ein sicherer. Es gibt nur wenige Ortskundige, die sich über den Umweg beschweren. Aber Mose kann sie besänftigen. „Gott weiß, was er tut. Das haben wir doch die letzten Jahre schon erlebt. Verlasst euch auf ihn." Damit geben sie sich zufrieden.

Wie gut, dass Mose selbst auch glauben kann, dass Gott diesen Weg mit ihnen geht. Denn Gott macht sich bemerkbar. Nicht nur dadurch, dass sie tatsächlich Ägypten verlassen konnten, wie Gott es ihm damals schon am brennenden Dornbusch versprochen hatte. Nein, Gott ist sichtbar dabei und geht ihm voraus. Tagsüber schwebt er in einer Wolkensäule vor ihnen her und zeigt ihnen den Weg. Nachts beleuchtet Gott in einer Feuersäule den Weg, sodass sie Tag und Nacht wandern können. Gott geht mit! Das ist eine ganz neue Erfahrung für die Menschen, die mit Mose unterwegs sind. Vor allem für diejenigen, die vorher nur tote Götter kannten. Diese beteten sie an bestimmten heiligen Orten an. Der Gott Israels aber ist ein Gott, der mit den Menschen unterwegs ist. Nicht die Menschen kommen zu Gott, sondern Gott kommt zu den Menschen. Gott war mit Abraham unterwegs, er begleitete Isaak und er zog mit Jakob nach Ägypten. Mose ist glücklich. Ja, es war richtig, sich damals den Befehlen Gottes unterzuordnen und mit Aaron zum Pharao zu gehen. Gott geht viele Wege mit. Mose ist gespannt, was noch auf sie wartet.

Vertiefungsfragen

- Gott kommt zu den Menschen und nicht die Menschen zu Gott.
  Wozu brauchen wir dann eine Kirche?
- Gott ist der Reiseleiter deines Lebens. Wie macht er sich bemerkbar?

Spiele für Reisende

Weg suchen

Ein Kind, das sich freiwillig gemeldet hat, geht vor die Tür. Die anderen Kinder bauen mit dem vorhandenen Material (z. B. Stühle, Tische, Kissen) einen Parcours auf. Dann legen sie eine Paketschnur als Wegweiser den Parcours entlang. Das Kind vor der Tür zieht Schuhe und Strümpfe aus, und ihm werden die Augen verbunden. Dann wird es hereingeholt und muss barfuß den Parcours ablaufen, indem es sich mit den Füßen an der Paketschnur orientiert.
Material: Paketschnur, vorhandenes Material, 1 Augenbinde

Verstecktes Labyrinth

Ein viereckiges Labyrinth, das sich von unten nach oben (oder umgekehrt) lösen lässt, wird auf ein liniertes DIN-A4-Papier gemalt oder kopiert und abgedeckt. Jedes Kind erhält einen farbigen Stift. Nun wird die erste Zeile aufgedeckt und jedes Kind entscheidet für sich, ob es links oder rechts geht, und markiert dies im Labyrinth. Dann wird die nächste Zeile aufgedeckt und jedes Kind zieht seinen Strich nach oder entscheidet neu, wenn es eine Kreuzung gibt. Wer in einer Sackgasse landet, scheidet aus. Wer schafft es, das Labyrinth zu lösen?
Material: 1 Labyrinth auf liniertes DIN-A4-Papier gemalt oder kopiert, farbige Stifte

Spiegellaufen

Auf dem Boden wird mit Kreide oder einer Paketschnur eine Linie mit vielen Kurven gemalt oder gelegt. Ein Kind erhält einen Handspiegel und hält ihn über den Kopf, sodass es im Spiegel die Linie sehen kann. So muss es versuchen, den Parcours möglichst schnell und ohne Fehltritte zu absolvieren. Wer schafft das am schnellsten?
Material: Kreide oder Paketschnur, 1 Handspiegel, 1 Stoppuhr

Gemeinsam unterwegs

Die Kinder werden in zwei Gruppen eingeteilt und stellen sich hintereinander an einer Startlinie auf. Sie strecken jeweils die rechte Hand durch ihre Beine nach hinten und greifen mit der linken Hand das Kind vor sich an der Hand. Auf „Los!" müssen sie versuchen, so schnell wie möglich über die Ziellinie zu kommen, ohne die Hände loszulassen. Das bedarf etwas Übung. Das Spiel sollte mehrmals wiederholt werden.
Material: Markierung für Start- und Ziellinie

Flaschenparcours

Die Kinder werden in Zweierteams eingeteilt und erhalten je Team einen Luftballon. Auf dem Boden wird ein Slalom-Parcours aufgezeichnet, an dessen Kurven jeweils eine leere Flasche steht. Die Kinder klemmen sich den Luftballon zwischen die Stirn und müssen versuchen, so schnell wie möglich den Parcours zu durchlaufen, ohne eine Flasche umzuwerfen. Welches Team schafft dies am schnellsten?
Material: pro Team 1 Luftballon; mehrere leere Flaschen, Kreide zur Markierung, 1 Stoppuhr

Stadt – Land – Fluss

Alle Kinder erhalten ein DIN-A4-Papier, das sie quer vor sich hinlegen, und einen Stift, mit dem sie sich die gemeinsam vereinbarten Kategorien notieren (z. B. Stadt, Land, evtl. Fluss/Gewässer, Name, Tier, Beruf). Eine Person buchstabiert in Gedanken das Alphabet, eine andere ruft „Stopp!". Der Buchstabe, bei dem „Stopp!" gerufen wurde, wird genannt, und alle notieren sich zu diesem Buchstaben möglichst in jeder Spalte einen Begriff. Wenn zwei Kinder (je nach Anzahl der Kinder) fertig sind, wird gestoppt und ausgewertet. Für einen Begriff, den nur ein Kind hat, erhält es 10 Punkte; für einen Begriff, den auch noch ein anderes Kind hat, erhalten diese 5 Punkte. Gibt es nur ein Kind, das in dieser Kategorie überhaupt etwas notiert hat, erhält es 20 Punkte. Am Ende der Zeile wird zusammengerechnet und mit einem neuen Buchstaben begonnen. Wer hat nach mehreren Buchstaben die meisten Punkte?

Tipp: Bei größeren Altersunterschieden in der Gruppe spielen die Kinder in kleinen Gruppen zusammen.

Variante: Es werden Kategorien ausgewählt, die man für eine Reise braucht (z. B. Gepäckstück, Fortbewegungsmittel, Zweck der Reise).

Material: pro Kind 1 DIN-A4-Papier und 1 Stift

Geheime Reise

Alle Kinder stehen Schulter an Schulter im Kreis und haben die Hände auf dem Rücken. Ein Kind, das sich freiwillig gemeldet hat, geht in die Kreismitte und schließt die Augen. Ein Gegenstand (z. B. Würfel, Murmel) wird einem Kind im Kreis gegeben, das ihn hinter dem Rücken verbirgt. Dann darf das Kind in der Mitte wieder die Augen öffnen. Die Sache wird nun einmal im Kreis hinter dem Rücken auf die Reise geschickt. Das Kind in der Mitte muss genau beobachten, wo der Gegenstand ist. Wenn es einen Verdacht hat, wer den Gegenstand haben könnte, zeigt es auf ein Kind, das beide Hände vorzeigen muss. Wenn das Kind richtig geraten hat, kommt ein anderes in die Mitte und das Spiel beginnt von vorn. Wenn der Verdacht falsch war, wird der Gegenstand weitergegeben. Das Kind hat nur zwei bis drei Versuche, je nach Gruppengröße. Ist der Gegenstand wieder beim ersten Kind angekommen, sagt es: „Geheime Reise abgeschlossen!", und die Rollen werden getauscht.

Material: 1 Gegenstand

21. DURCHZUG DURCHS SCHILFMEER

Bibeltext: 2. Mose 14,1 – 15,21
Zielgedanke: Gott kann retten, wo Menschen keinen Ausweg sehen.

Einstiegsspiel

Brückenfangen

Alle Kinder begeben sich in ein klar abgegrenztes Spielfeld. Ein Kind ist der Fänger und muss versuchen, die anderen Kinder abzuschlagen. Wer abgeschlagen wurde, geht in den Vierfüßlerstand und kann erst dann wieder weiterrennen, wenn ein anderes Kind unter seiner Brücke durchgekrabbelt ist. Während ein Kind unter einer Brücke ist, darf es nicht abgeschlagen werden. Gelingt es dem Fänger, alle Kinder in Brücken zu verwandeln?
Material: keines

Einstiegsfragen

- Bist du lieber Fänger und Gejagter? Begründe es!
- Vor was fürchtest du dich?

Vorlesegeschichte

„Fang mich doch!", ruft Tamara ihrem kleinen Bruder Tiras zu. Tamara flitzt zwischen den Zelten hindurch und wäre fast über einen Korb gestolpert. Tiras kann mit seinen kurzen Beinen zwar nicht so schnell rennen wie seine Schwester, dafür ist er aber sehr flink. Er nimmt eine Abkürzung und umrundet das Zelt, hinter dem Tamara verschwunden ist, von der anderen Seite. Dann prallt er mit Tamara zusammen. Beide landen lachend auf dem Boden. „Hab ich dich!" Tiras strahlt. „Okay, okay, ich gebe mich geschlagen", sagt Tamara. „Komm, lass uns was trinken." Gemeinsam gehen sie zurück in ihr Familienzelt. Sie sind erst vor zwei Tagen hier angekommen. Ihre Abreise aus Ägypten war spektakulär. Zuerst das gemeinsame Essen mit den Nachbarn hinter blutverschmierten Türrahmen. Dann die überhastete Abreise, zu der die Ägypter sie fast schon gezwungen hatten. Und schließlich der Umweg durch die Wüste. Auch die letzten Tage haben sie einen Umweg genommen. Jetzt lagern sie direkt vor dem Schilfmeer. Die Erwachsenen haben sich beschwert: „Was soll das, Mose? Warum führst du uns in die Wüste direkt vor ein Meer? Hier gibt es doch keine Brücke, wie sollen wir da weiterkommen?" Aber Mose hat sie beruhigt: „Gott will den Ägyptern noch einmal zeigen, wer wirklich Gott ist. Die Ägypter werden glauben, wir hätten uns verlaufen. Aber das ist nur eine Falle, die Gott ihnen stellt." Die Erwachsenen haben sich mit dieser Antwort mehr oder weniger zufrieden gegeben.

Tamara und Tiras betreten das Zelt. Sie füllen sich einen Becher mit Wasser und trinken ihn in einem Zug leer. Erst dann fällt ihnen auf, dass die Erwachsenen hektisch umherlaufen. „Was ist denn los, Mama?", fragt Tamara. „Ist irgendwas passiert?" „Ja, viel ist passiert! Einer unserer Aussichtsposten hat heute Morgen gemeldet, dass die Ägypter im Anmarsch sind. Ein riesiges Heer mit vielen Wagen kommt direkt auf uns zu! Mose hat zwar gesagt, das soll eine Falle für die Ägypter sein, aber es sieht eher nach einer Falle für uns aus. Vor uns liegt das Schilfmeer, das wir nicht durchqueren können. Und hinter uns kommen die Ägypter. Da hätten wir auch in Ägypten bleiben und dort sterben können!", antwortet die Mutter in verzweifeltem Ton. „Und wo ist Papa?", fragt Tiras. „Papa bespricht sich mit den anderen Ältesten, was nun getan werden soll. Sie sind bei Mose. Er hat uns hierhergeführt, er muss uns auch aus dieser Notlage retten. Packt schon mal euer Zeug, wir werden sicherlich bald weiterreisen."

Es ist Abend geworden. Tamara und Tiras sitzen auf ihrem gepackten Beutel. Den Mantel haben sie an, die Sandalen fest an den Füßen verschnürt. Die Stimmung im Lager ist sehr angespannt, denn die ägyptische Armee ist näher gekommen, so nah, dass man schon einzelne Köpfe ausmachen kann. Panik hat alle erfasst. Aber dann setzt sich die Wolkensäule, die sie jeden Tag auf ihrer Wanderung begleitet, hinter die Israeliten. Nun ist ihnen der Blick auf die Ägypter versperrt. Aber vor allem können die Ägypter sie nicht mehr sehen. Die Wolkensäule leuchtet auf der Seite der Israeliten hell, aber auf der Seite der Ägypter bleibt sie dunkel. Gott selbst scheint sie vor den Angreifern zu schützen. Seitdem hat sich die Stimmung im Lager wieder etwas beruhigt. Jetzt am Abend soll die Wanderung losgehen. Wohin, das ist die große Frage. Mose wird es schon wissen.

„Auf, auf! Es geht los! Packt eure Sachen!" Tamara und Tiras springen auf. Sie spüren die Anspannung der Erwachsenen. Zum Fangenspielen ist jetzt keine gute Zeit. Sie reihen sich in die Menge derer ein, die mit Sack und Pack Richtung Schilfmeer ziehen. „Aber warum Richtung Meer?", fragt sich Tamara. „Da ist doch keine Brücke, damit wir über das Wasser gehen können!" Auch Tiras wundert sich. „Papa, warum laufen wir ins Wasser? Ich kann doch gar nicht schwimmen!" Der Vater streichelt Tiras tröstend über den Kopf. „Keine Sorge, Tiras, du musst nicht schwimmen. Wir werden gleich sehen, wie wir durch das Wasser kommen", antwortet er. „Kannst du mich auf deine Schultern heben, damit ich auch etwas sehen kann?", fragt Tiras. „Natürlich, mein Sohn." Tiras hat jetzt einen guten Überblick. Da vorn sieht er Mose, wie er auf einem Felsvorsprung steht. In der Hand hält er seinen Stab, den er über das Wasser streckt. „Mama! Papa! Das ist unglaublich!", ruft Tiras. „Das Wasser hat sich geteilt." Ein starker Wind hält das Wasser auseinander. Und die Menschen gehen mitten durch das trockene Meer.

Bald haben Tamara, Tiras und ihre Eltern das Ufer des Schiffmeeres erreicht. Vorsichtig gehen sie in das trockene Flussbett. Die Menschen vor ihnen reichen ihnen hilfreich die Hand, damit sie am matschigen Uferrand nicht ausrutschen. Tamara staunt. Das Wasser hat sich wirklich wie eine Mauer auf beiden Seiten aufgestaut. Unglaublich! So etwas hat sie noch nie gesehen. Eilig geht sie hinter den anderen her. Die Israeliten wissen nicht, ob das Wasser wirklich hält. Die Menschen schieben sich gegenseitig weiter. Nach einem langen Weg haben Tamara und Tiras mit ihrer Familie endlich das rettende Ufer erreicht.

Die Stimmung der Menschen ist kaum zu beschreiben. Sie sind erleichtert, begeistert, aber auch ängstlich besorgt um die, die sich noch im Flussbett befinden. Auch die Wolkensäule hat jetzt das Ufer erreicht. Die letzten Israeliten haben das alte Land hinter sich gelassen.

Die Nacht ist schon vorbei, der Morgen graut. Da hört Tamara die Ersten panisch rufen: „Die Ägypter! Die Ägypter!" „Wo?", fragt Tiras. „Wo sind die Ägypter? Ich sehe nichts!" Aber Tamara hat sie entdeckt. Vor Schreck hält sie die Hand vor den Mund. Am anderen Ufer haben bereits die ersten Ägypter ihre Pferdewagen in das Flussbett getrieben. Die Israeliten waren der Rettung so nah, aber jetzt scheinen sie verloren. Die Ägypter verfolgen sie durch das ausgetrocknete Schilfmeer. War das der Sinn, dass sie das Meer wundersam durchqueren, um dann nachher doch von den Ägyptern eingefangen zu werden? Die Israeliten am Ufer rennen panisch durcheinander. Sie rufen den letzten Wanderern, die sich noch im Flussbett befinden, zu: „Beeilt euch! Macht schnell!" Wie bei einem Wettlauf stehen Tamara und Tiras am Ufer und zittern mit den Mitläufern im Flussbett. Schließlich haben es alle geschafft. Auch Mose ist durch das trockene Flussbett gegangen. Als letzter Israelit erreicht er das Ufer. Hinter ihm hält die Wolkensäule Abstand zu den Ägyptern, die jetzt mit ihrem ganzen Heer im Flussbett sind. Die aufgetürmten nassen Wände beginnen langsam in sich zusammenzufallen. Die Räder der ägyptischen Pferdewagen verfangen sich im nassen Flussbett. Und dann bricht das ganze aufgestaute Wasser über ihnen zusammen. Es rauscht so laut, dass man kein Wort verstehen kann. Erst als das Wasser sich wieder beruhigt hat und kein Ägypter mehr zu sehen ist, beginnen die Israeliten aus ihrer Schockstarre zu erwachen. Jubelnd reißen sie die Arme hoch und fallen sich glücklich um den Hals. Gott hat sie mal wieder gerettet, auch wenn sie es nicht glauben konnten. Alle stimmen in ein Loblied ein. Gott ist wirklich mächtiger als alle Feinde der Welt!

Vertiefungsfragen

- Hättest du dich getraut, durch das Meer zu gehen?
- Wir wünschen uns auch heute noch, dass Gott seine Macht zeigt und Menschen rettet – vor Krankheiten, vor Katastrophen, vor Kriegen. Doch oftmals scheint es, dass wir vergeblich warten. Meint ihr, Gott hat diese Menschen vergessen? Wie denkt ihr darüber?

Fangenspiele für Flüchtende

Grimassenfangen

Mit den Kindern wird eine Grimasse vereinbart, die möglichst witzig ist (z. B. Zunge raus- und reinstrecken, während man brummt; mit den Händen am Kopf wackeln und auf einem Bein stehen). Ein Kind, das sich freiwillig gemeldet hat, ist der Fänger und versucht, die anderen Kinder abzuschlagen. Wer die vereinbarte Grimasse macht, kann in diesem Moment nicht abgeschlagen werden, es sei denn, sie oder er lacht oder verliert das Gleichgewicht.
Material: keines

Wer hat Angst vor dem Pharao?

Alle Kinder stellen sich an einer Startlinie auf, ein Kind, das sich freiwillig gemeldet hat, spielt den Pharao und stellt sich in etwa 5 Metern Entfernung gegenüber auf. Der Pharao ruft: „Wer hat Angst vor dem Pharao?" Alle Kinder antworten: „Niemand!" Der Pharao fragt nach: „Und wenn er kommt?" Die Kinder antworten: „Dann laufen wir davon!" Dann rennen alle Kinder los und versuchen, auf die andere Seite des Spielfelds zu kommen, wo zu Beginn der Pharao stand, ohne vom Pharao abgeschlagen zu werden. Wer abgeschlagen wurde, kommt mit auf Pharaos Seite und das Spiel beginnt von vorn, bis alle Kinder gefangen wurden. Das letzte Kind ist dann der neue Pharao.

Material: Markierungen für die Start- und Ziellinie

Britische Bulldogge

Wie beim Spiel „Wer hat Angst vor dem Pharao" stellen sich die Kinder gegenüber auf. Auf „Los!" müssen die Kinder das Spielfeld überqueren. Der Fänger muss die Kinder hochheben und „Britische Bulldogge 1, 2, 3" rufen. Erst dann gilt das Kind als gefangen. Setzt er das Kind vorher ab, ist es wieder frei. Alle gefangenen Kinder kommen mit auf die Seite des Fängers und sind jetzt auch Fänger. Bei der Wahl des Fängers sollte auf die Körpergröße und Stärke geachtet werden.

Material: Markierungen für die Start- und Ziellinie

Fangen mit Hilfe

Alle Kinder begeben sich in ein Spielfeld. Ein Kind, das sich freiwillig gemeldet hat, wird zum Fänger. Es versucht, ein anderes Kind abzuschlagen. Das andere Kind wird zum Helfer des Fängers. Es kann auch andere Kinder fangen, darf sie aber nicht abschlagen, sondern nur festhalten, bis der Fänger kommt und es abschlägt. Befreit sich das gehaltene Kind, ist es immer noch frei. Wie lange braucht der Fänger, um alle Kinder abzuschlagen?

Material: keines

Umlaufbahnfangen

Alle Kinder befinden sich in einem begrenzten Spielfeld. Eine Umlaufbahn wird festgelegt (z. B. um das Spielfeld oder um das Gemeindehaus herum). Die Fänger, je nach Gruppengröße zwei bis vier, versuchen, möglichst viele Kinder abzuklatschen. Wer abgeklatscht wurde, muss eine Runde auf die Umlaufbahn und darf erst danach wieder in das Spielfeld zurück. Gelingt es den Fängern, das ganze Spielfeld zu leeren?

Material: keines

Klopapierfangen

Die Kinder bilden Zweierteams und erhalten je Team ca. 1 Meter Klopapier, das sie zwischen sich halten müssen. Auf „Los!" müssen alle Teams versuchen, das Klopapier der anderen Gruppen zu zerreißen, ohne ihr eigenes loszulassen bzw. zerreißen zu lassen. Wer bleibt bis zum Schluss übrig?

Material: Klopapier

Verfolgungsjagd

Die Kinder werden in zwei Gruppen eingeteilt. Eine Fangstrecke wird vereinbart (z. B. einmal um das Spielfeld oder einmal um das Haus). Die beiden Gruppen starten diagonal voneinander entfernt. Auf „Los!" läuft jeweils das erste Kind los und rennt einmal die vereinbarte Strecke. Bei der eigenen Gruppe angekommen, klatscht es das nächste Kind ab, das dann startet. Wenn ein Kind beim Rennen ein Kind der anderen Gruppe einholt, darf es das Kind abschlagen, das Kind ist aus dem Rennen, muss aber noch zur eigenen Gruppe laufen, um das nächste Kind abzuklatschen. Wer hat am Ende die meisten anderen Kinder abgeklatscht?

Tipp: Das Spiel kann auch mit mehr Gruppen auf einem größeren Spielfeld durchgeführt werden.

Material: keines

Dreierfangen

Ein Kind, das sich freiwillig gemeldet hat, ist der Fänger, die anderen Kinder bilden Dreiergruppen. Ein Kind der Dreiergruppe wird markiert (z. B. durch ein Tuch, das aus der Hose hängt oder einer Wäscheklammer am Rücken). Das Dreierteam hält sich immer an den Händen fest und bildet ein kleines Dreieck. So müssen sie versuchen, vor dem Fänger zu fliehen. Der Fänger kann nur das markierte Kind abschlagen bzw. das Tuch oder die Wäscheklammer wegnehmen. Dann gilt das Team als gefangen. Wie lange braucht der Fänger, um alle Teams zu fangen?

Material: für 3 Kinder 1 Tuch oder 1 Wäscheklammer, 1 Stoppuhr

Linienball

Die Kinder werden in zwei Gruppen eingeteilt und stellen sich im Abstand von 7 bis 10 Metern hinter einer Linie auf. In der Mitte des Spielfeldes liegt ein Ball. Auf „Los!" starten alle Spieler und versuchen, den Ball zu schnappen. Wer den Ball hat, darf keinen Schritt mehr gehen. Er muss den Ball einem Kind seiner Gruppe zuwerfen. Dieses Kind muss auch stehen bleiben und den Ball weiterwerfen. Die andere Gruppe versucht, den Ball abzufangen. Ziel des Spieles ist es, den Ball einem Kind aus der eigenen Gruppe zuzuwerfen, das hinter der gegnerischen Linie steht. Dieses Kind muss den Ball dort auf den Boden legen. Dann wird neu gestartet.

Material: 1 Ball, Spielfeldmarkierung

Blindenfangen

Ein Kind, das sich freiwillig gemeldet hat, ist der Fänger und bekommt eine Glocke umgehängt oder in die Hand. Die anderen Kinder ziehen einen Zettel, auf dem ein Tier steht. Immer zwei Zettel sind gleich. Nun werden allen Kindern die Augen verbunden und sie werden durchmischt auf das Spielfeld gestellt. Auf „Los!" versuchen die Kinder, ihren Tierpartner zu finden, indem sie das Tiergeräusch machen. Der Fänger versucht, die Kinder abzuschlagen, bevor sie ihren Tierpartner haben. Wer ihn hat, ist in Sicherheit. Wer abgeschlagen wurde, scheidet aus und nimmt die Augenbinde ab. Die Mitarbeitenden sichern den Spielfeldrand.

Material: 1 Glocke, Zettel und Stift, pro Kind 1 Augenbinde

Ballfangen

Die Kinder stehen in einem Kreis und werden abwechselnd mit Eins und Zwei durchgezählt. Jede Gruppe bekommt einen Ball. Die Bälle sind zu Beginn ungefähr gegenüberliegend. Auf „Los!“ müssen die Bälle immer an das nächste Kind der eigenen Gruppe weitergegeben/-worfen werden. Ziel ist es, dass der eigene Ball den Ball der gegnerischen Gruppe überholt.

Tipp: Die Spielleitung kann einen Richtungswechsel rufen, um das Spiel spannender zu gestalten.

Material: 2 Bälle

22. MANNA IN DER WÜSTE

Bibeltext: 2. Mose 16,1-31
Zielgedanke: Gott sorgt auch für die alltäglichen Dinge des Lebens.

Einstiegsspiel

Brotsorten sammeln

Auf kleine Karten werden vier verschiedene Brotsorten aufgeschrieben (z. B. Vollkornbrot, Weißbrot, Laugenbaguette, Schwarzbrot). Jede Brotsorte sollte mindestens acht Mal vorkommen. Die Kinder werden in vier Gruppen eingeteilt und jeder Gruppe wird eine Brotsorte zugeteilt. Die Karten werden gemischt und verdeckt auf fünf Stapel auf den Tisch gelegt. Dabei werden mehrere Karten übereinandergelegt. Dies kann unterschiedlich sein, mal sechs Karten, mal zehn Karten. Die obersten Karten werden umgedreht. Eine Gruppe beginnt und darf jeweils ein Paar nehmen. Das gibt sie der Gruppe, zu der diese Brotsorte gehört, im besten Fall sich selbst. Dann werden die beiden verdeckten Karten umgedreht und die nächste Gruppe ist an der Reihe. Das Spiel endet, wenn eine Gruppe all ihre Karten hat oder kein Paar mehr offen auf dem Tisch liegt. Dann hat die Gruppe mit den meisten Brotkarten gewonnen.
Material: mindestens 32 kleine Karten, Stift

Einstiegsfragen

- Welches Brot schmeckt dir am besten?
- Was würdest du tun, wenn es zu Hause nichts mehr zu essen gäbe?

Vorlesegeschichte

„Mama, wie weit ist es noch?" „Mama, ich habe Durst." „Mama, ich muss aufs Klo." „Mama, ich habe Hunger. Was gibt es heute zu essen?" Mariam wischt sich den Schweiß von der Stirn. „Nicht so viele Fragen, Kinder, ich weiß es doch auch nicht. Hier ist noch ein Schluck zu trinken und da in dem Beutel ist unser letztes Brot, das wir aus Ägypten mitgebracht haben." Sie reicht ihrer Ältesten den Brotbeutel. „Über 40 Tage sind wir jetzt schon unterwegs, seit wir Ägypten verlassen haben. Unsere Vorräte sind bald aufgebraucht. Teilt euch das Brot gut ein, damit es auch noch morgen reicht." „Aber das ist voll wenig Mama, wie sollen wir denn davon satt werden?", murren die Kinder. „Ich habe keine Ahnung, wie das weitergehen soll. Wären wir bloß in Ägypten geblieben. Da gab es wenigstens genug zu essen, auch wenn wir Sklaven waren. Lieber satt sterben als hungrig frei sein." Mariam lässt verzweifelt die Hände sinken. „Aber Mama, das kannst du doch so nicht sagen. Ich bin froh, dass ich keinen Matsch mehr anfassen muss, um für den Pharao Ziegel zu brennen." „Ja genau, wir müssen keine Steine mehr schleppen. Das ist doch viel besser." „Und die Wanderung durch das Schilfmeer war ja wohl auch obercool." Die Kinder reden wild durcheinander. „Nicht so laut, Kinder, da bekomme ich ja Kopfschmerzen!", antwortet die Mutter. „Für euch ist das vielleicht alles ein großes Abenteuer. Aber für uns Erwachsene nicht. Wir müssen zusehen, wie wir unsere Familien ernähren. Wir gehen alle hinter Mose her, der uns in die Wüste führt. Keiner kennt den Weg. Wir sind ihm bzw. Gott hilflos ausgeliefert." „Aber Mama!", wendet die Älteste ein, „glaubst du nicht, dass Gott uns auch mit Essen versorgt? Er hat doch immerhin schon dafür gesagt, dass das Wasser nicht bitter schmeckt." „Gott? Ich sehe keinen. Ich sehe nur Wüste, Trockenheit, Hunger und Durst." Die Mutter zeigt entmutigt ihre leeren Hände. „Gleich findet eine Versammlung vor Moses Zelt statt. Wir werden ihn noch mal zur Rede stellen, warum er uns hier in die Irre geführt hat." „Wir kommen mit!", rufen die Kinder. „Nein, ihr bleibt hier!", entscheidet die Mutter. „Das ist nichts für Kinder." „Ach menno!"

Als Mariam von der Versammlung zurückkommt, hat sie ganz rote Wangen. „Kinder, ihr müsst schnell schlafen gehen." „Aber warum denn? Ich bin noch gar nicht müde!", antwortet die Jüngste. „Ihr müsst morgen früh raus." „Aber warum denn? Ziehen wir schon wieder weiter?", fragen sie. „Nein", antwortet Mariam, „wir bleiben hier. Aber morgen früh soll es Brot vom Himmel regnen. Jeder soll davon so viel auflesen, wie er für einen Tag braucht. Da müsst ihr alle fleißig mithelfen." „Brot vom Himmel? Wie soll denn das gehen?" „Keine Ahnung", antwortet die Mutter, „aber Gott hat es versprochen. Also, schnell ins Bett!" Ohne Widerrede legen sich alle auf ihre Matten.

Früh werden sie von ihrer Mutter geweckt. Jedem Kind drückt sie einen Krug in die Hand. „Draußen auf dem Boden liegen so seltsame Körnchen. Daraus kann man Brot backen. Sammelt so viel, wie ihr könnt. Mose hat zwar gesagt, wir sollen nur so viel sammeln, wie wir für einen Tag brauchen. Aber wer weiß, wann es das nächste Mal wieder etwas gibt. Ich traue ihm nicht so ganz." Verschlafen reiben sich die Kinder die Augen. Eines der Kinder wirft einen Blick aus dem Zelt. „Nanu? Was ist denn das?" Auch die anderen Kinder sind zum Zelteingang gekommen. „Es hat ja tatsächlich Brot geregnet!", rufen sie durcheinander und beginnen damit, ihren Krug zu füllen. Und tatsächlich. Aus diesen kleinen Kügelchen kann Mariam leckeres Brot backen. Wie gut das schmeckt! Nach so vielen Tagen endlich wieder frisches Brot! Die kleinen Kügelchen nennen sie Manna, das bedeutet: Was ist das?

Am nächsten Morgen werden die Kinder von einem lauten Schrei geweckt. Mariam hat vor Schreck den Krug fallen lassen, indem sie die Kügelchen von gestern aufbewahrt hat. „Was ist denn, Mama? Warum schreist du denn so?" Mariam ruft: „So etwas Ekelhaftes habe ich ja noch nie gesehen!" Schlafend schauen die Kinder unter ihren Decken hervor, um zu sehen, was die Mutter so erschreckt hat. In dem Krug, in dem sie die Körnchen von gestern aufbewahrt haben, sind lauter kleine eklige fette Würmer! Uäh! Angewidert halten die Kinder sich ihre Hand vor Mund und Nase. „Woher kommen denn die ganzen Maden?", fragen die Kinder. „Geht zu Mose und findet das heraus!", sagt die Mutter. „Ich werde mich so lange darum kümmern, diese Sauerei wieder in Ordnung zu bringen."

Mariam und ihre Kinder sind nicht die einzigen gewesen, die sich mehr aufbewahrt haben. Auch bei den anderen waren lauter Maden im Krug. Obwohl Mose gesagt hatte, dass Gott jeden Tag für sie sorgen werde, haben sie mehr gesammelt, als sie für einen Tag brauchten. Mose ist zornig. „Warum habt ihr Gott nicht vertraut? Er hat euch aus der Sklaverei befreit. Er hat euch durch das Schilfmeer geführt. Er hat euch zu trinken gegeben. Und er wird euch auch jetzt zu essen geben. Warum glaubt ihr ihm nicht?" Mose schaut wütend in die Menschenmenge. Niemand sagt etwas. Schuldbewusst lassen sie die Köpfe hängen. „Sammelt nur so viel, wie ihr tatsächlich braucht. Die, die viel sammeln, werden nicht mehr haben als die, die wenig sammeln. Das Himmelsbrot reicht für alle. Nur am Freitag sollt ihr die doppelte Menge sammeln. Denn am Sabbat ist Ruhetag, da sollt ihr euch ausruhen und nichts sammeln." Die Menschenmenge löst sich auf.

„Und? Was hat Mose gesagt?", fragt Mariam ihre Kinder, die gerade wieder ins Zelt hereinstürmen. „Mose hat gesagt, dass wir Gott mehr vertrauen sollen. Gott sorgt jeden Tag für uns. Wir müssen keine Vorräte ansammeln. Nur am Freitag, da sollen wir doppelt so viel sammeln und dafür den Samstag frei nehmen. Und er hat auch gesagt, dass wir so viel sammeln können, wie wir wollen. Aber wir werden am Ende doch alle gleich viel haben. Die Kleinen von uns haben weniger gesammelt. Aber nachher ist ihr Krug genauso voll." „Das ist ja wirklich erstaunlich!", sagt Mariam. „Bei Gott kommt keiner zu kurz. Lasst uns ihm vertrauen, jeden Tag."

Vertiefungsfragen

- Wie sorgt Gott heute für uns?
- Wo möchten wir gern für uns selbst sorgen und glauben nicht, dass Gott für uns da ist?

Spiele mit Brot und Keksen

Brot schmecken

Die Brotsorten vom Einstiegsspiel werden in kleine, gleich große Würfel geschnitten. Allen Kindern werden die Augen verbunden. Sie bekommen jeweils einen Brotwürfel in den Mund. Wenn alle vier Brotwürfel gegessen wurden, müssen die Kinder die richtige Reihenfolge erraten.
Material: Vollkornbrot, Weißbrot, Laugenbaguette, Schwarzbrot, Brett und Messer, pro Kind 1 Augenbinde

Manna sammeln

Auf einem Tisch wird viel Popcorn verstreut. Die Kinder werden in mehrere Gruppen eingeteilt und erhalten eine Schüssel. Jedes Kind bekommt zwei Essstäbchen (Bleistifte). Alle Kinder stehen um den Tisch. Auf „Los!" müssen sie mit den Essstäbchen so viel Popcorn wie möglich in die Schüssel der eigenen Gruppe transportieren. Aufspießen ist nicht erlaubt. Wer hat am Ende das meiste Popcorn? Das Popcorn wird anschließend gegessen.
Material: Popcorn, pro Kind 2 Essstäbchen oder Bleistifte

Brote schmieren

Die Kinder werden in kleine Gruppen eingeteilt und erhalten die Aufgabe, ein paar Brote zu schmieren. Dazu haben sie 5 Minuten Zeit. Das Brot und den Aufstrich sowie das benötigte Material müssen sie erst finden. Für jede Gruppe wurde dafür vorher ein kleines Brot, ein Brotmesser, ein Brett, Streichmesser, ein Stück Butter und Marmelade oder Wurst/Käse versteckt. Auf „Los!" suchen die Kinder das Material und beginnen dann, Brotscheiben abzuschneiden und sie zu bestreichen und zu belegen. Wer am Ende die meisten Brote geschmiert hat, gewinnt. Sie werden anschließend gemeinsam verzehrt.
Tipp: Da es nicht überall genug zu essen gibt, wäre der Hinweis sinnvoll, dass verantwortlich mit Lebensmitteln umgegangen und nichts weggeworfen werden soll. Es kann also Zusatzpunkte für die Gruppe geben, die am saubersten arbeitet.
Material: pro Gruppe 1 kleines Brot, 1 Brotmesser, 1 Brett, 1 Stück Butter, Streichmesser und Marmelade oder Wurst/Käse

Belegtes Brötchen

Auf kleine Zettel werden die Teile eines belegten Brötchens geschrieben (z. B. untere Brötchenhälfte, Salatblatt, Wurst, Ei, Gurke, Remoulade, obere Brötchenhälfte). Je nach Gruppengröße können die Zutaten variieren. Es sollte mindestens drei komplette Brötchen geben. Für jedes belegte Brötchen steht ein Stuhl bereit. Die Zettel werden gefaltet und gemischt. Alle Kinder ziehen einen Zettel. Auf „Los!" müssen sie ihn öffnen und immer wieder laut vorlesen, was darauf steht, um sich als Gruppen zu finden und in der vorgegebenen Reihenfolge auf den Stuhl zu setzen. Das Brötchen, das zuerst richtig und vollständig belegt ist, hat gewonnen.
Material: pro Gruppe 1 Stuhl, kleine Zettel, Stift

23. ZEHN GEBOTE

Bibeltext: 2. Mose 19,1 – 20,21
Zielgedanke: Gott schließt einen Freundschaftsbund mit dem Volk Israel, weil er es liebt.

Einstiegsspiel

Wahrsagen

Die Gruppe sammelt Fragen, die man nur mit Ja und Nein beantworten kann, und schreibt sie auf Kärtchen (z. B. Isst du gern Pudding? Hast du eine beste Freundin?) Die Kärtchen werden gemischt und verdeckt in die Mitte gelegt. Ein Kind zieht ein Kärtchen. Bevor es selbst antwortet, schreiben die anderen Kinder die mögliche Antwort auf. Dann beantwortet das Kind die Frage. Wer richtig getippt hat, bekommt 1 Punkt. Wie gut kennen sich die Gruppenmitglieder untereinander?
Material: Kärtchen, Papier und Stifte

Einstiegsfragen

- Was ist dir im Umgang mit anderen besonders wichtig?
- Welche Regeln für den Umgang gibt es in eurer Familie / im Freundeskreis?

Vorlesegeschichte

Zedekia schlägt das Herz bis zum Hals. Ängstlich umklammert er seine Kinder. Zedekia ist zwar schon erwachsen, aber er hat trotzdem Angst wie ein Kind. Die letzten Tage waren schon sehr aufregend gewesen. Aber das hier toppt alles. Es blitzt und donnert, als würde ein riesiges Unwetter über sie herziehen. Lauter Posaunenschall ist zu hören, obwohl Zedekia keine Posaunenbläser sehen kann. Eine dichte Wolke umringt den Berg vor ihnen. Von dort kommen die merkwürdigen Naturereignisse. Zedekia ist nicht der Einzige, der vor Angst schlottert. Auch die Menschen rechts und links neben Zedekia halten sich ängstlich aneinander fest. Dieses Schauspiel hier ist einzigartig. Blitz und Donner ohne Regen, das hat Zedekia noch nie gesehen. Obwohl Mose Zedekia und seine Landsleute auf dieses Ereignis vorbereitet hat, stehen jetzt alle starr vor Schreck und blicken auf den wolkenverhangenen Berg vor ihnen.

Zwei Monate leben sie nun schon hier in der Wüste. Die Flucht vor den Ägyptern durch das Schilfmeer, das er vor ihren Augen teilte, und das Brot, das vom Himmel fiel, zeigten Zedekia sehr deutlich, dass Gott für sie sorgt. Gott hat Zedekia und sein Volk aus der Sklaverei befreit. Und das war ziemlich spektakulär. Gott scheint solche Auftritte zu mögen. Nun sind sie in Sicherheit. In der Wüste Sinai wohnt niemand, mit dem sie sich über das Land streiten müssten. Hier haben sie Platz und Zeit, sich zu sortieren und als Volk zu finden. Wie gehen wir miteinander um? Wie leben wir unseren Glauben an Gott? Und wer ist dieser Gott überhaupt? Sicher, sie haben schon viel mit Gott erlebt. Aber nach zwei Monaten kann man ganz schön viel vergessen. Gott hat sich in den letzten Tagen wieder in Erinnerung gebracht. Durch Mose hat er ihnen ausrichten lassen: „Wie ein Adler seine Jungen so habe ich euch wohlbehalten hierhergebracht. Aber ich habe noch mehr zu bieten. Ihr könnt mein ganz persönliches Eigentum werden. Ihr sollt mein auserwähltes Volk sein. Mir gehört die ganze Erde, aber ihr seid etwas Besonderes. Ihr sollt mir mit eurem Leben ganz zur Verfügung stehen. Wollt ihr das?" Mose hat sie alle gefragt. Die Antwort war klar: „Natürlich wollen wir Gott gehören und alles tun, was er sagt." Gott hat versprochen: „Ich komme und rede mit Mose. Das Volk soll zuhören, damit es nie wieder zweifelt, dass Gott Mose als Führer des Volkes beauftragt hat." Um Gott zu begegnen, mussten sich alle Menschen des Volkes waschen. Auch ihre Kleider sollten sie waschen, um ganz rein vor Gott zu stehen. In den letzten zwei Tagen gab es ziemliche Engpässe mit dem Wasser. Viele waren darauf bedacht, in einem möglichst sauberen Kleid vor Gott zu stehen.

Heute ist nun der große Tag. Zedekia ist wie alle anderen Israeliten noch vor Tagesanbruch aufgestanden. Frisch gekämmt und gewaschen hat er sich mit seiner Familie zum Versammlungsplatz begeben. Unter Donnern und Blitzen führt Mose sie an den Fuß des Berges Sinai. Mose hat dort eine Grenze gezogen. Die darf niemand übertreten. Gott ist heilig. Wer ihm zu nahe kommt, muss sterben. Voller Ehrfurcht bleiben Zedekia und die anderen Israeliten stehen. Der ganze Berg ist in Rauch gehüllt. Der Berg bebt wie bei einem Erdbeben. Der Posaunenschall wird immer lauter. Mose ruft zu Gott. Was er sagt, kann Zedekia nicht verstehen. Zu laut ist der Donner, in dem Gott antwortet. Mose erinnert die Israeliten noch einmal an die Grenze, die sie auf keinen Fall übertreten dürfen. Dann wendet er sich dem Berg zu. Von dort können sie Gottes Stimme hören.

„Ich schließe heute mit euch einen Freundschaftsbund", sagt Gott. „Ich allein will euer Gott sein. Ihr sollt niemand anderen anbeten als mich. Ihr sollt euch auch kein Bild von einem Gott machen und es anbeten. Ihr sollt meinen Namen nicht missbrauchen und Dinge in meinem Namen sagen, die nicht stimmen. Jeden siebten Tag sollt ihr Pause machen, so wie ich nach der Schöpfung einen Tag Pause gemacht habe. Euren Vater und eure Mutter sollt ihr ehren. Ihr sollt euch nicht gegenseitig umbringen. Ihr sollt die Ehe nicht zerstören. Ihr sollt nicht stehlen. Verbreitet keine Unwahrheiten über eure Mitmenschen und nehmt ihnen nichts weg, was ihnen gehört. Mit diesen Regeln will ich euch helfen, gut miteinander und mit mir umzugehen. Wer mich liebt und meine Gebote hält, dem bleibe ich treu, ihm und seinen Kindern, seinen Enkeln und allen seinen Nachfahren."

Gottes Stimme verhallt. Kein Mensch hat sich bewegt. Zitternd vor Angst starren die Israeliten auf den mit Rauch verhangenen Berg. „Mose!", ruft einer der mutigen Männer, „wir haben Angst, wenn Gott so mit uns redet. Er ist zu mächtig. Wir haben Angst, dass wir jetzt sterben müssen. Sprich du mit uns, Mose, wir wollen auf dich hören." Viele murmeln Zustimmung. „Ihr müsst keine Angst haben", antwortet Mose. Gott will nur, dass ihr ihn ehrt und ihm gehorsam bleibt." Dann steigt Mose in den Rauch hinein, um mit Gott

Weiteres zu besprechen. So langsam kommt wieder Bewegung in die Menschenmenge. Zedekia schaut sich um. Auch die Menschen um ihn herum sind erleichtert, dass sie die Begegnung mit Gott überlebt haben. Verwirrt gehen viele in ihr Zelt zurück.

„Was hat Gott ihnen eigentlich gesagt?", überlegt sich Zedekia. Vor lauter Aufregung hat er gar nicht richtig zugehört. Es geht darum, Gott zu lieben und seinen Nächsten achtsam zu behandeln. Streit, Neid und Eifersucht kann anders geregelt werden als mit Mord und Diebstahl. Den anderen achten und ehren, das gilt nicht nur für Gott, sondern auch für den Mitmenschen. „Ganz schön schwierig", denkt Zedekia. „Ob ich es wohl hinkriege, so zu leben?"

Vertiefungsfragen

- Welches Gebot fällt dir am schwersten einzuhalten?
- Wie kann es gelingen, gut mit anderen umzugehen?

Spiele fürs Zusammenleben

Zehner-Lauf

Die Zahlen von eins bis zehn werden doppelt auf Karten geschrieben. Je eine Zahl wird im Umkreis von 50 bis 100 Metern gut sichtbar aufgehängt, die anderen Karten behält die Spielleitung. Die Kinder werden in zwei Gruppen aufgeteilt, wobei eine Gruppe mit zehn Kindern besetzt sein muss. Diese zehn Kinder bekommen eine Zahl genannt und suchen ihre Station auf. Dort bleiben sie stehen. Ist dies geschehen, verteilt die Spielleitung die anderen Karten an die Kinder, jedes Kind erhält eine Karte. Auf „Los!" muss z. B. ein Kind das andere Kind an Station 10 finden und gibt ihm die Karte. Das Kind, das an der Station stand, läuft zurück zur Spielleitung und erhält dort eine neue Karte, das andere Kind bleibt jetzt an der Station stehen. Nun muss das nächste Kind mit der neuen Zahl gesucht werden. Es wird gezählt, wie oft ein Kind bei der Spielleitung eintrifft. Wer die meisten Zahlen abläuft, gewinnt.
Tipp: Bei mehr oder wesentlich weniger Kindern müssen die Zahlenkarten angepasst werden.
Material: 20 Karten mit den Zahlen eins bis zehn (bei mehr als 20 Kindern entsprechend mehr), Klebeband, Papier und Stift

Plattenball

Die Kinder werden in zwei Gruppen eingeteilt. Sie stellen sich vor eine Hauswand, gegen die ein Ball geworfen werden darf. Ein Ball wird ins Spielfeld geworfen und die Kinder versuchen, ihn zu schnappen. Wer ihn hat, muss stehen bleiben und darf den Ball einem Kind seiner Gruppe zuwerfen, das sich freilaufen muss. Ziel des Spieles ist es, den Ball so an die Wand zu werfen, dass er nach dem Abprall direkt von einem Kind der eigenen Gruppe gefangen werden kann. Das wird als Punkt gezählt. Dann geht das Spiel weiter. Welche Gruppe arbeitet am besten zusammen und hat am Ende die meisten Punkte?
Material: 1 Ball, 1 Hauswand

Seelenverwandtschaft

Alle Kinder legen geheim (z. B. in einem anderen Raum) einen persönlichen Gegenstand in einen Beutel. Der Beutel wird in die Gruppe gebracht. Ein Kind holt einen Gegenstand heraus und muss ihn dem passenden Kind zuordnen. Es muss begründet werden, warum dieser Gegenstand zu diesem Kind passt. Dann wird aufgelöst. Wenn der Gegenstand falsch zugeordnet wurde, wird geschaut, ob die beiden Kinder (das, dem der Gegenstand gehört, und das, dem er fälschlicherweise zugeordnet wurde) tatsächlich etwas gemeinsam haben.
Material: 1 Beutel, jedes Kind bringt einen persönlichen Gegenstand mit

Drillinge

Die Kinder werden in Dreiergruppen eingeteilt (je nachdem auch Vierer- oder Zweiergruppen). Sie müssen folgende Aufgaben bearbeiten:

- drei Dinge aufschreiben, die alle drei nicht mögen;
- drei Dinge aufschreiben, die alle drei mögen;
- drei Dinge aufschreiben, die jeweils nur ein Kind mag;
- drei Dinge aufschreiben, die nur ein Kind der Gruppe nicht mag.

Wie schwer war es, die Dinge zu finden? Haben die Kinder etwas voneinander erfahren, was sie noch nicht voneinander wussten?
Anschließend bauen alle Gruppen in jede Kategorie einen Fehler ein und lesen anschließend ihr Ergebnis vor. Die anderen Gruppen müssen erraten, was jeweils falsch ist.
Material: pro Gruppe Papier und Stift

Blind füttern

Je drei Kinder bilden eine Gruppe. Zwei Kinder ziehen einen Müllsack über. Ihnen werden die Augen verbunden. In die Hand bekommen sie einen Joghurtbecher und einen Löffel. Auf „Los!" müssen sie sich gegenseitig füttern, bis der Becher leer ist. Das dritte Kind gibt Anweisungen, wo der Mund des anderen Kindes zu finden ist. Welche Gruppe kann am besten aufeinander hören?
Material: pro Gruppe 2 Müllsäcke, 2 Augenbinden, 1 Joghurt, 1 Löffel

24. DAS GOLDENE KALB

Bibeltext: 2. Mose 32
Zielgedanke: Gott ist da, auch wenn wir ihn nicht sehen können.

Einstiegsspiel

Sprung ins Ungewisse

Ein Kind, das sich freiwillig gemeldet hat, wird gebeten, von einer bereitgestellten Bierbank zu springen, die die Mitarbeitenden auf Hüfthöhe halten. Ist dies gelungen, wird das Kind gefragt, ob es sich traut, den Sprung auch mit verbundenen Augen zu wagen. Dann werden dem Kind die Augen verbunden und die Mitarbeitenden holen eine zusammengeklappte Bierbank. Das Kind stellt sich auf die Bierbank und hält sich an den Mitarbeitenden fest, die mit der Bank nach unten gehen, ohne dass das Kind dies bemerkt. Das Kind springt, aber diesmal ist der Abstand nur ca. 10 Zentimeter. Wenn es mehrmals wiederholt werden soll, werden zu Beginn mehrere Kinder vor die Tür geschickt.
Material: 2 Bierbänke, 1 Augenbinde

Einstiegsfragen

- Wie findest du das, wenn dir jemand nicht glaubt, was du sagst?
- Bei wem bist du dir nicht sicher, ob du ihm oder ihr glauben kannst?

Vorlesegeschichte

Es war einfach gigantisch! Zedekia reibt sich über seine fröstelnden Arme. Er bekommt immer noch eine Gänsehaut, wenn er daran denkt, was sich vor ein paar Wochen ereignet hat. Gott selbst hatte zu ihnen gesprochen. Der Berg Sinai war voller Rauch. Ganz deutlich konnten sie Gottes Stimme hören. Er sagte ihnen, wie sie miteinander umgehen sollen. Und dann stieg Mose hinauf auf den Berg. Gott wollte ihm noch genauere Anweisungen geben, wie sie mit ihm und miteinander leben können. Josua, seinen Diener, hat er mitgenommen. Sonst niemanden. Zedekia kann sich noch daran erinnern, wie er Mose beobachtet hat, als er auf den Berg stieg. Lange blickte er ihm nach, bis Mose vollkommen in den Wolken verschwunden war.
So ohne Mose ist es jetzt irgendwie merkwürdig, das merken alle. Die Israeliten haben keinen Führer mehr. Aaron, der Bruder Moses, soll ihn so lange vertreten. Aber das ist nicht dasselbe. Ihnen fehlt Mose. Lebt er überhaupt noch? Warum kommt er nicht wieder zurück? Seit bald sechs Wochen warten sie jetzt schon darauf, ein Lebenszeichen von ihm zu hören. Aber da kommt nichts. Auch Josua ist nicht zurückgekehrt. Vielleicht sind die beiden gestorben, weil sie Gott getroffen haben? Vielleicht wurden sie überfallen? Oder vielleicht wurden sie vom Blitz getroffen? Oder war Gott eine Einbildung? Hatten sie das alles nur geträumt? Gab es Gott wirklich? Sie konnten ihn ja nicht sehen.

„Zedekia!" Unsanft wird Zedekia aus seinen Gedanken gerissen. „Zedekia, bring deinen Schmuck zu Aaron! Komm, steh nicht rum und träume, sondern beeile dich." „Was ist?" Verwirrt schaut Zedekia seine Nachbarin an, die ihn an der Schulter gepackt hat. „Wozu braucht Aaron meinen Schmuck?", fragt Zedekia. „Weil er uns einen sichtbaren Gott machen will", antwortet seine Nachbarin. „Wir haben uns bei ihm beklagt, weil Mose uns im Stich gelassen hat. Wir wollen einen Gott, den man sehen kann. Wir wollen einen Gott, an dem man sich festhalten kann. Aaron hat sich bereit erklärt, all unseren goldenen Schmuck einzuschmelzen, um ein Bild von Gott zu machen." „Aber ... aber ...", stottert Zedekia, „hat Gott nicht gesagt, wir sollen uns kein Bild von irgendeinem Gott machen?" „Wer weiß denn schon, ob es diesen Gott gibt?", wendet die Nachbarin ein. „Hast du ihn gesehen? Nein. Hast du mit ihm gesprochen? Nein. Hast du ihn angefasst? Nein." Die Nachbarin schüttelt den Kopf. „Wenn wir hier in der Wüste überleben wollen, dann brauchen wir einen Gott. So, Zedekia, jetzt steh nicht länger rum, sondern bring deinen Schmuck zu Aaron." „Ich weiß nicht so recht", antwortet Zedekia.

Einige Tage später ist das Fest in vollem Gange. Zedekia ist mitgekommen, obwohl er Zweifel hat. Aaron hat aus dem Schmuck der Israeliten einen jungen Stier gegossen. Der Stier sieht so aus, als könnte er die ganze Welt besiegen. So stellen sich die Israeliten Gott vor. Alle essen und trinken und tanzen wie wild um den Stier herum. Zedekia lässt sich von den anderen mitreißen. Er weiß, es ist nicht richtig, aber er macht trotzdem mit. „Was würde Mose denken", fragt sich Zedekia, „wenn er noch leben würde?" Gedankenverloren blickt Zedekia sich um.

Da fährt Zedekia der Schreck in alle Glieder. Über ihnen am Abhang steht Mose. In der Hand hält er zwei dicke Steintafeln. Josua steht neben ihm und hat Moses Stock in der Hand. Mose ist stehen geblieben und schaut grimmig dem festlichen Treiben um das goldene Kalb zu. Nicht nur Zedekia hat die beiden bemerkt. Auch viele andere haben ihn entdeckt. Die Tanzmusik stockt mitten im Lied. Stille breitet sich über den Menschen aus. Erschrocken blicken sie Mose an, so als wären sie erwischt worden. Mose lässt einen lauten Schrei von sich und hebt die Arme mit den Steintafeln hoch. Wütend knallt er sie auf den felsigen Boden. Die Steintafeln, die Gott selbst mit dem Geboten beschriftet hat, zerspringen in tausend Teile. Wortlos steigt Mose den restlichen Berg hinunter. Die Menschen bilden eine Gasse, um ihn durchzulassen. Mose stellt sich vor das goldene Kalb. Entsetzt schüttelt er den Kopf. Dann stößt er mit bloßen Händen das goldene Bild auf den Boden. Einigen Männern, die in nächster Nähe stehen, gibt er Anweisungen, was zu tun ist. Sie heizen das Feuer an, und füllen das Gold in einen großen Topf. Als es geschmolzen ist, zerstampft Mose es zu Pulver. Dann vermischt er den Goldstaub mit Wasser und lässt alle daraus trinken, bis alles Gold verschwunden ist.

Mose stellt Aaron zur Rede: „Was hast du dir dabei gedacht? Warum hast du auf das ganze Volk so eine schwere Schuld geladen? Du hast doch gehört, was Gott gesagt hat: ‚Mache dir kein Bild von einem Gott und bete es nicht an.'" Aaron hebt entschuldigend die Hände: „Reg dich nicht so auf, Mose", sagt Aaron. „Du weißt doch, wie schnell die Israeliten motzen, wenn ihnen etwas nicht passt. Sie haben mich bedrängt, Mose, das musst du mir glauben. Sie haben gesagt: ‚Aaron, mach uns einen Gott, der uns schützt und der uns führt. Denn wir wissen nicht, was aus Mose geworden ist. Er ist schon so lange weg. Vielleicht ist er tot.' Da habe ich nachgegeben und mir ihren Schmuck geben lassen. Und daraus ist denn dieses Kalb geworden." Mose dreht sich zu den Menschen um. „Ihr habt schwere Schuld auf euch geladen. Gott ist wütend auf euch. Er hat gesehen, dass ihr ihn vergessen habt und mich heruntergeschickt, um für Ordnung zu sorgen. Ich werde noch einmal auf dem Berg steigen und Gott um Vergebung bitten. Wer von euch steht auf der Seite Gottes?" Zedekia meldet sich und stellt sich auf die Seite Moses. Er weiß, das war nicht richtig. Sie haben Gott vergessen, aber Gott hat sie nicht vergessen. Auch wenn sie Gott nicht gesehen haben und dachten, er hätte sie verlassen, war er doch da. Zedekia verspricht Gott in seinem Herzen, ihm immer treu zu bleiben. Auch wenn er ihn nicht sieht.

Vertiefungsfragen

- Obwohl wir Gott nicht sehen können, ist er da. Woher wissen wir das?
- Was wünschst du dir, wie Gott sich dir zeigen soll?

Spiele mit Gold und Schmuck

Schatzsuche mit Waldläuferzeichen

Die Kinder werden in eine größere und eine kleinere Gruppe eingeteilt. Die kleinere Gruppe macht sich auf den Weg und hinterlässt Spuren in Form von Waldläuferzeichen (Pfeil für die Richtungsanzeige, Kreuz für Sackgasse, Kreis für das Ziel). Am Ziel verstecken sich die Kinder im Umkreis von 50 Metern und warten auf die zweite Gruppe, die ihnen im Abstand von 10 Minuten folgt. Am Kreis angekommen müssen sie die Kinder suchen und erhalten dafür eine Belohnung. Für den Rückweg können neue Gruppen gebildet werden.
Material: Kreide, Sägespäne oder Steine zur Wegmarkierung, Belohnungen

Schatzsuche mit Fotos

Verschiedene Gebäudeteile, Straßenlampen oder Verkehrsschilder werden fotografiert, für alle Gruppen ausgedruckt und auf der Rückseite nummeriert. Die Kinder werden in Gruppen eingeteilt und erhalten je einen Umschlag. Sie betrachten das Foto mit der Nummer eins und müssen den Ort finden. Dann dürfen sie erst das zweite Foto aus dem Umschlag holen usw. Sie müssen die Fotos von der ersten bis zur letzten Nummer ablaufen, an der es einen Schatz zu finden gibt. Evtl. geht eine Person aus dem Mitarbeiterteam mit, die die Fotos herausgibt. Für mehrere Gruppen sollten die Fotos in unterschiedlicher Reihenfolge nummeriert sein, nur das letzte Foto ist gleich.
Variante: Am jeweiligen Ort gibt es ein Rätsel zu lösen (z. B. Wie viele Fenster hat das Gebäude, zu dem Foto 3 gehört?).
Material: Fotos von Gebäudeteilen, Straßenlampen oder Verkehrsschildern (mehrfach ausgedruckt und nummeriert), Umschläge; für die Variante: Zettel mit Fragen, Stifte

Wo ist das Geldstück?

Alle Kinder sitzen im Kreis, ein Kind, das sich freiwillig gemeldet hat, ist der Goldsucher und stellt sich außerhalb des Kreises auf. Ein Kind ist der Goldgeber, steht in der Kreismitte und hat ein Geldstück zwischen den Handflächen. Alle Kinder halten die Hände nach vorn, die Handflächen aneinander. Das Kind in der Mitte geht einmal im Kreis herum und fährt jedem Kind einmal durch die Handflächen. Bei einem Kind lässt es das Geldstück fallen. Der Goldsucher beobachtet das ganz genau und muss anschließend erraten, wer das Geldstück hat. Er hat nur drei Versuche.

Material: 1 Geldstück

Verdrehte Münze

Mehrere Münzen unterschiedlichen Wertes liegen gemischt auf dem Tisch. Ein Kind, das sich freiwillig gemeldet hat, betrachtet die Münzen ganz genau, dann dreht es sich um und schließt die Augen. Die anderen Kinder drehen eine Münze auf die andere Seite. Dann muss sich das Kind wieder umdrehen und erraten, welche Münze gedreht wurde.

Material: mehrere Münzen unterschiedlichen Wertes

Perlenkette

Die Kinder werden in mehrere Gruppen eingeteilt und erhalten einen Besenstiel und eine Schale mit Perlen. In 2 Meter Entfernung liegt für jede Gruppe eine Schnur bereit, auf die die Perlen aufgefädelt werden müssen. Auf „Los!" schnappt sich das erste Kind eine Perle und den Besenstiel und läuft dreimal um den Besenstiel im Kreis, der sich dabei nicht vom Fleck bewegen sollte. Dann rennt es so schnell wie möglich zur Schnur und fädelt die Perle auf. Anschließend wird das nächste Kind abgeklatscht. Welche Gruppe hat in 3 Minuten die meisten Perlen aufgefädelt?

Material: pro Gruppe 1 Besenstiel, 1 Schale mit Perlen, 1 Schnur; 1 Stoppuhr

Apfelkernkette

Die Kinder werden in mehrere Gruppen eingeteilt und erhalten pro Kind einen Apfel, außerdem für die Gruppe Nadel, Faden und Fingerhut. Sie haben die Aufgabe, alle Apfelkerne auf den Faden zu einer Kette aufzufädeln. Messer sind als Hilfsmittel nicht erlaubt. Wer hat zuerst alle Apfelkerne aufgefädelt?

Material: pro Gruppe 1 Nadel, 1 Faden, 1 Fingerhut; pro Kind 1 Apfel

25. EROBERUNG JERICHOS

Bibeltext: Josua 2; 6
Zielgedanke: Gott hilft manchmal auf sehr ungewöhnliche und unerwartete Weise.

Einstiegsspiel

Kotzendes Känguru

Alle stellen sich in einem Kreis auf. Ein Kind ist in der Mitte, zeigt auf ein anderes Kind und nennt eine Darstellungsform, die das Kind und die Kinder rechts und links von ihm sofort zeigen müssen. Wer einen Fehler macht, gar nicht oder zu spät reagiert, muss das Kind in der Mitte ablösen. Folgende Darstellungsformen können dafür gewählt werden:

- Kotzendes Känguru: Das Kind in der Mitte streckt beide Arme nach vorn und hält sich an den Händen (Beutel), die Kinder rechts und links tun so, als müssten sie sich in den Beutel übergeben.
- Affe: Das Kind in der Mitte kratzt sich am Kopf, die Kinder rechts und links suchen nach Läusen unter den Achseln des mittleren Kindes, alle machen Affengeräusche.
- Waschanlage: Das mittlere Kind hält die Arme rechts und links über die Köpfe der nebenstehenden Kinder, diese drehen sich wie Waschbürsten im Kreis.
- Fußballspieler: Das Kind in der Mitte schießt ein Tor, die Kinder links und rechts jubeln und reißen die Arme hoch.
- Elefant: Das Kind in der Mitte hält sich mit der linken Hand an der Nase fest und streckt den rechten Arm über die linke Armbeuge, die Kinder links und rechts bilden die Ohren, indem sie eine Hand an den Kopf und eine Hand an die Hüfte des mittleren Kindes halten.

Zahlreiche Darstellungsvarianten findet man im Internet.
Material: keines

Einstiegsfragen

- Was bedeutet es, sich zum Affen zu machen?
- Was ist dir peinlich?

Vorlesegeschichte

Limor ist ganz aufgeregt. Er darf heute mit den anderen Soldaten zum ersten Mal in den Kampf ziehen. Kampf ist vielleicht nicht das richtige Wort, denn Josua hat ihnen gesagt, sie bräuchten kein Schwert. Gott wird ihnen die Stadt Jericho einfach so in ihre Hände geben. Wie das gehen soll, kann Limor sich nicht vorstellen. Von seinem Zeltplatz aus kann er die riesigen Stadtmauern sehen. Sie sind hoch und dick. Die Stadttore sind verschlossen. „Wie sollen sie ohne Schwert jemals diese Stadt einnehmen", fragt sich Limor.

In den letzten Wochen ist so viel passiert. 40 Jahre haben die Israeliten in der Wüste gelebt. Aber jetzt haben sie endlich die Grenze zu dem Land erreicht, das Gott ihnen versprochen hat. Josua hat einige Kundschafter in das Land geschickt, um sich einen ersten Überblick zu verschaffen. Die Kundschafter, die Jericho ausspionierten, haben eine spannende Geschichte erzählt: Als sie in der Stadt waren, gingen sie, um nicht aufzufallen, in das Haus von Rahab. Rahab ist eine Prostituierte, bei ihr fällt fremder Männerbesuch nicht besonders auf. Kaum waren sie da, klopften die Wachen der Stadt an die Tür. Rahab versteckte die Kundschafter schnell unter dem Flachs, das sie oben auf dem Dach trocknete. Dann öffnete sie die Tür. „Wir haben gehört, dass israelische Feinde in unserer Stadt sind. Sie sollen bei dir im Haus eingekehrt sein. Weißt du, wo sie sind?" Rahab tat unwissend. „Ja, sie waren hier. Aber bevor am Abend die Stadttore geschlossen wurden, haben sie die Stadt wieder verlassen. Ich weiß nicht, in welche Richtung sie gegangen sind. Aber wenn ihr ihnen schnell hinterherlauft, könnt ihr sie bestimmt noch einholen."

Kaum waren die Wachen wieder davongeeilt, ging Rahab zu den Kundschaftern im Versteck. „Ich weiß, dass euer Gott mächtig ist. Er hat euch dieses Land gegeben. Wir haben gehört, dass er euch durch das Schilfmeer geführt hat, und wir wissen auch, dass euch diese Stadt gehören wird. Wir zittern vor euch und sind vor Angst wie gelähmt. Keiner von uns wagt es, gegen euch zu kämpfen. Versprecht mir, dass ihr mich und meine Eltern, meine Geschwister und alle, die bei mir im Haus wohnen, verschonen werdet, so wie ich euch vor den Wachen beschützt habe." Die Kundschafter versprachen es Rahab. „Danke, dass du uns vor dem sicheren Tod bewahrt hast. Wir wollen dir das Versprechen geben, dich und deine Familie zu schützen. Hänge zum Zeichen daran ein rotes Seil aus deinem Fenster. Dann wissen wir und alle anderen Bescheid." Rahab wohnte an der Stadtmauer. An einem Seil ließ sie die Kundschafter hinunter und sie konnten unbeschadet wieder ins israelische Lager zurückkommen.

Seitdem sind einige Wochen vergangen. Die Israeliten haben den Jordan überquert und ihr Lager gegenüber der Stadtmauer Jerichos aufgeschlagen. Limor kann von Weitem das rote Seil sehen, das aus einem Fenster an der Stadtmauer hinunterhängt. Das also ist das Haus von Rahab. Josua hat ihnen allen eingeschärft, dieses Haus nicht zu betreten. Wie sollten sie auch? Eine dicke Stadtmauer trennt sie davon. Aber heute soll es losgehen. Limor stellt sich mit den anderen Soldaten in Reih und Glied auf. „Soldaten, ihr Männer von Israel! Hört, was Gott euch sagen lässt: ‚Ich werde euch diese Stadt Jericho in eure Hände geben. Alles, was sich darin befindet, gehört mir. Niemand darf sich am Gold oder Silber bereichern, das ihr dort finden werdet. Ich werde euch diese Stadt schenken! Geht die nächsten sechs Tage jeden Tag einmal um die Stadt. Die Bundeslade, in der sich die Gesetzestafeln befinden, soll immer vorausgehen. Am siebten Tag geht ihr siebenmal um die Stadt. Wenn ihr die Hörner blasen hört, dann brecht in Kriegsgeschrei aus. Vertraut mir und tut, was ich euch sage.'"

Unter den Soldaten bricht Gemurmel aus. „Was? Wir sollen einfach nur um die Stadt laufen?" „Soll das ein Witz sein? So kann man doch niemals eine Stadt einnehmen. Schon gar nicht, wenn sie so dicke Mauern hat." Aber dann setzt sich der Menschenzug in Bewegung und es bleibt keine Zeit mehr, sich zu wundern. Limor wirft einen Blick nach oben. Die Wachen auf den Türmen schauen ungläubig nach unten. Auch die nächsten fünf Tage geht das so. Von oben müssen sie sich das Gespött der Wachen anhören. „Hahaha, schau sie dir an! So kämpft man doch nicht! Vor denen sind wir sicher! Hahaha!" Limor kann die Wachen gut verstehen. Es ist wirklich albern, was sie hier tun. Aber sie haben schon so viele Wunder mit Gott erlebt, dass Limor sehr gespannt ist, was morgen passieren wird. Morgen ist der siebte Tag. Da werden sie siebenmal um die Stadt herumlaufen.

Timor ist schon ganz schön müde. Die Stadt ist wirklich riesig. Sechsmal sind sie nun schon außen herumgelaufen. Wie immer gibt es Spott von oben. Aber jetzt beginnen die Hörner zu blasen. Die Soldaten stimmen in lautes Kriegsgeschrei ein. Limor schreit so laut, dass ihm schon bald der Hals wehtut. Hier und da fällt ein Stein von der Mauer. Limor schreit immer lauter. Die ganze Stadtmauer fängt an zu wackeln und zu zittern und stürzt schließlich in sich zusammen. Alle Häuser sind durch das Erdbeben eingestürzt. Nur ein Haus steht noch. Das Haus mit dem roten Seil. Gott hat sein Versprechen eingelöst. Er hat ihnen die riesige Stadt geschenkt. Die Israeliten selbst haben nichts dafür getan. Sie haben nur ihrem Gott vertraut. So wie Rahab.

Vertiefungsfragen

- Hättest du wie die Soldaten Gottes Befehle ausgeführt und dich von den Wachen auslachen lassen?
- Wo geschieht es auch heute, dass andere dich auslachen, weil du an Gott glaubst? Wie kannst du damit umgehen?

Spiele mit Seilen

Seile aufhängen

Eine Wäscheleine ist gespannt. Die Kinder werden in mehrere Gruppen eingeteilt und erhalten eine gleiche Anzahl an Seilstücken. Nun müssen sie von einer Startlinie aus die Seile so werfen, dass sie auf der Wäscheleine hängen bleiben. Wer landet die meisten Treffer?
Material: mehrere Seilstücke, 1 Wäscheleine, Markierung für die Startlinie

Dreibeinfadenlauf

Die Kinder werden in Zweierteams eingeteilt, erhalten ein gleich langes Stück Wollfaden und stellen sich nebeneinander auf. Das rechte Kind steckt das eine Ende des Wollfadens in seine linke Socke, das linke Kind steckt das andere Ende in seine rechte Socke. So müssen sie einen Parcours absolvieren, ohne dass der Wollfaden aus einer der Socken rutscht. Wenn der Wollfaden rausrutscht, müssen die beiden stehen bleiben und den Wollfaden wieder an Ort und Stelle bringen, dann erst dürfen sie weitergehen. Welches Team ist am schnellsten?
Material: pro Team 1 Wollfaden, Markierung für die Startlinie, Hindernisse bzw. Markierung für den Parcours

Seilbilder raten

Die Kinder werden in kleine Gruppen eingeteilt und erhalten ein Stück Seil oder einen langen Wollfaden. Dieses legen sie zu einer Figur. Die anderen Gruppen müssen erraten, was gelegt wurde.

Material: pro Gruppe 1 Stück Seil oder 1 langer Wollfaden

Seiltransport

Immer zwei Kinder bilden ein Team und erhalten zwei Seile, die sie parallel zwischen sich festhalten. Auf die entstandene Bahre wird ein Gegenstand gelegt, den sie eine Strecke transportieren müssen (z. B. eine Jacke, ein Buch, ein Ball). Wer schafft dies, ohne dass der Gegenstand herunterfällt?

Material: pro Team 2 Seile, Gegenstände zum Transportieren, Markierung für die Start- und Ziellinie

Seilfangen

Ein Kind ist der Fänger und erhält ein Seil, das es sich in die Hose steckt, sodass es noch ein gutes Stück herausschaut. Auf einem abgegrenzten Gebiet versucht der Fänger, die anderen Kinder abzuschlagen. Wer abgeschlagen wurde, hockt sich hin. Wenn ein Kind, das noch nicht gefangen wurde, dem Fänger das Seil aus der Hose zieht, sind alle wieder frei und die Rollen werden getauscht.

Material: 1 Seil

Seiltreten

Alle Kinder erhalten einen Wollfaden und stecken ihn sich so in die Socke, dass noch ein gutes Stück rausschaut und auf den Boden hängt. Auf „Los!" versuchen alle, auf die Wollfäden der anderen zu treten und so die Wollfäden aus den Socken zu ziehen, ohne dabei ihren eigenen Wollfaden zu verlieren. Wer seinen Faden verloren hat, scheidet aus und geht an den Spielfeldrand. Wer bleibt bis zum Schluss übrig?

Material: pro Kind 1 Wollfaden

Seilbilder präsentieren

Jedes Kind erhält ein DIN-A4-Papier, das es quer in der Mitte faltet, und ein Stück Bindfaden. Der Bindfaden wird mithilfe eines Pinsels und einer Wasserfarbe bunt gemacht und in vielen Kurven auf das aufgeklappte Blatt gelegt. Dann wird das Blatt wieder gefaltet und der Bindfaden mit Bewegungen herausgezogen. Das nun entstandene Bild muss interpretiert werden. Jedes Kind hält dazu eine Rede und präsentiert dabei sein Fadenbild wie ein berühmtes Kunstwerk.

Material: Wasserfarben, Pinsel, Wasserglas, Unterlagen zum Abdecken, pro Kind 1 DIN-A4-Papier und 1 Stück Bindfaden

26. ACHANS DIEBSTAHL

Bibeltext: Josua 7
Zielgedanke: Schuld zieht immer negative Folgen nach sich.
Gott will, dass wir ihm ganz vertrauen.

Einstiegsspiel

Silberdieb

Alle Kinder sitzen im Kreis. Ein Kind, das sich freiwillig gemeldet hat, sitzt auf einem Stuhl in der Mitte, hat die Augen verbunden und ist der Wächter. In die Hand bekommt es eine gerollte Zeitung. Unter den Stuhl wird ein Säckchen mit Geldstücken gelegt. Ein Kind aus dem Kreis versucht so leise wie möglich, das Geldsäckchen zu stehlen. Der Wächter wiederum versucht, den Dieb mit der gerollten Zeitung zu berühren. Wer gewinnt? Wächter oder Dieb?
Material: 1 Säckchen mit Geldstücken, 1 gerollte Zeitung, 1 Augenbinde, Stühle

Einstiegsfragen

- Welches Verbot deiner Eltern findest du unsinnig? Warum?
- Wo fällt es dir schwer, etwas nicht zu nehmen, was du gern hättest?

Vorlesegeschichte

„Irgendwie ist hier der Wurm drin", denkt Josua. In Jericho lief alles so gut! Gott schenkte den Israeliten die Stadt, ohne dass sie selbst etwas dafür tun mussten. Nur ihm vertrauen. Sieben Tage sind sie um die Stadt gelaufen und haben sich vor den Wächtern auf der Stadtmauer zum Affen gemacht. Nichts, aber auch gar nichts sah dabei nach Kampf aus. Aber dann am siebten Tag bei der siebten Runde fielen die Stadtmauern einfach so in sich zusammen. Die Israeliten konnten die Stadt einnehmen. Gott hat sie ihnen geschenkt. Aber er hatte vorher von ihnen verlangt, dass sie nichts für sich selbst behalten dürfen. Die Bewohner mussten getötet und durften nicht als Sklaven behalten werden. Und die Wertgegenstände sollten in die Stiftshütte, den mobilen Tempel, gebracht werden. Niemand durfte etwas für sich behalten, kein Geld, kein Gold, keine Kleidung, keine Nahrung. Die Stimmung im Volk Israel war ausgelassen. Alle waren beeindruckt von der Größe Gottes, der so eine riesige Stadtmauer zum Einsturz brachte.

Als nächstes stand Ai auf ihrem Plan. Ihre Kundschafter hatten die Stadt ausspioniert und als sie zurückkamen, berichteten sie: „Die Stadt ist nicht besonders groß und nicht schwer befestigt. Wir müssen nicht mit allen Soldaten anrücken. 2.000 oder 3.000 reichen, um die Stadt locker einzunehmen." Josua hatte sich darauf verlassen und nur 3.000 Soldaten nach

Ai geschickt. Aber die Soldaten von Ai verteidigten ihre Stadt und verfolgten die Israeliten bis zu einem steilen Felsen. Dort töteten sie 36 Israeliten. Die restlichen 2.964 Soldaten kamen niedergeschlagen zurück. Damit hatte niemand gerechnet. Ihre Niedergeschlagenheit steckte das ganze Volk an. Josua und die Ältesten waren so erschüttert, dass sie als Zeichen ihrer Trauer ihre Kleider zerrissen, sich Erde auf dem Kopf streuten und sich einen ganzen Tag lang vor die Bundeslade legten und beteten.

Hier liegt Josua nun immer noch und betet: „Gott, warum hast du uns über den Jordan gebracht und lässt uns jetzt so jämmerlich sterben? Wären wir bloß auf der anderen Seite des Jordans geblieben, als uns hier vernichten zu lassen! Warum schenkst du uns Jericho so bombastisch und vor dem kümmerlichen Ai müssen wir davonlaufen? Wenn die anderen Städte mitbekommen, dass wir so schwach verloren haben, werden sie uns auslachen und uns aus dem Land treiben. Was willst du denn noch tun, Gott, um zu zeigen, dass du der Größte und Mächtigste bist? Dir wird keiner mehr glauben!" Josua betet den ganzen Tag. Da hört er Gottes Stimme: „Warum liegst du hier herum? Steh auf! Die Sache ist ganz einfach: Ihr habt Schuld auf euch geladen. Einer von euch hat sich in Jericho nicht an das gehalten, was ich gesagt habe. Er konnte meinem Verbot nicht widerstehen und hat Wertgegenstände mitgenommen, die mir gehören. Das ist sein Untergang. Josua, bereite das Volk auf eine Begegnung mit mir vor. Morgen sollen sich alle nach Stämmen sortiert vor mir aufstellen. Dann werdet ihr das Los werfen und erfahren, wer es ist, der sich an den verbotenen Dingen vergriffen hat." Josua verlässt die Stiftshütte. Er ruft die Ältesten aller Stämme zusammen und richtet ihnen aus, was Gott ihm gesagt hat.

Am nächsten Morgen sind alle früh auf den Beinen. Die Menschen ordnen sich nach ihren Stämmen. Zuerst ist es ein wildes Durcheinander und die Menschen reden aufgeregt miteinander: „Weißt du, wer das Gold und Silber mitgenommen hat?" „Wer könnte das denn sein?" Doch als Josua nach vorne tritt, kehrt Ruhe ein. Alle sind angespannt. War ich es vielleicht und ist etwas von dem Gold und Silber an meinem Mantel hängengeblieben?", fragen sich manche, obwohl sie sich keiner Schuld bewusst sind. Josua spricht ein kurzes Gebet, dann schüttelt er das Tuch, in dem sich die zwölf Holzstöckchen befinden, auf denen jeweils ein Stamm steht. Ein Stöckchen fällt heraus. Josua hebt es auf und liest vor: „Juda!" Ein Seufzer der Erleichterung geht durch die Menge. Josua lässt die Sippen des Stammes Juda auf neue Holzstöckchen schreiben, legt sie wieder in das Tuch und schüttelt. Das Stöckchen mit der Aufschrift „Serach" fällt heraus. Die Sippe Serach tritt nach vorn. Sobald alle Familien notiert sind, schüttelt Josua wieder das Tuch. Es trifft die Familie Sabdi. Die Luft ist zum Zerreißen gespannt. Keiner wagt es, zu atmen. Josua schüttelt noch ein letztes Mal das Tuch, in dem alle Männer der Familie Sabdi auf neuen Holzstöckchen notiert sind. Er schüttelt diesmal besonders lange. Dann fällt ein Stöckchen heraus. Josua hebt es langsam auf. „Es ist Achan!", ruft Josua.

Erschrocken halten die Menschen die Luft an. „Das hätte ich ja nie gedacht!", murmelt einer. „Der? Wieso Achan? Der ist doch so nett!", sagt ein anderer. Josua lässt Achan nach vorne treten: „Achan, mein Sohn, bekenne vor Gott deine Schuld. Sag ihm und uns, was du getan hast. Verschweige nichts." Achan senkt den Kopf. Mit der Fußspitze schabt er verlegen auf dem Boden. Und dann ist in der angespannten Stille ganz leise seine Stimme zu hören. „Ja, ich war es!", flüstert Achan. „In Jericho habe ich einen babylonischen Mantel, 200 Silberstücke und einen Goldbarren, der ungefähr ein halbes Kilo wiegt, mitgenommen. Ich konnte einfach nicht widerstehen. Ich wusste, dass es falsch ist, aber ich musste es haben. Jetzt sehe ich, dass das falsch war und ich Unglück über unser Volk gebracht habe." „Wo sind die Sachen jetzt?", fragt Josua. „Du findest alles in meinem Zelt. Dort habe ich sie in einer Ecke vergraben." Josua gibt ein paar Männern ein Zeichen. Sie sollen nachschauen, ob alles stimmt, was Achan bekannt hat. Schon öfter hat ein anderer die Schuld eines Freundes auf sich genommen. Aber Gott will den wirklich Schuldigen. Kurze Zeit später bringen die Männer das Gewand, die Silberstücke und den Goldbarren. Josua schaut Achan traurig an. „Du hast Unglück über uns gebracht. Darum musst du unser Volk verlassen. Weil du Gottes Bann über Jericho gebrochen und dir selbst etwas genommen hast, verhängt Gott jetzt den Bann über dich. Achan, du und deine Familie, ihr könnt nicht weiter zu unserem Volk gehören."

Die Menschen gehen traurig auseinander. Sie können Achan gut verstehen. Der Mantel, den er mitgenommen hat, war sehr schön. Und auch das Geld hätte ihm sicher geholfen, in der neuen Heimat ein Stück Land zu kaufen. Aber Gott will, dass sie ihm voll und ganz vertrauen. Er sorgt für sein Volk und gibt ihnen das, was sie brauchen. Nur so können sie in ihrer neuen Heimat glücklich werden.

Vertiefungsfragen

- Warum will Gott nicht, dass sich die Israeliten an den Wertgegenständen in Jericho bedienen?
- Wie können wir Gott heute vertrauen, dass er jeden Tag für uns sorgt?

Spiele mit Gold und Silber

Münzen decken

Auf einem Tisch werden viele Münzen verschiedenen Wertes gelegt. Jedes Kind erhält eine 1-Euro-Münze, die mit einem Klebepunkt markiert und beschriftet wird. Alle Kinder stellen sich um den Tisch. Ziel des Spieles ist es, so viele Münzen wie möglich unter der eigenen zu vergraben. Dazu wird die Münze auf die linke waagrechte Handfläche gelegt und mit der rechten Hand von unten auf die Hand geschlagen, sodass die Münze auf den Tisch fällt. Am Ende einer Spielrunde erhält jedes Kind die Münzen, die sich unter seiner eigenen befinden. Wenn seine eigene Münze verdeckt ist, erhält das Kind 1 Strafpunkt. Die erbeuteten Münzen werden notiert, dann werden sie wieder auf den Tisch gelegt und eine neue Runde beginnt.

Material: viele Münzen verschiedenen Wertes, pro Kind 1 1-Euro-Münze, Klebepunkte, Papier und Stift

Münzfußball

Immer drei Kinder bilden ein Team und erhalten je eine 1-Euro-Münze. Auf einem Tisch ist die Mittellinie sowie zwei Tore inklusive Schutzraum mit Kreppklebeband gekennzeichnet. Als Ball dient eine 10-Cent-Münze. Zwei Teams spielen gegeneinander. Die 10-Cent-Münze liegt in der Tischmitte. Mittels Münzwurf (Kopf oder Zahl) wird ausgelost, wer beginnt. Die verteidigende Mannschaft platziert ihre drei Münzen zur Verteidigung des Tores. Dabei müssen alle Münzen mindestens eine Fingerlänge auseinanderliegen und auch eine Fingerlänge Abstand zur 10-Cent-Münze haben. Die Angreifer beginnen und schießen mit einem 1-Euro-Stück die 10-Cent-Münze, indem sie ihre Münze auf dem Tisch mit dem Finger schnipsen. Dann ist die verteidigende Mannschaft an der Reihe und schießt die 10-Cent-Münze Richtung gegnerisches Tor. So wird immer abgewechselt, bis ein Tor fällt.
Variante: Die gegnerische Mannschaft darf je einen Finger auf die 1-Euro-Münze legen und beim Schuss der Gegner jede Münze einmal bewegen.
Material: 6 1-Euro-Münzen, 1 10-Cent-Münze, Kreppklebeband

Bis zum Rand

Alle Kinder erhalten mehrere 20-Cent-Münzen. In der Tischmitte steht ein Wasserglas, das bis zum Rand gefüllt ist. Reihum wirft jedes Kind eine 20-Cent-Münze in das Glas. Bei wem das Wasser überläuft, der erhält 1 Strafpunkt. Die 20-Cent-Münzen werden herausgeholt und es beginnt eine neue Runde.
Variante: Die Kinder erhalten Münzen unterschiedlichen Wertes und müssen selbst entscheiden, welche Münze sie in das Glas werfen. Wenn das Wasser überläuft, wird zusammengerechnet, wer welchen Geldwert besitzt. Der oder die Ärmste gewinnt.
Material: 1 gefülltes Wasserglas, pro Kind mehrere 20-Cent-Münzen, Papier und Stift; für die Variante: Münzen unterschiedlichen Wertes

Münzenversteck

Alle Kinder sitzen im Stuhlkreis, ein Kind, das sich freiwillig gemeldet hat, steht in der Mitte. Die Kinder geben sich hinter dem Rücken eine Münze weiter. Das Kind in der Mitte gibt ein Kommando. Folgende Kommandos sind möglich: Schenkel (alle Kinder legen die Hände flach auf die Schenkel), Himmel (alle Kinder strecken beide Fäuste nach oben), Kopf (alle Kinder legen ihre Hände flach auf den Kopf), Hand schütteln (immer zwei Kinder schütteln sich wie zur Begrüßung die Hand). Nach dem einen Kommando muss das Kind raten, wer die Münze in der Hand hat. Dann werden die Rollen getauscht.
Material: 1 Münze

Fuchsen

Alle Kinder erhalten fünf Münzen unterschiedlichen Wertes, aber alle gleich viel. Sie stellen sich an einer Linie in einer Entfernung von 2 Metern zu einer Wand auf. Ein Kind beginnt und schießt seine Münze so nah wie möglich an die Wand. Dann ist das nächste Kind an der Reihe. Haben alle Kinder eine Münze geschossen, wird geprüft, wer am nächsten an der Wand ist. Dieses Kind erhält alle Münzen. Eine nächste Runde beginnt. Das Spiel endet nach einer bestimmten Rundenzahl oder wenn ein Kind keine Münzen mehr hat. Das Kind mit dem höchsten Geldwert gewinnt.
Material: pro Kind 5 Münzen unterschiedlichen Wertes

Goldwäsche

Ein kleiner Swimmingpool wird mit Sand und Wasser gefüllt. Viele kleine Steine werden im Vorfeld mit Goldfarbe besprüht oder es werden Geldstücke verwendet. Die Steine oder Geldstücke werden im Sand vergraben. Alle Kinder erhalten ein Sieb oder graben mit bloßen Händen nach dem Gold. Wer am Ende die meisten Gold- oder Geldstücke gefunden hat, gewinnt dieses Spiel.

Tipp: Die Gold- oder Geldstücke können auch so im Sand/Sandkasten versteckt werden.

Material: 1 kleiner Swimmingpool, Sand, Wasser, Goldfarbe, kleine Steine / Geldstücke, evtl. pro Kind 1 Sandsieb

Goldsucher

Ein großer Behälter (z. B. Babybadewanne oder Betonbutte) wird mit Hobelspänen gefüllt. Darin werden viele Geldstücke versteckt. Die Kinder werden in vier Gruppen eingeteilt. Die jeweils Ersten starten und suchen mit den Händen nach einem Geldstück. Wenn sie eines haben, laufen sie zu ihrer Gruppe und das nächste Kind macht sich auf die Suche. Welche Gruppe hat am Ende die meisten Geldstücke?

Tipp: Es kann auch pro Gruppe ein Behälter vorbereitet werden, um Wartezeiten zu vermeiden. Das Spiel sollte im Freien stattfinden, da sich die Hobelspäne sonst im ganzen Haus verteilen.

Material: 1 bzw. mehrere große Behälter, 1 Sack Hobelspäne, Geldstücke

Gold suchen auf Zeit

Wie bei „Goldsucher" wird alles vorbereitet und die Kinder in Paare eingeteilt. Ein Kind „verdient" die Zeit, in der das andere Kind nach Gold suchen darf. Zeit kann man verdienen, z. B. durch das Balancieren eines Besenstiels, das Halten eines Buches am ausgestreckten Arm, das Sitzen an der Wand ohne Stuhl o. Ä.

Material: pro Paar 1 großer Behälter, 1 Sack Hobelspäne, Geldstücke, evtl. 1 Besenstiel/ Buch o. Ä.

Silbermine

Mehrere Münzen werden nebeneinandergelegt und mit Klebestreifen darüber so fixiert, dass eine „Silbermine" entsteht. Diese Silberminen werden im Raum versteckt. Die Kinder haben die Aufgabe, die Silberminen zu finden.

Material: Klebestreifen, viele Münzen

Glückstreffer

Eine Münze wird so an die Tischkante gelegt, dass sie gerade nicht herunterfällt. Mit einem Bierdeckel wird von unten an die Münze geschlagen. In ca. 20 Zentimeter Entfernung steht ein Teller, auf dem die Münze landen muss. Wer hat bei zehn Versuchen die meisten Treffer?

Material: 1 Münze, 1 Teller, 1 Bierdeckel, 1 Tisch

Silberkatapult

Alle Kinder erhalten einen „Silber"-Löffel und einen Kronkorken, den sie auf der Innenseite mit ihrem Namen beschriften, und stellen sich an einer Wurflinie auf. Den Kronkorken legen sie auf den Löffel und schießen ihn dann wie bei einem Katapult so weit wie möglich. Der Weiteste gewinnt.

Variante: Es werden Felder aufgezeichnet, in die getroffen werden muss, Eimer mit unterschiedlicher Wertung müssen getroffen werden usw.

Material: pro Kind 1 „Silber"-Löffel und 1 Kronkorken, Stifte, Markierung für die Wurflinie; für die Variante: Kreide, markierte Eimer

Silberlöffelpoker

Je vier Zahlenkarten werden pro Kind aus einem Kartenspiel benötigt, gut gemischt und ausgeteilt. In die Tischmitte werden Silberlöffel gelegt, einer weniger als Kinder. Die Kinder haben die Aufgabe, vier gleiche Zahlen zu sammeln. Dazu wird in jeder Runde eine Karte, die dafür nicht benötigt wird, vor sich auf dem Tisch abgelegt und auf Kommando nach links weitergegeben. Wer ein Quartett hat, schnappt sich schnell einen Löffel. Jetzt dürfen sich auch alle anderen einen Löffel schnappen. Wer leer ausgeht, erhält 1 Strafpunkt. Wer nach mehreren Runden die meisten Strafpunkte hat, verliert.

Material: pro Kind 4 Zahlenkarten, Löffel (1 weniger als Kinder), Papier und Stift

27. GIDEON

Bibeltext: Richter 6,1-32
Zielgedanke: Gott ist der einzig wahre Gott.
Alle anderen Götter haben keinen Platz neben ihm.

Einstiegsspiel

Schummeln

Die Kinder sitzen im Kreis um einen Tisch und jedes Kind erhält fünf Karten eines Elfer raus!®-Kartenspiels oder fünf Karten eines selbst gestalteten Kartendecks von 1 bis 20, das in mindestens vierfacher Ausführung vorhanden ist. Das Kind mit einer Eins beginnt und legt die Karte verdeckt auf den Tisch und sagt „Eins". Das nächste Kind im Uhrzeigersinn muss nun eine Zwei verdeckt ablegen. Hat es keine, kann es eine beliebige Karte ablegen und „Zwei" sagen und dabei gute Miene zum bösen Spiel machen. Oder es zieht eine Karte vom Stapel und das nächste Kind ist an der Reihe. Glaubt das nachfolgende Kind, dass geschummelt wurde, äußert es seine Vermutung laut und dreht die oberste Karte um. Ist die Karte richtig, muss das Kind, das falsch verdächtigt hat, den Stapel auf die Hand nehmen. Ist die Karte falsch, muss das Kind, das geschummelt hat, alle Karten auf die Hand nehmen. Alle weiteren Möglichkeiten, die Karten loszuwerden, sind „erlaubt", man darf sich dabei nur nicht erwischen lassen (z. B. kann man zwei Karten gleichzeitig ablegen oder eine Karte unter dem Tisch verschwinden lassen). Wird ein Kind beim Schummeln von dem Kind links neben ihm erwischt, muss es alle Karten nehmen, die auf dem Ablagestapel liegen. Wer zuerst keine Karten mehr hat oder nach einer vorgegebenen Zeit die wenigsten Karten, hat das Spiel gewonnen.
Material: Elfer raus!®-Kartenspiel oder selbst gestaltetes Kartendeck von 1 bis 20 in mindestens vierfacher Ausführung

Einstiegsfragen

- Was hast du schon mal heimlich gemacht? Wurdest du entdeckt?
- Was ist dir am wichtigsten?

Vorlesegeschichte

„Es ist doch zum Davonlaufen!" Wütend haut Joasch mit der Faust auf den Tisch. „Heute Nacht haben diese verflixten Midianiter schon wieder eine unserer Ziegenherden geraubt. Wenn das so weitergeht, haben wir bald gar nichts mehr zu essen." Betrübt starrt Joasch in seine Suppenschale, die vor ihm auf dem Tisch steht. Der Appetit ist ihm vergangen, obwohl er schon seit Tagen nichts Richtiges mehr gegessen hat. Mit gesenkten Köpfen sitzen seine Söhne und Töchter mit am Tisch und löffeln leise die dünne Brühe aus ihren Schalen. „Was hältst du davon, wenn ich den Weizen statt auf dem Heuboden heute mal im Weinkeller dresche?", unterbricht Gideon, der Jüngste am Tisch, die bedrückte Stille. „Die Weinstöcke sind ja alle niedergebrannt, den Weizen werden die Midianiter niemals im Weinkeller vermuten." Verwunderte Blicke wandern zu Gideon. Weizen im Weinkeller? „Ja, gute Idee, mach das, Gideon!" Der Vater ist fürs Erste wieder hoffnung svoll und isst seine Suppe leer.

Einige Tage später. Gideon hat mit Hilfe der Arbeiter seines Vaters den Weizen geerntet und ist gerade dabei, ihn zu dreschen, als ein Fremder den Schatten unter der Eiche im Hof sucht. „Gott mit dir!", grüßt er Gideon. „Nein, da müssen Sie sich irren!", antwortet Gideon. „Gott ist nicht mit mir! Wenn er hier wäre, dann würde er doch sicher verhindern, dass die Midianiter wie Heuschrecken jede Nacht in unser Land einfallen, die Ernten zerstören und unser Vieh klauen! Mein Großvater hat mir schon als kleines Kind erzählt, dass Gott viele Wunder getan und unser Volk aus der Sklaverei in Ägypten befreit hat. Aber wo sind seine Wunder jetzt?!? Nein, Gott ist nicht mit mir, er hat uns im Stich gelassen!"

Wütend starrt Gideon den Fremden an. Wer ist das überhaupt? Und was will er hier? Noch ehe Gideon ihn fragen kann, ergreift der Fremde das Wort: „Gideon, du bist sehr stark und mutig. Geh und befreie dein Volk von den Midianitern! Ich gebe dir diesen Auftrag." Gideon schaut den Fremden überrascht an, der ein paar Schritte näher gekommen ist. „Wie? Ich soll das tun? Ich bin doch der Jüngste in unserer Familie, und unsere Sippe ist die kleinste. Niemand wird auf mich hören!" „Doch, das werden sie, denn ich werde dir beistehen." Mir beistehen? Was will dieser einzelne Fremde ausrichten? Wer ist das überhaupt? „Ich brauche ein Zeichen, dass es wirklich Gott ist, der mich sendet. Bitte warte, bis ich dir etwas zu essen gebracht habe." Schnell läuft Gideon nach Hause und bereitet einen Ziegenbock mit Brühe zu und backt eine ganze Schüssel voll Brot. Er packt alles ein und bringt es dem Fremden, der noch immer unter der Eiche sitzt. „Danke. Lege alles auf diesen Stein hier, was du mir mitgebracht hast", sagt er. Gideon gehorcht. Der Fremde berührt den Stein mit seinem Wanderstock. Plötzlich schlagen Flammen aus dem Stein und verbrennen alles, was Gideon daraufgelegt hat. Der Fremde ist im selben Augenblick verschwunden. Jetzt weiß Gideon, dass Gott ihn beauftragt hat.

Was ist nun zuerst zu tun? Noch in derselben Nacht hört Gideon die Stimme Gottes: „Die Israeliten haben den Fehler gemacht, dass sie nicht nur dieses Land als ihr Land angenommen haben, sondern nun auch die Götter der Bewohner verehren. Nimm ein Rind mit und gehe auf den Berg. Reiße den Altar für Baal ein, der auf dem Grundstück deines Vaters steht, und haue auch den geweihten Pfahl um. Dann baue einen neuen Altar für mich und opfere mir das Rind. Ab jetzt sollt ihr wieder an mich glauben und die Götter der anderen Völker hinter euch lassen." Gideon hat alles ganz deutlich verstanden. Gott ist der Einzige. Ihm will er ab jetzt dienen. Da haben die anderen Götter keinen Platz mehr, weder in seinem Herzen noch in seinem Land. Aber Gideon hat auch ein bisschen Angst. Was werden die Israeliten sagen, wenn sie sehen, dass Gideon ihren geliebten Altar zerstört? Lieber geht er in der Nacht, damit niemand ihn sehen kann. Entschlossen steht Gideon von seiner Matte auf und kleidet sich an. Er weckt zehn Knechte und macht sich mit ihnen und dem Rind aus seines Vaters Stall auf den Weg zum Altar, den die Menschen für Baal errichtet haben, um das auszuführen, wozu Gott ihn beauftragt hat.

Am nächsten Morgen wird Gideon von einem lauten Geschrei geweckt. Als er durch einen Spalt in der Hauswand schaut, was da draußen los ist, bleibt ihm fast das Herz stehen. Einige Männer sind gekommen. Sie sehen gar nicht erfreut aus. Sein Vater steht an der Tür und versucht, sie zu besänftigen. „Gib uns deinen Sohn! Er hat den Altar eingerissen, den wir für Baal errichtet haben. Er muss sterben!" Gideon traut sich kaum noch zu atmen. Wird sein Vater zu ihm halten? Er hat bisher noch gar keine Gelegenheit gefunden, ihm alles zu erklären. Da hört er die feste Stimme seines Vaters: „Was mischt ihr euch in die Angelegenheiten Baals ein? Wenn er wirklich ein Gott ist, dann kann er ja wohl für sich selbst kämpfen. Wer sich einmischt und Baal damit schwach macht, soll sterben." Die wütenden Männer wissen darauf keine Antwort. Stumm bleiben sie stehen, dann kehrt einer nach dem anderen um und geht nach Hause. Gideon grinst in sich hinein. Das war wirklich schlau von seinem Vater. Gideon ist ermutigt. Gott hält seine Hand über ihn, weil er ihm ganz vertraut. Jetzt will er auch gegen die Midianiter kämpfen.

Vertiefungsfragen

- Gibt es andere Dinge, von denen du glaubst, dass sie dir helfen können, außer Gott?
- Welche Götter haben wir heute? Was sollten wir Menschen heute „zerschlagen", damit Gott wieder der einzige Gott ist?

Spiele in der Nacht

Statuenkopie

Immer zwei Kinder bilden ein Paar. Dann wird das Licht gelöscht. Ein Kind nimmt eine beliebige Haltung ein und erstarrt darin. Das andere Kind tastet die Statue ab und stellt sich genauso neben das Original. Dann wird das Licht wieder angemacht und überprüft, ob Original und Kopie übereinstimmen.
Material: keines

Denkmalkopie

Immer zwei Kinder bilden ein Paar. Jeweils ein Kind verlässt den Raum. Das andere Kind baut aus Bauklötzen ein Gebilde. Dann wird das Licht gelöscht und alle Kinder von draußen wieder hereingeholt. Sie haben nun die Aufgabe, eine Kopie des Gebildes zu erstellen, indem sie das Original abtasten. Wenn alle Kinder fertig sind, wird das Licht angemacht und beide verglichen. Um die Wartezeiten zu verkürzen, können in zwei Räumen Originale gebaut und dann in der Dunkelheit die Räume getauscht werden.
Material: viele Bauklötze

Denkmalnachbau

Immer drei Kinder bilden ein Team. Dem ersten Kind werden die Augen verbunden, ein zweites Kind nimmt eine Statuenhaltung ein. Das dritte Kind beschreibt dem ersten Kind, wie das zweite Kind aussieht. Das erste Kind versucht, dieselbe Stellung einzunehmen. Dann wird die Augenbinde abgenommen und die Ergebnisse verglichen.

Material: für 3 Kinder 1 Augenbinde

Denkmal einwerfen

Aus Dosen, Bechern oder Schachteln wird eine Pyramide auf einem Tisch aufgebaut. Immer zwei Kinder bilden ein Paar. Einem werden die Augen verbunden und es muss mit einem Ball versuchen, so viele Dosen, Becher oder Schachteln wie möglich umzuschießen. Es hat drei Versuche. Das sehende Kind gibt ihm Anweisungen, ob es kürzer oder weiter werfen muss.

Material: pro Paar 1 Ball und 1 Augenbinde, Dosen, Becher oder Schachteln

In Deckung

Dieses Spiel kann nur in der Dunkelheit an einem Weg stattfinden. Die Kinder werden in zwei Gruppen eingeteilt. Eine Gruppe beginnt. Die Kinder müssen sich auf dem Gelände so verstecken, dass sie zwar noch zu sehen, aber nicht mehr zu erkennen sind, indem sie sich der Umgebung anpassen (z. B. als Strauch die Arme ausbreiten oder auf eine Bank legen). Sie dürfen dabei maximal 3 Meter vom Weg abweichen. Dabei ist jegliche Verkleidung erlaubt. Die Gruppe erhält dafür 10 Minuten Zeit. Dann sucht die andere Gruppe alle Versteckten ohne Hilfsmittel. Ist jemand der Meinung, eine versteckte Person gefunden zu haben, leuchtet eine Person aus dem Mitarbeiterteam mit einer Taschenlampe, ob die Vermutung stimmt. Sind alle Kinder gefunden, werden die Rollen getauscht.

Material: 1 Taschenlampe

Diebe in der Nacht

Ein Kind, das sich freiwillig gemeldet hat, ist der Wächter. Es setzt sich auf den Boden und erhält eine Taschenlampe. Um ihn herum liegen im Abstand von 1 Meter verschiedene Schätze (z. B. eine Uhr, ein Halstuch, ein Geldbeutel), für jedes Kind ein Gegenstand. Der Raum muss komplett abgedunkelt werden. Alle Kinder verteilen sich im Raum, dann wird das Licht gelöscht. Die Kinder müssen sich nun im Dunkeln anschleichen und einen Gegenstand klauen. Sobald der Wächter etwas hört, leuchtet er mit der Taschenlampe kurz in die Richtung, aus der er etwas gehört hat. Wer vom Lichtstrahl getroffen wurde, bleibt versteinert stehen und darf bis zum Ende nicht mehr mitspielen. Sobald alle Gegenstände geklaut wurden oder alle Kinder versteinert sind, wird das Licht wieder angemacht. Das Kind mit den meisten Schätzen hat gewonnen.

Material: 1 Taschenlampe, pro Kind 1 Schatz

Weg im Dunkeln

An einem Kind, das sich freiwillig gemeldet hat, werden vier feste Schnüre am Gürtel befestigt. Dann werden dem Kind die Augen verbunden. Auf den Boden wird mit Kreide oder Seil eine Schlangenlinie markiert. Vier Kinder halten je ein Ende der Schnur und müssen das blinde Kind an der Linie entlangführen. Danach können Rollen getauscht werden.

Material: pro 5 Kinder 4 feste Schnüre und 1 Augenbinde, Kreide oder Seil

Feuer anfachen

In einer Feuerschale oder auf einer Grillstelle wird ein Lagerfeuer angezündet. (Dies kann symbolisch auch durch eine Kerze dargestellt werden.) Die Kinder werden in zwei Gruppen eingeteilt, wobei zwei Drittel Zündler sind, die anderen die Feuerwehr. Die Feuerwehr stellt sich in einem Kreis von ca. 50 Meter Abstand zum Feuer auf, die Zündler nehmen sich ein Holzscheit und gehen 100 bis 200 Meter vom Feuer weg. Die Aufgabe der Zündler ist es, sich nach dem Startsignal unbemerkt an das Feuer heranzupirschen und ihr Holzscheit dort abzulegen. Die Feuerwehr kann sie durch Abschlagen daran hindern. Wer einen Zündler abgeschlagen hat, tauscht mit ihm die Rolle und entfernt sich 100 bis 200 Meter, bevor er einen Angriff startet. Das Spiel endet, wenn alle Holzscheite im Feuer liegen.
Material: 1 Lagerfeuer (evtl. 1 Feuerschale, 1 Kerze), Holzscheite

Frühstück im Dunkeln

Alle decken gemeinsam den Tisch mit Teller, Messer, Becher, Butter, Marmelade, Quark, Brot, Brotmesser usw. Dann wird das Licht gelöscht und der Raum sollte stockdunkel sein. Alle suchen sich einen Platz und versuchen nun, sich ein Brot zu schmieren und etwas einzugießen. Wenn alle fertig sind, wird das Licht wieder angemacht und die „Bescherung" betrachtet, wie gut das geklappt hat.
Material: Brot, 1 Brotmesser, Marmelade, Butter, Quark usw.; pro Kind 1 Teller, 1 Messer, 1 Becher und 1 Stuhl

Dunkelmalerei

Der Tisch wird mit einer Malunterlage versehen. Alle Kinder erhalten einen Begriff, ein Blatt Papier und einen Stift. Dann wird das Licht gelöscht. Alle Kinder malen ihren Begriff auf das Blatt. Wenn alle fertig sind, wird das Licht wieder angemacht. Die einzelnen Kinder zeigen ihr Bild und alle anderen müssen raten, was es darstellen soll.
Material: Malunterlage; pro Kind 1 Begriff, 1 Blatt Papier und 1 Stift

Dunkelschrift

Der Tisch wird mit einer Malunterlage versehen. Alle Kinder erhalten ein Blatt Papier und einen Stift. Dann wird das Licht gelöscht und die Kinder notieren auf ihrem Blatt einen Satz, der aus mindestens fünf Wörtern besteht. Wenn alle fertig sind, wird das Licht wieder angemacht und das Blatt nach links weitergegeben. Das Kind muss nun raten, was hier geschrieben wurde.
Material: Malunterlage, Papier und Stifte

Versteckter Fänger

Alle Kinder hocken sich auf den Boden, schließen die Augen und halten eine Hand nach vorn. Die Spielleitung gibt einem Kind ein Tuch in die Hand. Dieses Kind ist der Fänger (es kann auch mehrere geben). Auf „Los!" öffnen alle die Augen und versuchen, vor dem Fänger zu fliehen. Wer abgeschlagen wurde, muss wie zu Eis erstarrt stehen bleiben und kann nur durch ein Kind, das unter seinen gegrätschten Beinen hindurchkriecht, wieder aufgetaut werden.
Material: 1 Tuch (evtl. mehrere Tücher)

Orientierungslauf

Die Kinder werden in zwei Gruppen eingeteilt (eine größere und eine kleinere). Die kleinere Gruppe startet und legt auf einem Weg im Abstand von ca. 20 Metern Leuchtsteine auf den Boden, die vorher im Licht „aufgeladen" wurden. Sind alle Steine gelegt, versteckt sich die Gruppe in der näheren Umgebung. Nach 10 Minuten startet die zweite Gruppe und muss die Kinder der ersten Gruppe suchen. Dann werden die Rollen getauscht.
Tipp: Dieses Spiel kann auch gut in großen Häusern gespielt werden.
Material: viele Leuchtsteine, 1 Stoppuhr

Knicklichträtsel

Die Kinder werden in zwei Gruppen eingeteilt. Eine kleinere Gruppe startet und legt mit ca. 20 Knicklichtern einen Weg. Dabei überlegt sie sich eine Regelmäßigkeit, die die andere Gruppe erraten muss (z. B. ein rotes Knicklicht bedeutet, nach rechts gehen; ein gelbes Knicklicht nach links und blau heißt geradeaus). Nach einigen Minuten startet die andere Gruppe. Ihre Aufgabe ist es, die Logik der Knicklichter herauszufinden.
Material: ca. 20 Knicklichter in 3 Farben

Bierdeckel im Dunkeln weitergeben

Alle Kinder ziehen einen Schuh und eine Socke aus und setzen sich in den Kreis. Dann wird das Licht gelöscht. Die Kinder müssen den Bierdeckel mit den Zehen im Kreis herumgeben. Absprachen sind natürlich erlaubt.
Material: mehrere Bierdeckel

28. GIDEON – SIEG DURCH DIE STÄRKE GOTTES

Bibeltext: Richter 7
Zielgedanke: Gott ist stärker als eine Armee von Soldaten. Wer auf ihn vertraut, ist auf der Siegerseite.

Einstiegsspiel

Armdrücken

Die Kinder werden paarweise eingeteilt. Immer zwei sitzen sich am Tisch gegenüber und stützen den jeweils rechten Ellenbogen auf den Tisch und halten sich an der Hand fest. Der linke Arm wird auf den Rücken gelegt. Auf „Los!" versuchen sie, die Hand des Gegners nach unten zu drücken. Wessen Handrücken auf der Tischplatte liegt, scheidet aus. Wer bleibt bis zum Schluss übrig?
Material: keines

Einstiegsfragen

- Wer ist für dich stark?
- Was macht Stärke aus?

Vorlesegeschichte

Ängstlich hält sich Pura an seiner Fackel fest. „Das gibt die totale Katastrophe!", denkt er. „Auf was habe ich mich da nur eingelassen?" Er blickt auf die Zeltstadt der Midianiter. Zuerst ist Pura Feuer und Flamme gewesen, als Gideon mutige und starke Männer gesucht hatte, um mit ihnen für Frieden im Land zu sorgen. Denn die Midianiter sind wie Heuschrecken immer wieder in ihr Land eingefallen und haben die Erntefelder zerstört und ihre Tiere getötet oder mitgenommen. Jetzt gibt es fast nichts mehr zu essen. Eine Hungersnot steht ihnen kurz bevor, wenn bald alle Vorräte aufgebraucht sind. „Das können wir uns nicht weiter gefallen lassen!" Pura war entschlossen, sich den Kämpfern um Gideon anzuschließen. Aber jetzt ist er sich nicht mehr so sicher, ob das eine gute Idee war. „Verrückt ist das, was wir hier tun!", denkt er und geht in Gedanken noch einmal zu dem Tag zurück, an dem Gideon diese Mannschaft zusammengestellt hat.

32.000 Männer waren gekommen, um mit Gideon zu kämpfen und ihr Land zu befreien. Das waren natürlich viel zu wenig im Vergleich zu den Midiantern, die mit ihren Verbündeten, den Amalekitern und den Beduinen, im Tal ihr Lager aufgeschlagen hatten. 135.000 Männer müssten das sein, schätzte Pura. Und dann noch die vielen Kamele, genauso unzählbar wie die Sandkörner an einem Strand! „Was können wir da schon mit 32.000 Männern ausrichten?", fragte sich Pura. „Liebe Männer!" Gideon setzte zu einer kurzen Rede an. „Gott hat mich ausgewählt, um mit euch gegen die Midianiter zu kämpfen. Schön, dass ihr alle gekommen seid und mich unterstützt. Gott hat uns den Sieg versprochen. Aber damit wir nicht auf die Idee kommen, das aus unserer eigenen Kraft geschafft zu haben, muss ich diese Mannschaft hier verkleinern. Alle, die Angst vor diesem riesigen Gegner haben, dürfen jetzt wieder nach Hause gehen. Danke für eure Bereitschaft, aber eure Hilfe ist nicht weiter nötig!" Gemurmel war zu hören. „Was hat er gesagt? Wir sind zu viele? Das war ein Witz, oder?" „Dürfen wir jetzt wieder nach Hause gehen?" „Hat er das im Ernst gemeint?" Pura schaute sich um. Tatsächlich, einige Männer waren richtig erleichtert. Sie packten ihre Waffen und verabschiedeten sich. Immer mehr Menschen kehrten Gideon den Rücken und verließen die immer kleiner werdende Mannschaft.

Pura blieb. Er schaute sich um. Es waren nur noch 10.000 Männer geblieben. Was hatte Gideon vor? Wollte er tatsächlich mit 10.000 Männern einen Krieg gegen 135.000 Soldaten gewinnen? Sie brachen auf, um sich an einer Quelle mit frischem Wasser zu stärken. Es gab ein großes Gedränge an der Wasserstelle. Viele schöpften Wasser mit der Hand aus der Quelle und befeuchteten damit ihre trockenen Kehlen. Pura schlüpfte zwischen den anderen Männern hindurch, beugte sich über die Quelle und stützte sich dabei mit den Händen ab. Er ließ das Wasser direkt in seinen Mund laufen. Ah, tat das gut! Nachdem sich alle erfrischt hatten, rief Gideon sie zusammen. „Alle, die das Wasser mit der Hand geschöpft haben, stellen sich auf die linke Seite. Und diejenigen, die das Wasser wie ein Hund direkt mit dem Mund getrunken haben, gehen auf die rechte Seite." Pura wunderte sich. Was hatte Gideon vor? Was war das für ein Spiel? Sie wollten doch einen Krieg gewinnen! Gemeinsam mit ein paar wenigen ging Pura nach rechts. „Gott sagt, dass wir immer noch zu viele sind", erklärte Gideon. „Alle, die mit der Hand Wasser geschöpft haben, sollen nach Hause gehen. Nur die, die mit dem Mund getrunken haben, werden mit mir gegen die Midianiter kämpfen!" Es herrschte große Verwirrung. Hatte Gideon etwa rechts und links verwechselt? Denn rechts standen nur 300 Männer. Wollte er wirklich mit 300 Männern gegen 135.000 Feinde kämpfen? Ja, Gideon bestätigte das. Gott wollte nur 300 Männer. Und Pura wurde zum persönlichen Diener von Gideon.

Es ist tiefste Nacht geworden. „Alles hört auf mein Kommando!", flüstert Gideon ihnen zu. „Was ich tue, das macht mir einfach nach!" Die Männer nicken. Dann verteilen sie sich, eingeteilt in drei Gruppen, und bilden einen großen Kreis um das feindliche Lager. Jeder hält in der einen Hand eine Fackel, die mit einem Tonkrug bedeckt ist, damit man den Lichtschein nicht sehen kann. In der anderen Hand haben sie ein Horn, mit dem sie zum Krieg blasen sollen. Kurz nach dem Wachwechsel setzt Gideon sein Horn an die Lippen. Alle tun es ihm gleich. Dann blasen sie kräftig hinein. Gleichzeitig zerschlagen sie die Tonkrüge, wedeln mit den Fackeln und rufen laut: „Auf in den Kampf! Für den Herrn und für Gideon!"

Die Midianiter sind so überrascht, haben sie durch die abgedeckten Fackeln doch nicht gesehen, dass direkt hinter den letzten Zelten Gideon und seine Männer stehen. Das laute Blasen der Hörner und die vielen Fackeln lassen sie in der Dunkelheit vermuten, dass ein riesiges Heer im Anmarsch ist. Panik bricht aus! Die Midianiter, Amalekiter und Beduinen rennen orientierungslos in der dunklen Nacht herum. Keiner weiß, wer Feind und wer Freund ist. Sie kämpfen gegeneinander. Viele versuchen zu fliehen, werden aber von den eigenen Männern gestoppt, weil sie für Feinde gehalten werden. Ein totales Chaos. Pura schwingt seine Fackel und bläst sein Horn ununterbrochen. Zwischendurch bleibt ihm der Mund offen stehen. Unglaublich! Gideon hat recht gehabt: Gott gibt uns den Sieg. Obwohl keiner von uns ein Schwert geschwungen hat. Gott ist wirklich mächtig!

Vertiefungsfragen

- Warum will Gott ein schwaches Heer zum Kämpfen haben?
- Wo verlassen wir uns auf unsere eigene Kraft, anstatt auf die Stärke Gottes zu hoffen?

Spiele zur Gruppeneinteilung

Starke Paare

Lange Wollfäden (pro zwei Kinder ein Faden) werden in der Mitte zusammengelegt, sodass die Schleifen auf der einen Seite und die abgeschnittenen Enden auf der anderen Seite sind. Eine Person aus dem Mitarbeiterteam hält die Wollfäden in der Mitte fest. Jedes Kind sucht sich ein Ende eines Wollfadens aus und hält ihn fest. Wenn alle ein Ende in der Hand halten, lässt die Mitarbeiterin / der Mitarbeiter die Fäden los. Die Kinder, die sich an einem Faden festgehalten haben, bilden ein Paar. Sie tauschen sich kurz darüber aus, was sie beide gut können und stellen es der Gruppe vor. Das Spiel kann mehrmals wiederholt werden.
Material: lange Wollfäden, 1 Schere

Gegensätzliche Paare

Alle Kinder bewegen sich zur Musik. Sobald die Musik endet, müssen sich immer zwei Kinder zusammentun und einen Gegensatz finden (z. B. das eine Kind ist ein Junge, das andere ein Mädchen, eines hat ein Haustier, das andere nicht). Anschließend werden die Gegensätze allen vorgestellt und dürfen bei der nächsten Runde nicht mehr genannt werden. Dann läuft die Musik weiter und die Kinder suchen sich beim nächsten Musikstopp ein anderes Kind.
Material: Musik und Abspielgerät

Gleiche Paare

Alle Kinder bewegen sich zur Musik. Sobald die Musik endet, müssen sich immer zwei Kinder zusammentun und eine Gemeinsamkeit zwischen sich finden (z. B. beide haben einen Bruder, beide waren diesen Sommer in Italien). Anschließend werden die Gemeinsamkeiten allen vorgestellt und dürfen bei der nächsten Runde nicht mehr genannt werden. Dann läuft die Musik weiter und die Kinder suchen sich beim nächsten Musikstopp ein anderes Kind.
Material: Musik und Abspielgerät

Gemeinsamkeiten

Die Kinder werden in Viererteams eingeteilt und müssen sich vier Gemeinsamkeiten überlegen, die jeweils auf mindestens zwei Kinder der Gruppe zutreffen. Eine Gemeinsamkeit muss ausgedacht sein (z. B. „Wir waren alle insgesamt siebenmal in Österreich.", „Drei von uns mögen Pizza.", „Wir haben in Mathe durchschnittlich eine 1,6.", „Wir besitzen sechs Haustiere."). Dann werden die Gemeinsamkeiten den anderen Gruppen präsentiert, die erraten müssen, welche Gemeinsamkeit falsch ist.

Material: keines

Gedächtnisspiel mit Geräuschen

Ein Kind, das sich freiwillig gemeldet hat, geht vor die Tür. Immer zwei Kinder bilden ein Paar und einigen sich auf ein Geräusch, das sie gleich von sich geben. Es kann sich dabei um einen Tierlaut oder um ein ausgedachtes Geräusch handeln. Alle Kinder stellen sich gemischt im Kreis auf. Dann wird das Kind hereingerufen. Es zeigt auf zwei Kinder, die ihr Geräusch machen. Stimmen die Geräusche überein, hat es ein Paar gefunden. Stimmen sie nicht, zeigt es auf zwei andere Kinder. Auf diese Weise muss das Kind die richtigen Paare finden und zusammenstellen. Wie viele Versuche braucht es, um alle Paare zu finden?

Variante: Wenn das Kind den Raum betritt, machen alle ununterbrochen ihr Geräusch. Das Kind muss so die jeweiligen Paare finden und zusammenstellen.

Material: keines

Geräuschepaare

Je zwei leere Überraschungseiverpackungen oder leere Streichholzschachteln werden mit dem gleichen Inhalt gefüllt, der beim Schütteln ein Geräusch verursacht (z. B. Reis, Erbsen, Bohnen, Büroklammern, Nägel, kleine Steine, Sand). Die Verpackungen werden ausgeteilt, dürfen aber noch nicht geschüttelt werden. Wenn alle Kinder eine Verpackung haben, gibt die Spielleitung das Startsignal. Dann schütteln alle ihre Verpackung und versuchen, ohne zu sprechen ihre Partnerin / ihren Partner zu finden.

Material: pro Kind 1 Überraschungseiverpackung / leere Streichholzschachtel, je zwei mit dem gleichen Inhalt gefüllt

Schulranzen aufräumen

Immer drei Gegenstände einer Sorte, die in einem Schulranzen vorkommen, werden an die Kinder verteilt. Zur Musik laufen die Kinder durcheinander und tauschen mit jedem Kind, das ihnen begegnet, den Gegenstand. Wenn die Musik stoppt, müssen sich alle zu Gruppen finden, die den gleichen Gegenstand haben. Welches Team findet sich zuerst?

Material: 3 Radiergummis, 3 Bleistifte, 3 Buntstifte, 3 Spitzer, 3 Büroklammern usw.

29. RUT UND NAOMI

Bibeltext: Rut 1 – 2
Zielgedanke: Der Weg mit Gott ist nicht unbedingt der einfachere, aber der behütetere.

Einstiegsspiel

Körner auflesen

Auf einem Tisch werden verschiedene Körner (z. B. Reis, Linsen, Bohnen) oder kleine Steinchen mit Weizenkörnern vermischt und verteilt. Auf „Los!" müssen alle Kinder versuchen, so viele Weizenkörner wie möglich innerhalb 1 Minute mit der Hand aufzulesen. Wer hat die meisten?
Material: Weizenkörner, verschiedene Körner oder kleine Steinchen, 1 Stoppuhr

Einstiegsfragen

- Welche Arbeit würdest du niemals machen?
- Wem würdest du helfen, bis dir die Finger weh tun?

Vorlesegeschichte

Mit klopfendem Herzen hockt Rut hinter einem Felsbrocken. Aus ihrem Versteck heraus beobachtet sie die Menschen auf dem Feld, die das Getreide ernten. Die Schnitter gehen voran und schwingen gleichmäßig ihre Sensen. Die langen Messer schneiden die Halme unten am Boden ab. Rut kann das rhythmische Zischen der Sensen bis in ihr Versteck hören. Hinter den Schnittern gehen Arbeiter, die die Halme auflesen und zusammenbinden. Sie helfen sich gegenseitig, um mit den Schnittern Schritt zu halten. Ihre gebundenen Garben stellen sie zu kleinen Gruppen auf. Dann gehen sie weiter, immer hinter den Schnittern her. Lautes Lachen tönt durch die Luft. Rut sieht einen Arbeiter, der den anderen etwas erzählt, sodass diese sich vor Lachen biegen. Sie sind stehengeblieben und hören der lustigen Geschichte bis zum Ende zu. Erst dann arbeiten sie weiter. Die Schnitter haben sich in der Zwischenzeit schon einen großen Vorsprung erarbeitet. Aber das scheint niemanden zu stören. Es gibt keinen Aufpasser, der die Arbeiter mit der Peitsche antreibt, wie es Rut auf den anderen Feldern beobachtet hat. Es scheint niemanden zu kümmern, wer wie lange Pause macht. Und trotzdem arbeiten die Menschen fleißig weiter. Rut gefällt das. Der Bauer muss ein netter Mann sein, wenn er seinen Arbeitern erlaubt, auch mal einen Spaß zu machen. Hier will sie ihr Glück versuchen.

Dabei hat sie schon mehr als genug Pech gehabt. Als sie Machlon kennenlernte, hat sie sich sofort Hals über Kopf in ihn verliebt. Er war mit seinen Eltern in ihr Land Moab gezogen, weil es in seinem Land, Israel, nichts mehr zu essen gab. Machlon war zwar Ausländer, aber das war Rut egal. Es dauerte auch nicht lange, da waren sie schon verheiratet. Rut und Machlon wollten eine Familie gründen, aber daraus wurde leider nichts. Sie haben keine Kinder bekommen. Und dann wurde Machlon krank. Niemand konnte ihm helfen. Rut pflegte ihn, bis er starb. Auch sein Bruder, der mit Orpa verheiratet war, starb. Vielleicht hatten sie eine Krankheit des Vaters geerbt, der schon vor vielen Jahren gestorben war. Nun waren die drei Frauen ganz allein: Rut, ihre Schwiegermutter Naomi und Orpa.

In Israel war die Hungersnot längst vorüber. Naomi entschied, wieder zurückzukehren. Nichts hielt sie mehr in Moab. Rut und Orpa begleiteten sie, denn sie hatten Naomi gern. Naomi war eine sehr fürsorgliche und liebevolle Schwiegermutter. Auch wenn sie darüber verbittert war, dass zuerst ihr Mann und dann auch noch ihre Söhne sterben mussten, so hatte sie doch die beiden Schwiegertöchter wie ihre eigenen Töchter behandelt. Rut war vor allem von den Geschichten fasziniert, die Naomi von ihrem Gott erzählte. Dieser Gott der Israeliten war so anders als ihre Götter in Moab. Rut glaubte seit einiger Zeit an diesen Gott und betete, wie Naomi es ihr beigebracht hatte.

Als die drei Frauen kurz vor der Grenze zwischen Israel und Moab angekommen waren, sagte Naomi: „Geht wieder zurück, bleibt in eurem Land, heiratet wieder und gründet eine Familie. Ich komme schon allein klar." Da weinten Rut und Orpa, denn sie hatten Naomi sehr lieb. Orpa folgte dem Rat von Naomi. Sie verabschiedete sich unter Tränen und ging zurück nach Moab. Rut aber sagte: „Ich gehe mit dir, denn dein Gott ist auch mein Gott und dein Volk ist auch mein Volk. Ich gehe dorthin, wo du hingehst, und lasse dich nicht allein!" Naomi merkte, dass Rut fest entschlossen war, bei ihr zu bleiben, und niemand und nichts sie überreden konnte, es sich noch einmal anders zu überlegen. Also setzten sie den gemeinsamen Weg fort, bis sie nach mehreren Tagen endlich in Bethlehem ankamen. Nun war Rut die Ausländerin. Alle tuschelten hinter vorgehaltener Hand: „Ist das nicht Naomi, die damals nach Moab gegangen ist? Wo ist denn ihr Mann und wo sind die Söhne? Hat sie etwa keine Enkel? Ist sie ganz allein, nur mit dieser Ausländerin?" Naomi kümmerte das Getuschel nicht. Es bekümmerte sie viel mehr, von was sie nun leben sollten. Ihr Hof, den sie damals verlassen hatten, war zum größten Teil eingefallen. Nur ein Raum hatte noch ein Dach, dort konnten sie erst einmal wohnen. Gerade hatte die Gerstenernte begonnen. Naomi erklärte Rut die israelische Regelung, dass Arme hinter den Feldarbeitern hergehen dürften, um die liegengelassenen Ähren aufzuheben. Und so war Rut hier an diesem Feld gelandet, in ihrem Versteck hinter dem Felsbrocken.

Mit klopfendem Herzen verlässt sie jetzt ihr Versteck und geht zum Feldrand. In der Zwischenzeit sind weitere Arbeiter mit ein paar Ochsen gekommen. Sie binden die Garben den Ochsen auf den Rücken. Rut spricht einen von ihnen an: „Schalom. Ist es möglich, dass ich hier die heruntergefallenen Körner auflese? Meine Schwiegermutter Naomi ist alt und kann nicht mehr arbeiten. Und ich bin neu hier und habe noch keine andere Arbeit gefunden. Wir sind Witwen und haben niemanden, der sich um uns kümmert." Der Arbeiter, der an einem Strohhalm kaut, betrachtet sie kurz von Kopf bis Fuß, sieht ihre ärmliche Kleidung und ihre hungrigen Augen und sagt: „Klar. Unser Herr hat sicher nichts dagegen. Du kannst hier vorne anfangen." Er zeigt auf die bereits abgeernteten Reihen und wendet sich wieder seinen Ochsen zu. Rut ist dankbar. Sie bückt sich und beginnt, die Körner zwischen den stacheligen Strohstoppeln aufzulesen. Es ist eine mühsame Arbeit, aber Rut tut sie, ohne zu stöhnen.

Einige Zeit später kommt Boas, der Besitzer des Feldes, auf seinem Esel geritten, um nach dem Rechten zu sehen. „Wer ist diese Frau?", fragt er einen Arbeiter. „Das ist Rut, die Schwiegertochter von Naomi, die aus Moab zurückgekehrt und in den verfallenen Hof eingezogen ist. Sie hat ihr Land verlassen, um sich um Naomi zu kümmern. Sie ist sehr fleißig und seit heute früh auf den Beinen. Nur einmal hat sie Pause gemacht und sich in den Schatten gesetzt." Boas hat schon von der Rückkehr seiner Verwandten gehört. Rut gefällt ihm. Er geht zu ihr. „Ich gebe dir einen Rat: Bleibe auf meinem Feld. Gehe nicht woanders hin. Hier kannst du Ähren lesen für dich und deine Schwiegermutter. Ich werde meinen Arbeitern sagen, dass sie Ähren für dich übrig lassen sollen. Und wenn du Durst hast, dann kannst du aus den Wasserkrügen trinken, die hier für meine Arbeiter bereitstehen. Und wenn wir essen, darfst du bei uns mitessen." Rut wird ganz rot im Gesicht. Die plötzliche und freundliche Anrede des Besitzers hat sie ganz verwirrt. Sie wirft sich vor ihm auf den Boden. „Wieso bist du so freundlich zu mir? Ich bin doch nur eine Ausländerin und viel weniger wert als deine Knechte und Mägde!" „Ich kenne deine Geschichte und habe gehört, was du alles durchgemacht hast", antwortet Boas. „Gott soll dich reich dafür belohnen, dass du an ihn glaubst und dein Land verlassen hast, um dich um deine Schwiegermutter zu kümmern." Rut wird es ganz warm ums Herz. Sie setzt sich wieder auf und schaut Boas glücklich an. „Danke! Vielen Dank! Du bist so gut zu mir. Das tröstet mich und macht mir Mut, dass ich den richtigen Weg gewählt habe und mit Naomi gegangen bin." Ganz beflügelt von dem Gespräch mit Boas macht Rut sich wieder an die Arbeit. Bis zum Abend hat sie 17 Kilo Getreide gesammelt! Naomi wird staunen!

Vertiefungsfragen

- Wem könntest du so freundlich begegnen, wie Boas Rut begegnet?
- Gott sorgt für Rut. Wie macht er das heute bei dir?

Spiele mit Getreide

Getreide transportieren

Zwei Stofftaschen werden mit Getreide gefüllt (alternativ können auch Sand und kleine Steinchen verwendet werden) und mit einer Schnur fest verschlossen. Die Kinder werden in zwei Gruppen eingeteilt und stellen sich an einer Startlinie auf. Auf „Los!" legt sich das jeweils erste Kind den Getreidesack auf den Kopf und muss ihn so durch einen Parcours transportieren. Dann gibt es den Getreidesack an das zweite Kind weiter. Welche Gruppe kann den Getreidesack schneller transportieren?

Material: 2 Stofftaschen, gefüllt mit Getreide (alternativ Sand und kleine Steinchen), 2 Schnüre, Markierung für die Startlinie, Hindernisse bzw. Markierung für den Parcours

Körner erraten

Verschiedene Körner und Samen (z. B. Weizen, Reis, Mais, Erbsen, Bohnen, Leinsamen, Kürbiskerne, Kaffeebohnen) werden in Schälchen gefüllt und jedes Schälchen in eine Schachtel gestellt. Die Schachtel wird verschlossen und an einer Seite ein Loch hineingeschnitten, sodass eine Hand hindurchpasst. Die Kinder erhalten Zettel und Stifte. Nun fassen sie nacheinander in die Schachteln und müssen erraten, welches Korn oder welcher Same sich darin befindet. Ihre Vermutung notieren sie, anschließend wird aufgelöst. Wer hat die meisten Körner/Samen richtig erraten?

Variante: Es werden allen Kindern die Augen verbunden. Dann wird ein Schälchen mit Körnern herumgegeben oder jedem Kind ein Korn/Same in die Hand gelegt. Anschließend wird aufgelöst und das nächste Korn / der nächste Same macht die Runde.

Material: Schälchen mit verschiedenen Körnern und Samen, Schachteln, Schere, Zettel und Stifte; für die Variante: Augenbinden

Getreide mahlen

Die Kinder werden in kleine Gruppen eingeteilt und erhalten jeweils 20 Gramm Gerstenkörner. Sie haben die Aufgabe, daraus so schnell wie möglich Mehl zu mahlen. Die Arbeitsweise dazu müssen sie selbst herausfinden. Ob sie dazu Steine suchen und verwenden oder die Körner zwischen zwei Büchern zermahlen, bleibt ihnen überlassen. Welche Gruppe hat zuerst Mehl hergestellt?

Material: pro Gruppe 20 Gramm Gerstenkörner

Getreidefähigkeiten

Die Kinder werden in Gruppen eingeteilt und erhalten Zettel und Stift. Sie müssen innerhalb von 2 Minuten so viele Dinge wie möglich aufschreiben, die man aus Getreide herstellen kann. Anschließend wird vorgelesen und ausgewertet. Wer hat die meisten Verwendungszwecke gefunden?

Material: Zettel und Stifte, 1 Stoppuhr, Lösung (z. B. Brot, Gebäck, Nudeln, Viehfutter, Bier, Gewinnung von Stärke, Zucker, Alkohol, Strom, Wärme)

30. RUT UND BOAS

Bibeltext: Rut 3 – 4
Zielgedanke: Gott schreibt Geschichte mit einem Mann, der sich um andere sorgt.

Einstiegsspiel

Schuhe anziehen

Zwei Kinder bilden ein Paar und ziehen sich beide Schuhe aus. Auf „Los!" müssen alle Paare versuchen, sich gegenseitig so schnell wie möglich die Schuhe anzuziehen. Bei den eigenen Schuhen darf man nicht helfen. Welches Team ist zuerst fertig?
Material: jedes Kind muss 1 Paar Schuhe (keine Schlappen) tragen

Einstiegsfragen

- An wen wendest du dich, wenn du in Not bist?
- Wem hilfst du / hast du schon einmal geholfen? Wie fühlt sich das an?

Vorlesegeschichte

Rut lässt sich heute besonders viel Zeit. Schon dreimal hat sie ihr langes Haar durchgekämmt. Sie möchte schön aussehen, wenn sie heute Abend zu Boas geht. Naomi, ihre Schwiegermutter, hat sich von einer Freundin ein paar Tropfen duftendes Öl geborgt. Das reibt sie Rut in die schwarzen Haare. Die Haare glänzen und duften. Jedes Mal, wenn Rut den Kopf dreht, verbreitet sich der Duft im ganzen Raum. Aber der Duft von Ruts Haaren kann über die schäbige Umgebung nicht hinwegtäuschen. Der Raum, in dem Naomi und Rut wohnen, ist der einzige mit einem Dach. Der Rest des Hofes ist eingefallen. Seit Naomi mit ihrer Familie vor vielen Jahren vor der Hungersnot nach Moab geflohen ist, hat niemand mehr etwas an den Gebäuden repariert. Ihr Mann und ihre Söhne sind in Moab gestorben. Einzig ihre Schwiegertochter Rut hat sie zurück nach Bethlehem begleitet. Rut ist Naomi eine treue Begleiterin. Sie sammelt auf den Feldern die zurückgelassenen Ähren auf, sodass die beiden immerhin Getreide zu essen haben. Denn ihre eigenen Felder hatte Naomis Mann schon während der Hungersnot verkaufen müssen. Doch heute könnte sich ihr Leben ändern. Rut soll Boas fragen, ob er sie heiratet. Er ist der nächste Verwandte, ihr Löser, und muss nach dem Gesetz Rut heiraten und mit ihr einen Sohn bekommen. Er muss die verkauften Felder wieder zurückkaufen und sie an den Sohn weitervererben. Aber ob er das auch tut?

Die Gerstenernte ist fast abgeschlossen. Boas ist mit seinen Arbeitern auf der Tenne vor dem Stadttor. Dort wird das Getreide gelagert und dann weiterverarbeitet. Boas ist heute dort und worfelt das Getreide. Mit einer Schaufel wirft er die Körner nach oben, und der

Wind nimmt die Schalenreste mit. Das gereinigte Getreide fällt dann wieder auf den Boden. Boas ist zufrieden mit der Ernte. Aber für heute hat er genug getan. Nach einem guten Abendessen legt er sich zwischen seinen Getreidehaufen schlafen. Auch seine Arbeiter übernachten hier und bewachen das Getreide, damit es nicht geklaut wird. Das alles hat Rut beobachtet. Jetzt ist es ruhig auf der Tenne geworden. Schnarchgeräusche sind aus verschiedenen Ecken zu hören. Rut schleicht sich leise zu Boas' Schlafplatz. Vorsichtig hebt sie seine Decke hoch und legt sich neben ihn. Ihr Herz klopft so laut, dass sie befürchtet, Boas könnte davon aufwachen. Aber er grunzt nur etwas, dreht sich auf die Seite und schläft weiter.

Erst gegen Mitternacht wird er wach. Er schrickt hoch! „Was oder wer liegt hier unter meiner Decke? Eine ... Frau? Wo kommt die denn her? Und wer ist das überhaupt?" Eine dieser Fragen muss Boas laut ausgesprochen haben, denn die Frau antwortet: „Ich bin Rut, die bei dir auf den Feldern die Körner auflesen darf. Bitte Boas, heirate mich! Du bist doch unser Löser, unser nächster Verwandter!" Boas reibt sich verwirrt die Augen. „Träume ich?", fragt er sich. Der Mond ist hinter den Wolken verschwunden und es ist stockdunkel. Aber Boas riecht einen wunderbaren Duft. Und er erkennt die Stimme des Mädchens. Es muss wirklich Rut sein, die treue Schwiegertochter von Naomi. „Gott segne dich, Rut! Du bist wirklich treu. Du hättest dir auch einen jungen Mann nehmen können. Schließlich weiß jeder hier, dass du eine fleißige Frau bist. Aber stattdessen kommst du zu mir, um die Familie deiner Schwiegermutter zu lösen. Es gibt aber noch jemanden, der etwas näher verwandt ist als ich. Ich werde ihn gleich morgen früh fragen, ob er dich heiraten will. Heute Nacht kannst du hier bleiben, aber morgen früh solltest du noch in der Dunkelheit nach Hause gehen, damit es kein dummes Gerede gibt." Rut ist froh. Boas ist nicht böse geworden, weil sie sich einfach so unter seine Decke gelegt hat. Er scheint sie auch gern zu haben. Am nächsten Morgen füllt er ihr so viel Getreide in ihren Umhang, dass sie es kaum tragen kann.

Gleich nach Sonnenaufgang geht Boas zum Stadttor. Hier werden die wichtigen Dinge der Stadt verhandelt. Einige Männer sitzen bereits dort und beratschlagen, wie mit einem Dieb umgegangen werden soll, der auf den Tennen Getreide gestohlen hat. Boas setzt sich zu ihnen und hört zu. Da sieht er den anderen Verwandten durch das Stadttor kommen. „Setz dich zu mir, wir müssen etwas besprechen!", fordert Boas ihn auf. „Ihr Männer", er zeigt auf die anderen am Stadttor, „seid unsere Zeugen." Nachdem sich beide gesetzt haben, erklärt Boas: „Du kennst doch Naomi, die aus Moab als Witwe zurückgekehrt ist. Damals musste sie ihre Felder verkaufen. Da du mit ihr näher verwandt bist als ich, kannst du jetzt die Felder zurückkaufen. Sag hier vor den Zeugen, ob du von deinem Recht Gebrauch machen willst oder nicht." „Ja, das kann ich tun. Ich hatte eine gute Ernte und kann noch weiteres Land gut gebrauchen", antwortet der Verwandte. „Nun gut", sagt Boas, „dann musst du auch Rut heiraten und mit ihr einen Sohn bekommen, der dann einmal das Land erben wird, das du jetzt wieder freikaufst." Der andere blickt ihn überrascht an. Ach ja, die Schwiegertochter, die hatte er ganz vergessen. „Wenn das so ist, dann verzichte ich. Du kannst sie heiraten und die Felder kaufen." Er zieht seine Sandale aus und gibt sie Boas. Mit der Sandale hat der Verwandte besiegelt, dass Boas Rut heiraten darf. Die Männer am Stadttor können dies bezeugen. Boas ist zufrieden. Er hat Rut gern und freut sich, sie zu heiraten.

Beschwingt macht sich Boas zum Hof von Naomi und Rut auf. Obwohl es noch früher Morgen ist, steht Rut bereits in diesem verfallenen Hof und hängt die frisch gewaschene Wäsche auf. „Guten Morgen, Rut! Schon so fleißig?" Rut dreht sich verlegen zur Seite. Wenn sie Boas begegnet, macht ihr Herz einen Satz. „Liebe Rut, wir werden heiraten. Sobald die Ernte in den Scheunen ist, werde ich ein großes Fest veranstalten. Ich werde eure Felder zurückkaufen und wir werden bestimmt viele Kinder bekommen. Dann musst weder du noch deine Schwiegermutter Naomi Hunger leiden. Komm, lass uns zu Naomi gehen und ihr die gute Nachricht mitteilen." Er nimmt Rut an der Hand und betritt mit ihr den einzigen Raum im Hof. Rut und Boas haben geheiratet. Und Rut wurde tatsächlich schwanger. Sie bekamen einen Sohn, den sie Obed nannten. Er wurde der Großvater von König David. Aber das ist eine andere Geschichte.

Vertiefungsfragen

- Jesus wird als Er-Löser bezeichnet. Wie passt diese Bezeichnung zur Geschichte?
- Wie und von was löst Gott uns aus?

Spiele mit Schuhen

Schuhstaffel

Die Kinder werden in mehrere Gruppen eingeteilt und erhalten jeweils dieselben Schuhpaare (z. B. Gummistiefel, Wanderstiefel, Stöckelschuhe, High Heels, Flipflops®, Gartenschuhe, Sandalen, Turnschuhe). Die Schuhe sollten möglichst groß sein. Die Kinder stellen sich hintereinander auf, jedem Kind wird ein Schuhpaar zugeteilt. Auf „Los!" laufen die Ersten los und absolvieren einen Parcours. Zurück an der Startlinie klatschen sie das nächste Kind ab, das dann startet. Welche Gruppe hat zuerst alle Schuhe ausgeführt?
Material: pro Gruppe 1 Paar Gummistiefel, 1 Paar Wanderstiefel, 1 Paar Stöckelschuhe, 1 Paar High Heels, 1 Paar Flipflops®, 1 Paar Gartenschuhe, 1 Paar Sandalen, 1 Paar Turnschuhe; Markierung für die Startlinie, Hindernisse bzw. Markierung für den Parcours

Schuhweitwurf

Alle Kinder stellen sich an einer Startlinie auf und ziehen einen Schuh so aus, dass er nur noch locker am Fuß hängt. Dann versuchen sie, den Schuh so weit wie möglich zu schleudern. Wer schafft es am weitesten?
Material: jedes Kind muss seine Schuhe anhaben, Markierung für die Startlinie

Schuhboccia

Alle Kinder stellen sich an einer Starlinie auf. Ein Punkt wird vereinbart, der durch ein Kreidekreuz oder ein Kreppklebeband markiert wird. Jedes Kind zieht einen Schuh aus und muss ihn so nah wie möglich an diesen Punkt werfen. Wer schafft dies am besten? Dann wird der Punkt näher oder weiter weg verschoben und eine neue Runde beginnt.
Material: Kreide oder Kreppklebeband, jedes Kind muss seine Schuhe anhaben

Schlappenhockey mit Nummern

Die Kinder werden in zwei Gruppen eingeteilt und setzen sich gegenüber auf Stühle, die so weit wie möglich voneinander entfernt sind. Am Ende der Stuhlreihen steht in der Mitte jeweils ein Stuhl als Tor. Die Kinder werden durchnummeriert, wobei die Kinder mit der Eins sich diagonal gegenübersitzen müssen. Ein Hockeyball oder ein kleiner Softball wird in die Mitte gelegt. Alle Kinder ziehen einen Schuh aus. Die Spielleitung nennt eine Zahl. Die beiden Kinder mit dieser Zahl laufen in die Mitte und versuchen, mit dem Schuh den Ball in das Tor zu schießen. Wenn ein Tor geschossen wurde, setzen sie sich wieder auf ihren Platz, der Ball kommt in die Mitte, und eine neue Nummer wird genannt.

Variante: Die Kinder dürfen sich den Schuh erst ausziehen, wenn ihre Nummer genannt wurde.

Material: Stühle, 1 Hockey- oder Softball, jedes Kind muss seine Schuhe anhaben

Schuhhockey

In einem möglichst großen Raum werden zwei Tore aus Stühlen aufgebaut. Die Spielfeldränder sollten verletzungsfrei gestaltet sein (z. B. umgelegte Tische als Spielfeldumrandung). In die Mitte wird ein Hockey- oder Softball gelegt. Die Kinder werden in Dreiergruppen eingeteilt und bilden Hockeymannschaften, die gegeneinander spielen. Als Schläger dient jeweils ein eigener Schuh, der andere Schuh wird anbehalten. Nach 5 Minuten tauschen die Mannschaften.

Material: Stühle, Tische, 1 Hockey- oder Softball, 1 Stoppuhr, jedes Kind muss seine Schuhe anhaben

31. SAMUEL WIRD GEBOREN

Bibeltext: 1. Samuel 1,1 – 2,10
Zielgedanke: Gott hört unser Gebet und weiß, was wir uns wünschen bzw. was wir im Leben brauchen.

Einstiegsspiel

Wünsche erraten

Jedes Kind erhält einen kleinen Zettel und einen Stift und notiert einen Gegenstand, den es sich wünscht (Spielzeug, Buch, Kleidung o. Ä.), außerdem seinen Namen. Dann werden die Zettel gefaltet und bei der Spielleitung abgegeben. Die Spielleitung liest einen Zettel vor und die Kinder müssen raten, wer sich das gewünscht hat. Erst am Ende, wenn alle Wünsche vorgelesen sind, wird aufgelöst.
Tipp: Dieses Spiel kann auch mit anderen Wünschen mehrmals wiederholt werden (z. B. Berufswunsch, liebstes Reiseziel, Lieblingsessen/-trinken).
Material: pro Kind mindestens 1 kleiner Zettel und 1 Stift

Einstiegsfragen

- Was wünschst du dir ganz dringend?
- Wurdest du schon mal von jemandem bevorzugt oder benachteiligt? Wie fühlte sich das an?

Vorlesegeschichte

„Peninna ist echt das Allerletzte! Warum muss sie immer so gemein zu mir sein? Bin ich nicht schon genug gestraft?" Hanna kämpft gegen die aufsteigenden Tränen an. Sie will nicht auch noch als Heulsuse verspottet werden. Mühsam schluckt sie den dicken Kloß in ihrem Hals hinunter und setzt eine gleichgültige Miene auf. Dass sie Peninna noch nie leiden konnte, ist kein Geheimnis. Schließlich sind sie beide mit demselben Mann verheiratet. Elkana, ihr Mann, liebt Hanna mehr als Peninna. Hanna freut sich darüber, aber es kann sie nicht wirklich glücklich machen. Denn Peninna bekommt ein Kind nach dem anderen, Hanna aber ist bis jetzt noch nicht mal schwanger geworden! Die Frauen in ihrem Dorf sehen Hanna als weniger wertvoll an. Wenn sie beieinandersitzen und reden, dann traut sich Hanna kaum etwas zu sagen. Und wenn sie es doch tut, dann heißt es: „Woher willst du das denn wissen? Du hast ja keine Kinder. Du hast ja keine Ahnung vom Leben!" Das tut weh. Auch heute gibt es ihr einen Stich ins Herz, dass sie keine Kinder hat. Wie jedes Jahr sind sie als Großfamilie nach Silo zum Tempel gewandert, um zu Gott zu beten und ihm ihr Opfer zu bringen. Elkana hat dazu jedem Familienmitglied etwas vom Opferfleisch gegeben, damit es mit Gott wieder ins Reine kommen kann. Peninna hat für sich, ihre Söhne und Töchter viele große Stücke bekommen. Hanna steht nur ein kleines Stück zu. Sie hat ja keine Familie. Elkana gibt ihr noch ein Extrastück, weil er sie besonders liebt. Das tröstet Hanna. Aber es schützt sie nicht vor Peninnas Spott, sondern treibt ihn noch mehr an.

Als sie anschließend beim Essen zusammensitzen, kann Peninna es nicht lassen. „Was bin ich froh, dass wir jetzt mit Gott wieder alles bereinigt haben. Ich freue mich, dass auch meine Kinder zu unserem Gott beten. Wie schrecklich wäre das, wenn ich meinen Glauben nicht an sie weitergeben könnte. Zum Beispiel, weil ich keine Kinder hätte ..." Peninna schielt zu Hanna hinüber und redet in verächtlichem Ton weiter. „Hanna, es gibt bestimmt einen guten Grund, warum du keine Kinder bekommen kannst. Bist du dir sicher, dass Gott dein Opfer angenommen hat? Ich würde ja sterben, wenn ich keine Kinder hätte!" Dabei schließt Peninna theatralisch die Augen, aber jeder am Tisch weiß, dass sie sich nur über Hanna lustig machen will.

Mit gesenktem Blick sitzt Hanna vor ihrem Teller und kann keinen Bissen essen. Die Sticheleien von Peninna haben ihr den Appetit verdorben. Sie krallt die Finger in ihren Umhang, um nicht aufzuspringen und Peninna ins Gesicht zu schlagen. Die Tränen kann sie jetzt nicht mehr zurückhalten. Es ist einfach so ungerecht! Elkana tröstet sie und flüstert ihr ins Ohr: „Ich liebe dich! Ist dir das nicht mehr wert als zehn Söhne?" „Doch, schon", flüstert Hanna zurück, „aber ich verstehe trotzdem nicht, warum Gott mir dann kein Kind schenkt, wenn du mich schon so liebst."

Peninna redet weiter und weiter, aber Hanna hört ihr nicht mehr zu. Ja, warum schenkt Gott ihr keinen Sohn? Hat sie wirklich etwas falsch gemacht? Nein, das glaubt sie nicht, dass Gott sie bestrafen will. Hannas Gedanken wandern durch die alten Geschichten, die Elkana jeden Abend erzählt. War Sara, die Frau von Abraham, nicht auch lange kinderlos? Aber dann erhörte Gott ihr Gebet und schenkte ihr Isaak, von dem sie alle abstammen. Das will sie auch tun und noch einmal im Tempel zu Gott beten.

Gleich nach dem gemeinsamen Essen macht sie sich noch einmal auf in den Tempel. Der Priester Eli sitzt am Eingang und beobachtet das Geschehen im Tempel. Er schaut Hanna verwundert an, die ganz allein gekommen ist, um zu beten. Er lässt sie vorbei, behält sie aber im Blick. Hanna betet. All ihre Verzweiflung über die Schande, kinderlos zu sein, ihre Trauer über ihre Kinderlosigkeit, ihre Wut über Peninna, das alles breitet sie vor Gott aus. Tränen laufen ihr über die Wangen, während sie nur flüsternd mit Gott redet. Sie verspricht Gott: „Wenn du mir einen Sohn schenkst, dann verspreche ich dir, dass er dir sein ganzes Leben lang gehören soll. Wenn er alt genug ist, dann bringe ich ihn wieder hierher in den Tempel, damit er dir Tag und Nacht dienen kann."

Eli wundert sich über diese Frau. Schon viel länger als alle anderen steht sie hier und bewegt die Lippen. Aber er kann nicht hören, was sie sagt. Er geht zu Hanna. „He, Frau, wie lange willst du hier noch rumstehen? Du bist doch sicher betrunken, denn ich höre gar nicht, wie du betest. Geh nach Hause und schlafe deinen Rausch aus!" Hanna wischt sich die Tränen von der Wange und schaut Eli an. „Nein, du irrst dich! Ich bin nicht betrunken. Ich bin nur sehr unglücklich, darum habe ich so lange gebetet." Eli sieht an Hannas Blick, dass sie die

Wahrheit sagt. Er sieht in ihr eine Frau, die ihr ganzes Vertrauen in Gott setzt. Und weil er aus den alten Schriften weiß, dass Gott die Gebete solcher Menschen ernst nimmt, sagt er zu Hanna: „Gott wird dich erhören. Gehe mit Frieden im Herzen nach Hause."

Hanna ist getröstet. Sie hat ihre Seelenlast bei Gott abgeladen. Und der Priester hat ihr zugesprochen, dass Gott sie gehört hat. Hanna spürt tatsächlich diesen Frieden in ihrem Herzen. Gestärkt von der Begegnung mit Gott geht sie zu Elkana, Peninna und den vielen Kindern zurück. Sie fühlt, dass sie den Spott jetzt besser ertragen kann.

Ein Jahr später ist alles wahr geworden. Hanna hält den kleinen Samuel in ihren Armen. Sie ist überglücklich. Die Schande, kinderlos zu sein, hat Gott von ihr genommen. Wenn Samuel größer ist, will sie ihn zu Eli in den Tempel bringen, wie sie es Gott versprochen hat. Sie weiß jetzt: Gott sieht mich in meiner Traurigkeit! Gott erhört Gebet.

Vertiefungsfragen

- Warum sind Peninnas Sticheleien nicht okay?
- Hast du schon einmal erlebt, dass Gott dein Gebet erhört hat? Erzähle den anderen davon!

Spiele mit Wünschen

Mein rechter, rechter Platz ist frei

Alle Kinder sitzen im Kreis, ein Platz ist frei. Das Kind links vom leeren Stuhl sagt: „Mein rechter, rechter Platz ist frei, da wünsche ich mir die/den ... (Name eines Kindes) herbei." Dabei kann das Kind in eine andere Richtung schauen oder auf ein anderes Kind zeigen, um zu verwirren. Das angesprochene Kind muss nun sofort aufstehen und zu dem freien Stuhl rennen. Die Kinder rechts und links des genannten Kindes müssen versuchen, das zu verhindern, indem sie das Kind rechts und links an der Schulter festhalten. Gelingt es ihnen, muss ein anderes Kind herbeigewünscht werden. Kann das Kind den Platz wechseln, wünscht sich das Kind links von dem neuen freien Stuhl ein anderes herbei.
Variante: Statt die Namen zu nennen, kann auch zugeblinzelt werden.
Variante: Den Kindern werden vorher „neue" Namen gegeben (z. B. Tiernamen, Berufsbezeichnungen o. Ä.), sodass die Schwierigkeit erhöht ist.
Tipp: Um zu verhindern, dass die Kinder links des genannten Kindes absichtlich „verschlafen", um auch mal ein Kind herbeiwünschen zu dürfen, können Punkte in Form von Perlen, Steinen o. Ä. vergeben werden. Jedes Kind, das ein anderes am Platzwechsel hindert, erhält dann z. B. eine Perle. Wer hat am Ende die meisten?
Material: keines; evtl. Perlen, Steine o. Ä.

Wunschball

Alle Kinder stehen in einem großen Kreis. Nacheinander nennt jedes Kind etwas, das es sich wünscht, möglichst nur ein Wort (z. B. Springseil, Ferien, Spaghetti). Alle Kinder müssen sich die Wünsche gut merken. In der Mitte des Kreises liegt ein Softball auf dem Boden. Ein Kind beginnt und sagt: „Ich wünsche mir ..." und nennt den Wunsch eines anderen Kindes. Das Kind, das sich das Genannte gewünscht hat, schnappt sich schnell den Ball, alle anderen rennen davon. Wenn das Kind den Ball geschnappt hat, ruft es „Stopp!" und alle müssen stehen bleiben. Dann muss das Kind versuchen, ein anderes Kind mit dem Ball abzuwerfen, das sich zwar bücken, aber nicht die Füße vom Platz bewegen darf. Hat das Kind getroffen, ist der Wunsch erfüllt und es bekommt 1 Punkt. Dann startet eine neue Runde.
Material: 1 Softball

Das würde ich gern mal machen

Alle Kinder sitzen im Stuhlkreis, ein Kind steht in der Mitte. Das Kind in der Mitte sagt etwas, das es sich wünscht (z. B. „Ich würde gern mal nach New York reisen.", „Ich würde gern mal zehn Kugeln Eis am Stück essen.", „Ich würde gern im Cockpit eines Flugzeugs mitfliegen.") Alle Kinder, auf die das auch zutrifft, stehen auf und suchen sich einen neuen Platz, auch das Kind in der Mitte. Wer keinen Stuhl findet, bleibt in der Mitte stehen und nennt eine neue Sache, die es gern einmal machen würde.
Material: keines

Wünsche von den Lippen lesen

Ein Kind, das sich freiwillig gemeldet hat, stellt sich vor die Gruppe. Ihm wird ein einfaches Wort gezeigt (z. B. Oma, Blume, Banane, Ball, Maus), das es den Kindern ohne Ton sagen soll, nur durch Lippenbewegungen. Wer das Wort errät, darf das nächste „sagen".
Material: einfache Worte, die man gut von den Lippen ablesen kann

Ich wünsche mir

Alle Kinder sitzen im Kreis, in der Mitte liegt eine leere Flasche. Ein Kind beginnt und sagt: „Ich wünsche mir ...", z. B. eine Massage, etwas zu trinken, ein Lied vorgesungen, einen Witz erzählt. Dann dreht es die Flasche. Auf wen der Flaschenhals zeigt, der muss den Wunsch erfüllen. Es sollte im Vorfeld natürlich darauf geachtet werden, dass die Wünsche auch erfüllt werden können.
Material: 1 leere Flasche

32. SAMUEL HÖRT GOTT

Bibeltext: 1. Samuel 2,11 – 4,1a
Zielgedanke: Gott redet, manchmal hörbar.

Einstiegsspiel

Stimmen erkennen

Ein Kind, das sich freiwillig gemeldet hat, geht vor die Tür und lässt sie offen. Ein Kind im Raum ruft den Namen des Kindes vor der Tür. Das Kind vor der Tür muss erraten, wer es gerufen hat.
Material: keines

Einstiegsfragen

- Wer ruft deinen Namen am häufigsten?
- Wann tust du so, als ob du nichts gehört hättest?

Vorlesegeschichte

Samuel schreckt hoch. Was hat ihn wach gemacht? Hat er irgendetwas Beunruhigendes geträumt? Samuel kann sich an nichts erinnern. Er dreht sich zur Seite und will wieder einschlafen. „Samuel!", hört er eine Stimme flüstern. Also doch. Das muss Eli gewesen sein, der Priester, bei dem Samuel aufwächst. Seine Mutter hatte so lange auf ein Kind gewartet und Gott versprochen, wenn er ihre Bitte erfülle, dann wolle sie ihr erstes Kind Gott schenken. Es solle im Tempel aufwachsen und Gott als Priester dienen. Und so war Samuel schon als kleines Kind in den Tempel von Silo gebracht worden, wo er bei Eli und seinen Söhnen aufwuchs.

Eli ist schon ziemlich alt und kann nur noch schlecht sehen. Vielleicht hat er Samuel gerufen, damit er ihm etwas zu trinken bringt. Samuel schlüpft unter seiner Decke hervor und geht zu Eli, der wie er im Tempel übernachtet. Er fasst Eli an die Schulter und flüstert: „Eli, hier bin ich. Du hast mich gerufen. Was ist?" Zuerst reagiert Eli nicht. Samuel schüttelt ihn leicht. Da schlägt Eli die Augen auf. „Samuel? Was ist los? Hast du schlecht geträumt?" „Nein." Samuel schüttelt den Kopf. „Du hast mich doch gerufen. Hier bin ich." Eli reibt sich verwundert die Augen. „Ich, dich gerufen? Das muss ein Irrtum sein. Vielleicht habe ich im Schlaf geredet. Samuel, leg dich wieder hin und schlaf weiter." Samuel geht zurück zu seiner Matte und schläft kurz darauf wieder ein.

„Samuel!" Diesmal ist Samuel sofort wach. Er hat ganz deutlich seinen Namen gehört. Samuel geht zu Eli. „Eli, jetzt habe ich es ganz genau gehört, du hast mich gerufen!" Eli setzt sich auf. Er ist etwas verärgert. „Samuel, ich habe dich nicht gerufen. Warum sollte ich auch? Ich bin mir ganz sicher, dass ich dich nicht gerufen habe. Denn seit du mich vor einer Stunde geweckt hattest, konnte ich nicht mehr einschlafen. Ich weiß ganz sicher, dass ich dich nicht gerufen habe. Geh und leg dich wieder hin. Du hast wohl nur geträumt." Verwirrt geht Samuel zurück zu seiner Matte. Er hat sich bestimmt nicht getäuscht. Da war diese Stimme, die ganz deutlich seinen Namen gerufen hat. Wer könnte das sein? Mit dieser Frage im Kopf schläft Samuel wieder ein.

Aber nur kurz! „Samuel!", ruft die Stimme zum dritten Mal. „Was ist denn los?", fragt sich Samuel, der ein Gähnen nicht mehr unterdrücken kann. Schlaftrunken wankt er zu Elis Matte. „Hier bin ich, Eli. Du hast mich gerufen, ich habe es genau gehört." Eli dreht sich zu Samuel um und stützt sich auf den Ellenbogen. „Jetzt weiß ich, woher die Stimme kommt", sagt Eli. „Es ist Gott, der mit dir reden will. Mit mir hat er schon lange nicht mehr geredet. Denn meine Söhne benehmen sich nicht wie Priester, sondern wie Räuber. Sie nehmen sich vom Opferfleisch die größten Stücke, obwohl die Menschen sie Gott schenken wollen. Und mit den Frauen, die am Tempeleingang Gott dienen, machen sie, was sie wollen." Eli schließt betrübt die Augen und atmet tief durch. Dann spricht er weiter: „Ich habe mit meinen Söhnen gesprochen, aber es ist ihnen egal, was ich sage und was die Menschen über sie denken. Sie machen mit ihrem falschen Verhalten einfach so weiter. Gott wird sie dafür bestrafen, weil sie ihn nicht ernst nehmen. Und mich wird er auch bestrafen, weil ich nichts dagegen unternehme. Ich bin alt und müde und habe keine Kraft mehr, mit meinen Söhnen zu streiten. Neulich war ein Prophet hier und hat mir mitgeteilt, dass Gott uns dafür bestrafen wird." Eli nimmt Samuels Hand. „Du bist ganz anders, Samuel. Du gibst Gott die Ehre. Und du behandelst die Menschen, die zum Tempel kommen, mit Achtung. Alle Menschen mögen dich. Gott hat mit dir etwas Großes vor. Er will mit dir reden. Lege dich wieder auf deine Matte. Und wenn er dich noch einmal ruft, dann antworte ihm."

Samuel zögert. Eli hat bisher noch nie so offen mit ihm gesprochen. Samuel will Eli nicht allein lassen, dem stumme Tränen über die Wangen laufen. „Geh, Samuel!", antwortet Eli, der Samuels Zögern bemerkt. „Höre auf das, was Gott dir sagen will. Und mache nicht denselben Fehler wie meine Söhne und ich!" Eli schiebt Samuels Hand weg und dreht sich zur Seite. Das Gespräch ist beendet. Samuel geht langsam zurück zu seiner Matte. Sein Herz klopft. Gott will mit ihm reden? Ist er dafür überhaupt schon alt genug?

Samuel kann nicht mehr einschlafen. Zu viele Gedanken gehen ihm durch den Kopf. Mit angezogenen Knien sitzt er auf seiner Matte und denkt nach. Er hat immer gedacht, Eli merke nichts von dem, was seine Söhne im Tempel treiben. Aber das Gegenteil ist der Fall. Nur hat Eli schon lange den Einfluss auf seine Söhne verloren. Sie tun, was ihnen selbst guttut, und stopfen sich mit dem besten Opferfleisch voll, das eigentlich Gott gehört. „Samuel!" Samuel legt sich mit dem Bauch auf den Boden. „Sprich! Dein Diener hört!", antwortet Samuel. Und tatsächlich spricht Gott mit ihm. Er bestätigt alles, was der Prophet Eli schon erzählt hat. Gott wird Eli und seine Söhne bestrafen und ihrem gottlosen Tun ein Ende bereiten.

Als Samuel am nächsten Morgen aufwacht, ist Elis Matte bereits leer. Samuel ist aufgeregt. Was soll er Eli sagen? Etwa die Wahrheit? Samuel versucht den ganzen Tag, Eli aus dem

Weg zu gehen und schwer beschäftigt im Tempel auf- und abzugehen. Aber irgendwann nimmt Eli ihn zur Seite. „Was hat Gott dir heute Nacht gesagt? Sage mir alles, ich will die Wahrheit wissen." Da bleibt Samuel nichts anderes übrig, als ihm die schlechte Nachricht zu überbringen. Dabei geht er mit jedem Satz einen kleinen Schritt zurück, weil er befürchtet, Eli könne zornig werden und das an ihm auslassen. Aber Eli hört sich ganz ruhig alles an, was Samuel berichtet. „Es ist wirklich Gott gewesen, der mit dir geredet hat. Gott soll tun, was er für richtig hält." Mit selten klarem Blick schaut er Samuel an. „Gott ist mit dir und wird dich zu einem großen Propheten machen und durch dich unser Volk leiten. Auch wenn du noch jung bist, so hat Gott heute gezeigt, dass er fest mit dir rechnet."

Vertiefungsfragen

- Warum tun Menschen Dinge, von denen sie genau wissen, dass sie nicht gut sind?
- Wie kann man Gott heute hören?

Spiele für die Ohren

Silben hören

Ein Kind, das sich freiwillig gemeldet hat, geht vor die Tür. Alle anderen Kinder erhalten eine Silbe eines mehrsilbigen Wortes (z. B. Hühnerleiter, Lokomotive, Feuerwehrmann). Das Kind wird hereingerufen und alle Kinder sagen gleichzeitig ihre Silbe immer wieder laut vor sich hin. Das Kind muss die passenden Silben zusammenfinden und die Kinder in der richtigen Reihenfolge zusammenstellen. Wer erraten wurde, verstummt.
Material: mehrsilbige Wörter

Kuckucksei

Alle Kinder setzen sich in einen Kreis. Ein Kind, das sich freiwillig gemeldet hat, ist die Vogelmutter, setzt sich auf einen Stuhl in die Kreismitte und bekommt die Augen verbunden. In die Hand bekommt es eine gerollte Zeitung als Flügel. Unter den Stuhl wird ein Topf (Nest) gestellt. Alle Kinder erhalten eine Münze (Kuckucksei). In ungeordneter Reihenfolge müssen sie nacheinander ihre Münze in den Topf legen. Sobald die Vogelmutter etwas hört, darf sie mit der gerollten Zeitung nach dem Kind tippen. Wer abgetippt wurde, scheidet aus. Wie viele Kinder konnte die Vogelmutter dabei erwischen, ihr Kuckucksei ins Nest zu schmuggeln?
Material: 1 Topf, 1 Augenbinde, 1 Stuhl, 1 gerollte Zeitung, pro Kind 1 Münze

Geräuschepantomime

Alle Kinder sitzen im Halbkreis. Ein Kind stellt sich vor die anderen Kinder und macht mit Geräuschen etwas vor. Wer es zuerst errät, darf als nächstes etwas vormachen. Beispiele: Auto (brumbrum), Mücke (sssssss und dann klatschen und verstummen), Baby (weinen), viele Tiere.
Variante: Es sind zusätzlich zum Geräusch auch Bewegungen erlaubt.
Material: Begriffe

Bonbondieb

Bonbons, die in Knisterpapier eingepackt sind, werden in einer Reihe auf den Boden gelegt, je nach Alter der Kinder sind die Abstände größer oder kleiner. Ein Kind, das sich freiwillig gemeldet hat, ist der Fabrikwächter, bekommt die Augen verbunden und stellt sich hinter die Bonbonreihe. Nacheinander versuchen die Kinder, ein Bonbon aus der Reihe zu stehlen, ohne dabei ein Geräusch zu machen. Der Fabrikwächter darf mit der gerollten Zeitung nach dem Kind tippen, wenn er etwas gehört hat. Wer ein Bonbon ergattert hat, ohne erwischt zu werden, darf es essen.

Material: 1 Augenbinde, 1 gerollte Zeitung, Bonbons in Knisterpapier eingepackt

Summenverstecken

Ein Kind, das sich freiwillig gemeldet hat, wird vor die Tür geschickt. Ein vorher vereinbarter Gegenstand wird versteckt. Das Kind wird wieder hereingerufen. Alle Kinder summen tief und leise. Das Kind sucht den Gegenstand. Nähert es sich dem Versteck, summen alle lauter und höher, geht es weiter weg, summen die Kinder leiser und tiefer, bis der Gegenstand gefunden wurde.

Variante: Statt Summen kann auch geklatscht werden, erst langsam, dann immer schneller.

Material: 1 Gegenstand zum Verstecken

Schüttgut

Allen Kindern werden die Augen verbunden. Dann schüttet eine Person etwas in eine Glasschüssel. Die Kinder müssen erraten, was das war. Geeignet sind Reis, Nudeln, Linsen, Erbsen, Schokolinsen, Steine, Sand.

Material: 1 Glasschüssel, Schüttgut, pro Kind 1 Augenbinde

33. PLÖTZLICH KÖNIG

Bibeltext: 1. Samuel 9,1 – 10,16
Zielgedanke: Manchmal handelt Gott für uns ganz unerwartet. Aber er verspricht dabei immer seine Nähe.

Einstiegsspiel

Esel fangen

Die Kinder stehen in einem großen Kreis. Ein Kind, das sich freiwillig gemeldet hat, steht in der Kreismitte. Die Kinder werfen sich den Ball (Esel) reihum zu. Das Kind in der Mitte versucht, den Ball abzufangen. Ist dies gelungen, werden die Rollen getauscht.
Material: 1 Ball

Einstiegsfragen

- Hast du schon mal etwas gesucht und dabei etwas ganz anderes gefunden? Was?
- Plötzlich König – was würdest du zuerst machen, wenn du König/Königin wärst?

Vorlesegeschichte

„Wo sind die jetzt bloß schon wieder hin? Ich krieg' noch die Krise mit diesen Eselinnen! Saul? Saul, wo bist du? Komm mal her!" Kisch ist wütend. Schon wieder hat jemand die Stalltür aufgelassen. Da haben seine beiden besten Eselinnen das grüne Gras gesehen und sind auf und davon. So ein Ärger! „Saul, mein Junge, komm! Ich brauche deine Hilfe." Saul findet seinen Vater vor der Stalltür, die Hände wütend in die Seiten gestützt. „Vater, wo liegt das Problem?" „Schau dir das an!" Kisch zeigt auf die leeren Boxen, in denen seine beiden Eselinnen hätten stehen müssen. „Jemand hat den Stall offen gelassen und jetzt sind die beiden ausgebüchst. Sie sind noch jung und kräftig. Ich brauche sie unbedingt für meine Eselzucht. Bitte, Saul, nimm dir einen Knecht mit und etwas Brot und mach dich auf die Suche nach den beiden. Schnell, bevor sie über alle Berge sind." „Geht klar", antwortet Saul. Lust hat er ja nicht wirklich, denn wer weiß, wo die Eselinnen wieder hingelaufen sind. Aber Befehl ist eben Befehl. „Ich nehme den Knecht Melech mit. Und zur Sicherheit noch eine Decke, falls ich sie nicht vor Einbruch der Dunkelheit wiederfinde." „Mach das!" Kisch klopft seinem Sohn aufmunternd auf die Schulter. „Danke! Aber jetzt beeil dich!"

Kaum sind ein paar Brote und ein Schlauch mit frischem Wasser in eine Decke gewickelt und auf dem Rücken festgebunden, machen sich Saul und Melech auf den Weg. „Ich würde mal in Richtung der Berge gehen", sagt Saul zu seinem Knecht, „von dort haben wir einen besseren Überblick und entdecken sie hoffentlich auf irgendeinem grünen Fleck. Und zur Not finden wir in den Bergen eine Höhle, wo wir die Nacht verbringen können." „Geht in

Ordnung, mein Herr", antwortet Melech und stapft mit Saul gen Norden. Doch die Eselinnen finden sie an diesem Tag nicht. Auch am zweiten Tag sind keine Eselinnen in Sicht. Saul und sein Knecht wechseln die Richtung, durchstreifen einige Gebiete, fragen Nomaden, denen sie unterwegs begegnen, doch die Eselinnen scheinen spurlos verschwunden zu sein. Aber auch am dritten Tag haben sie kein Glück. Die Eselinnen scheinen wie vom Erdboden verschwunden zu sein. „Melech, lass uns umkehren. Wir werden sie nicht mehr finden. Jetzt sind wir schon so lange unterwegs. Mein Vater wird sich bald mehr Sorgen um uns als um seine Eselinnen machen. Und außerdem", Saul klopft auf seine Decke, „ist unser Proviant leer." „Herr, wenn ich noch einen Vorschlag machen darf: In der Stadt da drüben ist gerade ein angesehener Gottesmann. Man nennt ihn auch den Seher. Wir könnten ihn doch fragen, ob er uns sagen kann, wo wir die Eselinnen finden. Wenn er uns nicht weiterhelfen kann, dann können wir immer noch umkehren." Saul überlegt kurz. „Eigentlich keine schlechte Idee. Aber was sollen wir dem Seher mitbringen? Wir haben nichts mehr als die Kleider, die wir am Leib tragen, und unsere Decke. Wir können ihn nicht mal für seinen Dienst bezahlen." Melech holt ein kleines Silberstück aus seinem Beutel. „Hier, das habe ich mir als Reserve aufbewahrt. Das können wir ihm geben." „Gut, einverstanden", antwortet Saul. „Aber wenn auch das nichts bringt, dann gehen wir nach Hause." Melech nickt.

Schweigend gehen sie nebeneinander her. In der Stadt scheint einiges los zu sein. Schon von Weitem ist lautes Stimmengewirr zu hören. Viele Menschen sind auf dem Weg zu einem Berg außerhalb der Stadt. Kurz vor dem Stadttor treffen sie auf ein paar Mädchen mit ihren Krügen, die Wasser holen wollen. „Schalom." Saul deutet eine Verbeugung an. Die Mädchen kichern. Saul sieht gut aus, er ist muskulös, hat eine gesunde Gesichtsfarbe und ist einen Kopf größer als die meisten anderen Männer. Dass Frauen sich nach ihm umdrehen oder ihn wegen seiner Größe anstarren, ist er gewohnt. Er lässt sich nicht aus der Ruhe bringen. „Wisst ihr, ob wir den Seher in der Stadt finden?" Die Mädchen nicken. „Ja", antwortet eines. „Er ist gerade heute angekommen und macht sich gleich auf den Weg zum Opferplatz auf dem Berg dort drüben. " Sie zeigt auf einen Hügel. „Wenn ihr euch beeilt, dann trefft ihr ihn noch. Sonst müsst ihr bis heute Abend warten." „Danke." Die Mädchen gehen kichernd und tuschelnd weiter.

Saul und Melech gehen in schnellem Schritt auf das Tor zu. Sie wollen nicht noch einen Tag verstreichen lassen. Als sie durch das Tor gehen, sehen sie einen Mann, der Saul verwundert anschaut. Schaulustige Blicke ist Saul gewohnt, aber dieser Mann sieht ihn anders an. „Mein Herr", spricht Saul ihn an, „weißt du, wo wir den Seher finden können?" Der Mann hält kurz inne, dann antwortet er: „Ich bin Samuel, der Seher. Kommt mit mir auf den Berg. Wir feiern dort ein Opferfest. Ihr seid meine Gäste. Morgen früh beantworte ich dann all eure Fragen. Macht euch keine Sorgen mehr um die Eselinnen, die sind bereits gefunden. Es gibt jetzt viel Wichtigeres zu besprechen: Alle Israeliten setzen ihre Hoffnung auf dich und deine Familie." Saul ist verdutzt: „Ich verstehe nicht, wie du das meinst. Meine Familie gehört zum kleinsten Stamm in Israel und meine Sippe ist die unbedeutendste von allen." „Ich erkläre es dir morgen", antwortet Samuel. „Jetzt lasst uns gehen, damit das Opferfest beginnen kann." Schweigend gehen sie mit vielen anderen Menschen den Berg hinauf. Saul weiß nicht, was das alles soll. Komischer Mann! Aber er hat Hunger, darum lässt er sich gern zu einem Fest einladen. Saul bekommt einen Ehrenplatz zugewiesen und das größte Stück Fleisch. Das Opferfest gefällt Saul, und er wird so behandelt, als wäre er der wichtigste Gast. Als das Fest beendet ist, gehen Saul und Melech mit zu Samuel nach Hause. Dort unterhalten sie sich noch eine Weile, dann legen sie sich schlafen.

Am nächsten Morgen werden Saul und Melech von Samuel geweckt und mit einem leckeren Frühstück für die Heimreise gestärkt. Gemeinsam brechen sie auf. An der Stadtgrenze angekommen bittet Samuel: „Saul, schick deinen Knecht schon einmal voraus, ich habe dir noch eine Botschaft von Gott mitzuteilen!" Saul verabredet mit Melech einen gemeinsamen Treffpunkt, dann schickt er ihn los. Als Saul sich wieder zu Samuel umdreht, sieht er wieder diesen Blick in Samuels Augen. „Knie dich nieder, Saul!" „Was kommt jetzt?", fragt sich Saul. Aber er gehorcht. Zu wunderbar war das Opferfest gestern und das Gespräch unter dem Abendhimmel, als dass Saul Samuel widersprechen könnte. Samuel holt ein mit Salböl gefülltes Widderhorn aus seinem Beutel. Er gießt das Öl über Sauls Kopf. „Hiermit hat der Herr dich zum König über das Volk Israel gesalbt." Samuel küsst den verdutzten Saul und umarmt ihn. Saul weiß gar nicht, was er sagen soll. Samuel fährt fort: „Wenn du jetzt mit deinem Knecht nach Hause gehst, wirst du bald auf zwei Männer stoßen, die dir ausrichten werden, dass die Eselinnen gefunden wurden. Bei der Eiche werden euch drei Männer begegnen. Der erste hat drei Böcke auf seinem Rücken, der zweite trägt drei Brotlaibe und der dritte einen Krug mit Wein. Sie werden dich freundlich grüßen und dir zwei Brote schenken. Dann wirst du auf Propheten treffen und mit ihnen tanzen und singen, weil Gottes Geist dich ergriffen hat. Wenn das alles eintrifft, dann weißt du, dass ich nicht gelogen habe, sondern Gott dich wirklich zum König für dieses Land ausgewählt hat."

Saul verabschiedet sich von Samuel. Er weiß nicht, was da gerade mit ihm geschehen ist. Er war losgezogen, um zwei Eselinnen zu finden. Nun kommt er nach Hause und ist König! Aber als er auf dem Weg all diese Menschen trifft, von denen ihm Samuel erzählt hat, weiß er, dass Gott etwas Großes mit ihm vorhat.

Vertiefungsfragen

- Hast du schon einmal für etwas gebetet und dabei etwas ganz anderes bekommen?
- Hat Gott in deinem Leben schon mal etwas gemacht, womit du überhaupt nicht gerechnet hast?

Spiele für Könige

Königsball

Die Kinder werden in zwei Mannschaften eingeteilt. Das Spielfeld wird evtl. eingegrenzt, an zwei gegenüberliegenden Enden steht jeweils ein kippsicherer Stuhl. Ein Kind jeder Mannschaft ist der König und stellt sich auf einen der Stühle. Die Spielleitung wirft einen Ball in das Spielfeld. Wer den Ball hat, darf keinen Schritt mehr gehen, sondern muss den Ball weiterwerfen. Wenn der eigene König auf dem Stuhl den Ball gefangen hat, gilt dies als Tor. Der Ball wird wieder von der Seite aus eingeworfen. Wer schießt so die meisten Tore?
Material: 2 Stühle, 1 Ball, evtl. Spielfeldmarkierung

Kaiser, König, Edelmann

Auf den Boden werden sechs große Kreise mit Kreide gemalt, die folgendermaßen benannt werden: Kaiser, König, Edelmann, Bürger, Bauer, Bettelmann. Bei mehr Kindern müssen mehr Kreise gezeichnet und benannt werden oder die Gruppe wird in mehrere Sechsergruppen aufgeteilt und spielt an verschiedenen Orten dasselbe Spiel. Jedes Kind stellt sich in einen Kreis. Die Kinder werfen sich den Ball sauber zu. Wer den Ball nicht fängt, muss in den Kreis „Bettelmann". Alle anderen rücken einen Kreis auf.
Material: Straßenkreide, 1 Ball (bei mehr Gruppen mehrere Bälle)

Kniefall

Die Kinder werden in zwei oder mehr Gruppen eingeteilt und stellen sich in einer Reihe auf. Ein Kind jeder Gruppe ist der König und stellt sich der Gruppe gegenüber mit einem Abstand von ca. 5 Metern auf. Der König hat den Ball. Auf „Los!" passt er dem ersten Kind den Ball zu, das wirft den Ball wieder zurück und kniet sich hin. Dann wirft der König dem zweiten Kind den Ball zu usw. Wenn ein Kind den Ball nicht gefangen hat, muss der Wurf wiederholt werden. In welcher Mannschaft knien zuerst alle Kinder vor dem König?
Material: pro Gruppe 1 Ball

Euer Gnaden

Die Kinder werden in mehrere Gruppen mit mindestens fünf Kindern eingeteilt. Ein Kind ist der König und stellt sich in einigem Abstand gegenüber der Gruppe auf. Die anderen Kinder knien vor dem König. Der König hat ein Zepter (Besenstiel) und einen Ball. Er muss den Kindern den Ball zuschlagen bzw. den Ball mit dem Stock auf dem Boden zurollen. Wer ihn gefangen hat, darf aufstehen. In welcher Gruppe stehen zuerst alle Kinder?
Material: pro Gruppe 1 Besenstiel, 1 Ball

Kronenzacke darstellen

Alle Kinder stehen verstreut im Raum. Jedes Kind sucht sich mit den Augen zwei andere Kinder aus, ohne die Namen zu verraten. Auf „Los!" versuchen alle Kinder, mit den beiden Ausgewählten, eine Kronenzacke (Dreieck) darzustellen, indem sie sich von jedem Kind gleichweit entfernt stellen. Da aber auch die anderen Kinder sich bewegen, gibt dies ein lustiges Durcheinander. Wenn alle eine Position gefunden haben, wird aufgelöst, wer wen im Auge hatte.
Material: keines

Rettet den König

Auf den Boden oder auf ein großes Plakat wird ein Spielfeld mit 8 mal 8 Feldern gezeichnet. Jede Mannschaft erhält einen König und vier Bauern, entweder als Spielfiguren oder die Personen werden markiert und stellen sich auf das Spielfeld. Die übrigen Kinder sind dann Berater vom Spielfeldrand aus. Die Könige starten in der Ecke diagonal gegenüber, die Bauern dürfen sich in den ersten drei eigenen Reihen beliebig aufstellen. Ziel des Spieles ist es, den fremden König zu umzingeln: Auf den vier Feldern neben ihm (oben, unten, links, rechts) muss also jeweils ein Bauer der gegnerischen Mannschaft stehen. Die Bauern dürfen ein Feld vor oder zur Seite gehen, der König zwei Felder in eine beliebige Richtung, aber beide Schritte in dieselbe Richtung. Jede Gruppe kann selbst entscheiden, mit welcher Figur sie zieht. Spätestens nach zwei Bauernzügen muss einmal der König bewegt werden. Rausgeworfen werden kann nicht. Wer umzingelt zuerst den anderen König?
Material: Kreide oder großes Plakat mit Edding, Spielfiguren

König ist Trumpf

Ein Kartenspiel (z. B. von Rommé) wird ohne Joker gemischt und an alle Kinder verteilt. Die Wertung ist vom Ass absteigen (Ass, König, Dame, Bube, 10, 9 ...). Ein Kind ist Startspieler und legt eine Karte ab. Alle anderen Kinder müssen die Farbe bedienen und legen eine entsprechende Karte ab. Wer die höchste Karte der ausgespielten Farbe abgelegt hat, erhält den Stich und legt die ausgespielten Karten verdeckt vor sich ab. Dies wird so lange gespielt, bis alle Karten abgelegt sind. Dann werden die Stiche umgedreht. Es zählen jeweils nur die Karten der Farbe, von der man auch den König besitzt. Die Anzahl der Karten wird notiert, dann startet eine neue Runde. Die Kinder müssen sich in jeder Runde merken, wer welchen König schon als Stich hat, um ihm keine weiteren Karten dieser Farbe zu geben. Darüber gesprochen werden darf aber nicht.
Material: 1 Kartenspiel, Zettel und Stift

Königslauf

Die Kinder werden in Dreiergruppen eingeteilt. Ein Kind ist der König und setzt sich auf die rechte Schulter des einen und die linke Schulter des anderen Kindes. So müssen sie eine Strecke laufen, während die anderen Kinder dem König zujubeln. Dann wird gewechselt.
Material: keines

Königlicher Gästetest

Ein Tisch wird festlich geschmückt. Vier Kinder bilden die Jury und setzen sich mit Zettel und Stift dem Tisch gegenüber. Alle anderen Kinder absolvieren nacheinander eine Prüfung, ob sie als Gast an den königlichen Hof zugelassen werden können. Dafür müssen sie entweder nacheinander (oder mehrere Kinder gleichzeitig) der Jury „voressen". Dazu wird eine Speise serviert, die sich gut schneiden lässt (z. B. Bananen, Käse, Bockwurst). Die Jury bewertet, wie sich die Kinder benommen haben.
Material: 1 Tisch mit Tischtuch, Kerzenständer, Teller, Besteck, Essen, Trinken, Servietten, für die Jury 4 Zettel und 4 Stifte

Königliches Diktat

Die Kinder werden in Zweierteams eingeteilt. Ein Kind erhält Zettel und Stift, das andere einen Text, den es dem ersten diktieren muss. Die Texte sollten alle unterschiedlich, aber gleich lang sein. Auf „Los!" starten alle mit Diktieren und Schreiben. Wer ist zuerst fertig und kann seinen Text auch vorlesen?

Material: Zettel und Stifte, mehrere gleich lange Texte

Königszahl

Alle Kinder erhalten zwanzig Streichhölzer. Reihum wir gewürfelt. Wer zuerst eine Sechs hat, ist der König. Er bestimmt, welche Königszahl ab jetzt gewürfelt werden soll (von eins bis fünf). Es wird weiter reihum gewürfelt. Wer die genannte Zahl nicht würfelt, muss ein Streichholz an den König abgeben. Wer sie würfelt, erhält die gewürfelte Augenzahl in Streichhölzern vom König. Wer eine Sechs würfelt, löst den König ab und legt eine neue Königszahl fest. Wer hat am Ende die meisten Streichhölzer?

Material: 1 Würfel, pro Kind 20 Streichhölzer

34. DAVID WIRD ZUM KÖNIG GESALBT

Bibeltext: 1. Samuel 16,1-13
Zielgedanke: Gott lässt sich vom Äußeren nicht täuschen, sondern sieht uns ins Herz.

Einstiegsspiel

Wir sehen was, was ihr nicht seht

Alle Kinder werden in kleine Gruppen eingeteilt und setzen sich so zusammen. Eine Gruppe sucht sich mit den Augen einen Gegenstand oder einen Teil eines Gegenstands aus, der sich im Raum sichtbar für alle befindet. Dann sagt ein Kind der Gruppe: „Wir sehen was, was ihr nicht seht, und das ist ... (Farbe)." Eine Gruppe beginnt und rät, dabei stellt es nur Fragen, die mit Ja oder Nein beantwortet werden können. Bei Ja darf die Gruppe weiterraten, bei Nein ist die nächste Gruppe an der Reihe. Wer es errät, darf sich einen nächsten Gegenstand auswählen.
Material: keines

Einstiegsfragen

- Was fällt dir sofort auf, wenn du neue Menschen kennenlernst?
- Was findest du am Aussehen eines Menschen besonders wichtig?

Vorlesegeschichte

„Das gibt Ärger!", denkt Samuel. Saul als König – das war wohl doch ein Reinfall gewesen, wie er es vorhergesehen hatte. Gott allein ist König! Aber die Menschen in Israel wollten ja unbedingt einen eigenen König wie ihre Nachbarvölker! Gott kann man nicht sehen, ihm muss man blind vertrauen. Darum wollten die Israeliten lieber einen Menschen als König, dem sie folgen können. Den sie sehen können. Der Gott auf der Erde vertritt und sie gegen die feindlichen Völker schützt. Das war die Idee. Aber es hat so nicht funktioniert.

Zuerst waren alle von Saul ganz begeistert. Er sieht gut aus, ist einen Kopf größer als die meisten Männer und kann gut kämpfen. Es gab viele, die ihn bewunderten und bereit waren, für ihn zu arbeiten. Und sie feierten auch Erfolge. Aber Saul hörte nicht auf Gott. Ein bisschen schon, aber er führte die Anweisungen Gottes nicht komplett durch. Ein bisschen Planabweichung war bei Saul immer drin. Warum Gott folgen, wenn man auch selbst denken kann, hat sich Saul vielleicht gedacht. Aber Gott fand das nicht witzig. Saul taugt nichts als König, als Stellvertreter Gottes auf Erden. Ein neuer König muss her. Einer, der tut, was Gott sagt. Saul ist abgesetzt. Und heute ist Samuel auf dem Weg, um einen neuen König zu salben. Nur weiß das noch niemand. „Saul wird mich umbringen, wenn er erfährt, dass ich einen neuen Mann zum König salbe!", hat Samuel Gott geantwortet. Aber Gott erwiderte: „Nimm einfach eine Kuh mit und sage ihnen, du bist gekommen, um mir ein Opfer darzubringen. Lade auch Isai und seine Söhne dazu ein, denn einer von ihnen wird der neue König werden. Ich sage dir dann, welcher. Also, nimm dein Salbhorn und gehe nach Bethlehem."

Kaum hat Samuel Bethlehem erreicht, laufen ihm schon ein paar Männer entgegen, die große Verantwortung in der Stadt tragen. Besorgt sagt einer: „Der Prophet Samuel kommt. Das bedeutet doch nichts Schlimmes, oder?" „Nein, nein!" Samuel legt seine Hand beruhigend auf die Schulter des Mannes. „Ich bin gekommen, um mit euch Gott ein Opfer darzubringen. Macht euch rein und kommt mit mir zum Opfermahl. Sagt auch Isai Bescheid, ihn will ich mit seinen Söhnen auch dabeihaben." Die Nachricht über Samuels Ankunft verbreitet sich wie ein Lauffeuer. Die Männer nehmen die vorgeschriebenen Waschungen vor, die nötig sind, um ganz rein vor Gott zu stehen. Dann machen sie sich auf zum Opferplatz von Bethlehem. Die Arbeit lassen sie liegen.

Samuel ist als Erster am Opferplatz angekommen. Er hat genug Zeit, alles für das Opfer vorzubereiten. Und er hat genug Zeit, um mit Gott zu reden. „Herr, wie werde ich den erkennen, den ich zum König salben soll?" „Ich werde ihn dir schon zeigen. Verlass dich auf mich!", antwortet Gott. Samuel ist erleichtert. Wenn Gott mich schickt, dann wird er auch dafür sorgen, dass mich die Freunde von Saul nicht dafür bestrafen werden, dass ich Gottes Auftrag ausführe. Samuel versteckt das Horn mit Salböl unter seiner Decke. Die Männer sollen es nicht sofort sehen, wenn sie den Opferplatz erreichen.

Und da kommen auch schon die Ersten zum Opferplatz. Samuel begrüßt sie und erfährt ihre Namen. Dann kommt Isai. Seine Söhne laufen hinter ihm her. Als Samuels Blick auf Eliab fällt, den ältesten Sohn von Isai, ist Samuel sofort klar: Das muss der neue König sein! Er ist groß und hat breite Schultern. Er sieht stark aus und hat das Zeug zu einem König. „Den salbe ich.", denkt Samuel. „Nein!", hört er da Gottes Stimme in seinem Kopf. „Das ist nicht der, den ich mir zum König ausgesucht habe. Ihr Menschen, ihr schaut nur auf das, was man von außen sehen kann. Ich aber schaue den Menschen ins Herz." Samuel kann sich einen überraschten Gesichtsausdruck nicht verkneifen. Die Umstehenden sind verwundert, denn außer Samuel hat ja niemand die Stimme Gottes gehört. „Was hat Samuel bloß?", fragen sie sich. Samuel hat plötzlich einen ganz neuen Gedanken. Dem Menschen ins Herz schauen, statt ihn nach seinem Aussehen zu beurteilen, darüber hat Samuel noch nie nachgedacht. Ein König muss doch groß und gutaussehend sein, sonst wollen ihn die Menschen nicht. Aber Gott hat recht: Saul ist groß und hübsch und trotzdem ein schlechter König. „Gott sieht die Menschen wirklich ganz anders als ich", denkt Samuel. „Vielleicht sollte ich wirklich mal lernen, die Menschen mit Gottes Augen zu sehen."

Die Männer werden unruhig. Warum starrt Samuel in die Luft? Will er die anderen nicht mehr begrüßen? „Samuel!", Isai räuspert sich. „Darf ich dir meinen Sohn Abinadab vorstellen? Er ist mein Zweitgeborener." Ach ja, begrüßen. Samuel merkt, dass alle Augen gespannt auf ihn gerichtet sind. Ein bisschen ist es ihm peinlich, dass er gerade so in Gedanken versunken war. Aber als Prophet darf man sich so etwas doch herausnehmen, oder?

Samuel begrüßt Abinadab und denkt: „Auch er sieht wie ein König aus. Was meinst du, Gott?" „Nein, ihn habe ich nicht zum König ausgewählt!", hört er wieder Gottes Stimme. Und so begrüßt Samuel alle sieben Söhne von Isai. Und zu jedem Sohn sagt Gott: „Nein, der ist es nicht!" Samuel ist verwirrt. Sollte er nicht einen Sohn Isais zum König salben? Aber Gott hat ihm bei jedem von ihnen klargemacht, dass dieser nicht der neue König sein soll. „Hast du noch einen Sohn, Isai?", fragt Samuel. „Ja", antwortet Isai, „aber der ist noch jung und er hütet gerade die Schafe." „Lass ihn holen", befiehlt ihm Samuel. „Wir beginnen mit dem Opfer nicht, bevor dein Jüngster da ist." Einige Männer murren. Was soll das? Warum müssen wir auf so einen Halbwüchsigen warten? Er ist doch fast noch ein Kind. Nimmt Samuel den nicht zu wichtig?

Als David atemlos, aber mit frisch gewaschenem Gesicht und sauberen Händen den Opferplatz erreicht, kommt Bewegung in die Menge. Endlich geht es los. „Aber warum schlachtet Samuel die Kuh nicht? Warum starrt er diesen kleinen, unbedeutenden Jungen so an?", wundern sie sich. David sieht jung und kräftig aus, sein Blick ist klar und interessiert. Und Samuel hört Gottes Stimme: „Der ist es! Den salbe jetzt zum König!" Da holt Samuel das Horn mit dem Salböl unter seiner Decke hervor. „David, knie dich nieder!", befiehlt ihm Samuel. Und dann gießt er das Öl über Davids Kopf und sagt: „Ich salbe dich zum König über Israel!" Ein Raunen geht durch die Menge. „Der? König? Warum der Jüngste? Warum nicht einer, der schon groß und kampferprobt ist?", sagen einige.

„Männer", spricht Samuel sie an, „ihr wundert euch vielleicht, dass ich ausgerechnet David zum König salbe. Gott hat ihn ausgewählt. Ehrlich gesagt, ich habe mich auch darüber gewundert. Aber Gott hat mir heute klargemacht: Wir Menschen beurteilen andere nach ihrem Aussehen. Gott aber sieht, wie wir wirklich sind, was wir im Herzen haben und ob wir ihn achten, ehren und ihm vertrauen." Samuel macht eine kurze Pause. „Gott hat David als König ausgewählt, weil er Gott voll und ganz vertraut."

Vertiefungsfragen

- Macht es dir Angst, dass Gott dir ins Herz sehen kann, oder freut es dich?
- Wie können wir andere Menschen mit den Augen Gottes sehen?

Spiele für die Augen

Nicht sehen und doch wissen

Alle Kinder stellen sich in ca. 10 Metern Entfernung zu einer Linie auf, die so markiert ist, dass man sie mit den Füßen nicht ertasten kann. Dann werden den Kindern einzeln oder nacheinander die Augen verbunden und sie müssen von einer Startlinie aus so weit laufen, bis sie denken, dass sie die Linie erreicht haben. Ihr Standort wird markiert. Wer ist am Ende am nächsten an der Linie dran? Dies kann mit einigen anderen Abständen wiederholt werden.
Material: Markierung für die Linie und den Standort, Augenbinden, 1 Meterstab

Gegenstand unter einem Tuch

Die Kinder werden in kleinere Gruppen eingeteilt und erhalten Zettel und Stift. Unter ein Tuch auf dem Tisch wird ein Gegenstand gelegt, ohne dass die Kinder ihn sehen können. Dann haben sie Zeit, sich in der Gruppe zu beraten, was das sein könnte. Ihren Verdacht notieren sie. Dann wird vorgelesen und das Geheimnis gelüftet.

Material: 1 Tuch, 1 Tisch, mehrere Gegenstände, pro Gruppe 1 Zettel und 1 Stift

Zungenmörder

In einen Topf werden gefaltete Notizzettel gelegt, einer weniger als Kinder mitspielen. Auf einem Notizzettel ist „Mörder" notiert. Alle Kinder stellen sich im Kreis auf. Ein Kind ist der Detektiv und steht außerhalb des Kreises. Die Notizzettel werden an die Kinder verteilt, die sie heimlich öffnen, um herauszufinden, ob sie der Mörder sind. Auf „Los!" beginnt der Zungenmörder sein Werk. Er kann einem beliebigen Kind kurz die Zunge rausstrecken. Wer so von ihm getroffen wurde, muss sich hinsetzen. Der Detektiv muss den Zungenmörder entlarven, bevor alle Kinder sitzen.

Material: Notizzettel, Stift, 1 Topf

Bilderrätsel

Ein Bild (z. B. aus einer Zeitschrift) wird ausgeschnitten und in unterschiedlich große Stücke geschnitten. Wird es mit mehreren Bildern gespielt, wird jedes in einen Umschlag gesteckt. Nun wird ein Teil des Bildes aus dem Umschlag geholt und auf den Tisch gelegt. Die Kinder dürfen raten, was es darstellen soll. Wenn niemand mehr eine Idee hat, wird das nächste Teil herausgeholt, aber nicht an die richtige Stelle gelegt. So geht es auch mit allen anderen Teilen, bis ein Kind das Bild erraten hat.

Material: Bilder aus Zeitschriften, evtl. Umschläge, 1 Schere

Wo ist der Stuhl?

Alle Kinder stellen sich in ca. 5 Metern Entfernung zu einem Stuhl auf. Dann bekommen sie nacheinander die Augen verbunden und müssen versuchen, so nah wie möglich an den Stuhl heranzukommen, ohne ihn zu berühren. Wenn sie meinen, den Stuhl erreicht zu haben, wird ihr Standort markiert. Wer den Stuhl berührt, scheidet aus. Wer ist am nächsten am Stuhl dran?

Material: 1 Stuhl, 1 Augenbinde, Markierung für den Standort

Wahrnehmung

Die Kinder werden in Zweiergruppen eingeteilt und haben die Aufgabe, sich 2 Minuten lang über ein aktuelles Thema zu unterhalten (z. B. „Was hast du in den Ferien gemacht?", „Wo willst du mal hinreisen?", „Warum gibt es schon so früh Weihnachtsmänner in den Geschäften?"). Nach 2 Minuten verlässt jeweils ein Kind des Paares den Raum und geht in einen anderen Raum. Dann erst werden beiden Gruppen Papier und Stifte ausgeteilt und die Aufgabe gestellt: Schreibe auf, wie deine Partnerin / dein Partner gekleidet und frisiert war. Nach einigen Minuten, wenn alle ihre Erinnerung notiert haben, werden die Kinder wieder zusammengeführt und es wird überprüft, wer den anderen am besten wahrgenommen hat.

Material: Papier und Stifte

Engel auf Erden

Ein Kind ist der Fänger und bekommt die Augen verbunden. Die anderen Kinder halten sich auf einem klar begrenzten Spielfeld auf, das einige Möglichkeiten zum Klettern (Stühle, Tische oder Spielplatz) haben sollte. Der Fänger versucht, ein Kind zu fangen. Eine Person aus dem Mitarbeiterteam sollte ein Auge darauf haben, dass er sich nicht stößt. Alle Kinder müssen ständig in Bewegung sein. Der Fänger kann mehrere Kommandos geben, die ihm das Fangen erleichtern.

- Kaffeeklatsch: Wenn der Fänger „Kaffeeklatsch" und einen Namen ruft, dann muss das Kind einmal klatschen.
- Schnecke: Alle bewegen sich für 5 Sekunden im Schneckentempo.
- Rennauto: Alle bewegen sich für 5 Sekunden ganz schnell.
- Radio: Alle Kinder plappern 5 Sekunden laut vor sich hin.
- Engel auf Erden: Wer zu diesem Zeitpunkt auf dem Boden steht, wird der neue Fänger.

Material: 1 Augenbinde, Möglichkeiten zum Klettern

Mit den Augen verfolgen

Alle Kinder stellen sich an eine Startlinie. Eine Person aus dem Mitarbeiterteam stellt sich in einiger Entfernung auf und bläst einen Luftballon auf. Dann lässt sie ihn los und der Luftballon fliegt wirr durch die Luft und landet irgendwo. Sobald er gelandet ist, ruft die Spielleitung „Los!" und alle Kinder versuchen, den Luftballon zu ergattern. Nur wer gut hingesehen hat, kann ihn finden. Wer gewinnt?

Material: 1 Luftballon, Markierung für die Startlinie

Situationen zeigen

Einem Kind, das sich freiwillig gemeldet hat, wird eine Situation ins Ohr geflüstert, die es ohne zu sprechen spielen muss (z. B. in den Bus einsteigen; Fahrkarte kaufen; sich hinsetzen, Schulranzen aufmachen, Heft rausholen, schreiben; Kaugummi aus dem Automaten lassen, in den Mund stecken, Blase machen). Die anderen Kinder müssen versuchen, die Situation zu erraten, die sie nur mit den Augen sehen.

Material: keines

Künstler steht Kopf

Ein Kind, das sich freiwillig gemeldet hat, stellt sich mit gegrätschten Beinen mit dem Rücken zur Wand. An der Wand hängt ein Plakat. Das Kind malt durch seine Beine hindurch kopfüber einen Gegenstand auf das Plakat. Die anderen müssen anschließend erraten, was gemalt wurde.

Material: 1 Plakat, Klebeband, 1 Stift

Kopfstand

Ein Kind, das sich freiwillig gemeldet hat, stellt sich mit gegrätschten Beinen mit dem Rücken zur Wand. An der Wand hängt ein Plakat. Das Kind schreibt durch seine Beine hindurch kopfüber einen Satz auf das Plakat. Dann müssen alle lesen, was geschrieben steht.

Material: 1 Plakat, Klebeband, 1 Stift

Augenlandkarte

Immer zwei Kinder bilden ein Paar und stehen sich in kurzem Abstand gegenüber. Das eine Kind ist die Landkarte, das andere Kind ist die/der Reisende und muss der Landkarte folgen. Hinter diesem Kind wird eine Schnur mit vielen Kurven gelegt. Dann geht es los. Das Reise-Kind schaut dem anderen in die Augen. Wenn das geradeaus schaut, muss das Reise-Kind gerade zurückgehen. Wenn es nach links schaut, geht es nach links, wenn es nach rechts schaut, geht es nach rechts. Wie lange braucht das Paar, um die Schnurstrecke zu gehen?
Material: 1 lange Schnur, 1 Stoppuhr

35. DAVID GEGEN GOLIAT

Bibeltext: 1. Samuel 17
Zielgedanke: Mit Gott können wir Unmögliches schaffen.

Einstiegsspiel

Riesen, Zwerge, Zauberer

Die Kinder werden in zwei Gruppen eingeteilt und sammeln sich auf je einer Seite einer Mittellinie. Das Spielfeld ist auf jeder Seite begrenzt und evtl. mit einer Endlinie markiert. Jede Gruppe vereinbart heimlich eine der drei Figuren, die sie gleich darstellen will. Der Riese streckt die Arme nach oben und die Finger nach vorne zum Angriff und brüllt. Der Zwerg geht etwas in die Hocke und deutet mit den Händen eine spitze Mütze an. Der Zauberer hält in der Hand einen unsichtbaren Zauberstab und zischt damit durch die Luft. Wenn sich die Gruppe geeinigt hat, stellt sie sich an der Linie auf. Beide Gruppen zählen gemeinsam bis drei. Bei „drei" machen sie ihre Figur nach. Dabei jagt der Riese den Zwerg, der Zwerg jagt den Zauberer und der Zauberer verwandelt den Riesen. Die Gruppe, die die stärkere Figur darstellt, jagt die andere Gruppe und versucht, sie noch vor der Endlinie abzuschlagen. Wer gefangen wurde, muss mit zu der anderen Gruppe. Das Spiel endet, wenn alle in einer Gruppe sind.
Material: Markierungen für die Endlinien

Einstiegsfragen

- Wovor hast du Angst?
- Bei welchen Aufgaben denkst du manchmal: Das schaffe ich nicht!

Vorlesegeschichte

„Das müsste halten!" Isai zieht noch einmal an dem Seil, mit dem die wertvolle Ladung auf dem Eselrücken festgezurrt ist, und macht einen dicken Knoten. „Dieser Sack mit gerösteten Körnern ist für deine Brüder, auch die zehn Brote hier. Und hier drin", Isai zeigt auf einen Tontopf, „sind die zehn Käse. Die sollst du dem Hauptmann bringen. Und vergiss nicht, dich ihm gegenüber höflich zu benehmen und meine Grüße auszurichten. Dann wird er deine Brüder immer gut behandeln." „Ja, ja", antwortet David genervt, „das hast du mir heute schon hundertmal gesagt. Ich bin ja kein kleines Kind mehr!" David seufzt. Es wird Zeit, dass die Reise bald beginnt. Sein Vater ist heute wirklich unausstehlich. Klar, er macht sich Sorgen um seine Söhne, die mit König Saul in den Krieg gegen die Philister gezogen sind. Aber dass er David wie ein Kind behandelt, das nervt gewaltig. Die Aufsicht über seine Schafe hat David einem Hütejungen übertragen. Zu seinen Brüdern zu reisen, um nach ihnen zu sehen und ein Lebenszeichen von ihnen für den Vater wieder mitzubringen, kommt ihm vor wie Urlaub. Endlich geht es los!

Als David im Lager der Soldaten ankommt, staunt er nicht schlecht. So riesig ist das hier alles! So viele Menschen hat David noch nie auf einem Fleck gesehen. Er erkundigt sich, wo seine Brüder zu finden sind. „Sie sind da drüben am Abhang und haben sich zum Kampf gegen die Philister aufgestellt. Da musst du dich durchfragen, aber du wirst sie schon finden", antwortet ihm einer. „Kann ich da denn hin? Ich habe doch gar kein Schwert und Schild", fragt David. „Ja, kannst du. Es wird schon seit 40 Tagen nicht gekämpft, denn niemand nimmt die Herausforderung der Philister an, Mann gegen Mann zu kämpfen. Aber das fragst du besser deine Brüder." David bindet seinen Esel, noch voll beladen, bei den Lagerwachen an, die versprochen haben, darauf aufzupassen, und geht den Hügel hinunter. Da staunt David noch mehr. So viele Soldaten! Das hat er noch nie gesehen. David hält seine Hand über die Augen. Auf der anderen Seite des Tales sind ebenfalls Soldaten, die sich in Reihen aufgestellt haben. Sind das etwa die Philister? Das sind ja noch viel mehr als wir, denkt David.

Die Soldaten brüllen ihren Schlachtruf. Es ist so laut, dass man sein eigenes Wort kaum verstehen kann. Als David seine Brüder findet, brüllt er ihnen die Grüße des Vaters ins Ohr und berichtet von dem Mitgebrachten, das oben im Lager auf sie wartet. Sie entfernen sich etwas von den Soldaten, um sich vernünftig unterhalten zu können. Da kommt plötzlich Bewegung in die Soldaten. Ein Raunen geht durch die Menge. Einige weichen ein paar Schritte zurück und stellen sich hinter ihre Kameraden. Was ist hier los? Da sieht David, wie sich auch die Reihen der Philister bewegen. Sie machen Platz für einen Soldaten, der in die erste Reihe drängt. „Der ist ja riesig!", entfährt es David. „Der ist ja doppelt so groß wie ein normaler Mensch! Und seine Rüstung – alles aus Bronze. Und seine Waffen sind so dick wie ein Baumstamm!" „Nicht nur das", antwortet einer seiner Brüder. „Hör gut zu, was er zu sagen hat!" Und schon hallt die donnernde Stimme des Riesen über das Tal.

„Ihr Israeliten, was seid ihr doch für ein jämmerlicher Haufen! Warum stellt ihr euch zur Schlacht gegen uns auf? Ihr habt doch sowieso keine Chance. Darum mache ich euch einen Vorschlag: Ich, Goliat, stehe für die Philister. Schickt mir einen von euch, der für euer Volk gegen mich kämpft. Wenn er gegen mich gewinnt, dann sind wir eure Sklaven. Aber wenn ich gegen den einen von euch gewinne, dann seid ihr unsere Sklaven!" Nachdem das Echo seiner Stimme verhallt ist, hört man nur noch das spöttische, tiefe Lachen des Riesen. „Hast du das gehört?", fragt Eliab seinen kleinen Bruder. „So wird hier gekämpft: einer für alle." „Ja, und wer kämpft jetzt gegen diesen Riesen Goliat?", will David wissen. „Niemand! Das geht schon seit 40 Tagen so. Keiner traut sich, obwohl der König demjenigen, der Goliat besiegt, viel Geld und seine Tochter versprochen hat. Aber wer gegen Goliat kämpft, ist so gut wie tot. Das macht keiner freiwillig."

„Er ist tot oder er ist der Schwiegersohn des Königs. Ich werde gegen Goliat kämpfen!" Davids Brüder schauen ihn irritiert an. „Du?!? Du bist ja noch nicht mal halb so groß wie Goliat. Du bist auch kein Soldat, sogar dafür bist du noch zu jung. Nein, David, mach dich nicht lächerlich! Mach das, was du kannst: Geh nach Hause und pass lieber auf deine Schafe auf!" Seine Brüder schütteln ungläubig die Köpfe. „Habt ihr nicht gehört, wie er die Soldaten des lebendigen Gottes beleidigt hat?", wendet David ein. „Das können wir doch nicht zulassen. Ich bin zwar klein, aber mutig. Ich kämpfe gegen Goliat!"

Einige andere Soldaten haben das Gespräch zwischen David und seinen Brüdern mitgehört. Sie sind froh! Endlich gibt es einen, der in den Kampf gehen wird. Sie nehmen David mit und bringen ihn direkt zu Saul. „Mein König, dieser Junge ist bereit, gegen Goliat zu kämpfen." Sie schieben David vor König Saul, der auf seinem Thron sitzt und nicht weniger überrascht schaut als Davids Brüder. „Du? Das geht nicht. Du bist ja fast noch ein Kind. Goliat aber ist ein Krieger, der von Kindesbeinen an gelernt hat, mit Waffen umzugehen. Das kannst du nicht." König Saul schüttelt den Kopf und gibt seinen Wachen einen Wink, dass sie David wieder hinausführen sollen. Aber David wendet ein: „Mein König, ich hüte von klein auf die Schafe meines Vaters. Wenn ein Löwe oder Bär eines meiner Schafe fressen wollte, dann habe ich gegen sie gekämpft, sie an ihrer Mähne gepackt und getötet. Ich bin mit Bären und Löwen fertiggeworden, warum sollte ich also nicht mit diesem Riesen fertigwerden? Gott, den dieser Riese so beleidigt, hat mich vor den wilden Tieren beschützt. Darum wird er mich auch vor Goliat beschützen."

König Saul ist verwundert. Wie beharrlich David sich dafür einsetzt, sein Leben für das Volk Israel aufs Spiel zu setzen! „Nun gut, es hat sich ja sonst niemand gemeldet, der kämpfen will, also probieren wir es", denkt Saul. „In Ordnung! Ich gebe dir meine Waffenrüstung, damit du wenigstens den Hauch einer Chance gegen ihn hast", sagt König Saul. Kaum hat er zu Ende gesprochen, stehen schon seine Wachen bereit und helfen David in die bronzene Rüstung, setzen ihm den Helm auf und hängen ihm das Schwert um. David hat alles über sich ergehen lassen. Nun versucht er, ein paar Schritte zu gehen, aber er stolpert über seine eigenen Füße. „Mein König, ich habe noch nie so eine Rüstung getragen. Ich kann damit noch nicht mal gehen, wie soll ich da kämpfen?", ist Davids Stimme gedämpft unter dem Helm zu hören. „Ich kämpfe so, wie ich es immer getan habe", sagt David entschlossen. Die Wachen helfen ihm aus der Rüstung heraus. David schnappt sich seinen Hirtenstab, verbeugt sich vor dem König und verlässt den Palast. Im Bachbett sucht er sich fünf glatte Steine, die gut in seine Steinschleuder passen, und steckt sie in seine Hirtentasche. Nun ist er gut ausgerüstet für den Kampf seines Lebens.

David wartet zwischen allen anderen Soldaten, bis Goliat mit seinem Schildträger wieder vor seine Philister tritt und seinen Spott über die Israeliten durch das Tal schallen lässt. Dann tritt er Goliat gegenüber. Goliat starrt ihn an. „Was willst du denn mit deinem Stock? Bin ich etwa ein Hund?" Und dann beschimpft Goliat David aufs Übelste. „Komm nur her", beendet er seinen hässlichen Redeschwall, „dein Fleisch werde ich den Geiern und Raubtieren zu fressen geben!" David aber lässt sich von Goliat nicht einschüchtern. Er weiß: Gott steht auf seiner Seite und wird ihn beschützen. Er ruft Goliat laut entgegen: „Du kämpfst mit deinem Schwert gegen mich. Ich aber komme mit dem lebendigen Gott an meiner Seite. Er ist der Herrscher der Welt, den du die ganze Zeit beleidigst. Er wird uns den Sieg über dich geben und damit allen zeigen, dass das Volk Israel einen Gott hat, der es beschützt!" Die Soldaten auf beiden Seiten haben der Begegnung der beiden Kämpfer, die unterschiedlicher nicht sein können, gelauscht. Goliat ist wütend und macht die ersten Schritte auf David zu. Auch David läuft auf Goliat zu, holt dabei schnell einen Stein aus seiner Hirtentasche und legt ihn in die Steinschleuder. Kaum sichtbar für die Zuschauer schleudert David den Stein und trifft Goliat an der Stirn, gerade da, wo der Helm aufhört. Goliat schaut kurz überrascht, dann taumelt er und knallt mit einem lauten Rums auf den Boden. David holt Goliats Schwert und haut ihm den Kopf ab.

Stille auf beiden Seiten des Tales. Doch dann jubeln die Israeliten und springen den Abhang hinunter. Die Philister auf der anderen Seite stürmen den Abhang hinauf und versuchen, vor den Israeliten zu fliehen. David kniet nieder. Ja, Gott ist wirklich lebendig und kann helfen, wo wir meinen, einen Riesen nicht bezwingen zu können.

Vertiefungsfragen

- Was hat David so mutig gemacht?
- Gegen welche „Riesen" musst du heute kämpfen? Wie kann dir Gott dabei helfen?

Spiele mit Steinen

Luftballons abschießen

Auf einer Wiese (oder besser in einem Bach) wird ein aufgeblasener Luftballon am Boden befestigt, indem man die verknotete Öffnung unter einen Stein legt. Jedes Kind bekommt einen handgroßen Stein und muss versuchen, durch Werfen von einer Startlinie aus den Luftballon zum Platzen zu bringen. Wer das schafft, erhält 1 Punkt und ein neuer Luftballon wird platziert. Wenn jedes Kind geworfen hat, dürfen sich alle Kinder ihren Stein holen und eine neue Runde startet.

Variante: Es gibt mehrere Luftballons in unterschiedlicher Entfernung, die unterschiedlich viele Punkte geben.

Material: Luftballons, handgroße Steine, Markierung für die Startlinie

Luftballonwettschießen

Die Kinder werden in zwei oder mehr Gruppen eingeteilt. Wie bei „Luftballons abschießen" werden nun mehrere Luftballons in unterschiedlichen Farben gemischt platziert. Jeder Gruppe wird eine Luftballonfarbe zugeordnet, die getroffen werden muss. Jedes Kind bekommt einen handgroßen Stein und stellt sich hinter einer Linie auf. Von dort aus muss es versuchen, einen eigenen Luftballon zum Platzen zu bringen. Haben alle Kinder geworfen, werden die Steine wieder eingesammelt und es startet eine neue Runde. Gewonnen hat die Gruppe, deren Luftballons zuerst geplatzt sind, auch wenn diese von den Gegnern abgeschossen wurden.

Material: Luftballons in verschiedenen Farben, handgroße Steine, Markierung für die Startlinie

Luftballonbillard

Die Regeln sind wie bei „Luftballonwettschießen". Zusätzlich wird ein weiterer Luftballon in einer neutralen Farbe zentral platziert. Wer alle Luftballons seiner Farbe zum Platzen gebracht hat, muss anschließend den neutralen Luftballon treffen. Wird dieser schon vorher getroffen, hat die Gruppe verloren. Es muss hierbei nacheinander geworfen werden, damit klar ist, wer versehentlich den neutralen Luftballon getroffen hat.

Material: Luftballons in verschiedenen Farben, handgroße Steine, Markierung für die Startlinie

Besetzt

Auf dem Boden wird ein Feld aufgezeichnet, das in 25 kleine Felder unterteilt ist (5 Zeilen und 5 Spalten). 2 Meter davon entfernt wird die Wurflinie markiert. Ein Eimer mit Steinen und einem Edding steht an der Wurflinie. Das jüngste Kind beginnt, nimmt sich einen Stein, markiert ihn mit seinem Namen und wirft ihn auf eines der 25 Kästchen. Dieses Kästchen ist nun besetzt und kann von keinem anderen Stein mehr besetzt werden. Um dies sichtbar zu machen, wird das Feld mit Kreide schraffiert (wenn man mehrere Runden spielen will, wird unter den Stein ein Blatt Papier gelegt). Nun ist das nächste Kind an der Reihe und verfährt ebenso. Dies geht so lange, bis alle Kästchen besetzt sind oder die Runden beendet sind. Dann wird gezählt, wer die meisten Treffer gelandet hat. Das Kind mit den wenigsten Treffern startet die neue Runde.

Material: Straßenkreide, 1 Eimer mit vielen Steinen und 1 Edding, evtl. Papier

Steinwettlauf

Auf dem Boden werden drei Linien aufgezeichnet: die Wurflinie, in 1 Meter Entfernung die Spiellinie und noch mal 3 Meter weiter die Torlinie. Die Kinder werden in mehrere Gruppen eingeteilt und wählen sich aus einem Steinvorrat einen möglichst glatten und kleinen Spielstein aus, den sie an der Spiellinie ablegen. Dann gehen sie zurück zur Wurflinie und wählen sich weitere Steine aus. Sind alle Gruppen bereit, geht es los. Alle Gruppen müssen ihre Steine auf den Spielstein werfen bzw. ihn so über den Boden gleiten lassen, dass der Spielstein über die Torlinie kommt. Wer dies zuerst schafft, bekommt 1 Punkt und das Spiel beginnt von vorn.

Wichtig: Es dürfen nur dann die geworfenen Steine zurückgeholt werden, wenn niemand einen Stein wirft. Sollte der Steinvorrat zu Ende sein, muss das Spiel kurz unterbrochen und die Steine eingesammelt werden.

Material: Straßenkreide, 1 Eimer mit vielen Steinen, 1 Maßband

Steinspirale

Immer maximal vier Kinder bilden eine Spielgruppe und setzen sich um ein Plakat. Auf dem Plakat wird für jede Gruppe eine Spirale aufgezeichnet, die mindestens fünf Runden drehen muss. Jeweils eine halbe Umdrehung wird markiert. Jedes Kind erhält zwei kleine Steine. Einen davon legt es in die Mitte der Spirale, wo sie beginnt. Evtl. kann der Stein auch mit Namen beschriftet werden. Dann geht es los. Jedes Kind entscheidet sich verdeckt, ob es den anderen Stein in die rechte oder linke Faust nimmt und legt dann beide Fäuste vor sich ab. Ein Kind beginnt und rät, in welcher Hand das Kind links von sich den Stein hat. Hat es richtig geraten, darf sein Spielstein eine halbe Umdrehung der Spirale folgen. Liegt es falsch, bleibt sein Stein liegen und das andere Kind darf seinen Stein eine halbe Umdrehung weitersetzen. So wird die ganze Runde gespielt. Dann verstecken alle wieder ihren Stein in der Faust und eine neue Runde beginnt. Wer mit seinem Spielstein zuerst die Spirale verlassen hat, gewinnt.

Material: pro 4 Kinder 1 Plakat mit einer gezeichneten Spirale, 1 Edding, pro Kind 2 kleine Steine

Steintransport

Die Kinder werden in mehrere Gruppen aufgeteilt, stellen sich an einer Startlinie hintereinander auf und erhalten einen Eimer mit Splitt. Auf „Los!" füllen sich die ersten Kinder ihre Schuhe mit Splitt und laufen zu einer zweiten Linie, an der ein Eimer für sie bereitsteht. Dort schütten sie die Steine hinein und laufen zurück. Dann startet das zweite Kind. Das Spiel geht so lange, bis jedes Kind einmal gelaufen ist. Dann wird abgewogen, wer den meisten Splitt transportiert hat.
Variante: Während sie laufen, müssen sie einen Ball prellen.
Material: pro Gruppe 2 Eimer (einer gefüllt mit Splitt), Markierungen für die Start- und Ziellinie, 1 Waage; für die Variante: pro Gruppe 1 Ball

Steinmikado

Viele unterschiedliche Steine werden auf einen Haufen geschichtet. Reihum wird abgezählt, sodass zwei Gruppen entstehen. Ein Kind beginnt und nimmt einen Stein vom Haufen. Bewegt sich dabei kein anderer Stein, darf es ihn behalten und ein Kind der anderen Gruppe ist an der Reihe. Bewegt sich ein Stein, wird der Stein, den das Kind nehmen wollte, aus dem Spiel genommen. Welche Gruppe hat zum Schluss die meisten Steine?
Variante: Man darf so lange Steine vom Haufen nehmen, bis ein Stein wackelt.
Variante: Die Steine werden mit Zahlen beschriftet. Es wird zum Schluss nicht die Anzahl, sondern die Wertung gezählt.
Material: viele unterschiedliche Steine; für die Variante: 1 Edding

36. DAVID UND JONATAN

Bibeltext: 1. Samuel 17,55 – 21,1
Zielgedanke: Echte Freunde halten zusammen.

Einstiegsspiel

Wen magst du?

Alle Kinder sitzen im Kreis auf Stühlen, ein Kind steht in der Mitte und hat keinen Platz. Das Kind in der Mitte zeigt auf ein Kind und fragt: „Magst du deinen Nachbarn?" Wenn das Kind mit Ja antwortet, rücken alle einen Platz im Uhrzeigersinn weiter. Wenn das Kind mit Nein antwortet, wird von dem Kind in der Mitte nachgefragt: „Wen magst du dann?" Das Kind antwortet z. B.: „Alle Kinder, die eine blaue Hose anhaben." Alle Kinder, auf die das zutrifft, tauschen die Plätze. Das Kind in der Mitte muss jeweils versuchen, einen Platz zu ergattern. Das Kind, das keinen Platz findet, ist das neue Kind in der Mitte.
Tipp: Es muss vorher deutlich gesagt werden, dass die Fragen nicht ehrlich beantwortet werden, sondern es sich nur um ein Spiel handelt. Man kann die Frage auch einmal mit Ja und einmal mit Nein beantworten.
Material: keines

Einstiegsfragen

- Wer ist deine beste Freundin / dein bester Freund?
- Was macht für dich eine gute Freundschaft aus?

Vorlesegeschichte

Jonatan ist beeindruckt. Dieser einfache Hirtenjunge hat den riesigen Goliat besiegt! Das hätte er sich nie getraut. Denn Jonatan kann mit diesen ganzen Kriegen nichts anfangen. Er interessiert sich überhaupt nicht für Waffen und Rüstungen. Wenn die Soldaten bei seinem Vater, König Saul, zum Essen eingeladen sind, dann prahlen sie mit ihren neuesten Schwertern. Jonatan findet das langweilig. Aber als David seinem Vater vorgestellt wurde, da wollte er doch dabei sein. David ist so anders. Er ist kein Angeber. Er ist einfach ganz normal. Bescheiden. Jung. Höflich. Hübsch. Jonatan findet David klasse!

Auch König Saul ist beeindruckt von dem Mut, den David gegen Goliat gezeigt hat. 40 Tage hat Goliat einen Herausforderer für den Kampf gesucht, aber niemand hatte sich bis dahin getraut, noch nicht mal seine gestandenen Soldaten. David hat allen gezeigt, wie man in den Kampf zieht: mit Mut und Gott an seiner Seite. David soll jetzt am Königshof wohnen bleiben, denn Saul hat aus dem einfachen Jungen einen Soldaten gemacht. Jonatan freut sich darüber, dass er nun die Gelegenheit bekommt, David besser kennenzulernen.

Wenn sich Saul mit seinen Soldaten bespricht, wie man die Philister besiegen kann, dann ist ab jetzt David mit dabei. David ist klug und hat immer die besten Ideen, wie man den Krieg gewinnen kann. Und es dauert auch nicht lange, da lässt König Saul ihn mit in die Schlacht ziehen und gibt ihm das Kommando über alle Soldaten. David ist erfolgreich. Was König Saul ihm anvertraut, das gelingt ihm. Jonatan ist froh darüber! Er selbst hat nämlich gar keine Lust auf diesen Krieg, und er ist froh, dass sein Vater jemanden gefunden hat, mit dem er über diese ganzen Kriegsgeschichten diskutieren kann. Denn eigentlich hätte er als Königssohn die Leitung über die Soldaten übernehmen müssen. Doch David ist eindeutig der bessere Mann, findet Jonatan.

Mittlerweile sind David und Jonatan gute Freunde geworden. Sie sind fast wie Brüder. Eines Tages sagt Jonatan zu David: „Ich habe dich so lieb wie mein eigenes Leben. Du wärst ein besserer Königssohn als ich. Ich schenke dir darum meinen Mantel, mein Schwert, meinen Bogen und meinen Gürtel. Es ist so schön, dich hier am Königshof als Freund zu haben." Aber König Saul sieht das ganz anders. Er hätte stolz auf seine Neuentdeckung sein können. Aber er ist neidisch. Denn die Menschen jubeln jetzt David zu, nicht mehr ihm oder seinem Sohn. Wo führt das noch hin? Will David ihn etwa als König ablösen? Nein, das wird König Saul nicht zulassen. König Saul wird zornig. Er beobachtet David, wie er auf seiner Harfe klimpert. Da packt ihn der Zorn, und er wirft seinen Speer direkt auf David zu. Doch David kann ausweichen. Wollte König Saul ihn gerade etwa töten?

David flieht vom königlichen Hof. Die Menschen bejubeln ihn, aber der König will ihn lieber tot als lebendig sehen. Mit Jonatan verabredet David: „Bald ist Feiertag und der König wird mich an seiner Festtafel erwarten, aber ich werde nicht kommen. Wenn er sauer reagiert, dann weißt du, dass er mich wirklich töten will. Und dann gibst du mir Bescheid." „So machen wir es, David", antwortet Jonatan. „Wenn das Fest vorbei ist, dann schicke ich dir eine Nachricht." „Aber wie willst du mir die Nachricht schicken? Es darf uns doch niemand sehen. Wenn dein Vater merkt, dass du zu mir hältst, dann wird er dir vielleicht auch etwas antun", wendet David ein. Sie überlegen. „Ich habe eine Idee!", ruft Jonatan. Nach dem Feiertag versteckst du dich draußen hinter dem Stein, wo wir früher oft gespielt haben. Ich werde mit meinem Diener kommen und so tun, als würde ich Bogen schießen üben. Wenn ich meinem Diener zurufe: ‚Der Pfeil liegt näher bei mir!', dann bedeutet das, dass du wieder zurückkommen kannst und dir keine Gefahr droht. Aber wenn ich rufe: ‚Der Pfeil liegt weiter weg!', dann musst du fliehen." „So machen wir es", antwortet David. „Pass auf dich auf!"

Ein paar Tage später hockt David hinter dem Felsen. Er ist aufgeregt. Hoffentlich ist Jonatan nichts passiert. Sein Vater ist manchmal so zornig und verliert die Kontrolle über sich. Häufig tut es ihm danach leid. David war vor einiger Zeit schon mal vom königlichen Hof geflohen, weil König Saul einen Speer nach ihm geworfen hatte. Aber nachdem er sich bei David entschuldigt hatte, kam David wieder zurück. Doch diesmal schien es ernster. So zornig hat David seinen König noch nie erlebt. Was Jonatan wohl mit ihm besprochen hat? Da hört er auch schon die vertraute Stimme seines Freundes. Jonatan redet extra laut, damit David ihn hören kann. „Ich muss heute mal ein bisschen Bogen schießen üben", sagt er zu seinem Diener. „Nach der ganzen Esserei am Feiertag brauche ich ein bisschen Sport.

Bitte, stelle dich dort hinten aufs Feld und bring mir dann meinen Pfeil wieder." David hört Schritte, die sich schnell entfernen. Das muss der Diener gewesen sein. Zschsch! Jonatan hat einen Pfeil abgeschossen. Jetzt ruft er ganz laut: „Der Pfeil liegt weiter weg!" Kurze Zeit später hört David wieder Schritte. Der Diener hat Jonatans Pfeil gebracht. Während Jonatan noch ein paar Pfeile abschießt, um sich nichts anmerken zu lassen, laufen David in seinem Versteck schon die ersten Tränen über die Wangen. Er wird sich von Jonatan verabschieden müssen. An den Königshof kann er nicht mehr zurückkehren.

Jonatan schickt seinen Diener mit Pfeil und Bogen wieder nach Hause. „Ich komme gleich nach", gibt er ihm Bescheid. Dann ist er allein. Niemand ist zu sehen. „David!", flüstert er. „Du kannst aus deinem Versteck herauskommen!" David und Jonatan fallen sich in die Arme. „Vergiss nicht, dass wir Freunde sind. Wenn du einmal König bist, dann lass mich und alle meine Kinder leben. Ich werde dich unterstützen, so gut ich kann. Aber jetzt geh und bring dich in Sicherheit. Mein Vater hat es wirklich auf dich abgesehen!" „Ja!" David schluchzt. „Ich werde dir nie vergessen, was du für mich getan hast. Du bist mein bester Freund!"

Vertiefungsfragen

- Was bist du bereit, für deine Freundin / deinen Freund zu tun?
- Gott als bester Freund: Welche Eigenschaften hat er?

Spiele für Freunde

Freunde treffen

Die Kinder werden in Zweierteams eingeteilt. Einem Kind werden die Augen verbunden und es erhält einen Tennisball. Diesen muss es in einen 2 Meter entfernten Eimer werfen. Das sehende Kind erklärt ihm, ob es zu weit oder zu kurz geworfen hat und holt immer wieder den Tennisball zurück. Wie viele Versuche braucht das Team? Dann werden die Rollen getauscht.
Variante: Das sehende Kind hält den Eimer in 2 Metern Entfernung in der Hand und gibt durch seine Stimme bekannt, wie weit der Eimer entfernt ist und wie das Kind werfen muss. Es darf sich auch bewegen und versuchen, den Ball mit dem Eimer zu fangen. Wie oft treffen beide bei zehn Würfen?
Material: pro Team 1 Augenbinde, 1 Eimer und 1 Tennisball

Schubkarrenrennen

Immer zwei Kinder bilden ein Paar. Ein Kind berührt mit den Händen den Boden, seine Beine werden vom anderen Kind hochgehalten. Alle Paare stellen sich nebeneinander auf. Auf „Los!" müssen sie eine kurze Strecke zurücklegen. Welches Paar ist zuerst am Ziel angelangt? Dann werden die Rollen getauscht.
Material: keines

Gedächtnisspiel als Freundespaar

Die Kinder werden in Zweierteams eingeteilt und spielen gegen mehrere andere Freundespaare Memory® nach den bekannten Regeln. Ein Memory®-Spiel wird verdeckt auf den Tisch gelegt. Ein Freundespaar beginnt, indem jedes Kind des Paares eine Karte umdreht. Sind beide Karten gleich, darf es die Karten nehmen und zwei weitere Karten umdrehen. Sind sie verschieden, ist das nächste Freundespaar an der Reihe. Es ist dabei nicht erlaubt, innerhalb des Freundespaares zu reden oder sich Zeichen zu geben. Welches Zweierteam spielt am besten zusammen?

Material: mehrere Memory®-Spiele

Blind verstehen

Zwei Kinder bilden ein Paar und sitzen Rücken an Rücken. Beide bekommen dieselben acht Gegenstände (z. B. Liederbuch, Löffel, Tasse, Schere, Eimer, Stein, Glas, Schachtel). Ein Kind baut diese acht Gegenstände zu einem Turm auf. Anschließend erklärt es seiner Partnerin / seinem Partner, in welcher Reihenfolge und wie es die acht Gegenstände aufgebaut hat. Das Kind muss dies nachbauen. Dann verlassen beide ihren Platz und schauen, ob es richtig erklärt und aufgebaut wurde.

Material: pro Paar 8 gleiche Gegenstände

Feuerball

Ein großes Spielfeld wird abgegrenzt, um das man herumlaufen kann. Die Kinder werden in zwei gleich große Gruppen eingeteilt. Die eine Gruppe begibt sich ins Spielfeld und hat einen Ball, die andere stellt sich am Rand in einer Reihe auf. Nun startet das erste Kind vom Rand und muss einmal um das ganze Spielfeld laufen, während das zweite Kind sich ins Spielfeld begibt (für den anderen ins Feuer geht). Die Gruppe im Spielfeld muss versuchen, das zweite Kind abzuwerfen. Das zweite Kind darf den Ball ohne Bodenkontakt fangen. Dann wirft es ihn hoch in die Luft und es geht weiter. Das erste Kind darf nur so lange um das Spielfeld laufen, wie das zweite Kind nicht getroffen wurde. Hat es eine Runde geschafft, gibt es 1 Punkt für die Gruppe und das nächste Team startet. Dies geht so lange, bis alle einmal an der Reihe waren, dann werden die Rollen getauscht. Wer hat am Ende die meisten Punkte?

Material: Spielfeldmarkierung, 1 Ball

37. DAVID VERSCHONT SAUL

Bibeltext: 1. Samuel 24
Zielgedanke: Wer sich rächt, ist nicht besser als der, an dem man sich rächen will. Gott allein sorgt für Gerechtigkeit.

Einstiegsspiel

Zeitungsschlagen

Alle Kinder sitzen im Kreis, ein Kind A steht mit einer Zeitungsrolle in der Mitte. In der Kreismitte steht auch ein umgedrehter Eimer. Das Kind A tippt ein Kind B mit der Zeitung an. Dann legt es die Zeitungsrolle auf den Eimer und versucht, den Platz von Kind B zu ergattern, das aufstehen, sich die Zeitungsrolle schnappen und versuchen muss, das Kind A abzuschlagen, bevor es sich gesetzt hat. Gelingt dies, muss Kind A in der Mitte bleiben. Gelingt es nicht, ist Kind B an der Reihe, ein anderes Kind anzutippen.
Material: 1 Eimer, 1 gerollte Zeitung, Klebeband zum Fixieren der Zeitungsrolle

Einstiegsfragen

- Wenn dir einer weh tut, dir etwas wegnimmt oder dich ärgert, wie reagierst du dann?
- Warum ist Zurückschlagen nicht immer die beste Antwort?

Vorlesegeschichte

„Haben wir keine Fackeln mehr? Diese hier sind gleich runtergebrannt, dann werden wir in dieser finsteren Höhle gar nichts mehr sehen." David schaut seine Männer empört an. Er ist dankbar, dass sie ihm treu zur Seite stehen und zu ihm halten. Aber diese Schlamperei! Neulich hatten sie schon zu wenig zu essen. Vielleicht muss er die Aufgaben in der Mannschaft noch besser verteilen, damit solche Materialengpässe nicht wieder vorkommen. Vielleicht ist es auch bald vorbei, hofft David. Irgendwann muss König Saul doch einsehen, dass er gegen ihn verloren hat. Schon damals, als David noch am Königshof lebte, war König Saul nicht glücklich darüber, dass David alles gelang. Bei einem Fest versuchte er, mit einem Speer David an die Wand zu spießen. Aber glücklicherweise konnte David ausweichen. David hat viele Fans im Volk Israel, das konnte König Saul nie ertragen. Darum trachtet er ihm schon seit einiger Zeit nach dem Leben.

David hat sich mit seinen Männern in die Berge zurückgezogen. Die Wege sind kaum begehbar und es gibt viele Höhlen, in denen man sich gut verstecken kann. David hat sich in einer dieser Höhlen versteckt, um mit seinen Männern in Sicherheit zu sein. König Saul ist ihm auf den Fersen. Ein Spion hat ihm berichtet, dass sich König Saul mit seinen 3.000 Soldaten bereits auf der anderen Seite des Berges befindet. Gott hat David durch Samuel zum König salben lassen und ihm sein Wort gegeben, aber manchmal fällt es David schon schwer, Gott zu vertrauen. Vor allem dann, wenn er in einer dunklen Höhle sitzt.

Plötzlich ist das Trampeln von schweren Schritten vor der Höhle zu hören. Männer schreien, Felsbrocken kullern den Berg hinab. Alle wissen: Saul hat den Gipfel überquert und ist nun kurz davor, David zu entdecken. Er zieht sich mit seinen Männern in den hinteren Teil der Höhle zurück. Wie gut, dass die Fackeln ausgegangen sind. Manchmal kann Schlamperei sogar nützlich sein. Denn eine Flucht nach vorne ist jetzt nicht mehr möglich. Sie sitzen in der Falle. Alle halten den Atem an. Keiner bewegt sich. Jetzt nur keine Fehler machen, sonst sind sie tot. Aus der Höhle können sie nicht mehr fliehen. Der Eingang ist zu schmal, um an den Feinden vorbeizukommen. Da verdunkelt sich der Höhleneingang. „Mist!", denkt David, „jetzt sind wir wirklich entdeckt! Jetzt ist es aus." Es ist König Saul persönlich, der in die Höhle wankt. Er scheint es eilig zu haben. Seine Wachen bleiben am Eingang stehen. König Saul klappert mit seinem Speer, dann stöhnt er vor Erleichterung laut. Was tut er da, fragen sich die Männer im hinteren Teil der Höhle. Als es zu plätschern beginnt und ein lauter Pups ertönt, müssen sie sich das Lachen verkneifen. König Saul hat diese Höhle ausgewählt, um aufs Klo zu gehen.

Einer flüstert David ins Ohr: „Heute ist der Tag, an dem du endlich König Saul besiegen kannst. Gott hat ihn dir direkt in deine Hände gegeben, jetzt kannst du ihn ein für alle Mal erledigen." David kann sein Glück kaum fassen. Leise schleicht er sich nach vorn. Saul ist so sehr mit seinem Geschäft beschäftigt, dass er nichts bemerkt. Doch David zögert. Er ist nicht wie König Saul. Er will ihm nicht das Leben nehmen. Mit seinem Schwert schneidet er nur ein kleines Stück von seinem Mantel ab. Dann zieht er sich wieder in die Höhle zurück. Seine Männer wollen schon jubeln, da hören sie, dass König Saul noch immer beschäftigt ist. „Warum hast du ihn nicht umgebracht?", flüstern sie David zu. David flüstert zurück: „König Saul ist immer noch der gesalbte König Gottes. Es ist nicht meine Aufgabe, über sein Leben zu urteilen. Und auch keiner von euch wird König Saul ein Haar krümmen!"

Noch eine Weile stöhnt und pfeift König Saul vor sich hin, dann ist er fertig und verlässt die Höhle. David und seine Männer folgen ihm. „Mein Herr und mein König!", ruft David und wirft sich vor ihm auf den Boden. König Saul dreht sich verwundert zu David um. David steht auf. „Mein König, warum lässt du dir einreden, dass ich dir Böses will? Ich beweise dir hier das Gegenteil. Ich war mit meinen Männern in der Höhle, als du sie betreten hast. Und während du beschäftigt warst, habe ich dir ein Stück von deinem Kleid abgeschnitten. Hier kannst du es sehen." David hält das abgeschnittene Stoffstück nach oben. „Ich hätte dich töten können, aber ich habe es nicht getan, denn du bist der gesalbte König Gottes. Warum verfolgst du mich also? Ich habe dir nichts getan. Nur Verbrecher begehen Verbrechen, das Sprichwort kennst du ja. Ich tue dir nichts, warum willst du mir etwas antun und mir mein Leben nehmen? Gott soll zwischen uns beiden richten, wer richtig handelt."

König Saul hat die ganze Zeit zugehört. „Bist du das, David?", fragt er. Und dann beginnt König Saul zu weinen. „Du hast recht, David, du bist immer gut zu mir gewesen, obwohl ich dich wie einen Hund gejagt habe. Heute hat Gott dir die Möglichkeit gegeben, mich zu töten. Aber du hast mich verschont. Wo gibt's denn so was, dass einer seinen Feind einfach so laufen lässt? Gott wird dich dafür belohnen. Ich weiß ja, dass du einmal König werden wirst. Darum schwöre mir, dass du mich und meine Kinder nicht töten wirst." „Ja, das schwöre ich! Dein Sohn Jonatan ist doch mein Freund. Wenn ich einmal König sein werde, werde ich euch nichts tun."

David ist froh, dass er sich nicht an König Saul gerächt hat, obwohl das so einfach gewesen wäre. Ob König Saul ihn wirklich in Ruhe lässt, weiß er nicht. Aber er vertraut auf Gott, dass er für sein Recht sorgt. König Saul und David verabschieden sich. Von jetzt an gehen sie friedlich getrennte Wege.

Vertiefungsfragen

- Warum hat David sich nicht an König Saul gerächt und ihn umgebracht?
- Wie kann es gelingen, dass wir uns nicht selbst an anderen rächen?

Spiele mit Stofffetzen

Wer hat den Rockzipfel?

Ein Kind, das sich freiwillig gemeldet hat, ist Saul und erhält ein Stück Stoff, das es sich hinten sichtbar in die Hosentasche steckt. Die anderen Kinder sind David und stellen sich in 10 Meter Entfernung an einer Linie auf. Saul steht mit dem Rücken zu den Kindern und ruft laut: „Wer hat den Rockzipfel?" Danach dreht er sich blitzschnell um, alle Kinder müssen sofort erstarren. Wer sich dennoch bewegt hat, wird von Saul wieder an die Startlinie zurückgeschickt. Dies wird so lange wiederholt, bis ein Kind bei Saul angekommen ist und das Stoffstück ungesehen aus der Hosentasche gezogen hat. Alle Kinder treten nun wieder den Rückweg an. Ab jetzt muss Saul jedes Mal, wenn er sich umdreht, raten, wer ihm das Stoffstück geklaut hat bzw. wer es aktuell besitzt. Dabei darf er nur ein Kind nennen. Das Stoffstück kann unter den Kindern weitergegeben werden, aber sie müssen es in der Hand behalten. Wenn das Stoffstück die Startlinie überquert hat, haben die Kinder gewonnen.
Material: 1 Stoffstück, Markierung für die Startlinie

Stofftiere

Die Kinder werden in kleine Gruppen eingeteilt und erhalten ein Stück Stoff und eine scharfe Schere. Sie haben die Aufgabe, ein Tier aus dem Stoffstück auszuschneiden. Das Tier kann der Einfachheit halber auch vorgezeichnet werden. Anschließend müssen die anderen Gruppen das Tier erraten.
Material: Stoffreste, scharfe Scheren, evtl. Stifte

Stofffühlen

Verschiedene Gegenstände (z. B. Buch, Trichter, Tortenheber) werden in Stoffbeutel gegeben. Die Kinder müssen ertasten, was sich darin befindet.
Material: mehrere Stoffbeutel, verschiedene Gegenstände

Stoffe ertasten

Verschiedene Stoffe mit unterschiedlicher Struktur (z. B. Leinen, Cord, Frottee, Nicki, Gewobenes, Spitze) werden den Kindern gezeigt, aber sie dürfen nicht angefasst werden. Anschließend werden allen Kindern die Augen verbunden und die Stoffe werden herumgegeben. Im Anschluss müssen die Kinder erraten, was welcher Stoff war.
Material: verschiedene Stoffe, pro Kind 1 Augenbinde

Stoffschlange

Jedes Kind bekommt ein gleich großes Stück Baumwollstoff, das sich gut reißen lässt. Auf „Los!" muss jedes Kind versuchen, eine so lange Schlange wie möglich zu reißen. Nach 2 Minuten werden die Ergebnisse verglichen.
Material: pro Kind 1 Stück Baumwollstoff, 1 Stoppuhr

Stoffweitwurf

Jedes Kind erhält ein Papiertaschentuch und beschriftet es mit seinem Namen. Anschließend stellen sich alle an einer Wurflinie auf und werfen von dort aus das Taschentuch so weit wie möglich. Anschließend wird ausgewertet, welches Taschentuch am weitesten geflogen ist.
Material: pro Kind 1 Papiertaschentuch, Markierung für die Wurflinie

Stoffballwurf

Jedes Kind erhält ein gleich großes Stoffstück und hat die Aufgabe, darin etwas (keine Steine) einzuwickeln, damit der Stoff möglichst weit fliegt. Der Stoff darf nicht zugeknotet werden. Anschließend werfen die Kinder nacheinander ihren Stoffball von einer Wurflinie so weit wie möglich. Wer hat sich die beste Taktik ausgedacht und seinem Stoffstück zum weitesten Flug verholfen?
Material: pro Kind 1 Stoffstück, Markierung für die Wurflinie

Stofftransport

Alle Kinder erhalten ein gleiches Stück Stoff und werden in zwei Gruppen eingeteilt. Sie stellen sich hinter je einem Wassereimer in einer Reihe auf. Auf „Los!" taucht das jeweils erste Kind seinen Stoff ins Wasser und transportiert so das Wasser zu einem 2 Meter entfernten Eimer. Dann klatscht es das nächste Kind ab usw. Welche Gruppe hat nach 2 Minuten das meiste Wasser transportiert?
Material: 4 Eimer, 1 Messbecher, 1 Stoppuhr, pro Kind 1 Stück Stoff

38. GOTTESURTEIL AUF DEM KARMEL

Bibeltext: 1. Könige 18
Zielgedanke: Gott ist der einzig wahre Gott.
Man kann nicht zwei Göttern gleichzeitig angehören.

Einstiegsspiel

Entscheidungsspiel

Alle Kinder stellen sich in die Mitte des Raumes. Eine Person aus dem Mitarbeiterteam stellt eine Frage (z. B. „Trinkst du lieber Saft oder Limo?" Dabei zeigt sie bei Saft nach rechts und bei Limo nach links. Die Kinder müssen sich entscheiden und auf eine Seite des Raumes gehen. Die Mitte ist nicht erlaubt. Dies wird mit einigen anderen Fragen fortgeführt (z. B. Gummibärchen oder Chips, Pommes Frites oder Pizza, Mathe oder Deutsch, Fahrrad fahren oder laufen, ausschlafen oder früh aufstehen).
Material: keines

Einstiegsfragen

- Wie triffst du deine Entscheidungen?
- Bei was fällt es dir schwer, dich für eine Sache zu entscheiden?

Vorlesegeschichte

Micha hat sich ganz nach vorne in die erste Reihe gedrängt. Ja, jetzt kann er besser sehen. Heute sind so viele Menschen hier! Micha weiß eigentlich gar nicht so genau, worum es geht. Aber als er gehört hat, dass alle zum Opferplatz auf den Berg Karmel wandern, weil dort eine Sensation zu erwarten sei, hat er sich schnell seinen Schlauch mit Wasser gefüllt, ein paar Brote eingepackt und ist einfach mitgegangen. Auf dem Weg dorthin hat er seinen Freund Simon getroffen und ihn gefragt: „Was für eine Sensation soll denn da oben passieren?" „Micha, hast du wirklich gar nichts mitbekommen?", fragt Simon überrascht zurück. „Nein", stammelt Micha, „worum geht es denn? Ich war die letzten Wochen mit meiner kleinen Ziegenherde unterwegs und habe Gras für sie in den ausgetrockneten Flusstälern gesucht. Leider vergeblich! Wenn es nicht bald regnet, muss ich meine Tiere schlachten. Ich habe nichts mehr, was ich ihnen zu fressen geben kann." Er macht ein trauriges Gesicht. „Micha, das geht nicht nur dir so. Selbst König Ahab war mit seinen Dienern unterwegs, um nach Gras und Weideland Ausschau zu halten", antwortet Simon. „Er ist ziemlich sauer auf den Propheten Elia und hat ihn schon überall suchen lassen!" „Der Prophet Elia?", fragt Micha zurück. „Was kann denn ein Prophet dafür, dass es schon seit zwei Jahren nicht mehr geregnet hat?" „Na ja, der Prophet Elia hat doch König Ahab von Gott ausrichten lassen, dass es erst wieder regnet, wenn Gott es befiehlt. Und das ist jetzt schon zwei Jahre her", erklärt Simon.

„Ich verstehe das nicht", wendet Micha ein. „Warum sollte es Gott denn nicht regnen lassen? Will er, dass wir alle verdursten?" „Micha", Simon stemmt die Hände empört in die Hüften, „du bist wirklich lange weg gewesen. Ich erkläre es dir. Als Ahab König wurde, hat er nicht dafür gesorgt, dass die Altäre für den Gott Baal abgerissen werden. Im Gegenteil: Er hat Isebel geheiratet und für deren Göttin Aschera einen Tempel bauen lassen. Er betet die fremden Götter an und glaubt wie viele andere, dass sie für die Fruchtbarkeit, das Wetter, Blitz und Donner in unserem Land zuständig sind. Aber Gott hat durch Elia deutlich gemacht: Er allein entscheidet, wann es regnet und was wachsen darf. König Ahab war das bislang egal, und er hat weiter die fremden Götter angebetet und ihnen Opfer gebracht. Aber jetzt, wo die Brunnen bald leer und die Bäche bereits ausgetrocknet sind und unser Land wirklich droht, zu vertrocknen, da will er mit Elia reden. Elia hat ihn und uns alle auf den Berg Karmel zum Opferplatz eingeladen. Ich bin ja echt gespannt, was wir dort erleben werden."

Das ist Micha jetzt auch. Von seinem ergatterten Platz aus kann er gut sehen und hören. Der Prophet Elia steigt gerade auf einen Felsbrocken, um die Menschen gut zu sehen. „Ihr Menschen aus Israel!", ruft Elia und alle hören ihm gespannt zu. „Wie lange wollt ihr noch hin- und herschwanken und mal den lebendigen Gott, mal Baal und Aschera anbeten? Man kann nur einem Gott dienen, ihr aber entscheidet euch jeden Tag aufs Neue. Mal glaubt ihr an Gott, mal betet ihr zu Baal und Aschera. Aber das geht nicht. Man muss sich für einen Gott entscheiden." Totenstille. Niemand sagt etwas. „Ich habe einen Vorschlag", sagt Elia. „Ich bin der einzige Prophet, der noch zu Gott hält. Hier sind 450 Priester von Baal. Wir beide bringen unserem Gott ein Opfer dar. Wir bereiten alles vor, aber wir zünden kein Feuer an. Wir beten zu unserem Gott. Welcher Gott als Antwort Feuer schickt, ist wirklich Gott." „Ja, so machen wir es!" „Ja, gute Idee!" „Es lebe der wahre Gott!" Alle Menschen rufen durcheinander.

„Ihr Baalspriester seid in der Überzahl, ihr beginnt mit eurem Opfer!", sagt Elia. Uns so bereiten die Baalspriester alles vor, bauen einen Altar für ihren Gott und legen Holz und Fleisch für das Opfer bereit. Dann beginnen sie, zu Baal zu rufen :„Baal, erhöre uns! Baal, erhöre uns!" Aber es geschieht nichts. Die Priester rufen vom Morgen bis zum Mittag, sie tanzen um den Altar, aber Baal schickt kein Feuer. Da beginnt Elia zu spotten: „Ihr müsst lauter rufen, viel lauter! Er ist doch ein Gott! Vielleicht denkt er gerade nach oder er musste dringend weg und ist auf Reisen gegangen. Oder er macht einen Mittagsschlaf. Ihr müsst lauter rufen und ihn aufwecken." Die Priester werden wütend, wütend auf Elia und auf ihren Gott, der sie so im Stich lässt. Sie schreien noch lauter, tanzen wie wild um den Altar und ritzen sich mit ihren Schwertern die Haut auf. Sie schreien und tanzen den ganzen Tag, bis sie fix und fertig sind. Aber Baal reagiert nicht. Er bleibt stumm, das Opfer ist nicht verbrannt. Die Priester geben auf.

„Kommt alle zu mir rüber!", ruft Elia. Er baut den zusammengefallenen Altar für Gott wieder auf, den die Israeliten so vernachlässigt haben. Dann gräbt er rund um den Altar einen breiten Graben. „Was macht er da?", fragt Micha. „Wofür braucht er den Graben?" „Keine Ahnung!" Simon zuckt mit den Schultern. Als Holz und Fleisch auf dem Altar ausgebreitet sind, lässt er von der nahen Bergquelle Wasser bringen. Zwölf Eimer Wasser lässt er über

Holz und Fleisch kippen. Alles ist klatschnass! Das übrige Wasser ist in den Graben gelaufen. „Was soll das denn?" Simon ist nun auch verwirrt. „Wie soll denn nasses Holz brennen?" „Dieser Elia ist schon ein bisschen seltsam", pflichtet ihm Micha bei.

Jetzt wird es ganz still auf dem Berg Karmel. Eine erwartungsvolle Stille breitet sich unter den Zuschauern aus. Elia kniet nieder und betet: „Herr, Du Gott unserer Väter Abraham, Isaak und Jakob, alle Menschen hier sollen heute erfahren, dass du der echte und lebendige Gott bist! Erhöre mich, Herr, und schenke Feuer!" Und ganz plötzlich, keiner kann sagen, woher das Feuer kam, fängt das klatschnasse Holz an zu brennen. Immer größer werden die Flammen und verbrennen das Opfertier bis auf den letzten Krümel. Aber nicht nur das: Alles Holz und sogar die Steine verbrennen und das Wasser im Graben verdunstet. Mit offenem Mund stehen die Menschen da und schauen diesem Wunder zu. Das hätte niemand gedacht. Dieser Gott, den sie so vernachlässigt haben, ist der wahre Gott! Baal und Aschera sind nur Bilder, sie können nicht helfen. Aber diesem lebendigen Gott wollen sie angehören. Einer nach dem anderen geht voller Ehrfurcht auf die Knie. Auch Micha und Simon knien sich auf den Boden und beten zu Gott. Micha hat nicht nur eine Sensation gesehen, sondern ein Zeichen dafür, dass es Gott wirklich gibt.

Vertiefungsfragen

- Warum kann man Gott nicht beweisen?
- Was müsste passieren, damit du auch an Gott glauben kannst?

Spiele mit Streichhölzern

Streichholzdomino

Die Kinder werden in Dreiergruppen eingeteilt und erhalten eine Schachtel Streichhölzer und eine Styroporplatte. Sie haben die Aufgabe, die Streichhölzer so auf die Styroporplatte zu stecken, dass sie, wenn man das erste Streichholz anzündet, möglichst nacheinander und insgesamt möglichst lange brennen. Alle haben dazu 5 Minuten Zeit. Anschließend werden jeweils die ersten Streichhölzer nacheinander angezündet und die Zeit gestoppt, wie lange das Streichholzdomino brennt. Wessen Streichhölzer brennen insgesamt am längsten?
Tipp: Vorsichtshalber Wasser bereithalten.
Material: 1 Stoppuhr, Streichhölzer für die Spielleitung; pro Gruppe 1 Schachtel Streichhölzer, 1 Styroporplatte

Streichholzpyramide

Auf einen Tisch werden Streichhölzer in Pyramidenform gelegt: in die oberste Reihe eines, in die zweite Reihe zwei, in die dritte Reihe drei usw. Es müssen mindestens sieben Reihen gelegt werden, je nach Anzahl der Kinder sollten weitere Reihen gelegt werden. Nun beginnt ein Kind und nimmt entweder eines, zwei oder drei Streichhölzer weg, die in einer Reihe liegen müssen. Bei jeder Runde muss jedes Kind mindestens ein Streichholz wegnehmen. Wer das letzte Hölzchen nimmt, hat verloren.
Material: mindestens 28 Streichhölzer, 1 Tisch

Streichholzstaffel

Die Kinder werden in zwei Gruppen eingeteilt und erhalten eine Streichholzschachtel, in der sich so viele Streichhölzer wie Kinder befinden. Die Kinder stellen sich in einer Reihe auf, dann wird das Licht gelöscht und der Raum verdunkelt. Auf „Los!" nimmt das erste Kind ein Streichholz aus der Schachtel, zündet es an, bläst es wieder aus und steckt es zurück in die Schachtel. Dann gibt es die Schachtel an das nächste Kind weiter, das genauso verfährt. Abgebrannte Streichhölzer müssen immer zurück in die Schachtel gesteckt werden. Mit der Zeit dauert es immer länger, das Streichholz zu entzünden, da man nicht sieht, ob das gewählte Streichholz schon abgebrannt ist oder nicht. Welche Gruppe hat zuerst alle Streichhölzer angezündet?

Material: 2 Streichholzschachteln mit Streichhölzern

Streichholzlauf

Die Kinder werden in mehrere Gruppen eingeteilt und erhalten eine Streichholzschachtel. Eine Spielstrecke im Raum wird vereinbart (z. B. von der einen Wand zur anderen und zurück). Auf „Los!" zünden die jeweils ersten Kinder ein Streichholz an und laufen so weit auf der Spielstrecke, bis das Streichholz erlischt. Dann kommt das nächste Kind an die Reihe und startet von dort aus usw. Das Spiel endet, wenn jedes Kind aus der Gruppe einmal das Streichholz angezündet hat. Welche Gruppe konnte am öftesten die Spielstrecke zurücklegen?

Material: pro Gruppe 1 Streichholzschachtel mit Streichhölzern

Streichholzschachtellauf

Jedes Kind erhält ein Streichholz, ein Kind hat die Streichholzschachtel. Gespielt wird wie beim „Streichholzlauf". Die Kinder dürfen aber ihr Streichholz nicht bewegen, nur die Schachtel darf zum Anzünden bewegt werden. Das Kind mit der Schachtel muss also immer mitlaufen. Wenn das Streichholz abbricht, scheidet das Kind für diese Runde aus. Wie weit kommt die Gruppe?

Material: pro Gruppe 1 Streichholzschachtel mit Streichhölzern

39. ELIA HÖRT GOTT

Bibeltext: 1. Könige 19,1-18
Zielgedanke: Gott lässt sich in der Stille finden, nicht in der lauten Ablenkung. Er macht uns stark.

Einstiegsspiel

Jagdball

Die Kinder werden in zwei Gruppen eingeteilt und stellen sich in je ein Spielfeld. Im Spielfeld stehen auch einige Stühle, maximal die Hälfte der Spielerzahl. Es wird mit mindestens zwei Softbällen gespielt. Die Kinder versuchen, die Kinder der anderen Gruppe abzuwerfen, die sich hinter den Stühlen verstecken dürfen. Wer abgeworfen wurde, setzt sich auf einen der Stühle und darf Bälle fangen und an die eigenen Spielerinnen/Spieler weitergeben, nicht aber die gegnerische Mannschaft abwerfen. Gegen Ende sitzen mehrere Kinder auf einem Stuhl. Das Spiel endet, wenn alle Kinder einer Mannschaft getroffen wurden.
Material: Spielfeldmarkierung, mehrere Stühle, mindestens 2 Softbälle

Einstiegsfragen

- Was macht dich müde?
- Was tust du, wenn du völlig ausgelaugt bist?

Vorlesegeschichte

Elia ist völlig außer Puste. Seit Tagen ist er jetzt schon zu Fuß unterwegs. Und das nicht in einem normalen Tempo, sondern im Laufschritt. Als der Bote der Königin vor seiner Tür stand und ihm seinen Tod für den nächsten Morgen ankündigte, überfiel ihn Panik. Königin Isebel war stinksauer, weil Gott auf dem Berg Karmel gezeigt hatte, dass er lebendig und Baal, der Götze von Isebel, nur ein totes Bild ist. Elia hatte anschließend die 500 Baalspriester töten lassen. Das passte Königin Isebel natürlich gar nicht. Sie wollte jetzt auch Elia tot sehen. Aus Angst um sein Leben ist Elia deswegen panisch davongerannt. Nur einen Diener hat er mitgenommen, alles andere hat er zurückgelassen.

Jetzt ist Elia müde. Er kann nicht mehr, und er mag nicht mehr. Gott hatte seine Macht gezeigt, als das klitschnasse Opferfleisch zu brennen begann. Warum kann er Elia dann nicht auch vor der Königin beschützen? Warum muss Elia davonrennen wie eine aufgescheuchte Gazelle? Wo ist überhaupt Gott? Elia fühlt sich von ihm und allen anderen verlassen. Er hat so lange und so viel gekämpft. Jetzt ist er einfach nur müde. Es kommt ihm so vor, als sei er der einzige Mensch in Israel, der noch an Gott glaubt. Elia verabschiedet sich von seinem Diener, der ihm lange Zeit treu zur Seite gestanden hat. Dann geht er seinen Weg allein weiter. Wohin weiß er auch nicht. Einfach nur geradeaus. Immer weiter. Da vorn sieht er einen großen Ginsterbusch, der Schatten spendet. Da will sich Elia hinlegen und sterben.

Elia muss wohl eingeschlafen sein. Irgendetwas hat ihn geweckt: „Steh auf und iss!" Elia schaut sich überrascht um. Neben seinem Kopf sieht er ein frisch gebackenes Brot und einen Krug mit Wasser. Elia hat Hunger. Der Schlaf hat ihm gutgetan. Er isst und trinkt. Aber er ist immer noch müde. Etwas zufriedener legt er sich wieder hin und schläft weiter. Wieder wird Elia geweckt. Diesmal fühlt er sich richtig ausgeschlafen. „Steh auf und iss, denn du hast noch einen weiten Weg vor dir!" „Das muss ein Engel gewesen sein, der mich geweckt und versorgt hat", denkt Elia. „Gott hat mich also doch nicht vergessen und im Stich gelassen." Aber Elia will es genau wissen. Er hat jetzt auch eine Idee, wo er hingehen will – zum Berg Horeb. Dort ist Gott Mose begegnet und hat ihm die Zehn Gebote gegeben. Wenn Gott irgendwo auf der Welt zu finden ist, dann dort. Elia isst und trinkt. Er fühlt sich gestärkt für den langen Weg. Sterben will er jetzt doch nicht mehr.

40 Tage später ist er am Berg Horeb angekommen. Er sucht sich eine Höhle, um darin zu übernachten. Da hört er eine Stimme: „Elia, was willst du hier?" Elia erschrickt. Redet da etwa Gott zu ihm? Ja, es kann nur Gott sein, denn es ist niemand zu sehen. „Herr, ich bin so weit gewandert, weil ich keine Zukunft mehr für mein Leben gesehen habe. Die Israeliten haben den Glauben an dich verloren und beten den Götzen Baal an. Sie haben deine Altäre kaputt gemacht und dich völlig vergessen. Ich habe leidenschaftlich für dich gekämpft, aber ich bin so müde. Es kommt mir so vor, als sei ich der Einzige, der überhaupt noch an dich glaubt. Niemand hält zu mir, nicht mal du. Gibt es dich überhaupt? Manchmal habe ich wirklich meine Zweifel." Elia hat sich endlich einmal Luft gemacht. „Tritt vor die Höhle, dann werde ich an dir vorübergehen und du wirst wissen, dass es mich gibt." Gott ist also nicht sauer, dass Elia an ihm zweifelt. Elia ist froh darüber.

Da beginnt es plötzlich zu stürmen, so gewaltig, dass sogar ein paar Felsbrocken abfliegen und nach unten stürzen. Elia ist dankbar, dass er in einer Felsspalte geschützt ist. Gott begegnet ihm nicht im Sturm. Kaum hat der Sturm nachgelassen, beginnt die Erde zu beben. Elia muss sich gut festhalten, um nicht abzustürzen. Aber auch im Erdbeben begegnet Gott ihm nicht. Feuer macht sich um Elia herum breit. Die Büsche und Grashalme, ja selbst die Steine fangen an zu brennen. Das Feuer hat er neulich erst auf dem Berg Karmel erlebt. Das muss Gott sein, denkt Elia. Aber auch jetzt kann er Gottes Stimme nicht hören. Als das Feuer verloschen ist, ist es plötzlich ungewohnt still. So still, dass Elia sein eigenes Herz schlagen hört. Jetzt! Das muss Gott sein. Elia legt sich seinen Mantel über den Kopf und tritt vor die Höhle. Ein ganz leiser Hauch weht ihm um die Beine. Elia fühlt sich umarmt und geliebt. „Elia, was willst du hier?", fragt Gott ihn noch einmal. Und Elia antwortet wieder: „Sie haben dich alle verraten, niemand hält zu dir. Ich bin der Einzige, der dir treu ist. Aber jetzt wollen sie mich töten! Darum bin ich abgehauen." „Geh wieder zurück", hört Elia Gottes Stimme. „Die Menschen brauchen dich. Ich habe noch etwas mit dir vor. Ich werde bei dir sein." Elia ist getröstet und ermutigt. Er weiß jetzt: Gott lässt sich nicht im Getöse dieser Welt finden, sondern in der Stille. Mutig tritt er seinen Heimweg an.

Vertiefungsfragen

- Warum zeigt sich Gott nicht in den lauten Geräuschen?
- Wo kannst du Gott heute finden?

Spiele mit den Naturelementen

Hören mit Hindernissen

Je zwei Kinder erhalten drei leere Plastikbecher und stellen sich im Abstand von ca. 4 Metern gegenüber auf. Ein Kind erhält zwei Becher und hält sie sich fest mit der Öffnung auf die Ohren. Das andere Kind, das nur einen Becher hat, hält ihn sich an den Mund. Nun bekommt das Kind mit dem Becher am Mund einen Begriff ins Ohr geflüstert und muss diesen in den Becher sprechen. Das Kind gegenüber muss versuchen, den Begriff zu erraten.
Material: pro Team 3 Becher, Begriffe

Hören ohne Ohren

Wer keinen regelmäßigen Kontakt zu Gehörlosen hat, für den ist die Gebärdensprache wie eine Geheimsprache. Im Internet findet man z. B. unter www.gebaerdenlexikon.ch (letzter Zugriff am 13.03.2019) kleine Videos zu einzelnen Begriffen. Alle Kinder sitzen im Kreis, eine Person aus dem Mitarbeiterteam macht einen Begriff mithilfe der Gebärdensprache vor, und die Kinder müssen erraten, worum es sich handelt.
Material: Gebärdensprache als Videos

Land, Schiff, Meer

Die Spielfläche wird in drei Gebiete eingeteilt: Land, Schiff und Meer. Auf dem Land stehen die Kinder mit verschränkten Armen, auf dem Schiff strecken sie die Ellenbogen nach außen und die Hände über den Kopf wie zwei Segel, auf dem Meer legen sie sich auf den Bauch und machen Schwimmbewegungen. Sind die Spielfelder und Bewegungen erklärt, stellen sich alle Kinder an den Spielfeldrand. Die Spielleitung ruft nun eines der drei Gebiete. Alle Kinder müssen sich in das richtige Gebiet begeben und die richtige Bewegung dazu machen. Wer dies falsch macht oder als Letzte/Letzter im Gebiet ankommt, scheidet aus. Wer bleibt bis zum Schluss übrig?
Material: Spielfeldmarkierung

Regen fangen

Dieses Spiel kann nur bei Regen gespielt werden. Die Kinder werden in mehrere Gruppen eingeteilt und erhalten einen Eimer, den sie ins Trockene stellen. In diesen müssen sie so viele Regentropfen wie möglich fangen. Dafür darf alles benutzt werden, nur nicht der Eimer selbst. Nach 10 Minuten wird gemessen, wer den meisten Regen gefangen hat.
Material: 1 Messbecher, pro Gruppe 1 Eimer, 1 Stoppuhr

Erdbeben

Die Kinder werden in Dreiergruppen eingeteilt und stellen sich zusammen. Zwei Kinder bilden mit den Armen ein Dach über dem dritten, dem Bewohner des Hauses. Ein oder zwei Kinder, die keine Gruppe haben, einigen sich auf einen Befehl, den sie laut rufen und der von allen befolgt werden muss. Bei „Umzug" müssen die Bewohner die Plätze wechseln, die Kinder, die das Dach bilden bleiben stehen. Bei „Neubau" wechseln die äußeren Kinder den Bewohner und bauen ein neues Dach über einem anderen Kind. Bei „Erdbeben" müssen alle die Gruppe und den Platz wechseln. Die Kinder ohne Gruppe müssen versuchen, einen Platz zu ergattern, sodass nun andere Kinder übrig bleiben.

Tipp: Um zu verhindern, dass die Kinder extra trödeln, um auch einmal einen Befehl rufen zu dürfen, können die Kinder, die keinen Platz in einem Haus gefunden haben, 1 Strafpunkt erhalten.

Material: keines

Erdbebenbalance

Auf einen kleinen Ball wird ein dickes Holzbrett gelegt. Ein Kind versucht, sich auf das Brett zu stellen und es in die Balance zu bringen. Welches Kind kann länger als 10 Sekunden auf dem Brett stehen?

Material: 1 Ball, 1 dickes Holzbrett, 1 Stoppuhr

Transport bei Erdbeben

Ein Kind, das sich freiwillig gemeldet hat, stellt sich auf einen Tisch (z. B. Biertisch). In der Hand hält es einen Esslöffel mit einem Tischtennisball. Alle anderen Kinder halten den Tisch wenige Zentimeter über dem Boden und versuchen durch leichte Bewegungen nach oben und unten dem Kind den Tischtennisball vom Löffel zu „werfen". Wie lange kann das Kind dem Erdbeben standhalten?

Material: 1 Esslöffel, 1 Tischtennisball, 1 Tisch (z. B. Biertisch)

Gefährlicher Weg

Ein Kind, das sich freiwillig gemeldet hat, stellt sich an einer Seite des Raumes auf und erhält einen Esslöffel und einen Tischtennisball. Die anderen Kinder stellen sich in einer Gasse jeweils an den Seiten der Raumes auf und erhalten einen Luftballon, den sie aufblasen und zuknoten. Das Kind hat die Aufgabe, den Tischtennisball auf dem Löffel von der einen Seite des Raumes zur anderen zu transportieren, ohne dass der Tischtennisball herunterfällt und ohne dass es von einem Luftballon (Gesteinsbrocken) getroffen wird. Auf „Los!" startet es. Alle Kinder am Rand werfen ihren Luftballon auf das Kind. Dieses darf die Ballons mit der Hand abwehren. Wird es außer an der Hand getroffen oder verliert es den Tischtennisball, hat es die Aufgabe nicht geschafft und die Rollen werden getauscht.

Material: Luftballons, 1 Esslöffel, 1 Tischtennisball

Blitzschlag

Die Kinder werden in zwei Gruppen eingeteilt und stellen sich in zwei Kreisen (Innenkreis und Außenkreis) jeweils so auf, dass jede und jeder ein Gegenüber hat. Diese beiden bilden ein Team. Alle Kinder laufen nun im Kreis im Uhrzeigersinn. Nun gibt die Spielleitung Kommandos an den Innen- oder Außenkreis. Wechselstrom bedeutet, dass der genannte Kreis entgegen dem anderen gehen muss, Gleichstrom bedeutet, dass der genannte Kreis in dieselbe Richtung wie der andere Kreis gehen muss. Beispiel: Das Kommando „Innenkreis Wechselstrom" bedeutet, dass der innere Kreis entgegen des Uhrzeigersinns läuft. Ruft die Spielleitung „Blitzschlag", versuchen alle Kinder, ihre Partnerin / ihren Partner zu finden, an den Händen zu halten und sich auf den Boden zu setzen. Welches Paar sich zuletzt setzt, wurde vom Blitz getroffen.

Variante: Allen Kindern werden, nachdem sie im Kreis stehen und ein Gegenüber haben, die Augen verbunden. Beim Kommando „Blitzschlag" müssen sie nun durch Rufen ihre Partnerin / ihren Partner finden.

Material: keines; für die Variante: Augenbinden

Donnerwetter, Blitz

Alle Kinder stellen sich in einer Reihe auf, in ca. 5 bis 8 Meter Entfernung steht ein Kind mit dem Rücken zu den anderen Kindern. Es ruft laut: „Donnerwetter, Blitz!" So lange das Kind noch ruft, laufen alle Kinder so weit wie möglich zu ihm hin. Bei „Blitz!" dreht sich das Kind um. Wer sich dann noch bewegt oder wackelt, muss zurück an die Ausgangslinie. Das Kind dreht sich wieder um usw. Wer zuerst das Kind erreicht hat, darf als nächstes „Donnerwetter, Blitz!" rufen.

Material: keines

Der Boden bebt

Immer zwei Kinder bilden ein Paar und erhalten eine Decke. Ein Kind stellt sich auf die Decke. Das andere Kind hält die Decke am Rand fest. Auf ein Kommando, das sie sich selbst geben, zieht das eine Kind die Decke weg, während das andere Kind in die Höhe springt. Klappt dies, stellen sich zwei Kinder auf die Decke, dann drei usw. Wie viele Kinder können gleichzeitig in die Höhe springen, ohne auf der Decke zu landen?

Material: Decken

Aufräumarbeiten

Nach dem Unwetter müssen heruntergefallene Steinbrocken weggeräumt werden. Immer zwei Kinder bilden ein Paar und halten sich überkreuzt an den Händen fest. Auf diese Überkreuzung wird ein Stein in Form einer Pappschachtel gelegt. Auf „Los!" müssen die Kinder die Pappschachtel so schnell wie möglich durch einen Parcours transportieren. Fällt der Stein herunter, ist er kaputt und das Paar muss wieder von vorn beginnen. Wer ist am schnellsten?

Material: pro Paar 1 Pappschachtel, Hindernisse bzw. Markierung für den Parcours, 1 Stoppuhr

Steine wegtragen

Nach dem Unwetter müssen alle Steine so weit wie möglich weggeschafft werden. Immer zwei Kinder bilden ein Paar, stellen sich an einer Startlinie auf und halten sich überkreuzt an den Händen fest. Auf diese Überkreuzung wird ein Stein in Form einer Pappschachtel gelegt. Auf „Los!" müssen die Kinder die Pappschachtel so weit wie möglich nach vorne werfen. Wer schafft den weitesten Wurf?

Material: pro Paar 1 Pappschachtel, Markierung für Startlinie, 1 Meterstab

Vulkanausbruch

Ein Kind spielt den Vulkan, alle anderen Kinder sind Bewohner und halten sich zu Beginn am Vulkan fest. Von dort aus müssen sie versuchen, dem Vulkan zu entkommen, während der Vulkan wegschaut, und das weiße Tuch schnappen, das am Ende des Raumes liegt. Der Vulkan dreht sich zur Wand und ruft langsam: „Vulkanausbruch!" Danach dreht er sich schnell wieder den Kindern zu, die in der Zwischenzeit versucht haben zu fliehen. Wer sich noch bewegt, muss wieder zurück zum Vulkan. Wer schnappt sich zuerst das weiße Tuch?

Material: 1 weißes Tuch

Donnerschreck

Alle Kinder hüpfen im Raum wild umher. Ein Kind steht mit dem Rücken zum Raum und hat einen Topfdeckel und einen Löffel in der Hand. Es schlägt einmal laut auf den Deckel, dann dreht es sich um. Alle Kinder verharren in Schockstarre. Wer sich aber trotzdem noch bewegt oder wackelt, scheidet aus. Wer bleibt bis zum Schluss übrig?

Material: 1 Topfdeckel und 1 Löffel

40. NABOTS WEINBERG

Bibeltext: 1. Könige 21
Zielgedanke: Neid zerstört. Besser ist es, sich mit dem anderen zu freuen.

Einstiegsspiel

Bonbonwerbung

Die Kinder werden in Gruppen zu zweit oder zu dritt eingeteilt und erhalten eine Süßigkeit. Sie sind nun die Produkttester und müssen sich eine Werbung überlegen, wie sie das Produkt am besten bewerben, sodass es am Ende alle haben wollen. Der Fantasie sind keine Grenzen gesetzt. Nach einer Vorbereitungszeit präsentieren alle ihre Süßigkeit und bewerten anschließend, welche Werbung sie am ehesten überzeugt und neidisch auf die Produkttester gemacht hat.
Material: pro Gruppe 1 Süßigkeit

Einstiegsfragen

- Auf wen oder was bist du neidisch?
- Was tust du, wenn du feststellst, dass du auf etwas oder jemanden neidisch bist?

Vorlesegeschichte

Jahdai prüft noch ein letztes Mal, ob sein neues Gewand auch richtig sitzt, dann verlässt er sein Ankleidezimmer. Er weiß, er ist für den Anlass nicht ganz passend angezogen, aber wann hat er schon mal die Gelegenheit, vor so vielen Menschen sein neues Gewand zur Schau zu tragen? Jahdai ist stolz, dieses Gewand zu haben. Er hat es sich extra schneidern lassen. Mit etwas schlechtem Gewissen denkt Jahdai an den Tag zurück, als sein Cousin bei einer Familienfeier mit einem neuen Gewand daherkam. Alle bewunderten ihn und fragten ihn über das Kleid aus. Der Cousin ließ damit alle neben sich farblos erscheinen, sogar die Gastgeber. Jahdai neidete ihm die Bewunderung. Er musste auch so ein Kleid haben! Heimlich schnitt er eine Ecke des Gewands ab, um damit zu seinem Schneider zu gehen und ihm zu zeigen, was er haben wollte. Als sein Cousin die abgeschnittene Ecke bemerkte, ließ Jahdai sich nichts anmerken. Das Tuch von Jahdais Gewand ähnelte jetzt zwar dem seines Cousins, aber Jahdai ist sich sicher, dass er ihn nicht verdächtigen wird. Jahdai hofft, damit endlich zu den angesehenen Männern der Stadt und dem Beraterkreis um den König zu gehören.

Heute ist Bußtag. Den hat Königin Isebel ausgerufen. Irgendetwas scheint dem König und der Königin quer zu liegen, darum soll das ganze Volk fasten und zu Gott rufen. Vielleicht wird ja ein Schuldiger gefunden, dann hat sich der Bußtag gelohnt. Jahdai macht sich auf zum Versammlungsplatz vor dem Palast. Dort wollen sie gemeinsam zu Gott beten. Auf dem Weg dorthin trifft er einige Bekannte. Sie bewundern sein Kleid. Jahdai ist stolz. Er ist so schön und so reich. Ach, wie gut das Leben es doch mit ihm gemeint hat! Das schlechte Gewissen seinem Cousin gegenüber ist fast verschwunden. Auf dem Versammlungsplatz drängt Jahdai sich bis ganz nach vorn. Schließlich ist er ein wichtiger und reicher Mann in der Stadt und hat etwas zu sagen. Da will er sich nicht unter das gewöhnliche Volk stellen, das weiter hinten steht. Jahdai wundert sich. Hier vorne stehen zwei ihm unbekannte Menschen. Jahdai hat sie noch nie gesehen. Sie sehen nicht sonderlich gepflegt aus. Ihre Haare sind zwar frisiert und die Kleider, die sie tragen, sind ohne Löcher und Flecken. Aber an ihren Zähnen kann Jahdai erkennen, dass sie arme Leute sind. Schüchtern lächeln sie und blicken in der Gegend herum.

Jahdai begrüßt Nabot, seinen alten Freund. „Schalom, Nabot. Sag, weißt du, wer diese beiden Männer sind? Ich habe sie noch nie gesehen!" Nabot schüttelt den Kopf. „Nein, keine Ahnung! Wahrscheinlich wieder irgendwelche gekauften Diener von Königin Isebel", antwortet er. „Pssst! Nicht so laut. Wer die Königin beleidigt, ist des Todes!", warnt ihn Jahdai. „Ach, die Königin", Nabot schüttelt frustriert den Kopf, „die ist sowieso nicht gut auf mich zu sprechen. Ich habe dem König einen Wunsch ausgeschlagen. Jetzt sind sie beleidigt." Jahdai zieht überrascht die Augenbrauen hoch. „Du hast was? Dem König einen Wunsch ausgeschlagen? Bist du verrückt?" „Nein, das bin ich ganz bestimmt nicht", antwortet Nabot. „Ich bin nur treu. Der König wollte meinen Weinberg kaufen, der direkt an seinen Palast grenzt. Er ließe sich so gut zu einem königlichen Gemüsegarten umgestalten, meinte er. Aber der Weinberg ist mein Erbteil. Er ist schon seit Generationen im Besitz meiner Familie. Er ist das Land, das Gott uns versprochen hat. So etwas gibt man doch nicht so einfach her, oder?" Jahdai schüttelt zustimmend den Kopf. Er kann verstehen, warum Nabot so gehandelt hat. Dieser fährt fort: „Jetzt ist König Ahab beleidigt, und wie ich gehört habe, isst und trinkt er nichts mehr. Er benimmt sich wie ein bockiges Kind, dem ein Wunsch nicht erfüllt wurde." Jahdai legt tröstend einen Arm auf Nabots Schulter. „Du hast richtig gehandelt, sein Erbe verkauft man nicht. Ich hoffe bloß, dass das nicht noch ein böses Nachspiel für dich hat."

Die Fanfaren kündigen die Ankunft der Königin an. Nabot und Jahdai beenden ihr Gespräch und verbeugen sich wie alle anderen tief vor der Königin. Die gewöhnliche Zeremonie eines Bußtages beginnt. Alle stimmen ein in die Lieder und Gebete. Dann wird dazu aufgefordert, Schuld vor Gott zu bekennen. Die beiden Fremden in der ersten Reihe schauen sich nervös an. Dann ruft einer von ihnen laut: „Nabot hat über Gott und den König gelästert!" Dabei zeigt er noch nicht mal auf Nabot, sondern auf einen ganz anderen Mann. Es ist so offensichtlich, dass die beiden Männer das gar nicht wissen, sondern nur sagen, weil sie dafür bezahlt werden. Aber niemand unternimmt etwas gegen den Schwindel.

Schneller als Jahdai sich umschauen kann, sind zwei Soldaten herbeigesprungen, als hätten sie nur auf ihren Einsatz gewartet. Sie packen Nabot am Arm und ziehen ihn auf ein Podest, von dem aus ihn alle sehen können. Der zweite fremde Mann wiederholt den Schwindel: „Dieser Mann hat über Gott und den König gelästert!" Die Königin schenkt Nabot nur einen Blick, dann ruft sie laut: „Führt ihn vor die Stadt und steinigt ihn. Er hat es nicht anders verdient!" Die Amtsträger der Stadt jubeln der Königin zu, weil sie für Recht und Ordnung sorgt, dann folgen sie den Soldaten, die Nabot Richtung Stadttor schubsen. „Aber das stimmt doch alles gar nicht!", ruft Jahdai empört. „Das ist doch alles Lüge. Ich kann euch sagen, wie es wirklich ist." Aber niemand beachtet ihn mehr. Die Menschen gehen den Soldaten hinterher. Sie sind froh, einen Schuldigen gefunden zu haben, für was auch immer.

Jahdai bleibt zurück. Er ist entsetzt. So weit hat der Neid des Königs geführt, dass ein Unschuldiger sterben muss. Denn Jahdai hat richtig kombiniert: Wer wegen Verrat an dem König gesteinigt wird, dessen Besitz fällt in die Hände des Königs. So kommt König Ahab also doch noch zu seinem Gemüsegarten. Jahdai muss an seinen eigenen Neid auf seinen Cousin denken und wie er ihm das Gewand zerstört hat. Er wird jetzt gleich zu seinem Cousin gehen und seinen Fehler bekennen. Neid darf in Jahdais Leben keinen Platz mehr haben.

Vertiefungsfragen

- Wo hast du ähnliche Geschichten erlebt, dass du jemanden beneidet hast oder du von jemandem beneidet wurdest? Wie war das?
- Wie kann Gott dir dabei helfen, mit deinem Neid umzugehen?

Spiele zum Wegnehmen und Wiederbringen

Hase und Jäger

Ein Kind, das sich freiwillig gemeldet hat, ist der Jäger, die anderen sind die Hasen und bekommen einen Schwanz (z. B. ein Geschirrtuch) in die Hose gesteckt, sodass der längste Teil herausschaut. In einem abgegrenzten Spielfeld versucht der Jäger, einem Hasen den Schwanz zu klauen. Ist ihm dies gelungen, steckt er sich das Tuch in die eigene Hose und ist jetzt ein Hase. Das andere Kind wird zum Jäger.
Tipp: Es kann auch mit mehreren Jägern gespielt werden.
Variante: Es wird draußen in einem abgegrenzten Bereich gespielt und die Hasen dürfen sich auch verstecken. So müssen die Hasen viel mehr aufpassen, wer der neue Jäger ist, da sie in ihrem Versteck nicht jeden Jägerwechsel sofort mitbekommen.
Material: pro Kind 1 Schwanz, Spielfeldmarkierung

Dododo

Die Kinder werden in zwei Gruppen eingeteilt und stellen sich auf zwei aneinandergrenzende gleichgroße Spielfelder. Ein Kind einer Gruppe atmet tief ein und sagt immer „Dododo", bis ihm die Luft ausgeht. So lange das Kind „Dododo" sagt, darf es ins andere Feld und ein Kind abschlagen, das ihm ausweichen darf. Dann läuft es zurück in sein eigenes Feld. Auf dem Rückweg darf es von den Gegnern am Rückweg gehindert oder festgehalten werden. Wenn das Kind aufhört, „Dododo" zu sagen, bevor es das eigene Feld erreicht hat, gilt der Versuch als misslungen und beide müssen in diesem Feld bleiben. Gelingt der Versuch, kommt auch das abgeschlagene Kind mit in die andere Gruppe. Das Spiel ist beendet, wenn alle in einer Mannschaft sind.
Material: Spielfeldmarkierung

Tuchfußball

Die Kinder werden in zwei Gruppen eingeteilt und stellen sich in Reihen gegenüber auf. Rechts und links der Reihen steht jeweils ein Eimer, der das Tor der Gruppen darstellt. Es wird vereinbart, welches Tor welcher Gruppe gehört. In der Mitte zwischen den Gruppen liegt ein Tuch. Auf „Los!" starten die jeweils rechten Kinder der Reihe (diagonal voneinander entfernt) und versuchen, das Tuch zu schnappen und in ihren Eimer zu transportieren. Wer das Tuch hat, darf von dem anderen Kind abgeschlagen werden. Gelingt dies, dann bekommt die andere Gruppe ein Tor zugesprochen. Die beiden Kinder stellen sich in ihrer Gruppe wieder hinten (links) an.

Variante: Die Kinder werden durchnummeriert, wobei die zwei Einsen sich diagonal gegenüberstehen sollten. Die Spielleitung ruft eine Nummer, diese Kinder starten dann, um das Tuch in ihren Eimer zu bringen.

Material: 2 Eimer, 1 Tuch

Gold klauen

Die Kinder werden in drei oder mehr Gruppen eingeteilt, erhalten je eine Schüssel und verteilen sich gleichmäßig am Spielfeldrand. In der Mitte befindet sich eine große Schüssel als Zentrallager mit Goldtalern (oder Glasnuggets). Die Aufgabe der Gruppen ist es, so viele Goldtaler wie möglich innerhalb von 5 Minuten in ihre Schüsseln zu transportieren. Ob sie dafür die Goldtaler aus dem Zentrallager oder aus den Lagern der anderen Gruppen holen, bleibt ihnen überlassen. Jedes Kind darf jeweils nur einen Taler transportieren und hat freien Zugang zu allen Schüsseln, die nicht versteckt werden dürfen. Auch darf niemand blockiert werden. Wer geschickt taktiert, verhindert, dass andere Gruppen mehr Goldtaler haben als man selbst. Nach der Spielzeit wird gezählt, wer die meisten Goldtaler klauen konnte.

Material: 1 große Schüssel, viele Goldtaler/Glasnuggets, pro Gruppe 1 Schüssel, Spielfeldmarkierung, 1 Stoppuhr

41. ELISA VERMEHRT DAS ÖL

Bibeltext: 2. Könige 4,1-7
Zielgedanke: Gott möchte unseren Vertrauensvorschuss, auch wenn wir noch nichts von seiner Hilfe sehen.

Einstiegsspiel

Schüsseln besorgen

Die Kinder werden in mehrere Kleingruppen eingeteilt und haben die Aufgabe, innerhalb von 2 (bis 5) Minuten so viele Gefäße wie möglich zu suchen und mit Wasser zu füllen. Wenn die Zeit beendet ist, wird abgemessen, welche Gruppe das meiste Wasser speichern konnte.
Material: keines, die Gruppen müssen sich selbst im Gemeindehaus und in der Umgebung mit Schüsseln versorgen

Einstiegsfragen

- Wem vertraust du?
- Wen würdest du um Hilfe bitten, wenn du in Not bist?

Vorlesegeschichte

Dina ist ratlos. Was soll sie bloß machen? Seit ihr Mann gestorben ist, geht alles den Bach runter. Wie soll das bloß weitergehen? Als ihr Mann noch lebte, fühlten sie sich als Familie in ihrer Armut reich. Sie hatten sich entschieden, mit anderen Familien eine Gemeinschaft zu gründen und in Armut zu leben. Sie folgten dem Propheten Elisa und lernten von ihm. Sie lebten von dem, was die Menschen Elisa spendeten, und teilten es untereinander auf. Da gab es auch mal Wochen, wo sie nicht so üppig zu essen hatten. Dann liehen sie sich kleine Summen, um für die Kinder etwas zu essen zu kaufen. Das Geld konnten sie meist nach der nächsten größeren Spende wieder zurückzahlen. Die Armut, zu der sie sich freiwillig entschlossen hatten, war befreiend. Sie mussten keine Güter vor Dieben bewachen. Sie mussten sich nicht mit ihren Geschwistern um die Erbfolge streiten, wer welchen Acker bekommt. Sie konnten ihre ganze Kraft und Zeit in Gott stecken und anderen weiterhelfen, indem sie erzählten, was sie von Gott gelernt hatten.

Aber dann wurde Dinas Mann ganz plötzlich krank und starb kurz darauf. Dina und ihre beiden Söhne blieben allein zurück. Als Witwe hatte sie in einer Prophetenschule nichts mehr zu suchen. Manchmal half ihr die Gemeinschaft noch aus, aber eigentlich sollte sie jetzt schauen, wie sie allein klarkam. Gar nicht. Sie musste sich weiter Geld leihen, um für ihre Söhne etwas zu essen zu kaufen. Erst nur ein bisschen, dann immer mehr. Den Geldverleiher hat sie bisher immer auf den nächsten Monat vertröstet. Aber jetzt lässt er sich nicht mehr abwimmeln.

Der Geldverleiher steht vor der Tür und Dina kann ihn nicht bezahlen. Heute nicht und morgen auch nicht, das weiß sie. „Ich sehe, du hast kein Geld mehr, um deine Schulden zu bezahlen", sagt er. „Dann werde ich wohl deine Söhne als Sklaven mitnehmen. Sie müssen das abarbeiten, was du mir schuldest!" „Nein! Nicht meine Söhne! Sie sind noch so jung. Sie haben doch gerade erst ihren Vater verloren, soll ihnen jetzt auch noch die Mutter weggenommen werden?" Dina laufen die Tränen über das Gesicht. „Bitte, bitte, hab Erbarmen mit mir! Gib mir noch einmal die Möglichkeit, das Geld zu beschaffen. Nur noch dieses eine Mal!" Dina fällt vor dem Geldverleiher auf die Knie und fleht ihn an, so verzweifelt ist sie. „Nun gut", brummt der Geldverleiher, „eine Woche gebe ich dir. Dann komme ich und hole mir das Geld oder die Jungen!" Der Geldverleiher verlässt die verzweifelte Frau. Die Kinder haben aus ihrem Versteck alles mit angehört. „Mutter! Mutter! Wir gehen mit diesem Mann, wenn es dir dann besser geht!", rufen sie der weinenden Frau zu und krabbeln aus den leeren Körben, die ein ideales Versteck bieten. „Nein, das werde ich nicht zulassen! Irgendetwas muss mir bis nächste Woche einfallen!", antwortet Dina und wischt sich entschlossen die letzten Tränen von der Wange. „Ich werde Elisa um Rat fragen."

Gesagt, getan. Dina sucht den Propheten Elisa und findet ihn wie immer in ihrem Gemeinschaftshaus, wo er gerade dabei ist, einige Prophetenschüler zu unterrichten. Dina platzt einfach dazwischen, so groß ist ihre Not. „Elisa, ich brauche deine Hilfe. Mein Mann hat Gott immer treu gedient, das weißt du. Gott hat uns gut versorgt, aber trotzdem haben sich Schulden angehäuft. Jetzt steht der Geldverleiher vor der Tür und will mir meine Kinder wegnehmen, weil ich die Schulden nicht bezahlen kann." Dina ist ganz außer Atem, so schnell hat sie erzählt. Elisa schaut sie besorgt an. „Dina, was hast du denn noch im Haus?" „Nichts, gar nichts, das ist ja mein Problem!", ruft Dina ihm entgegen. „Nur ein kleiner Krug mit Öl ist noch übrig, sonst haben wir gar nichts mehr." Elisa überlegt kurz, dann sagt er: „Geh in der Nachbarschaft herum und leihe dir leere Gefäße aus, alles, was du bekommen kannst, aber nicht zu wenige. Dann geh in dein Haus und schließe die Tür ab. Gieße das Öl in die Krüge." Dina schaut ihn fragend an. Wenn sie das Öl in die Krüge gießt, ist in jedem ein bisschen. Das meiste bleibt am Rand hängen. Dann hat sie ja hinterher noch weniger! Aber Elisa schaut sie freundlich an, so als wolle er sagen: „Du kannst Gott ruhig vertrauen."

Fragend macht Dina kehrt und erzählt es ihren Söhnen. Gemeinsam klopfen sie bei den Nachbarn und leihen sich so viele Krüge wie möglich aus. Den Fragen der Nachbarn, wozu sie die Krüge brauchen, geben sie nur eine ausweichende Antwort. Als das Haus voller Krüge ist, schließen sie die Tür ab, wie Elisa es gesagt hat. Dina lässt sich den ersten Krug reichen und füllt ihn mit dem Öl. Komisch, dieser Krug ist viel größer als der Ölkrug, aus dem Dina das Öl gegossen hat, und trotzdem ist er voll geworden. Dinas Söhne reichen den nächsten Krug. Auch der wird voll mit Öl. Sie staunen. Hier ist wirklich Gott am Werk! Begeistert reichen die Söhne einen Krug nach dem anderen. Und das Öl fließt und fließt. Erst als alle Krüge voll sind, versiegt auch der kleine Ölkrug.

Überglücklich rennt Dina zu Elisa: „Das Öl hat sich vermehrt! Alle Krüge sind jetzt voll mit Öl!" Elisa freut sich: „Dann verkaufe das Öl und bezahle deine Schulden. Von dem Rest könnt ihr als Familie leben!" Dina kann es kaum fassen. Gott hat tatsächlich für sie gesorgt. Was, wenn sie ihm nicht vertraut und sich nur einen einzigen Krug ausgeliehen hätte?

Vertiefungsfragen

- Wie viele Krüge hättest du dir ausgeliehen?
  Erst einen, um zu schauen, ob es auch stimmt?
- Wann und wie kannst du Gott heute vertrauen?

Spiele mit Töpfen und Schüsseln

Krüge sammeln

Die Kinder werden in kleine Teams eingeteilt. Auf ein festes Blatt DIN-A4-Papier malen sie ein Haus und schreiben ihren Namen darauf. Diese Blätter und weitere Blätter mit Häusern darauf werden als Kreis in die Mitte gelegt. Unter die Blätter kommt eine unbekannte und ungleichmäßige Anzahl an Krügen (auf Notizzettel geschrieben oder gemalt). Jede Gruppe sucht sich noch eine Spielfigur aus, dann geht es los. Eine Gruppe würfelt und geht von ihrem Haus aus die entsprechende Zahl im Uhrzeigersinn. Wenn sich unter dem Blatt ein Krug befindet, darf sie ihn sich nehmen und auf ihr Haus legen. Wenn nicht, geht sie leider leer aus. Die Spielfigur bleibt dort stehen, dann ist die nächste Gruppe an der Reihe. Dies geht so lange, bis keine Krüge mehr unter den Häusern sind. Wer hat die meisten Krüge eingesammelt?
Material: festes DIN-A4-Papier, Stifte, Notizzettel, Spielfiguren, 1 Würfel

3-D-Topfschlagen

Einem Kind, das sich freiwillig gemeldet hat, werden die Augen verbunden und es bekommt einen Kochlöffel in die Hand. Die Gruppe versteckt einen Kochtopf, unter dem sich eine Süßigkeit befindet. Der Topf muss sich nicht auf dem Boden befinden, sondern kann auch auf einem Stuhl, dem Tisch oder im Regal einen Platz finden. Zerbrechliche Gegenstände sollten allerdings beiseite geräumt werden. Die Gruppe gibt dem Blinden Hilfestellung, indem sie durch langsames Sprechen der Silbe „na" ausdrückt, dass sich das Kind noch weit weg vom Topf befindet. Umso schneller die Gruppe spricht, umso näher ist das Kind. Die Tonhöhe des Wortes gibt an, ob sich das Kind in der richtigen Ebene befindet. Tief gesprochen ist es falsch, höher gesprochen ist es richtig. Wie lange dauert es, bis das Kind den Topf findet?
Material: 1 Augenbinde, 1 Topf, 1 Kochlöffel, Süßigkeiten

Paralleles Topfschlagen

Zwei oder mehr Kinder, die sich freiwillig gemeldet haben, bekommen die Augen verbunden und einen Kochlöffel in die Hand. Für jedes Kind wird ein Topf auf dem Boden versteckt, unter dem sich eine Süßigkeit verbirgt. Auf „Los!" gehen die Kinder auf die Knie und suchen mit dem Kochlöffel den Topf. Die anderen Kinder rufen Kommandos, um ihnen zu helfen. Dabei gibt es ein wildes Durcheinander, weil niemand weiß, wem welches Kommando gilt. Wer findet trotzdem einen Topf?
Material: mindestens 2 Augenbinden, 2 Töpfe und 2 Kochlöffel, Süßigkeiten

Topfschlagwettbewerb

Zwei oder mehr Kinder, die sich freiwillig gemeldet haben, bekommen die Augen verbunden und einen Kochlöffel in die Hand. Für alle Kinder ist nur ein Topf auf dem Boden versteckt, unter dem sich eine Süßigkeit befindet. Wer ihn zuerst findet, darf die Süßigkeit behalten.
Material: mindestens 2 Augenbinden und 2 Kochlöffel, 1 Topf, Süßigkeiten

Schüsselfangen

Die Kinder werden in Zweierteams eingeteilt und erhalten eine Plastikschüssel und einen Tennisball. Die Kinder stellen sich in ca. 3 Meter Entfernung voneinander auf. Ein Kind versucht, den Tennisball in die Schüssel zu werfen, die das andere Kind in der Hand hat. Der Ball muss in der Schüssel bleiben. Welches Team schafft dies bei zehn Würfen oder innerhalb von 2 Minuten am häufigsten?
Material: Plastikschüsseln, Tennisbälle, evtl. 1 Stoppuhr

Schüssellauf

Die Kinder werden in zwei Gruppen eingeteilt. Von beiden Gruppen stellt sich jeweils eine Hälfte der Kinder an der Startlinie und die andere Hälfte an der Ziellinie hintereinander auf. Das erste Kind jeder Gruppe erhält vier Plastikschüsseln oder Eimer, in die es sich mit den Händen und Füßen bei gestrecktem Körper hineinstellt. Auf „Los!" muss es so zur Ziellinie krabbeln, ohne die Plastikschüsseln/Eimer zu verlieren. Dort wird es vom nächsten Kind abgelöst, das den Weg auf diese Weise wieder zurückkrabbeln muss usw. Welche Gruppe hat zuerst mit allen Kindern den Weg krabbelnd zurückgelegt?
Material: 8 Schüsseln oder Eimer, Markierung für die Start- und Ziellinie

42. NAAMAN WIRD GEHEILT

Bibeltext: 2. Könige 5
Zielgedanke: Gott will keine Geschenke, sondern unser Herz.

Einstiegsspiel

Ja-Nein-Fangen

Die Kinder werden in zwei Gruppen eingeteilt und stellen sich gegenüber mit einem Abstand von 2 Metern auf. Hinter jeder Gruppe gibt es im Abstand von 5 Metern eine Ziellinie. Die eine Gruppe ist die Ja-Gruppe, die andere Gruppe ist die Nein-Gruppe. Nun stellt die Spielleitung eine Frage, die mit Ja oder Nein beantwortet werden kann (z. B. „Sind Kamele Insekten?" „Ist heute Donnerstag?" „Sind wir 14 Personen?"). Lautet die Antwort „Ja", muss die Ja-Gruppe die Nein-Gruppe bis zu ihrer Ziellinie verfolgen und möglichst vorher abschlagen. Wer abgeschlagen wurde, wechselt die Gruppe. Lautet die Antwort „Nein", muss die Nein-Gruppe die anderen Kinder vor deren Ziellinie abschlagen.
Material: Markierung für die Ziellinien, Fragen

Einstiegsfragen

- Wann fällt es dir schwer, jemandem zu glauben?
- Wann zweifelst du an der Wahrheit?

Vorlesegeschichte

„Hör auf zu kratzen!" Deborah schüttelt den Kopf. Naaman schrubbt sich mit einem Holzstückchen über die Arme. „Aber es juckt doch so!", entgegnet Naaman, der am ganzen Körper mit roten Stellen überzogen ist. Deborah hilft, den Hautausschlag ihres Herrn zu behandeln. Sie seufzt. Naaman, ihr Herr, ist ziemlich krank. Ein seltsamer Hautausschlag hat seinen ganzen Körper befallen. Deborah rührt eine Ringelblumensalbe für ihn an, aber sie weiß, dass allein Gott ihm helfen kann. Ach, wenn er doch nur zu dem Propheten Elisa in ihre alte Heimat gehen könnte, dann würde er bestimmt gesund werden, denkt Deborah. Sie will es ihrer Herrin vorschlagen. Bei dem Gedanken an Israel bekommt Deborah Heimweh. Naaman ist syrischer Soldat und hat sie bei seinem letzten Krieg gegen Israel als Sklavin mitgenommen. Sie wurde immer gut behandelt, darum sorgt sie sich auch um ihren Herrn. Ja, Gott allein kann Naaman wirklich heilen. Auch wenn Naaman nicht an Gott glaubt, will sie es versuchen, ihn davon zu überzeugen.

Naaman hat sich Deborahs Vorschlag tatsächlich angehört. Auch der König, der davon erfahren hat, ermutigt Naaman, mit Geschenken nach Israel zu reisen und nach diesem Propheten zu suchen. Der König gibt Naaman einen Brief für Elisa mit und bittet darum,

Naaman zu heilen. Deborah darf mit. Sie freut sich auf die Reise in die alte Heimat. Mit ihr reisen noch einige andere Diener. Außerdem haben sie Silber, Gold und Festgewänder in ihrem Gepäck. Damit will Naaman für seine Heilung bezahlen. In Israel führt sie ihr erster Weg zum Königshof. Dort werden sie vorgelassen und überreichen dem König ihren Brief. Doch der König ist gar nicht erfreut. Er glaubt, das sei eine Falle. „Der König von Syrien verlangt von mir, dass ich seinen Soldaten heile. Aber ich bin doch nicht Gott! Der König von Syrien will mich nur reinreißen. Wenn dieser Soldat krank nach Hause kommt, dann wird er mir vorwerfen, dass ich mich geweigert habe, ihm zu helfen. Dann wird er einen Krieg gegen mich anzetteln, den wir nicht gewinnen können." Der König ist hilflos und weiß nicht, was er tun soll.

Elisa hat mitbekommen, dass der König den syrischen Soldaten wieder zurückschicken will und wegen seiner Ohnmacht die Trauerkleider angezogen hat. „Schick den syrischen Soldaten zu mir", lässt er dem König ausrichten, „dann wird der Syrer sehen, dass unser Gott der Herr ist." Und so kommt es, dass Naaman, Deborah und die anderen Diener mit ihren Wagen vor Elisas Haus vorfahren. Elisa schickt seinen Diener Gehasi vor das Haus und lässt Naaman ausrichten: „Geh zum Jordan und tauche siebenmal unter, dann bist du von deinem Aussatz geheilt!" Naaman ist empört. „Was soll das? Ich dachte, der Prophet kommt selbst zu mir heraus, ruft den Namen seines Gottes an und bewegt seine Hände über meinen kranken Stellen, sodass ich ganz gesund werde. Aber so? Da hätte ich ja auch bei mir zu Hause im Fluss baden können. Sind unsere Flüsse in Damaskus nicht besser und reiner als alle Flüsse und Seen hier in Israel? So eine Unverschämtheit! Ich fahre zurück. Das war ja wohl ein Reinfall!"

Deborah wird es heiß und kalt. Wie konnte das nur so schiefgehen? Sie war sich so sicher, dass Gott durch Elisa Naaman heilen würde. Aber jetzt will Naaman nichts mehr davon wissen. Zum Glück sind die anderen Diener Deborahs Meinung. „Naaman, überleg doch mal!", sagen sie. „Wenn der Prophet etwas Schwieriges von dir verlangt hätte, dann hättest du es doch bestimmt getan, weil du gedacht hättest, dass es hilft. Aber nur, weil dir siebenmal im Jordan unterzutauchen, um gesund zu werden, zu einfach erscheint, muss es noch lange nicht falsch sein. Probiere es doch wenigstens einmal! Du hast nichts zu verlieren." Deborah ist gespannt. Lässt Naaman sich umstimmen? Ja, die anderen Diener sind so überzeugt davon, dass Naaman nicht anders kann, als sich zum Jordan führen zu lassen. Naaman betritt das Ufer des Jordan. Langsam und vorsichtig lässt er sich in das Wasser gleiten. Deborah ist so gespannt. Was ist, wenn Naaman doch nicht geheilt wird? Ist der Glaube an Gott dann eine Lüge? Wie wird sie vor den anderen dastehen? Wird Naaman sie dafür bestrafen, dass sie ihn auf eine so weite Reise ohne Erfolg geschickt hat?

Naaman taucht unter. Einmal. Er taucht wieder auf. Nichts ist passiert. Er taucht noch einmal unter. Er sieht aus wie vorher. Ein drittes Mal. Nichts. Ein viertes Mal. Nichts. Ein fünftes Mal. Nichts. Ein sechstes Mal. Nichts. Seine Haut ist immer noch voller roter Stellen und aufgekratzter Wunden. Wie wird es sein, wenn er jetzt noch einmal untertaucht? Am Ufer traut sich keiner, etwas zu sagen. Naaman taucht noch einmal unter die Wasseroberfläche. Er bleibt diesmal besonders lange im Fluss. Dann schwimmt er langsam zum Ufer und kommt aus dem Wasser. Deborah traut sich nicht hinzuschauen, zu viel steht für sie auf dem Spiel.

Erst als die anderen Diener jubeln und klatschen, wagt sie einen Blick. Nicht zu fassen! Die ganze Haut von Naaman sieht aus, als wäre nie etwas gewesen. Sie ist völlig gesund und so rein wie die Haut eines Kindes. Naaman selbst ist überglücklich. „Unglaublich!", ruft er. Er steigt sofort auf seinen Wagen und lässt sich zurück zu Elisa fahren. Dort angekommen bekennt er: „Dein Gott ist wirklich der einzige Gott auf der ganzen Erde! Nimm dafür von mir ein Geschenk an." Aber Elisa sagt: „Nein, ich möchte kein Geschenk. Nicht ich habe dich geheilt, sondern Gott. Und Gott lässt sich nicht durch Geschenke beeindrucken, sondern möchte, dass wir ihm unser Herz schenken. Er möchte Menschen, die ihn von Herzen ehren." Das versteht Naaman. „Ich möchte Gott auch in meiner Heimat dienen. Ich hoffe, ich kriege das hin und mache es so, wie es richtig ist." Elisa sagt: „Gott sieht dein Herz. Mach dir darum keine Sorgen!"

Deborah ist froh. Es ist ja noch mal alles gut gegangen. Naaman ist geheilt und glaubt jetzt an denselben Gott wie sie. Sie sind noch nicht lange weggefahren, da erreicht sie der Wagen von Gehasi, dem Diener Elisas. Naaman lässt seine Wagen anhalten und steigt ab. „Ist alles in Ordnung bei euch?", fragt er. „Ja", antwortet Gehasi, „es ist nur so, dass ... dass Elisa überraschend Besuch von zwei Prophetenschülern bekommen hat. Und da wollte ich fragen, ob wir ... ob wir nicht ... doch einen Zentner Silber und zwei Festkleider bekommen könnten." Gehasi ist merkwürdig rot im Gesicht und stottert. „Irgendetwas ist komisch", denkt Deborah. Aber Naaman ist immer noch froh über seine Heilung und gibt Gehasi gern, was er verlangt, sogar die doppelte Menge Silber. Dann reisen sie weiter Richtung Syrien. Monate später kommen Handelsreisende aus Israel nach Syrien. Naaman lädt sie ein, seine Gäste zu sein. Er fühlt sich mit Israel und Elisa verbunden. „Kennt ihr den Propheten Elisa?" Die Gäste nicken. „Wie geht es ihm?", fragt Naaman. „Elisa geht es gut", antworten sie, „aber seinem Diener Gehasi nicht. Er hat einen starken Hautausschlag. Elisa hat erzählt, das sei eine Strafe dafür, dass er sich am Silber eines Händlers bereichert habe."

Vertiefungsfragen

- Woran hat Naaman sein Herz gehängt, woran Gehasi?
- Wie kann man Gott sein Herz schenken?

Spiele mit Herz

Herzenswunsch

Alle Kinder bekommen einen Zettel und einen Stift. Darauf malen sie ihren Herzenswunsch. Auf die Rückseite schreiben sie ihren Namen und was das Bild darstellen soll. Die Zettel werden bei der Spielleitung abgegeben. Die Spielleitung mischt sie und legt dann einen Herzenswunsch mit dem Bild nach oben in die Mitte. Die Gruppe muss erraten, von wem der Herzenswunsch ist und was er beinhaltet.
Material: Zettel und Stifte

Banditen-Mau-Mau

Alle Kinder (maximal acht) sitzen um einen Tisch, evtl. müssen dafür zwei Spieltische eröffnet werden. Jeder Tisch braucht eine Spielleitung, die die Regeln nennt und überwacht. Mehrere Mau-Mau-Kartensets werden gemischt und es wird nach den bekannten Mau-Mau-Regeln gespielt: Gleiche Farbe darf auf gleiche Farbe gelegt werden, gleiches Bild auf gleiches Bild. Bei einer Sieben muss das nächste Kind zwei Karten vom Stapel ziehen oder mit einer Sieben verlängern. Bei einem Buben darf das Kind sich eine Farbe wünschen. Legt ein Kind die vorletzte Karte ab, muss es „Mau" sagen, bei der letzten Karte „Mau-Mau". Nach mehreren Runde, wenn alle das Ablegen der Karten verstanden haben, kommen neue Regeln hinzu, z. B.:

- Wer eine Herzkarte legen will, muss sie sich zuerst an die Brust schlagen.
- Wer eine Neun legt, darf noch eine weitere Karte legen.
- Wenn ein Kind eine Dame / einen König legt und ein anderes von derselben Farbe den König / die Dame hat, darf es zwischenwerfen. Davor muss es aber auf den Tisch schlagen. (Bei einem Herzkönig muss es sich erst an die Brust und dann auf den Tisch schlagen.)
- Bei einem Ass werden die Handkarten in Spielrichtung weitergegeben. Ist ein Kind vorher schon alle Karten losgeworden, kommt es so wieder ins Spiel.

Wer einen Fehler macht oder vergisst zu klopfen, muss eine Karte vom Stapel ziehen. Umso mehr Regeln erfunden werden, umso lustiger wird das Spiel.

Material: mehrere Mau-Mau-Kartensets

Fangen mit Herz

Ein Kind ist der Fänger, alle anderen Kinder bewegen sich in einem angegrenzten Spielgebiet und dürfen sich nicht durch Abschlagen fangen lassen. Wer abgeschlagen wurde, tauscht mit dem Fänger die Rolle. Um zu verhindern, dass man abgeschlagen wird, müssen sich zwei Kinder umarmen. Sobald die Gefahr vorüber ist, müssen sie sich wieder loslassen. Im Laufe des Spiels kann die Anzahl derer, die sich umarmen müssen, erhöht werden.

Material: keines

Mein Herz

Die Karten eines Mau-Mau-Spiels werden gemischt. Ein Bonbon wird als Spieleinsatz in die Tischmitte gelegt. Dann beginnt die Spielleitung, langsam vor jedem einzelnen Kind eine Karte offen abzulegen. Sobald zwei Karten denselben Wert und dieselbe Farbe haben, also z. B. Herz-König und Karo-König, müssen die beiden Kinder, denen eine der beiden Karten gehört, „Meins!" rufen. Wer schneller ist, erhält das Bonbon und ein neues Bonbon wird in die Mitte gelegt. Wenn ein drittes Kind die Ähnlichkeit entdeckt, ruft es „Stopp!". Dann haben die beiden ihre Chance vertan und ein zweites Bonbon wird in die Mitte gelegt. Beide Bonbons können beim nächsten Paar gewonnen werden. Sind alle Karten aufgebraucht, wird neu gemischt und das Spiel beginnt von vorn, die Bonbons bleiben aber liegen.

Material: 1 Mau-Mau-Spiel, viele Bonbons

Herzschmerz

Auf kleine Karten (pro Kind ca. 5 Stück) werden lauter unnötige oder schräge Dinge geschrieben (z. B. Kuscheltag im Zoo, Toast auf Rädern, 14 Nacktschnecken, Pool im Wohnzimmer). Die Karten können entweder vorbereitet sein oder die Kinder helfen mit und beschriften jeweils fünf Karten. Dann werden alle Karten gemischt und verdeckt auf die Tischmitte gelegt. Ein Kind, das sich freiwillig gemeldet hat, sagt: „Ich habe so Herzschmerzen. Womit könnt ihr mir helfen?" Die Kinder ziehen eines nach dem anderen eine Karte und versuchen, die Herzschmerzperson davon zu überzeugen, dass es genau jetzt einen Toast auf Rädern braucht, um damit die Sorgen zu vergessen o. Ä. Wenn alle Kinder ihre Hilfe angeboten haben, entscheidet das Kind, welches Kind am meisten überzeugt hat.

Material: pro Kind 5 kleine Karten, Stifte

Liebesgedicht

Die Kinder werden in kleine Gruppen eingeteilt und müssen sich auf eine Sache oder Person einigen, die alle mögen (z. B. die Mutter, Ferien, Schokolade). Dann schreiben sie ein Gedicht über diese Person oder Sache, ohne sie selbst zu nennen. Im Anschluss werden die Liebesgedichte vorgelesen und die anderen müssen erraten, was hier umschrieben wurde.

Material: Zettel und Stifte

Was ich besonders mag

Die meisten Kinder mögen gern bestimmte Süßigkeiten. Hier können sie ihre Erfahrung einbringen. Verschiedene Süßigkeiten werden präsentiert (z. B. Schokolade, Gummibärchen, Chips, Nutella®). Immer zwei oder drei Kinder, die dasselbe mögen, teilen sich in Gruppen ein. Dann werden ihnen die Augen verbunden und sie bekommen verschiedene Sorten von z. B. Schokolade, Chips, Schokocreme oder Gummibärchen zum Probieren in den Mund gesteckt. Sie müssen dann sagen, ob es sich um die bekannte Marke oder um das Produkt eines anderen Herstellers handelt. Wer kennt das, was er besonders mag, am besten?

Material: verschiedene Sorten von Schokolade, Gummibärchen, Schokocremes, Chips usw., Augenbinden

Herzblatt

Die Kinder werden in Vierer- oder Fünfergruppen eingeteilt. Aus jeder Gruppe sucht ein Kind nach seinem Herzblatt, die anderen Kinder sind die Kandidaten die gern das Herzblatt sein möchten. Das Kind denkt sich zwei Fragen aus, die ihm selbst wichtig sind (z. B.: „Machst du gern Sport?", „Welche Musik findest du gut?"). Die Kandidaten notieren ihre Antworten auf einen Zettel und schreiben dazu ihren Namen. Wenn alle Kandidaten aller Gruppen fertig sind, kommen alle zusammen. Jedem Herzblattsucher wird vorgelesen, was Kandidat 1, 2 oder 3 zu seinen Fragen geschrieben hat, die Namen werden aber nicht verraten. Dann muss sich das Kind für einen Kandidaten entscheiden und der Name wird verraten. So wird das mit allen Gruppen gemacht, bis jedes Kind sein Herzblatt gefunden hat.

Material: Zettel und Stifte

Ins Herz getroffen

Alle Kinder erhalten einen in Papier eingewickelten Schokoriegel, den sie essen dürfen. Das Papier falten sie zu einer beliebigen Figur. Auf den Tisch wird eine leere Herzdose gestellt. Die Kinder stellen sich vor den Tisch und versuchen, ihr Papier in die Dose zu werfen.
Variante: Das Herz kann auch auf ein Blatt Papier gemalt und auf den Tisch gelegt werden. So haben die Papiere auch die Möglichkeit, in das Herz zu schlittern.
Material: 1 Herzdose, pro Kind 1 Schokoriegel; für die Variante: 1 Blatt Papier und Stift

Stein im Brett

Alle Kinder erhalten ein Blatt Papier, auf das sie ein großes Herz malen und vor sich auf den Tisch legen. Alle Herzen dienen als Spielfelder. Außerdem sucht sich jedes Kind 5 Steine als Spielfiguren, bemalt oder markiert sie und legt sie auf das eigene Herz. Sind alle Materialien bereit, geht das Spiel los. Ein Kind beginnt und würfelt. Es muss die gewürfelte Augenzahl im Uhrzeigersinn mit einem eigenen Stein weitergehen. Dann ist das nächste Kind an der Reihe. Ziel ist es, alle eigenen Steine auf dem Herz des Kindes rechts neben sich zu platzieren. Dazu kann mit jedem eigenen Stein gegangen werden. Allerdings muss die Augenzahl immer ganz und nur mit einem Stein gegangen werden. Wer dies zuerst schafft, hat gewonnen.
Material: pro Kind 1 Blatt Papier und 5 Steine, Stifte, 1 Würfel, evtl. verschiedenfarbiges Klebeband als Markierung für die Steine

43. RICHTFEST IN JERUSALEM

Bibeltext: Esra 1,1 – 3,13
Zielgedanke: Gott denkt an sein Volk und führt es zurück in die alte Heimat.

Einstiegsspiel

Gedankenreise

Den Kindern sollten die näheren örtlichen Gegebenheiten bekannt sein. Eine Person aus dem Mitarbeiterteam erklärt eine Strecke, die alle Kinder in Gedanken mitgehen (z. B.: „Wir gehen aus dem Raum und nach rechts, dann durch die Tür nach draußen. Wir gehen ungefähr zehn Schritte, dann biegen wir nach links ab. Dort laufen wir geradeaus, bis wir an eine Mauer stoßen. Welche Farbe hat die Mauer?") Die Kinder dürfen ihren Tipp abgeben. Wer kennt sich gut aus?
Variante: Wenn die Kinder die Umgebung nicht gut kennen, kann die Gedankenreise auch durch das Gebäude gehen, in dem man sich befindet. Es gilt dann, ein Klavier, ein Bücherregal, die Küche o. Ä. zu „finden".
Material: keines

Einstiegsfragen

- Warst du schon mal länger von zu Hause weg?
  Was hat dir gegen das Heimweh geholfen?
- Wie war das, als du wieder zurückgekommen bist?

Vorlesegeschichte

Jeschua wirft noch einen letzten prüfenden Blick auf die Baustelle. Die letzten Wochen waren sehr anstrengend. Er musste auf der Baustelle so viel organisieren und bei den Arbeiten mit Hand anlegen. Morgen ist endlich der große Tag, auf den er so lange gewartet hat. Dafür muss er sich jetzt stärken und noch einmal richtig gut schlafen. Während er nach Hause geht, wandern seine Gedanken zurück zu dem Tag, als sich nach über fünfzig Jahren endlich etwas änderte ...

Jeschua war noch ein kleiner Junge gewesen, als Nebukadnezar das Land Israel überrannte und viele Menschen mit nach Babylon verschleppte. Dort war er aufgewachsen, gemeinsam mit seiner Familie und vielen ehemaligen Nachbarn. Anfangs wurden sie dort unterdrückt. Aber mit Daniel, der als junger Mann am Königshof ein Liebling von Nebukadnezar wurde, lockerten sich auch für alle anderen Israeliten die Bestimmungen. Sie durften feste Häuser bauen, Ackerland bepflanzen und sogar ihre Ernte verkaufen. Einige gingen ihren alten Berufen nach. Nach einigen Jahren wurde ihnen sogar erlaubt, zu ihrem Gott zu beten. Es war fast wie in der Heimat Israel. Aber es war eben nicht ihre Heimat. Die Alten vermissten Israel sehr. Abends nach der Arbeit trafen sie sich am Ufer des Flusses Euphrat und erzählten sich die alten Geschichten. Sie erzählten von Abraham, Isaak und Jakob, aber auch von Josua, Gideon und Rut. Jeschua und seine Freunde waren dort jeden Abend und lauschten den spannenden Geschichten. Wenn die Alten gut drauf waren, erzählten sie auch von Israel, das sie verlassen hatten: von den Früchten, die dort wuchsen, von den Städten und Dörfern und wie sie aussahen. Das war das Land, das Gott ihnen geschenkt hatte und das sie gegen viele Widerstände bewohnbar und fruchtbar gemacht hatten. Vor allem aber erzählten sie vom Tempel in Jerusalem. Den vermissten sie am meisten. Oder besser gesagt: die Gottesdienste, die sie darin gefeiert hatten. Mit Tränen in den Augen stimmten sie einen alten Psalm an. Jeschua lauschte diesen Erzählungen immer sehr gespannt. Und nach und nach wuchs in ihm der Wunsch, einmal nach Israel zurückzukehren, in das Land seiner Väter, das er selbst kaum kannte.

Und dann geschah etwas, das die Israeliten die Luft anhalten ließ. Der babylonische König verlor einen Krieg gegen die Perser. Ab jetzt herrschten sie im Land. König Kyrus war der neue Machthaber. Jeschua kann sich noch genau an den Tag erinnern, als einige Boten des Königs auf dem Marktplatz eintrafen. Die Ältesten wurden schnell herbeigeholt. Alle waren aufgeregt. Welche Botschaft würde ihnen der neue König bringen? Würde sich jetzt alles wieder verschlechtern? Müssten sie ab jetzt Sklavenarbeit verrichten oder hohe Abgaben an den König bezahlen? Oder ließe er sich eine andere Gemeinheit für die Israeliten einfallen? Dann entrollten die Boten die Botschaft des Königs und lasen vor: „So spricht Kyrus, der König aller Länder: Gott, der Himmel und Erde gemacht hat, hat mir befohlen, ihm ein Haus in Jerusalem zu bauen. Wer zu Gottes Volk gehört, der gehe zurück nach Jerusalem, um den Tempel Gottes wieder aufzubauen. Gott sei mit euch!" War das ein Trick, eine Falle? Wollte König Kyrus sie wirklich zurück in ihre Heimat lassen? Die Menschen auf dem Marktplatz waren verwirrt. Einige fragten noch einmal nach, doch die Boten konnten nichts anderes sagen, als dass die Schriftrolle direkt von König Kyrus stamme und das Siegel echt sei. Da machte sich Begeisterung auf dem Marktplatz breit. Die Menschen jubelten und fielen sich mit Tränen in den Augen um den Hals. Ihre jahrelangen Gebete wurden erhört, sie konnten wieder zurück nach Israel. Nicht alle freuten sich, denn einige waren in Babylon sehr reich geworden. Sie hatten mit der alten Geschichte abgeschlossen und sich ganz in der neuen Heimat eingelebt. Sie kamen nicht mit zurück.

So waren es 50.000 Menschen, die sich auf die monatelange Wanderung zurück nach Israel machten. König Kyrus gab ihnen die goldenen und silbernen Gefäße mit, die König Nebukadnezar vor über fünfzig Jahren aus dem Tempel gestohlen hatte. Es waren 5.400 Gefäße, ein reicher Schatz, mit dem die Israeliten nach Hause wanderten. Jeschua, der inzwischen erwachsen war und sich in Babylon um die Gottesdienste gekümmert hatte, und Serubbabel, ein Nachfahre von König David, führten die Heimkehrer an. Kaum hatten sie die Grenze überquert, verwandelte sich die Begeisterung in Trauer. Das Land war total verfallen. Die Felder lagen brach, und die Häuser waren eingefallen. Die wenigen, die damals nicht mit nach Babylon verschleppt worden waren, konnten das Land nicht so bewirtschaften, wie es nötig gewesen wäre. Auch in Jerusalem waren die Reste des Krieges noch gut zu erkennen. Vom Tempel war außer einem Steinbruch nichts mehr übrig. In den ersten beiden Jahren nach ihrer Rückkehr bauten sie zuerst die Häuser auf, um ein Dach über dem Kopf zu haben. Da ihnen aber die Feier des Gottesdienstes am Tempel besonders wichtig war, befreiten sie den Tempelplatz und den Ort, an dem früher der Altar stand, von Trümmern, um dort einen provisorischen Altar zu bauen. Jeschua wurde Hohepriester und brachte Gott dort jeden Tag ein Opfer dar, wie es in Israel immer Brauch gewesen war.

Nach zwei Jahren, als sie sich alle einigermaßen in der alten Heimat eingerichtet hatten, begannen sie mit dem Wiederaufbau des Tempels. Jetzt ist endlich das Fundament gelegt und morgen sollen dazu die Feierlichkeiten stattfinden. Jeschua ist inzwischen zu Hause angekommen. Erschöpft und zufrieden legt er sich auf seine Matte. Wie gut Gott doch letztlich alles gemacht hat. „Danke Gott, dass du unser Leben in deiner Hand hältst", betet er. Jeschua freut sich auf morgen. Und auf jeden neuen Tag mit Gott an seiner Seite.

Vertiefungsfragen

- Manchmal muss man lange warten, bis Gott unsere Wünsche erfüllt. Was kann dir helfen, trotzdem an Gott zu glauben?
- Was wäre dir besonders wichtig, wenn du in einem fremden Land leben würdest? Welche Gewohnheiten würdest du unbedingt erhalten wollen?

Spiele mit Bauklötzen

Turmbauwettbewerb

Die Kinder werden in zwei oder mehr Gruppen eingeteilt und erhalten eine große Anzahl an Bauklötzen. Sie müssen innerhalb von 5 Minuten den höchsten Turm bauen. Die Bauweise ist beliebig. Wer hat den höchsten Turm?
Variante: Wenn nicht ausreichend Material vorhanden ist, bekommen alle gleich viele Klötze und haben die Aufgabe, daraus einen so hohen Turm wie möglich zu bauen.
Tipp: Bauklötze kann man bei Parkettlegern billig erhalten oder geschenkt bekommen.
Material: sehr viele Bauklötze, 1 Stoppuhr

Wackelturm

Aus sechzig gleichen, rechteckigen Klötzchen wird ein Turm gebaut, indem jeweils drei Klötze auf eine Ebene gelegt und die Klötzchen auf der jeweils nächsten Ebene um 90 Grad gedreht werden. Abwechselnd versuchen die Kinder nun, ein Klötzchen unterhalb der obersten beiden Ebenen herauszuziehen und wieder oben auf den Turm zu legen. Wer den Turm zum Einstürzen bringt, hat verloren.
Material: 60 Klötzchen

Wackelturm mit Punkten

Der Spielaufbau ist wie beim Spiel „Wackelturm". Die Klötzchen sind nun aber mit Zahlen von 1 bis 60 beschriftet (beschriftetes Kreppklebeband), die sich beim Zusammenbauen auf der Unterseite befinden. Wer ein Klötzchen gezogen hat, darf es behalten. Zum Schluss werden alle Punkte auf den Klötzchen zusammengezählt.

Variante: Die Punkte auf dem Klötzchen werden dem Kind gutgeschrieben, das das Klötzchen gezogen hat. Dann wird das Klötzchen aber wieder oben auf den Turm gelegt.

Material: 60 Klötzchen, Kreppklebeband, Stift; für die Variante: Papier

Wackelturm mit Jagd

Der Spielaufbau ist wie beim Spiel „Wackelturm". Die Klötzchen sind mit sechzig Gegenständen beschriftet (beschriftetes Kreppklebeband), die sich beim Zusammenbauen auf der Unterseite befinden und die es zu besorgen gilt (z. B. Schuh, Glas, Taschentuch, Schlüssel, Stift). Wenn ein Klötzchen gezogen wird, wird der Gegenstand vorgelesen. Wer zuerst den Gegenstand bringt, erhält das Klötzchen. Wer dabei an den Tisch stößt und den Turm umwirft, bekommt alle Klötzchen abgezogen. Der Turm wird wieder neu aufgebaut. Das Spiel endet, wenn der Turm durch Herausziehen eines Klötzchens umfällt.

Material: 60 Klötzchen, Kreppklebeband, Stift

Bauwerke erraten

Die Kinder werden in kleinere Gruppen eingeteilt und erhalten einen Begriff, den sie mit Bauklötzen nachbauen müssen (z. B. Haus, Auto, Kirche, Blume, Mensch). Dazu werden die Bauklötze flach auf den Boden gelegt. Anschließend gehen die Gruppen reihum und erraten, was gebaut wurde.

Variante: Wie bei Montagsmaler sitzen oder stehen alle Kinder im Halbkreis, während ein Kind mit Bauklötzen einen Begriff baut. Wer es zuerst errät, darf den nächsten Begriff bauen.

Material: viele Bauklötze, Begriffe

Bauwerke kopieren

Die Kinder werden in kleine Gruppen (zu zweit) eingeteilt und erhalten einen kleinen Vorrat an Bauklötzen. Auf einem Tisch oder in der Kreismitte auf dem Boden baut eine Person aus dem Mitarbeiterteam ein einfaches Gebilde mit Bauklötzen auf und deckt es mit einem Tuch ab. Wenn alle bereit sind, wird das Tuch für 10 Sekunden weggenommen, und alle prägen sich das Gebilde ein. Dann haben sie 30 Sekunden Zeit, das Gebilde nachzubauen. Anschließend wird verglichen, wer die richtige Kopie gebaut hat. Die Gruppe erhält 1 Punkt und das Spiel startet in die zweite Runde.

Tipp: Während die Kinder das erste Gebilde nachbauen, kann schon ein zweites Gebilde aufgebaut werden. Mit der Zeit können die Gebilde immer komplexer werden.

Material: viele Bauklötze, 1 Tuch, 1 Stoppuhr

44. NEHEMIA LÄSST SICH NICHT UNTERKRIEGEN

Bibeltext: Nehemia 1 – 4; 6; 8
Zielgedanke: Wer tut, was Gott will, spürt manchmal auch Widerstand. Aber es lohnt sich, treu an Gottes Seite zu bleiben.

Einstiegsspiel

Mauer durchbrechen

Die Kinder werden in zwei gleich große und starke Gruppen (A und B) eingeteilt, die sich nebeneinander in einer Reihe aufstellen und an den Händen festhalten. Beide Gruppen stehen sich in einigem Abstand gegenüber. Gruppe A schickt ein Kind, das versuchen muss, innerhalb von ca. 1 Minute durch die Mauer der Gruppe B auf die andere Seite zu gelangen. Gelingt ihm dies, darf es sich ein Kind aus Gruppe B auswählen, das mit zu Gruppe A kommt. Gelingt es ihm nicht, muss es in Gruppe B bleiben. Nun ist Gruppe B an der Reihe und schickt ein Kind, das die Mauer von Gruppe A durchbrechen muss usw. Das Spiel endet, wenn eine Gruppe nur noch aus einem Kind besteht.
Material: keines

Einstiegsfragen

- Wer behindert dich manchmal bei deinen Aufgaben, die du zu erledigen hast?
- Was tust du, um deine Aufgaben ungehindert zu erledigen?

Vorlesegeschichte

„Das ist doch lächerlich!" Nehemia fasst sich entsetzt an den Kopf. Was die hier behaupten, haben sie sich ja wohl nur ausgedacht. Ich soll der König von Jerusalem werden wollen? So ein Quatsch! Nehemia schüttelt den Kopf. Seine Gegner wollen scheinbar gar nicht nachgeben. Dabei hat alles so gut und unerwartet begonnen. Bis vor Kurzem hat Nehemia in Persien gewohnt, ganz weit weg von Jerusalem. Seine Vorfahren wurden vor 130 Jahren nach einem verlorenen Krieg als Sklaven mitgenommen. Einige von ihnen sind vor 80 Jahren wieder zurückgegangen, um den Tempel in Jerusalem aufzubauen. Dem damaligen König war es wichtig, dass alle Menschen in seinem Königreich zu ihrem Gott für den König beten. Nur die Stadtmauer durften die Rückkehrer nicht aufbauen. Der König wollte nicht, dass Jerusalem zu mächtig und zu selbstständig wird.

Nehemia hat es in Persien gut getroffen. Er ist dort der Mundschenk des Königs geworden und genoss sein volles Vertrauen. Er testete die Speisen für den König, damit dieser sicher sein konnte, nicht mit Essen oder Trinken vergiftet zu werden. Nehemia kannte Jerusalem bisher nur aus Erzählungen. Sein Bruder Hanani war mit einer Gruppe nach Jerusalem zurückgegangen. Als er ihn vor einem Jahr in Susa besuchte, berichtete er vom Zustand Jerusalems: „Die Stadtmauern sind eingefallen und die Stadttore sind verbrannt. Nur wenige Menschen leben in Jerusalem. Der Tempel ist zwar aufgebaut und es finden auch Gottesdienste statt, aber der Zustand der Stadt ist sehr schlecht. Die Stadt ist hilflos Plündereien ausgeliefert." Nehemia hat dieser Bericht aus Jerusalem sehr mitgenommen. Tagelang weinte er um die Stadt seiner Vorfahren und um ihre Gräber, die nicht gepflegt wurden. Vier Monate lang beschäftigte ihn die Frage, wie man Jerusalem helfen könne.

„Nehemia, was ist mit dir? Du siehst heute so traurig aus", sprach ihn eines Tages der König an. Nehemia schickte ein Stoßgebet zum Himmel, dann erzählte er von der Stadt seiner Väter und ihrem Zustand. „Und was willst du von mir?", fragte der König. „Nun, wenn es möglich ist, dann lass mich doch nach Judäa gehen, um diese Stadtmauer wieder aufzubauen. Gib mir ein königliches Schreiben mit, das es mir ermöglicht, aus den königlichen Wäldern Bauholz zu holen. Wenn die Arbeit getan ist, komme ich wieder zurück." Der König besprach sich kurz mit seiner Frau, dann ließ er den Brief verfassen. Kurze Zeit später reiste Nehemia nach Jerusalem.

Dort angekommen inspizierte er heimlich in der Nacht die Stadtmauer und machte einen Plan, was alles zu tun sei. Dann rief er die Ratsherren und die reichen Familien der Stadt zusammen, um mit ihnen alles zu besprechen. „Kommt, lasst uns die Mauer aufbauen, damit Jerusalem wieder eine schöne Stadt ist!" Die Ratsherren und reichen Familien waren froh, dass endlich einer die Aufgabe in die Hand nahm. Gemeinsam überlegten sie, wie sie den Mauerbau organisieren könnten.

Aber nicht alle waren glücklich darüber, dass Jerusalem zu seiner alten Schönheit zurückfinden sollte. Sanballat, Tobija und Geschem, die Statthalter aus der Nachbarschaft, wurden zornig, dass der König den Israeliten half, ihre Stadt aufzubauen, waren sie doch immer noch Sklaven des Königs. Sie machten sich über Nehemia und die Israeliten lustig. „Da habt ihr euch ja ganz schön was vorgenommen. Die Aufgabe ist wohl ein bisschen zu groß für euch, was? Wollt ihr etwa selbstständig werden und euch gegen den König auflehnen?" Aber Nehemia ließ sich von diesem Spott nicht aufhalten. „Das geht euch gar nichts an. Ihr habt hier weder ein Grundstück noch einen Rechtsanspruch auf die Stadt. Und außerdem habt ihr euch in all den Jahren nicht um Jerusalem gekümmert. Also, lasst uns in Frieden!" Nehemia teilte die Stadtmauer in verschiedene Abschnitte ein. Menschen, die schon in Jerusalem wohnten, aber auch die aus den Nachbardörfern und -städten wurden ein Bauabschnitt und Material zugeteilt. Alle bauten fleißig ihren Teil. Nur einige wenige reiche Leute hatten keine Lust, sich die Hände schmutzig zu machen. Und wieder tauchten Sanballat und Tobija auf und machten sich über die Bauarbeiter lustig. „Was bildet ihr euch eigentlich ein? Glaubt ihr wirklich, dass ihr das schaffen könnt? Wollt ihr etwa die Ruinen zu neuem Leben erwecken?", lästerte Sanballat. „Ach, lass sie doch!", sagte Tobija. „Wenn ein Fuchs gegen die Mauer springt, stürzt sie sowieso wieder ein!" Die Bauarbeiter ließen sich von diesem Spott nicht einschüchtern. Die Worte der Gegner prallten an den ersten Steinen der frisch gesetzten Mauer einfach ab.

Als Sanballat und Tobija bemerkten, dass sie so den Bau der Stadtmauer nicht verhindern konnten, überlegten sie sich eine neue List. Sie wollten sich mit ihren Anhängern in die Stadt einschleichen und von innen heraus den Kampf beginnen. Schließlich war die Stadtmauer noch nicht komplett geschlossen. Einige Juden aber, die in der Nähe von Sanballat und Tobija wohnten, erfuhren von diesen Plänen und berichteten sie Nehemia. Nehemia rief alle jungen und starken Männer auf, ihre Waffen bereitzuhalten. Nehemia ermutigte sie: „Ihr braucht keine Angst zu haben. Erinnert euch doch daran, wie stark und mächtig unser Gott ist. Er hat uns beauftragt, die Mauer zu bauen, er wird uns nicht im Stich lassen." Sanballat und Tobija erfuhren, dass ihr Plan gescheitert war, und wurden noch zorniger darüber. Die Israeliten aber bauten weiter an ihrer Mauer. In der einen Hand hielten sie das Werkzeug für den Mauerbau, in der anderen die Waffe, um sich und die Stadt zu verteidigen. Nehemia selbst hatte nun bei seinen Rundgängen immer einen Mann bei sich, der zum Angriff blasen konnte, sollten sie angegriffen werden. Und so arbeiteten die Israeliten fleißig vom ersten Morgengrauen bis zum späten Abend, wenn der Sternenhimmel schon zu sehen war.

Bald war die Stadtmauer fertiggestellt. Nur die Tore mussten noch gehobelt und eingesetzt werden. Sanballat, Tobija und Geschem konnten die Israeliten bislang nicht daran hindern, die Stadtmauer zu schließen. Das hier schien nun ihre letzte Chance zu sein. Sie ließen Nehemia ausrichten: „Lass uns im Ono-Tal treffen, wir haben etwas Wichtiges mit dir zu besprechen." Nehemia wusste sofort, dass dies eine Falle war, um ihn eine Tagesreise weit von der Stadt wegzulocken. Er antwortete ihnen: „Tut mir leid, ich kann nicht kommen. Ich habe hier noch eine große Aufgabe zu erledigen." Dreimal wiederholten Sanballat, Tobija und Geschem ihre Einladung und dreimal lehnte Nehemia sie ab. Beim fünften Mal schickten sie einen Brief, der in der ganzen Stadt vorgelesen wurde. Darin stand: „Wie wir gehört haben, willst du einen Aufstand vorbereiten und hast zu diesem Zweck die Mauer von Jerusalem wieder aufbauen lassen. Du hast vor, dich gegen den König von Persien aufzulehnen und selbst König von Jerusalem zu werden. Lass uns miteinander reden."

Nehemia kann es immer noch nicht fassen, wie sie so etwas behaupten können. Was könnte er darauf antworten? Schließlich schreibt er eine Antwort und lässt sie ebenfalls in der ganzen Stadt vorlesen: „Was ihr hier schreibt, ist völlig aus der Luft gegriffen! Das habt ihr euch nur selbst ausgedacht. Niemals habe ich vor, König zu werden. Im Gegenteil: Ich gehe wieder nach Persien zurück an meinen Platz als Mundschenk. Dort bin ich geboren, dort gehöre ich hin. Ich bin hierhergekommen, um Gott mit meiner Arbeit zu ehren. Ich habe kein Geld dafür genommen, sondern im Gegenteil noch etwas dafür gezahlt, dass diese Stadt, in der der wahre Gott angebetet wird, vor solchen Feinden wie euch geschützt ist." Nur 52 Tage haben die Israeliten gebraucht, um die Stadtmauer aufzubauen. Obwohl sie Spott, Hohn und Lügen ausgesetzt waren, gaben sie nie den Mut auf. Darum feiern sie jetzt ein großes Fest. Sie beginnen mit einem Gottesdienst. Alle Menschen beten Gott an. Dann liest Esra aus dem Gesetz des Moses vor. Die Israeliten erkennen ihre Schuld, aber Nehemia sagt sie zu ihnen: „Weint nicht, sondern feiert. Heute ist ein Festtag. Ihr müsst euch keine Sorgen machen. Die Freude an Gott umgibt euch wie eine schützende Stadtmauer. Wenn ihr euch an Gott haltet, kann euch nichts passieren." Da feiern die Israeliten. Sie teilen alles Essen und Trinken mit denen, die nichts haben, denn sie haben verstanden, wie Gott sich ein Leben in dieser Stadt vorstellt.

Vertiefungsfragen

- Wie kann Nehemia stark bleiben und sich nicht von dem Gerede seiner Gegner einschüchtern lassen?
- Was kann dich stark machen, dich nicht durch andere Menschen von Gottes Seite verdrängen zu lassen?

Spiele über Mauern

Mauern bauen

Die Kinder werden in Gruppen zu je vier Kindern eingeteilt und erhalten eine Packung Puderzucker, ein Schälchen, eine Gabel und einen Becher mit etwas Wasser. Von einem Bauvorrat können sie sich so viele Butterkekse wie benötigt nehmen. Sie haben die Aufgabe, mit Butterkeksen und Zuckerguss eine Stadt zu bauen, die Folgendes beinhalten muss: mehrere Häuser, eine Kirche, eine Brücke, eine Fabrik, einen Marktplatz, eine Stadtmauer mit Tor. Nach ca. 30 Minuten werden die Städte besichtigt und bewertet. Anschließend können sie fotografiert und verzehrt werden.
Material: pro Gruppe 250 g Puderzucker, 1 Schälchen, 1 Gabel, 1 Becher mit etwas Wasser, viele Butterkekse, evtl. weitere zusätzliche Süßigkeiten wie Gummibärchen, Schokostreusel o. Ä.; 1 Fotoapparat

Haltbare Keksbrücke

Die Kinder werden in Gruppen zu je vier Kindern eingeteilt und erhalten zehn Butterkekse sowie eine Packung Puderzucker, ein Schälchen, eine Gabel und einen Becher mit Wasser. Aus den zehn Butterkeksen müssen sie eine Brücke bauen, die anschließend eine Tafel Schokolade tragen muss. Dazu haben sie 15 Minuten Zeit. Anschließend wird von der Schokolade Stückchen für Stückchen auf die Brücke gelegt, bis sie einstürzt. Wer hat die stabilste Brücke gebaut?
Material: pro Gruppe 10 Butterkekse, 250 g Puderzucker, 1 Schälchen, 1 Gabel, 1 Becher mit Wasser; 1 Stoppuhr, 1 Tafel Schokolade

Befestigungsanlage bauen

Die Kinder werden in mehrere Kleingruppen eingeteilt. Ihnen wird ihr Arbeitsplatz (Tisch) zugewiesen. Für alle stehen in der Mitte Baumaterialien zur Verfügung; das sind Verpackungen verschiedener Lebensmittel, leere Klopapierrollen, außerdem Kleber, Scheren, Stifte und buntes Papier. Jede Gruppe hat nun die Aufgabe, aus diesen Materialien eine Befestigungsanlage zu bauen. Nach einer vorgegebenen Zeit, z. B. 30 Minuten, werden die Befestigungsanlagen gemeinsam betrachtet und die schönste prämiert.
Material: Tische, viele leere Verpackungen, leere Klopapierrollen, Kleber, Scheren, Stifte, buntes Papier, 1 Stoppuhr

Wall bauen

Die Kinder werden in Gruppen zu je vier Kindern eingeteilt und erhalten einen unbegrenzten Vorrat an viereckigen Bierdeckeln. Ihre Aufgabe ist es, in 10 Minuten einen Schutzwall zu bauen, der nicht einstürzt. Anschließend schießt eine/einer aus dem Mitarbeiterteam mit einem Tischtennisball dagegen. Der Wall darf nicht einstürzen.

Material: viele Bierdeckel, 1 Tischtennisball, 1 Stoppuhr

Lebendige Stadtmauer

Ein Kind, das sich freiwillig gemeldet hat, ist der Stadtmauerwächter, ein anderes Kind der Einbrecher. Der Wächter muss das Kind jagen. Alle anderen Kinder stellen die Stadtmauer dar, stellen sich dazu in mehreren Gassen auf und strecken die Arme zur Seite aus, sodass sie sich berühren. Dort ist dann gesperrt. Wächter und Einbrecher starten diagonal. Der Wächter kann zur Unterstützung die lebendige Stadtmauer hinzuziehen, indem er „Umbau!" ruft. Dann drehen sich alle Kinder um 90 Grad. Wenn der Einbrecher gefasst wurde, werden die Rollen erneut besetzt.

Material: keines

Mauern umwerfen

Mehrere Pappschachteln werden mit der markierten Seite nach oben übereinander aufgebaut. Die Kinder stellen sich in einigem Abstand dazu auf und müssen mit einem Softball per Fuß auf die Pappschachteln schießen. Mindestens eine Schachtel muss getroffen werden. Das Kind darf so oft schießen, bis es einmal trifft. Es wird hinterher gezählt, wie viele markierte Seiten nach oben zeigen. Wer die wenigsten hat, gewinnt.

Material: mehrere Pappschachteln, Stift, 1 Softball

Mauerwurf

Sechs oder zehn Schachteln werden zur Pyramide auf einem Tisch aufgebaut. Die Rück- oder Unterseite ist mit einer Zahl beschriftet (z. B. 10, 50, 100). Die Kinder stellen sich an einer Wurflinie auf und dürfen dreimal mit einem Tennisball die Schachteln vom Tisch werfen. Es werden die Punkte der Schachteln zusammengezählt, die vom Tisch gefallen sind. Wer hat die meisten Punkte?

Material: 6 oder 10 Pappschachteln, Stift, 3 Tennisbälle, Markierung für die Wurflinie

Mauersteine weitergeben

Die Kinder werden in zwei Gruppen eingeteilt und stellen sich hintereinander auf. Sie haben die Aufgabe, verschiedene Bausteine von einer Seite zur anderen zu transportieren. Dazu liegen für das jeweils erste Kind verschiedene Schachteln und Gegenstände in einiger Entfernung in einem „Steinbruch" bereit. Auf „Los!" starten die ersten Kinder und holen sich aus dem Steinbruch eine Schachtel / einen Gegenstand, laufen zur Gruppe zurück und geben sie/ihn unter den Beinen hindurch weiter. Dann stellen sie sich schnell bei ihrer Gruppe hinten an und nehmen die Schachtel / den Gegenstand entgegen. Erst jetzt geben sie das Kommando für das nächste erste Kind, das eine Schachtel / einen Gegenstand holt usw. Welche Gruppe hat nach 5 Minuten die meisten Steine transportiert?

Material: viele Schachteln oder andere Gegenstände, 1 Stoppuhr

Bauarbeiterkette

Die Kinder werden in zwei Gruppen eingeteilt und stellen sich im Kreis im Abstand von ca. 2 Metern zwischen den Kindern auf. Jede Gruppe erhält einen Eimer mit zu transportierenden Sachen (z. B. Tennisbälle), der vor einem Kind steht. Außerdem steht für jede Gruppe in einiger Entfernung außerhalb des Kreises ein zweiter Eimer bereit. Auf „Los!" nimmt das Kind einen Ball aus dem Eimer und wirft ihn dem Kind links neben sich zu, das ihn im Uhrzeigersinn weiterwirft. Ist der Ball einmal im Kreis herumgewandert, muss das letzte Kind ihn in den leeren Eimer bringen. Der volle Eimer wird nach links weitergegeben und das nächste Kind nimmt einen Ball und gibt ihn weiter. Welche Bauarbeiter haben zuerst ihr Material transportiert?

Material: 4 Eimer, pro Kind 1 zu transportierender Gegenstand

45. DANIEL ISST GEMÜSE

Bibeltext: Daniel 1
Zielgedanke: Wer Gott gehorcht, wird nicht enttäuscht.

Einstiegsspiel

Lehmann sagt

Alle Kinder stehen im Kreis. Ein Kind oder die Spielleitung ist der Befehlsgeber und sagt z. B. „Lehmann sagt: Nehmt alle die Arme hoch." Alle Kinder strecken die Arme nach oben. Wenn der Befehlsgeber einen Befehl gibt (z. B. „Tanzt alle auf der Stelle.") und nicht „Lehmann sagt" davor sagt, dann darf der Befehl nicht ausgeführt werden. Wer trotzdem den Befehl ausführt, scheidet aus oder bekommt 1 Strafpunkt.
Material: keines

Einstiegsfragen

- Wenn alle etwas tun, machst du dann mit?
- Wem gehorchst du?

Vorlesegeschichte

Neugierig schaut sich Daniel in der großen Halle um. Hier ist alles so anders! Die Verzierungen an den Wänden sehen aus wie eine fremde Sprache. Der Fußboden ist mit kleinen Plättchen belegt, die ein lustiges Muster ergeben. Und die Farben sind einfach beeindruckend! So etwas hat Daniel noch nie gesehen. Er staunt. Doch dann fällt ihm wieder ein, warum er eigentlich hier ist ...

König Jojakim war einfach kein guter König gewesen. Er hätte besser auf sein Land aufpassen sollen. Stattdessen dachte er nur an sich und vergaß seine Pflichten für sein Volk. Als dann der babylonische König Nebukadnezar mit seinen Soldaten nach einem gewonnenen Krieg gegen Ägypten in Jerusalem vorbeikam, war König Jojakim in keinster Weise vorbereitet.

König Jojakim hatte Angst, von König Nebukadnezar getötet zu werden. Darum nahm er seine Mutter, seine besten Diener und die Männer, die seine Schätze verwalteten, ging mit ihnen vor das Stadttor und ergab sich. König Nebukadnezar gefiel es, eine Stadt wie Jerusalem so leicht einzunehmen. Und damit die Menschen dort nicht gegen ihren neuen Herrn Nebukadnezar aufbegehren können, hat er auch gleich alle jungen, kräftigen und schlauen Menschen aus Jerusalem mitgenommen. Auch ihn, Daniel. Und zum Glück auch seine drei Freunde Hananja, Mischaël und Asarja. So ist er jetzt wenigstens nicht ganz allein in der Fremde. Sie alle mussten bei König Nebukadnezar vorsprechen, schwierige

Fragen beantworten, Körperübungen vorführen und ihre Zähne und Muskeln zeigen. Nur die Besten der Besten wollte der König für seine Dienste im Palast haben. Er wollte sie ausbilden lassen.

So sind Daniel, Hananja, Mischaël und Asarja in diesen Palast gekommen. Drei Jahre dauert die Ausbildung. So lange wird Daniel mit seinen Freunden hier in Sicherheit wohnen. Der Unterricht macht ihnen Spaß. Sie lernen viele interessante neue Dinge. Nur die Schrift und die Sprache der Babylonier sind etwas gewöhnungsbedürftig. Aber Daniel merkt, wie Gott ihnen zur Seite steht. Die Vier sind richtig gute Schüler, weil Gott sie segnet. Es tut gut zu spüren, dass Gott sie nicht verlassen hat, jetzt wo sie nicht mehr nach Jerusalem können, um Gott dort anzubeten. Scheinbar ist Gott nicht nur im Tempel zu finden, sondern überall. Es gibt da nur eine Sache, die Daniel und seinen Freunden überhaupt nicht passt: das Essen! Es ist nicht so, dass es schrecklich schmecken würde. Schließlich bekommen sie und die anderen Jungen, die mit ihnen für den Dienst im Palast ausgebildet werden, dasselbe Essen wie der König. Zartes Fleisch und den besten Wein. Der König selbst hat dafür gesorgt, dass seine Schüler gut ernährt werden, damit sie gesund bleiben und ihm nach der Ausbildung zu Ruhm und Ehre verhelfen. Und damit das Fleisch und der Wein allen, die es essen und trinken, wohl bekommt und Kraft verleiht, wird es vorher den babylonischen Götzen geweiht. Das finden Daniel und seine Freunde nicht gut. Sie glauben an Gott, den Lebendigen, den Gott von Abraham, Isaak und Jakob. Sie glauben an den Gott, der gesagt hat: „Ich bin der Herr, dein Gott. Du sollst keine anderen Götter neben mir haben!" Und daran haben sie sich immer gehalten. Aber jetzt? Jetzt sollen sie Fleisch essen und Wein trinken, das anderen Götzen geweiht wurde? Nein, das geht nicht.

Daniel wendet sich an den Palastvorsteher, der für die Schüler zuständig ist. „Mein Herr, meine Freunde und ich, wir möchten dieses Fleisch nicht essen und den Wein nicht trinken. Bitte gebt uns etwas anderes zu essen." „Das geht nicht", antwortet der Palastvorsteher, „der König selbst hat bestimmt, dass ihr das essen und trinken sollt, was er selbst auch isst und trinkt, eben das Beste vom Besten, damit ihr gesund bleibt und klug werdet!" Der Palastvorsteher schüttelt den Kopf. „Nein, das geht nicht!" Daniel gibt nicht auf: „Wisst ihr, wir glauben an den Gott Israels. Darum können wir nichts essen und trinken, was den babylonischen Götzen geweiht ist." Verständnisvoll nickt der Palastvorsteher. Er hat Daniel und seine Freunde gern. „Ich kann das verstehen. Aber wenn der König merkt, dass du und deine Freunde schlechter aussehen als alle anderen Schüler, dann wird er mir den Kopf abhauen. Der König versteht nämlich keinen Spaß, wenn man seine Befehle missachtet!" „Wir können es ja auf einen Versuch ankommen lassen", wendet Daniel ein. „Gib uns zehn Tage lang nur Gemüse und Wasser. Und dann vergleichst du uns mit den anderen Schülern und entscheidest dann, ob wir weiter Gemüse essen dürfen oder nicht." Daniel schaut den Palastvorsteher hoffnungsvoll an. „Gut, so machen wir es!", antwortet er, „aber kein Wort zu niemandem!" „Geht klar!", antwortet Daniel und grinst ihn verschwörerisch an.

Und wie abgemacht finden Daniel und seine drei Freunde in den nächsten Tagen nur Gemüse auf ihren Tellern und Wasser in ihren Trinkgefäßen. Die anderen Jungen lachen. „Haben sie euch auf Diät gesetzt, weil ihr zu fett seid?", spottet einer. „Ihr könnt ja gleich im Stall essen mit den Kühen, Schafen und Ziegen. Die fressen auch bloß Grünzeug." Die Schüler biegen sich vor

Lachen. Aber Daniel und seine Freunde lächeln nur freundlich zurück. Längst spüren sie, dass Gott auf ihrer Seite ist. Das Gemüse tut ihnen gut. Sie fühlen sich stark wie nie zuvor. Und im Gegensatz zu den anderen Schülern, die nach dem Essen halb betrunken sind, sind Daniel und seine Freunde bei klarem Verstand und können im Unterricht besser aufpassen.

Nach zehn Tagen lässt der Palastvorsteher alle Schüler in einer Reihe aufstellen. Erstaunt stellt er fest: Daniel, Hananja, Mischaël und Asarja schauen ihn mit wachen und klugen Augen an. Sie sehen gut aus und wirken gesünder als die anderen Schüler, die mit Ringen unter den Augen und einem kleinen Bauchansatz dem König immer ähnlicher werden. Dieser Gott scheint sich wirklich um Daniel und seine Freunde zu kümmern. Der Palastvorsteher ist beeindruckt und lässt die Vier auch weiterhin Gemüse essen. Und über diesen Gott will er ein anderes Mal mehr erfahren.

Vertiefungsfragen

- Woher nehmen die Vier den Mut, Gott zu gehorchen?
- Wo gilt es heute, nicht bei allem mitzumachen, sondern Gott zu gehorchen?

Spiele mit Obst und Gemüse

Gemüse ernten

Alle Kinder legen sich im Kreis mit dem Bauch auf den Boden und halten sich an den Händen fest. Ein Kind, das sich freiwillig gemeldet hat, ist der Bauer und muss das Gemüse (Kinder) ernten, indem er ein Kind nach dem anderen an den Füßen aus dem Kreis zieht. Die Kinder müssen versuchen, dem Bauer standzuhalten und sich gut festzuhalten. Wer geerntet wurde, hilft dem Bauern.
Material: keines

Apfelwettschälen

Alle Kinder erhalten einen Apfel und ein Küchenmesser. Auf „Los!" müssen sie den Apfel mit dem Messer schälen und dabei innerhalb von 2 Minuten eine so lange Schalenschlange wie möglich abschneiden. Anschließend wird gemessen.
Variante: Immer zwei Kinder schälen gemeinsam einen Apfel, dabei darf jedes Kind nur eine Hand verwenden.
Tipp: Es lassen sich auch Gurken, Tomaten oder Orangen gut schälen.
Material: pro Kind 1 Apfel, 1 Messer, 1 Maßband, evtl. Gurken, Tomaten oder Orangen

Apfelbeißen

In eine große Schüssel wird Wasser gefüllt. Dann wird ein Apfel in das Wasser gesetzt. Ein Kind muss versuchen, den Apfel mit dem Mund aus dem Wasser zu fischen. Die Zeit wird gestoppt. Dann ist das nächste Kind an der Reihe.
Tipp: Es können auch geviertelte Äpfel verwendet werden, dann ist es etwas einfacher.
Material: 1 große Schüssel mit Wasser, 1 Stoppuhr, pro Kind 1 Apfel

Apfelwettbeißen

Die Kinder werden in zwei Gruppen geteilt und stellen sich hinter je einer Wasserschüssel auf. Auf „Los!" schnappt sich das erste Kind den Apfel, dann das zweite usw. Welche Gruppe ist schneller durch?
Material: 2 große Schüsseln mit Wasser, pro Gruppe 1 Apfel

Gemüseeintopf

Alle Kinder sitzen im Kreis und bekommen eine Gemüsesorte zugeteilt, indem man abwechselnd abzählt (z. B. Tomate, Gurke, Karotte und Kartoffel). Ein Kind steht in der Mitte und nennt eine oder mehrere Gemüsesorten. Alle Kinder, die das betrifft, müssen die Plätze tauschen. Das Kind in der Mitte versucht, dabei einen Platz zu ergattern. Das Kind, das keinen Platz findet, bleibt in der Mitte und nennt wieder eine oder mehrere Gemüsesorten.
Tipp: Um zu verhindern, dass die Kinder absichtlich in der Mitte stehen bleiben, kann man Strafpunkte an die Kinder in der Mitte verteilen.
Material: keines

Gemüse sortieren

Alle Kinder wählen eine Gemüsesorte, kein Gemüse darf doppelt vorkommen. Ein Kind steht in der Mitte und hält eine gerollte Zeitung in der Hand. Ein Kind beginnt und nennt ein Gemüse (z. B. Tomate). Das Kind, das die Tomate für sich ausgewählt hat, ruft schnell ein anderes Gemüse (z. B. Gurke). Das Kind in der Mitte muss versuchen, die genannten Kinder mit der gerollten Zeitung am Bein anzutippen, bevor sie ein anderes Gemüse nennen können. Wer erwischt wurde, muss in die Mitte und das Kind dort ablösen.
Material: 1 gerollte Zeitung

Unbekanntes Gemüse sortieren

Der Spielaufbau und die Regeln sind wie bei dem Spiel „Gemüse sortieren". Allerdings werden die Gemüsesorten diesmal auf kleine Zettel geschrieben und an die Kinder verteilt. Es wird nur bekannt gegeben, welches Gemüse es gibt, nicht, wer es gezogen hat. Dann wird nach den bekannten Regeln gespielt. Wenn ein Kind ein anderes in der Mitte ablöst, tauschen beide den Zettel.
Material: 1 gerollte Zeitung, kleine Zettel, Stift

46. DIE DREI FREUNDE IM FEUEROFEN

Bibeltext: Daniel 3,1-30
Zielgedanke: Gott kann Wunder tun. Er ist stärker als Feuer.

Einstiegsspiel

Mutprobe

Alle Kinder bekommen die Augen verbunden und müssen mutig unbekannte Gegenstände erfühlen, die sich zuerst eklig anfühlen (z. B. gekochte Spaghetti, Eiswürfel, geschälte Litschis, Creme, geschälte Banane). Wenn alle den Gegenstand erfühlt haben, wird aufgelöst.
Material: verschiedene Gegenstände, pro Kind 1 Augenbinde

Einstiegsfragen

- Was wäre für dich eine richtig starke Mutprobe?
- Wie leicht oder schwer fällt es dir, zu deiner Meinung zu stehen, auch wenn andere das anders sehen?

Vorlesegeschichte

Da hat sie wohl jemand verpetzt! Hananja, den sie hier in Babylonien Schadrach nennen, ist wütend. Bisher lief alles so gut! Obwohl sie von König Nebukadnezar aus ihrer Heimat entführt wurden und jetzt in Babylonien leben müssen, geht es ihm und seinen Freunden gut. Sie wurden drei Jahre am königlichen Hof ausgebildet. Danach kam Hananja mit seinen Freunden Asarja und Mischaël in die Provinz hier in der Ebene Dura und musste Verwaltungsaufgaben übernehmen. Ihr Freund Daniel blieb am Königshof, aber sie haben immer noch Kontakt und ermutigen sich gegenseitig. Denn es ist nicht einfach, hier in der Fremde Gott treu zu bleiben. Sie haben keinen Tempel mehr, in dem sie Gott anbeten können. Sie haben keine Schriften, in denen sie etwas über die Erlebnisse von Abraham, Isaak und Jakob mit Gott nachlesen können. Ihnen bleiben nur die Erinnerungen. Und natürlich die Erfahrungen mit Gott! So hat er doch dafür gesorgt, dass man sie bisher immer gut behandelt hat. Als sie zu Beginn ihrer Ausbildung Fleisch essen sollten, das den Göttern geweiht war, schuf Gott einen Ausweg, weil sie ihm treu geblieben waren. Wird er das jetzt auch tun? Hananja ist sich nicht sicher. Jedenfalls ist er sauer auf diejenigen, die ihn und seine Freunde verpetzt haben.

„Haltet zu Gott, egal was passiert!" Asarja versucht, ihnen Mut zu machen. Zu dritt stehen sie hier in einem Vorraum des Provinzpalastes und warten darauf, aufgerufen zu werden. Hananja antwortet: „Ich will es ganz bestimmt, aber ich habe riesige Angst. Habt ihr gehört, welche Strafe auf uns wartet?" Hananja sieht seine Freunde mit großen Augen an.

„Sie wollen uns in den Feuerofen werfen. Das überlebt keiner!" „Warte es ab!", besänftigt Asarja ihn. „Gott hat schon manches Mal die Geschichte geändert. Wir sind ganz in seiner Hand. Lasst uns geduldig bleiben und auf den Herrn hoffen." Leise beginnt Asarja, einen Psalm zu summen. Mischaël und Hananja kennen ihn. Aber es fällt ihnen schwer, in das Lob Gottes einzustimmen. So ausweglos scheint ihre Situation. Aber die Melodie beruhigt. „Vielleicht wird Gott ja doch ein Wunder tun?", denkt Hananja.

„Ihr da, mitkommen!" Hananja schreckt aus seinen Gedanken hoch. Er hat die Wächter gar nicht kommen sehen. Nein, er hatte sich zurück nach Israel geträumt, wo er aufgewachsen war und seine Freunde kennengelernt hatte. Wie unbeschwert war das Leben dort! Aber hier in der Fremde ist alles so kompliziert! Man muss ständig aufpassen, dass man keinen Fehler macht. Die Gesetze des Königs sind streng und seine Strafen tödlich. Und als Ausländer hat man es erst recht nicht leicht. Gelingt ihnen etwas besser als den einheimischen Politikern, dann wird nach einem Fehler gesucht, um sie vor dem König schlecht zu machen. Und diesmal scheint es geklappt zu haben.

Der König hatte ein neues Standbild errichten lassen, 30 Meter hoch und 30 Meter breit, alles mit Gold überzogen. Wirklich ein beeindruckendes Standbild! Es sollte eine Gottheit darstellen, an die König Nebukadnezar glaubt. Zum Einweihungsfest waren alle Staatsbeamten eingeladen: alle Provinzverwalter, alle Militärbefehlshaber, die Bürgermeister, die Schatzmeister, die königlichen Ratgeber, die Polizisten, die Richter und alle anderen Männer, die im Land etwas zu sagen haben. Sie alle sollten das Standbild bewundern und sich beim Erschallen der Hörner, Flöten, Pfeifen, Harfen, Lauten und Dudelsäcke vor dem Standbild niederwerfen und es anbeten. Hananja, Mischaël und Asarja sind natürlich nicht hingegangen. Gott hatte damals zu Mose gesagt: „Ihr sollt euch kein Bild eines Gottes machen und es anbeten, denn ich bin der einzige und lebendige Gott. Nur mich sollt ihr anbeten." Daran haben die drei sich immer gehalten. Beim Einweihungsfest war so ein Trubel, dass niemand sie vermisst hat. So dachten sie. Bis jemand sie beim König verpetzt hat. „Diese Juden, die du da aus Israel mitgebracht hast, die weigern sich, dein Standbild anzubeten. Hast du nicht gesagt, alle, die dir widersprechen und dich nicht anbeten, sollen im Feuerofen verbrannt werden?" So lautete der Vorwurf, den man gegen sie beim König vorbrachte. Aber eigentlich konnte keiner in diesem Getümmel mit Sicherheit sagen, dass sie nicht da gewesen waren. Jetzt müssen sie vor den König selbst treten und sich erklären. Hananja klopft das Herz bis zum Hals. Wird es noch einmal gut gehen?

„Los! Schlaft nicht ein! Der König hat keine Zeit, sich mit Verrätern rumzuärgern! Marsch, Marsch!" Hananja stolpert hinter seinen Freunden Mischaël und Asarja her. Asarja ist so selbstbewusst. Wie macht er das bloß? Doch als sie den Königssaal betreten, bleibt Hananja keine Zeit mehr, über Asarja nachzudenken. Der König ist stinksauer! Wütend läuft er vor seinem Thron auf und ab. „Was ist mir da zu Ohren gekommen?", brüllt er. „Ihr habt euch nicht vor meinem Standbild niedergeworfen?" Hananja atmet tief ein und will schon zu einer Ausrede ansetzen, dass sie an diesem Tag leider verhindert waren, was zwar eine Notlüge ist, aber auch ein bisschen stimmt. Denn schließlich hatte ihr Gott es ihnen ja verboten, andere Götter anzubeten, also waren sie ja doch verhindert. Aber bevor auch noch ein Ton über seine Lippen kommen kann, hat Asarja ihn in die Seite geboxt und ihm zu verstehen gegeben, dass er den Mund halten soll. „Ich gebe euch noch eine letzte Chance", grollt der König. Ich lasse noch einmal die Hörner, Flöten, Pfeifen, Harfen, Lauten und Dudelsäcke ertönen. Wenn ihr euch vor dem Standbild niederwerft, dann lasse ich die Sache auf sich beruhen. Vielleicht hat sich mein Informant ja geirrt und ihr seid doch da gewesen. Wenn ihr aber diese zweite Chance nicht nutzt, dann werde ich euch in den Feuerofen werfen. Ohne Wenn und Aber!"

Hananja beginnt zu zittern und auch Mischaël ist es nicht wohl in seiner Haut, das spürt Hananja. Nur Asarja lässt sich von König Nebukadnezar und seiner Drohung nicht einschüchtern. „Lieber König, du kannst es dir sparen, deine Musikanten noch einmal zu bemühen. Wir werden in keinem Fall das Standbild anbeten. Wir glauben an den lebendigen Gott. Vor niemand anderem beugen wir unser Haupt! Er ist so stark, er kann uns sogar aus den Flammen deines Feuerofens retten. Aber selbst wenn er es nicht tut und wir gleich sterben werden, so sei gewiss: Dich und deinen Gott werden wir niemals anbeten!"

Der Kopf des König Nebukadnezar wird immer röter. So wütend ist er nach der Antwort von Asarja geworden. Welche Frechheit nehmen diese Ausländer sich da heraus? König Nebukadnezar gibt den Befehl: „Heizt den Ofen noch einmal ordentlich ein. Er soll siebenmal heißer sein als jetzt. Und dann fesselt sie so fest wie möglich und werft sie in den Ofen! Für Verräter wie diese ist kein Platz in meinem Reich. Ich bin mit ihnen fertig!" Kaum hat er zu Ende gesprochen, stürzen sich drei Wächter auf Hananja, Mischaël und Asarja. Zornig stampft der König davon. Alles wird so ausgeführt, wie der König es befohlen hat. Die drei Freunde werden zu dem riesigen Glutofen gebracht. Schon von Weitem kann man die Hitze spüren, die von diesem Ofen ausgeht. Als die Wärter die Ofentür öffnen, schlagen ihnen die Flammen entgegen und verbrennen die Wärter. Andere werfen Hananja, Mischaël und Asarja mitsamt ihren Kleidern, mit Hosen, Mänteln und Mützen in den Ofen. Die Tür bleibt offen, so heiß ist sie, dass keiner sie anfassen kann.

König Nebukadnezar, der diesem Schauspiel von Weitem zugesehen hat, klatscht sich zufrieden in die Hände. Er will sich gerade abwenden, da zögert er, bleibt stehen und schaut noch einmal zum Ofen hinüber. „Haben wir nicht drei gefesselte Männer in den Ofen geworfen?", fragt er seine Minister, die neben ihm stehen. „Doch, mein Herr", antwortet einer von ihnen, „die drei Israeliten Hananja, Mischaël und Asarja haben wir in den Ofen geworfen." „Aber ich sehe doch vier Männer im Feuer herumlaufen. Vier, nicht drei! Was ist hier bloß los?", schreit der König. Kein Minister traut sich, etwas zu sagen. „Die drei sind nicht mehr gefesselt und der Vierte sieht aus wie ein Engel!" Nebukadnezar geht so nah wie möglich an den heißen Ofen heran und schreit so laut er kann: „He, Hananja, Mischaël und Asarja, ihr seid wirklich Diener des höchsten Gottes! Kommt heraus!"

Durch die offene Ofentür kommen die drei Freunde heraus. Alle Minister und Gäste des Königs, die diesem Schauspiel zugesehen haben, und auch der König eilen schnell herbei. Sie können ihren Augen nicht trauen: Den dreien fehlt nichts! Sie haben keine Brandwunden, ihre Haare sind nicht versengt, die Kleidung völlig unberührt und sie riechen noch nicht einmal nach Rauch. Der König kann es kaum fassen. „Gepriesen sei euer Gott, der einen Engel gesandt hat, um euch zu beschützen. Ihr habt mir widersprochen, aber seid eurem Gott treu geblieben. Darum hat er euch gerettet. Schreiber", ruft er, „folgende Botschaft geht in das ganze Land: Alle sollen den Gott von Hananja, Mischaël und Asarja anbeten. Wer dies nicht tut, wird hart bestraft. Denn er ist der einzige Gott, der aus so einer gefährlichen Lage erretten kann!" Hananja ist stolz auf seinen Gott. Auch wenn er anfangs gezweifelt hatte, weiß er jetzt: Gott lässt seine Freunde nie im Stich!

Vertiefungsfragen

- Wärst du auch so mutig gewesen wie diese drei?
- Wer oder was kann dir helfen, mutig zu Gott zu stehen?

Spiele mit Feuer

Feuer bewachen

Immer drei Kinder werden in eine Gruppe eingeteilt und erhalten pro Kind eine Kerze mit Kerzenständer. Alle Gruppen erhalten einen mit Zeitungspapier abgedeckten Tisch, auf dem sie ihre Kerzen frei platzieren und dann anzünden. Auf „Los!" versuchen die Gruppen, die Kerzen auf den gegnerischen Tischen auszublasen, die natürlich verteidigt werden. Der Tisch darf nicht berührt werden, Körperkontaktregeln müssen vereinbart werden. Sind alle drei Kerzen einer Gruppe aus, darf sie auch bei anderen nicht mehr ausblasen. Welche Gruppe kann ihr Licht bis zum Schluss brennen lassen?
Material: Streichhölzer/Feuerzeug, pro Gruppe 1 Tisch mit Zeitungspapier, pro Kind 1 Kerze mit Kerzenständer

Feuerwettessen

Immer zwei Kinder sitzen sich gegenüber. Jedes Kind erhält eine Kerze und zehn Butterkekse sowie eine Schachtel Streichhölzer oder ein Feuerzeug. Alle Kerzen werden angezündet. Auf „Los!" haben die Kinder die Aufgabe, ihre Butterkekse so schnell wie möglich aufzuessen. Dies dürfen sie nur tun, wenn ihre Kerze brennt. Wird sie vom Gegner ausgeblasen, so muss sie erst angezündet werden, bevor das Kind weiteressen darf. Das Kind muss sich also entscheiden, ob es essen oder blasen will. Wer ist zuerst fertig mit den Keksen?
Material: pro Kind 1 Kerze, 10 Butterkekse, 1 Schachtel Streichhölzer / 1 Feuerzeug

Feuerfußball

Die Kinder werden in zwei Gruppen eingeteilt und erhalten ein Marmeladenglas mit einem Teelicht, das angezündet wird. Auf einem gekennzeichneten Spielfeld wird Fußball mit einem Softball gespielt. Dabei müssen die Spieler immer das Teelicht in der Hand halten. Wessen Teelicht ausgegangen ist, muss ausgewechselt werden. Welche Gruppe erzielt so die meisten Tore?
Variante: Es können auch andere Ballspiele wie Brennball oder Völkerball auf diese Weise gespielt werden.
Material: 1 Stabfeuerzeug, 1 Softball, viele Teelichter, Spielfeldmarkierungen, pro Kind 1 Marmeladenglas

Streichholzschachtel aufräumen

Alle Kinder bekommen eine Streichholzschachtel mit einer gleichen Anzahl an Streichhölzern. Auf „Los!" kippen alle die Streichhölzer auf den Tisch. Anschließend müssen sie die Streichhölzer wieder in die Schachtel einfassen, allerdings nicht mit den Fingern, sondern mit zwei Streichhölzern, die sie als chinesische Stäbchen verwenden. Wer schafft dies am schnellsten?
Material: pro Kind 1 Schachtel Streichhölzer

Feuer löschen

Die Kinder werden in zwei Gruppen eingeteilt und stellen sich an einer Startlinie hintereinander auf. Jede Gruppe erhält eine Schüssel mit Wasser. Gegenüber der Gruppe werden im Abstand von 3 Metern vier brennende Kerzen aufgestellt. Jedes Kind bekommt einen Löffel, den es mit dem Stiel in den Mund nimmt. Auf „Los!" starten die jeweils ersten Kinder, füllen ihren Löffel mit Wasser, tragen ihn im Mund auf die andere Seite, kippen ihn dort über der Kerze aus und versuchen damit, die Kerzen zu löschen. Dann laufen sie zurück und die nächsten Kinder starten. Welche Gruppe kann auf diese Weise die Kerzen am schnellsten löschen?
Variante: Das Wasser kann auch in einem Fingerhut oder in der hohlen Hand transportiert werden.
Material: 2 Schüsseln mit Wasser, 8 Kerzen, 1 Feuerzeug, Markierung für die Startlinie, pro Kind 1 Löffel; für die Variante: pro Kind 1 Fingerhut

Feuerschiffchen

Für alle Kinder wird ein Stück Pappe vorbereitet, auf das mit Kleber ein Teelicht oder mit Wachs ein Kerzenstummel befestigt wird. An der Pappe wird durch ein Loch ein langer Wollfaden festgemacht. Alle Feuerschiffchen werden an einer Linie aufgestellt, die Kerzen werden angezündet und den Kindern in mindestens 5 Meter Entfernung gegeben. Auf „Los!" müssen die Kinder ihr Feuerschiff zu sich ziehen, indem sie den Wollfaden aufwickeln. Es darf nur gezogen werden, solange die Kerze brennt. Wer schafft es am weitesten bzw. zuerst über die Ziellinie?
Variante: Für alle Kinder liegen Streichhölzer bereit. Wenn die Kerze ausgeht, muss das Kind seine Kerze anzünden, bevor es das Feuerschiffchen weiterziehen kann.
Material: pro Kind 1 Pappe, 1 Teelicht oder Kerzenstummel; Kleber, Streichhölzer, Wollfaden

Feuerschiffchen mit Hindernissen

Der Spielaufbau ist wie beim Spiel „Feuerschiffchen". Alle Kinder halten ihr Feuerschiffchen an einer kurzen Schnur und müssen es nun nacheinander durch einen Parcours unter Stühlen und Tischen ziehen. Geht die Kerze aus, muss sie neu angezündet werden. Immer zwei Kinder treten gegeneinander an. Wer ist schneller?
Material: pro Kind 1 Pappe, 1 Teelicht oder Kerzenstummel; Kleber, Streichhölzer, Wollfaden, Hindernisse bzw. Markierung für den Parcours

Feuer machen

Die Kinder werden in zwei Gruppen eingeteilt, stellen sich in einer Reihe auf und erhalten je eine Christbaumkerze. Die jeweils ersten Kerzen werden angezündet. Auf „Los!" müssen die Kinder in der Reihe das Licht weitergeben, also eine Kerze nach der anderen anzünden. Welche Gruppe ist damit zuerst fertig?

Material: pro Kind 1 Christbaumkerze, Streichhölzer/Feuerzeuge

Feuerschrift

Die Kinder stellen sich im Halbkreis auf. Ein Kind stellt sich ihnen gegenüber und erhält eine Wunderkerze und einen Buchstaben. Das Kind entzündet an einer Kerze die Wunderkerze und malt den Buchstaben spiegelverkehrt in die Luft. Wer ihn zuerst errät, darf den nächsten Buchstaben malen.

Variante: Es können auch Zahlen mit mehreren Ziffern oder kurze Wörter geschrieben werden. Bei größeren Kindern gelingen auch einfache geometrische Figuren.

Material: viele Wunderkerzen, 1 Kerze, Streichhölzer

47. DIE SCHRIFT AN DER WAND

Bibeltext: Daniel 5,1 – 6,1
Zielgedanke: Gott will ernst genommen werden als der alleinige und heilige Gott.

Einstiegsspiel

Plattmachen

Alle Kinder stehen im Kreis und haben so viel Abstand zueinander, dass sie sich mit ausgestreckten Armen berühren können. Jedes Kind erhält ein Hardcover-Buch und einen Tennisball. Das Buch stellen sie leicht geöffnet so vor sich auf, dass es stehen bleibt. Auf „Los!" versuchen sie, die Bücher der anderen Kinder umzuschießen. Wessen Buch getroffen wurde, ist platt gemacht und verlässt den Kreis. Wer bleibt bis zum Schluss übrig?
Material: pro Kind 1 Hardcover-Buch, 1 Tennisball

Einstiegsfragen

- Wen hast du schon mal versucht, platt zu machen? Vor wem hast du Achtung?
- Wie kann man sich respektlos/respektvoll anderen gegenüber verhalten?

Vorlesegeschichte

„Bedienung! Noch mehr Wein! Meine Gäste sitzen auf dem Trockenen!" König Belsazar streckt seinen leeren Becher in die Höhe und ruft einem Diener hinterher, der zwischen den Gästen hin- und herläuft. Zufrieden schiebt er sich eine Olive in den Mund und schaut sich um. Dieses Fest scheint wirklich gelungen zu sein! Die 1.000 mächtigsten Männer aus seinem Reich hat er eingeladen, um mit ihnen zu feiern. Alle amüsieren sich köstlich. Und König Belsazar kann heute vor ihnen seine ganze Macht und Herrlichkeit zeigen. Wie schön ist es doch, König zu sein! Alle Welt liegt ihm zu Füßen. Dass er auch seine Frauen und Nebenfrauen zum Fest eingeladen hat, ist zwar ungewöhnlich, aber sorgt für ausgelassene Stimmung. Schließlich will er seinen Gästen etwas Besonderes bieten. Sie sollen ihn noch lange und gut in Erinnerung behalten.

Aber irgendein besonderes Ereignis braucht er noch. Irgendetwas, das noch deutlicher seine Macht zeigt. König Belsazar überlegt. Was könnte er ihnen denn noch bieten? Wein und gutes Essen ist ausreichend da. Für Tanz, Musik, Unterhaltung und Frauenbesuch hat er gesorgt. Mmh ... was könnte er denn noch machen? Da kommt ihm eine Idee! „Diener", winkt er seinen persönlichen Leibwächter herbei, „lass die goldenen Krüge und Becher aus dem Tempel holen, die mein Großvater König Nebukadnezar aus Jerusalem mitgebracht hat. Wir wollen daraus trinken!" „Aber mein Herr", antwortet der Diener mit einer Verbeugung, „die Gefäße sind doch nur für den Gebrauch im Tempel bestimmt. Sie sind den babylonischen Göttern geweiht. Ihr könnt sie doch nicht hier als normale Trinkgefäße verwenden!" „Doch, das kann ich", antwortet König Belsazar barsch. „Ich bin der König, der Herr der Welt, Herr über alle Götter! Ich kann tun, was ich will! Also, nun hole mir doch endlich die Gefäße!" „Sehr wohl, mein Herr!" Der Diener verbeugt sich und geht, um den Befehl zu befolgen. Was der König sagt, hat er zu tun. König Nebukadnezar, der die Gefäße als Kriegsbeute mitgebracht hatte, war auch kein guter König gewesen, aber er wusste wenigstens, was sich gehört, und hat dem Gott der Juden Ehre erwiesen. König Belsazar hingegen tut, was er will. Lädt Frauen zum Fest ein. Und jetzt will er auch noch die heiligen Gefäße entweihen! Er hat wirklich keinen Anstand. Der Diener schüttelt empört den Kopf. Wie gut, dass König Belsazar schon halb betrunken ist und gar nicht gemerkt hat, dass er ihm widersprochen hat. Das kann der König nämlich gar nicht leiden.

Als die goldenen Gefäße gebracht werden, geht ein Raunen durch die Menge. König Belsazar lässt sich einen mit Wein gefüllten Becher reichen. Die Gäste sind leise geworden. Spannung liegt in der Luft. König Belsazar streckt den Becher empor und ruft die Namen aller Götter an, die ihm gerade einfallen. Dann setzt er an und trinkt. Die Gäste jubeln! So etwas hat sich noch niemand getraut! Bei einem Fest aus den heiligen Bechern zu trinken! Alle goldenen Becher werden mit Wein gefüllt und durch die Gästereihen gereicht. Alle prosten ihren Göttern zu und trinken. Die Stimmung ist ausgelassen. König Belsazar ist sehr zufrieden. Mal wieder ist ihm ein besonderer Partyknaller gelungen. Bewunderung im ganzen Land ist ihm dafür sicher. Entspannt lehnt er sich in die Kissen zurück.

Es kommt ihm so vor, als wäre er kurz eingeschlafen. Was ist passiert? Woher kommt die Hand, die an die weiße Wand irgendwelche unleserlichen Zeichen schreibt? Ist er wirklich wach oder träumt er gerade? König Belsazar zwickt sich in den Arm. Nein, er ist wach. Auch seine Gäste haben diese merkwürdige Hand längst entdeckt. Erschrocken halten sie sich die Hand vor den Mund. Nur ein paar wenige lachen. Sie halten das für einen weiteren genialen Partyknaller des Königs. Belsazar selbst ist blass geworden. Er weiß: Diese Attraktion hat er sich nicht ausgedacht. Was ist das? Woher kommt das? König Belsazar wird immer bleicher und beginnt zu zittern. Hier scheint eine göttliche Macht im Spiel zu sein. Nur ein paar wenige Worte hat die Hand an die Wand geschrieben, dann ist sie wieder verschwunden. Als König Belsazar wieder klar denken kann, lässt er all seine Wahrsager, Magier und Sterndeuter holen. „Wer mir sagen kann, was das für Zeichen an der Wand sind und was sie bedeuten, der soll reich belohnt werden. Er bekommt einen wertvollen Mantel und wird der drittmächtigste Mann in meinem Königreich!" Die Wahrsager, Magier und Sterndeuter nähern sich vorsichtig der Schrift an der Wand. Sie versuchen, sie zu entziffern, aber keiner kann dem König sagen, was sie bedeutet. Da erschrickt König Belsazar noch mehr. Er spürt seit Langem wieder, dass er machtlos ist. Nur ein Gott kann so etwas geschrieben haben. Aber welcher? Und was will er ihm sagen?

Die Mutter des Königs ist nicht beim Fest dabei, aber sie bekommt mit, dass das Fest eine ungeahnte Wendung genommen hat. Sie erinnert sich an Daniel, den Juden, der ihrem Schwiegervater damals die Träume deutete. Sein Gott hatte ihn dazu besonders begabt. Vielleicht kann er auch hier helfen? Daniel ist schon alt und nicht mehr mit Regierungsgeschäften betraut, aber noch ganz klar im Kopf. Die meisten haben ihn vergessen, aber sie, die Mutter des Königs, kann sich noch gut an ihn erinnern. Sie lässt sich von einem Diener durch die erstarrte Gästeschar zu ihrem Sohn führen. „Du brauchst dich nicht zu sorgen, mein Sohn. Es gibt in deinem Königreich einen Mann, der diese Schrift entziffern kann. Daniel heißt er. Lass ihn holen, er wird dir sagen, was da an der Wand steht." König Belsazar tut, wie es seine Mutter vorgeschlagen hat. Das Fest ist beendet, aber keiner möchte nach Hause gehen. Einige sind auf ihrem Stuhl eingeschlafen, andere unterhalten sich flüsternd. Sie alle warten auf diesen Daniel, der die merkwürdige Schrift an der Wand entziffern kann.

„Du bist also Daniel, der meinem Großvater viele Träume gedeutet hat", begrüßt Belsazar Daniel. „Ich gebe dir einen wertvollen Purpurmantel und den Posten als dritter Mann in meinem Reich, wenn du mir sagen kannst, was diese Zeichen hier an der Wand bedeuten." „Deine Geschenke kannst du behalten oder einem anderen geben", antwortet Daniel, „aber die Schrift kann ich dir erklären." Daniel räuspert sich. Im Festsaal ist es mucksmäuschenstill geworden. Alle sind hellwach und ängstlich gespannt auf die Auflösung dieses Rätsels. „Deinen Großvater König Nebukadnezar hat Gott zu einem mächtigen Herrscher über ein großes Reich gemacht. Alle Menschen und Nationen zitterten vor ihm, denn er konnte tun und lassen, was er wollte. Aber als er sich über Gott erhob, bestrafte er ihn. Erst als dein Großvater einsah, dass nur Gott der Herr über die Welt ist und die Königsherrschaft gibt, wem er will, wurde er wieder als König eingesetzt."

Daniel macht eine Pause und schaut in die Gesichter der vielen Gäste. Einige der älteren nicken. Sie können sich noch gut an König Nebukadnezar erinnern. Daniel zeigt auf König Belsazar und fährt fort: „Du aber hast davon gewusst, und es war dir egal. Du hast Gott entehrt, indem du die heiligen Gefäße aus dem Tempel hast holen lassen und aus ihnen zum Wohle anderer Götter getrunken hast. Dem Gott aber, der dir das Leben geschenkt hat, dem hast du die Ehre verweigert. Deshalb hat Gott diese Hand geschickt." Daniel zeigt auf die Wand. „Diese Zeichen bedeuten: Mene mene tekel u-parsin. Das bedeutet: gezählt, gewogen, zerteilt. Gott will dir damit sagen: Gezählt sind die Tage deiner Königsherrschaft. Denn jetzt ist sie beendet. Gott hat dich gewogen, wie man Getreide auf dem Markt abwiegt. Aber du kannst das Mindestmaß nicht erreichen. Du hast kein Gewicht mehr. Du bist unwichtig. Und zerteilen wird Gott dein Königreich und es den Medern und Persern geben." König Belsazar ist nachdenklich geworden. Mit nur einer Handbewegung lässt er Daniel die versprochenen Geschenke überreichen. Er zieht sich in seine Gemächer zurück. Die Festgesellschaft wird nach Hause geschickt. Am nächsten Morgen wird König Belsazar ermordet in seinem Zimmer aufgefunden.

Vertiefungsfragen

- Warum hatte König Belsazar keinen Respekt vor Gott?
- Wie können wir Gott achten und ehren?

Spiele mit Geheimschriften

Buchstaben ertasten

Auf mehrere Karten werden Buchstaben aus ertastbarem Material (z. B. Leder, Sandpapier, Moosgummi, Schaumstoff, Wellpappe, Stoff, Fell) aufgeklebt. Allen Kindern werden die Augen verbunden. Die Karten werden im Kreis herumgegeben. Nachdem jedes Kind den ersten Buchstaben ertastet hat, dürfen Tipps abgegeben werden, und die Lösung wird bekannt gegeben. Dann macht die nächste Karte ihre Runde.
Variante: Die Kinder werden in kleine Gruppen eingeteilt und erhalten Karten, Scheren und Kleber. Aus verschiedenen Materialien, die allen zur Verfügung stehen, schneiden sie Buchstaben aus und kleben sie auf die Karten. Anschließend werden den Gruppen die Augen verbunden und sie müssen die Karten der anderen Gruppen ertasten.
Variante: Anstatt allen die Augen zu verbinden, wird die Karte in einen Karton gelegt, der ein Eingriffsloch hat, durch das die Kinder die Karte abtasten können.
Material: verschiedenes Material, mehrere Karten, Kleber, Schere, Augenbinden; für die Varianten: pro Gruppe Kleber und Scheren, Karton mit Loch

Postkarten lesen

Die Kinder werden in kleinere Gruppen eingeteilt und erhalten eine Postkarte mit z. B. diesem Satz: LeivürgeaessedsulrUm!bua. Anstelle der Briefmarke wird eine Vier gemalt. Die Kinder sollen rätseln, was dieser Satz bedeutet und wie die Schrift zu entschlüsseln ist.
Lösung: Das Wort wird immer in Viererbuchstabengruppen geteilt und diese Gruppen jeweils rückwärts gelesen: Leiv ürge aess edsu lrUm !bua (Viele Grüsse aus dem Urlaub!).
Variante: Wenn alle Kinder das System verstanden haben, schreiben sie eine Botschaft an eine andere Gruppe nach demselben System, allerdings sollte das Wort nicht in Vierergruppen, sondern in Dreier-, Fünfer- oder Sechsergruppen eingeteilt werden müssen. Die Gruppen müssen dann jeweils die Botschaft der anderen Gruppen entschlüsseln.
Material: mehrere Postkarten mit Geheimsatz, Stifte; für die Variante: leere Postkarten

Verschobene Schrift

Die Kinder haben die Aufgabe, folgenden Satz zu entschlüsseln: KSXX EPPIMR MWX OSIRMK. Als Tipp bekommen sie die Information, dass der Schreiber im Alphabet verrutscht ist. Das bedeutet, dass A nicht A, sondern irgendein anderer Buchstabe ist. B ist dann der folgende Buchstabe. Das Alphabet bleibt in der Reihenfolge, sie müssen lediglich den Anfang finden. In diesem Fall ist das Alphabet um vier Stellen verrutscht, das A ist hier ein E, die Lösung lautet: GOTT ALLEIN IST KÖNIG.
Variante: Wenn alle Kinder das System verstanden haben, werden sie in kleine Gruppen eingeteilt und schreiben einer anderen Gruppe eine Botschaft nach demselben System, nur mit einer anderen Verschiebung des Alphabets. Wer kann die Botschaft der anderen Gruppe herausfinden?
Material: Papier und Stifte

Zahlenschrift

Ein Satz aus möglichst vielen verschiedenen Buchstaben des Alphabets wird so verschlüsselt, dass jeder Buchstabe durch eine Zahl ersetzt wird, wobei A nicht unbedingt 1 sein sollte. Leerzeichen bleiben erhalten. Die Kinder werden in kleine Gruppen eingeteilt und erhalten einen verschlüsselten Satz in Zahlenschrift und ein Alphabet. Sie haben nun die Aufgabe, die passenden Buchstaben zu den Zahlen zu finden.

Variante: Statt Zahlen können auch Symbole verwendet werden.

Variante: Bei jüngeren Kindern können Buchstaben, die öfter vorkommen oder markant sind, vorgegeben werden.

Material: pro Gruppe 1 verschlüsselter Satz und 1 Alphabet, Stifte

Schrift weitergeben

Die Kinder werden in zwei Gruppen eingeteilt und setzen sich in eine Reihe hintereinander. Vor der Gruppe befindet sich an der Wand ein Plakat mit Stift. Das jeweils letzte Kind bekommt einen Buchstaben gezeigt, den es auf den Rücken des Kindes vor sich mit dem Finger schreibt. Dieses Kind gibt den gefühlten Buchstaben so weiter, bis der Buchstabe beim ersten Kind angelangt ist. Das erste Kind springt auf, schnappt sich den Stift und schreibt den Buchstaben auf das Plakat. Ist er richtig, bekommt die Mannschaft 1 Punkt. Ist er falsch, darf die andere Mannschaft den Stift nehmen und ihr Ergebnis aufschreiben.

Material: 1 Plakat, 1 Stift, Buchstaben zum Zeigen

Schablonensätze

Mit der Schablone von „Schablonengeheimschrift" kann das ganze Blatt beschriftet werden, indem die Lücken beschriftet und anschließend die Schablone um 90 Grad gedreht wird. Hier empfiehlt es sich, die Lücken von oben nach unten und von links nach rechts zu beschriften. Der verschlüsselte Befehl muss ausgeführt werden. Wer das zuerst tut, gewinnt. Beispielsätze mit 36 Buchstaben: „Geht vor die Tür und bringt einen Löwenzahn." „Holt uns aus der Küche eine Sprudelflasche." „Stellt euch in einen Kreis und singt Lieder."

Variante: Wenn alle das System verstanden haben, erhalten die Gruppen ein Blatt mit leeren Kästchen und dürfen eine Botschaft an die anderen Gruppen schreiben. Wer kann die Botschaft der anderen Gruppen lesen?

Material: für die Schablonen: Pappe und 1 Cutter, je nach Gruppenanzahl Rätsel-Buchstabenblätter, Stifte; für die Variante: pro Gruppe 1 Blatt mit leeren Kästchen

Schablonengeheimschrift

Diese Geheimschrift benötigt etwas Vorbereitung. Für jede Gruppe muss aus Pappe eine Schablone ausgeschnitten werden, die folgendermaßen aussieht:

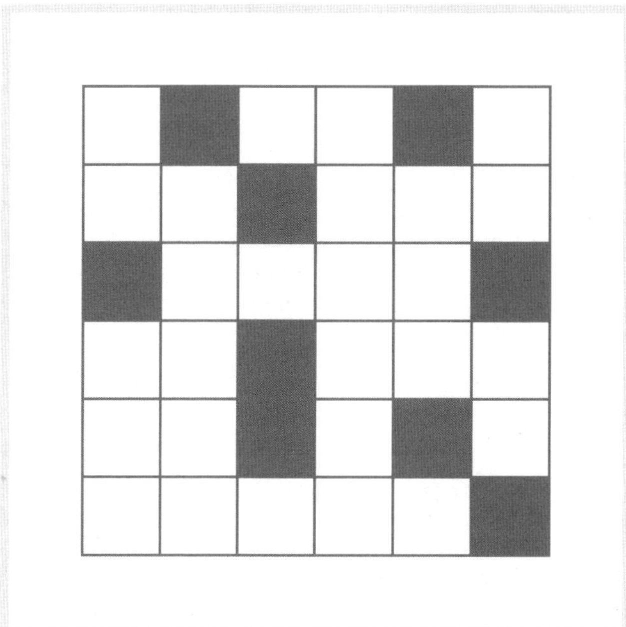

Die jeweils grauen Felder müssen ausgeschnitten werden. Dann wird ein gleich großes Blatt mit 36 Kästchen erstellt und mit Buchstaben gefüllt. Dazu wird die Schablone auf das Blatt gelegt und die leeren Felder (neun Buchstaben) werden beschriftet, z. B. Geheimnis. Dabei sollte das Blatt so beschriftet werden, dass die Lösung auf dem Kopf oder zur Seite gedreht steht oder alle Buchstaben in verschiedene Richtungen zeigen. Dann wird die Schablone entfernt und die leeren Felder mit nichtigen Buchstaben gefüllt. Die Kinder werden in kleine Gruppen eingeteilt und erhalten je eine Schablone und ein Rätsel-Buchstabenblatt. Die Kinder müssen herausfinden, wie sie die Schablone anlegen müssen, um das Wort zu entschlüsseln. Welche Gruppe schafft das zuerst?

Variante: Als Lösung kommt ein Gegenstand heraus, den die Kinder besorgen müssen. Wer ihn zuerst bringt, gewinnt. Mögliche Gegenstände mit neun Buchstaben: Halskette, Handschuh, Haselnuss, Faltblatt, Milchglas, Klopapier.

Material: für die Schablonen: Pappe und 1 Cutter, je nach Gruppenanzahl Rätsel-Buchstabenblätter, Stifte

48. DANIEL IN DER LÖWENGRUBE

Bibeltext: Daniel 6,2-29
Zielgedanke: Gott hält zu den Menschen, die ihm die Treue halten.

Einstiegsspiel

Löwengrube

Aus einer Schnur wird ein Kreis gelegt (Löwengrube), der so groß ist, dass alle Kinder sich gut drumherum stellen und sich an den Händen festhalten können. Auf „Los!" versuchen die Kinder, sich gegenseitig in den Kreis zu ziehen. Wer in den Kreis tritt oder die Schnur berührt, scheidet aus. Wer bleibt bis zum Schluss übrig?
Material: Schnur

Einstiegsfragen

- Hat dir schon mal jemand eine Falle gestellt?
- Hast du schon mal etwas Verbotenes getan?

Vorlesegeschichte

„Dieser Daniel!", schimpft Farouk. „Wenn ich sein Lächeln schon sehe, sträuben sich mir alle Haare!" Wütend knallt er seinen Krug auf den Tisch, sodass der Wein über den Rand schwappt. „Warum? Was ist denn passiert?", fragt Leila, seine Frau. „Warum bist du so wütend?" „Ach", antwortet Farouk, „gar nichts ist passiert. Das ist ja das Problem!" „Hä? Das verstehe ich nicht. Wenn nichts passiert ist, dann ist doch alles in Ordnung! Warum bist du dann so wütend?" Leila schaut ihren Mann fragend an, während sie die Reste des Abendessens zusammenräumt. „Dieser Daniel ist mein Kollege. Von dem habe ich dir doch schon erzählt, oder?", beginnt Farouk zu erklären. „Er, ich und Sasan wurden von unserem König Darius zu Fürsten über die 120 Statthalter eingesetzt. Jeder von uns ist für 40 von ihnen zuständig. Sie müssen uns Rechenschaft ablegen über das, was sie in ihrer Provinz tun, und uns natürlich Ernteabgaben für den König geben. Aber obwohl der König die Provinzen gerecht aufgeteilt hat, läuft es bei Daniel viel besser als bei mir und Sasan. Er ist viel schlauer als wir. Bei ihm gibt es nie Streit unter den Statthaltern und komischerweise hat er immer mehr Ernteeinnahmen als wir." Farouk schüttelt ungläubig den Kopf. „Und jetzt will König Darius Daniel zum Großwesir machen, zu meinem Chef! Dabei ist er nur ein Verschleppter aus Juda, ein Ausländer, ein Kriegsgefangener! Ich oder Sasan als geborene Perser hätten diesen Posten verdient, aber doch nicht dieser Ausländer! Daniel ist König Darius' Liebling. Das wird ihm eines Tages noch leidtun."

Leila versteht, warum ihr Mann so zornig ist. „Dann müsst ihr halt was finden, was Daniel falsch macht, und es dem König berichten. Der wird ihn dann bestimmt absetzen und dich an seiner Stelle zum Großwesir machen" „Daniel macht keine Fehler, Leila", antwortet Farouk. „Der ist zu schlau dafür!" „Aber irgendeinen Fehler wird er doch machen, er ist auch nur ein Mensch", wendet Leila ein. „Nein. Ich habe mit Sasan alle seine Rechnungsbücher durchgesehen. Es gibt nichts, keine Abweichung, keine Rechenfehler, er hat sich nicht an den Abgaben bereichert. Noch nicht mal einen Schreibfehler konnten wir in seinen Büchern finden!" „Aber irgendetwas wird es doch geben, was ihr gegen ihn beim König vorbringen könnt!" Nachdenklich legt Leila den Finger an den Mund. „Ach Leila, ich habe schon unsere Götter dazu befragt, aber keine Antwort erhalten ... Moment mal!" Farouk springt von seinem Hocker auf. „Das ist es! Das ist sein Fehler!" Farouk klatscht begeistert in die Hände. „Was denn? Was denn?" Leila ist neugierig. „Daniel betet zu seinem Gott nach Jerusalem, dreimal am Tag bei offenem Fenster und ganz laut. Er betet nicht zu den persischen Göttern und er betet auch König Darius nicht an. Das ist es! So können wir ihm eine Falle stellen!" Begeistert stürmt Farouk aus dem Haus und lässt eine verwunderte Leila zurück.

Gemeinsam mit Sasan verfasst er verschiedene Gesetzesentwürfe, mit denen sie Daniel loswerden wollen. Es braucht einige Blätter Papyrus, bis sie mit der Formulierung zufrieden sind. Per Eilbote werden alle Statthalter und Militärbefehlshaber informiert. Und dann – auf zu König Darius! Sie werden gleich vorgelassen, schließlich bekleiden sie ein hohes Amt in seinem Königreich. „König Darius, mögest du ewig leben!" Farouk und Sasan verbeugen sich heute besonders tief vor dem König. „Wir, deine Untertanen, sind der Meinung, dass deine Macht gestärkt werden solle. Darum schlagen wir dir vor, dass du folgendes Gesetz erlassen solltest: Wer in den nächsten 30 Tagen eine Bitte oder ein Gebet an einen anderen Gott oder Menschen richtet als an dich, König Darius, der soll den Löwen zum Fraß vorgeworfen werden! Erlasse dieses Gesetz als ein Gesetz der Meder und Perser, das niemand rückgängig machen kann. Dann ist deine Macht gesichert." So trägt Farouk seinen Einfall vor. Der König ist geschmeichelt. Dass seine Untertanen so sehr um seinen Machterhalt bemüht sind, rührt ihn. Was hat er doch für kluge Leute für die führenden Ämter ausgesucht! „Warum nicht", antwortet König Darius, „es kann ja nicht schaden, wenn die Menschen sich eine Zeit lang nur an mich wenden dürfen." Ohne zu zögern greift er zur Schreibfeder, unterschreibt und drückt seinen Siegelring in das weiche Wachs. Farouk gibt das neue Gesetz dem königlichen Hofschreiber, der für die Vervielfältigung und Bekanntmachung der Gesetze zuständig ist. Vor den Toren des Palasts klatschen sich Sasan und Farouk ab. Dieser Schachzug ist ihnen wirklich gelungen. Dass es so leicht war, König Darius eine Falle für seinen geliebten Daniel zu stellen, hätten sie gar nicht gedacht. Sie verabreden sich für den nächsten Tag, um Daniel bei einer seiner täglichen Gebetszeiten zu überführen.

Daniel hat gestern Abend vom neuen Gesetz des Königs erfahren. Was ist da bloß in ihn gefahren? König Darius hält große Stücke auf ihn, das weiß Daniel. Und er findet es auch völlig in Ordnung, dass Daniel zu seinem Gott betet. Alle wissen das. Warum also verbietet der König ihm jetzt seinen Glauben? Oder stellt er ihm etwa eine Falle? Daniel wird ihn heute fragen, wenn er zur Besprechung in den Palast kommt. Zuerst aber will er seinen

Tag wie üblich starten. Von so einem Gesetz will er sich seinen Glauben an Gott nicht verbieten lassen. Er öffnet das Fenster Richtung Süden, wo er Jerusalem vermutet, und stimmt einen Psalm an: „Der Herr ist mein Licht und mein Heil; vor wem sollte ich mich fürchten? Der Herr ist meines Lebens Kraft; vor wem sollte mir grauen" (Ps 27,1 Lu)? Kaum hat Daniel den ersten Vers des Psalms gesungen, wird die Tür aufgerissen. „Aha! Wussten wir es doch, dass du dich nicht an das Gesetz unseres Königs hältst!" Farouk und Sasan stehen in der Tür und grinsen hämisch. „Wir werden es ihm sofort melden!" Und schon sind sie wieder verschwunden.

Kurze Zeit später treten sie im Palast vor den König. „König Darius, wir haben unseren Kollegen Daniel dabei erwischt, wie er sich gegen dich stellt und laut zu seinem Gott betet, obwohl du erst gestern das neue Gesetz erlassen hast. Du musst ihn in die Löwengrube werfen." Mit Genugtuung bringt Farouk den Vorwurf gegen Daniel vor. Soll er auch gleich nach der Stelle als Großwesir fragen? Schließlich hat er dafür gesorgt, dass Verrat gegen den König aufgedeckt wird. Nein, Farouk will lieber noch warten, sonst könnte der König sein Spiel durchschauen.

König Darius ist alles andere als dankbar, dass Farouk Daniel angezeigt hat. Seine zwei Diener haben ihm tatsächlich eine Falle gestellt, weil er Daniel gern hat und zum Großwesir machen wollte. Und er, König Darius, hat es nicht kapiert! Er macht sich Vorwürfe und überlegt den ganzen Tag nach einem Ausweg. Aber ihm fällt nichts ein. So muss er notgedrungen am Abend Daniel in die Löwengrube werfen. „Möge dein Gott, dem du so treu dienst, dich beschützen!" Mehr kann König Darius nicht zu Daniel sagen, hängen ihm die Tränen doch schon in der Kehle. Er wird Daniel sehr vermissen. Und er fühlt sich schuldig, einen Unschuldigen mit dem Tod zu bestrafen. Es bleibt nur die Chance, dass Daniels Gott ihm wohlgesonnen ist und ein Wunder tut. Man erzählt sich, dieser Gott habe auch schon einmal Daniels Freunde vor den Flammen im Feuerofen bewahrt.

König Darius will nichts essen und nur noch allein sein. Er kann die ganze Nacht nicht schlafen, sondern wälzt sich von einer Seite auf die andere. Seine Schuld drückt ihn. Seine Leichtgläubigkeit gegenüber seinen Fürsten reut ihn. Wie schlecht ist er doch als König! Er macht sich große Vorwürfe und hofft, dass dieser Gott noch einmal ein Wunder tut. Kaum schickt die Sonne ihre ersten Strahlen an den Himmel, läuft König Darius zur Löwengrube. Schon von Weitem ruft er: „Daniel, du Diener deines Gottes, hat er dich vor den Löwen gerettet? Lebst du noch?" König Darius muss schwer atmen, weil er so schnell gerannt ist. Er hört keine Antwort. Aber dann bleibt er stehen. War da nicht eine Stimme zu hören? „König Darius, mögest du ewig leben! Ich bin immer noch hier unten!" „Gott sei Dank", antwortet König Darius. „Ja wirklich, Gott sei Dank!", kommt die Antwort aus der Grube, „Denn Gott schickte mir einen Engel, der den Löwen den Mund verschlossen hat, sodass sie mir nichts antun konnten." König Darius ist überglücklich: „Halte noch kurz aus, Daniel, ich laufe gleich zurück und lasse dich rausholen. Und dann bestrafe ich diejenigen, die mir und dir diese Falle gestellt haben. Sie sollen an deiner Stelle in die Grube. Und im ganzen Land lasse ich verkünden, dass alle Menschen deinen Gott anbeten sollen. Denn er ist wirklich der einzige, lebendige und ewige Gott!"

Vertiefungsfragen

- Hättest du zu Gott gebetet, auch wenn es unter Strafe steht?
- Wo werden Menschen heute bedroht, wenn sie an Jesus glauben?
  Mache dich auf www.opendoors.de (letzter Zugriff am 13.03.2019) darüber kundig.

Spiele mit Tieren

Die Löwen sind los

Ein Spielfeld wird in drei Felder unterteilt, wobei das mittlere Feld schmaler als die anderen sein sollte. In diesem Feld befinden sich die Touristen, die die Löwen besichtigen. Ein oder mehrere Kinder sind die Löwen und befinden sich im z. B. rechten Feld. Die Touristen dürfen, solange die Musik läuft, die Löwen kraulen, fotografieren und bewundern. Geht die Musik aus, ruft die Spielleitung: „Die Löwen sind los!" Dann müssen alle Touristen nach links hinter die Linie laufen. Erst dort sind sie vor den Löwen sicher. Die Löwen stürzen los und versuchen, die Touristen vor der Linie abzuschlagen. Wer gefangen wurde, ist ein Löwe und kommt für die nächste Runde mit in den Löwenkäfig. Das Spiel endet, wenn alle Touristen gefangen wurden.
Variante: Statt Musik und Kommando kann auch eine Geschichte erzählt werden. Sobald das Wort „Löwe" genannt wird, dürfen die Löwen die Touristen fangen.
Material: Markierung für die Spielfelder, Musik und Abspielgerät

Raubtierfütterung

Pro Kind wird ein Zettel mit einem gefährlichen Tier beschriftet (z. B. Wolf, Tiger, Bär), wobei es sechs Zettel gibt, auf denen „Löwe" steht. Alle Kinder setzen sich in den Kreis und ziehen einen Zettel, zeigen ihn aber niemandem. In die Mitte wird ein Bonbon gelegt. Die Spielleitung erzählt eine Geschichte (z. B. von einem Ausflug in den Zoo). Sobald eines der Tiere, die auf den Zetteln stehen, genannt wird, darf das Kind sich das Bonbon nehmen und ein weiteres Bonbon wird in die Mitte gelegt. Bei „Löwe" gibt es dann die „Schlacht" um das Bonbon, die nach einem kurzen Kampf durch ein Bonbon für jedes Kind aufgelöst werden kann.
Material: Bonbons, Geschichte, Zettel, Stift

Amöbe

Alle Kinder versuchen, sich von der Amöbe zum Mensch zu entwickeln. Dazu laufen alle Kinder durch den Raum und suchen sich ein anderes Kind, gegen das sie Schere-Stein-Papier spielen. Wer gewinnt, steigt auf zum Krebs, wer verliert, bleibt Amöbe. Dann suchen sich die beiden eine neue Spielerin / einen neuen Spieler vom selben Status. Die Amöbe sagt dafür immer „Amöbe", der Krebs sagt „Krebs" und macht mit der rechten und linken Hand eine Schnappbewegung, um einen Artgenossen zu finden. Der Krebs, der siegt, wird ein Huhn, sagt nun immer „Huhn" und wackelt mit den Ellenbogen wie mit Flügeln. Wer verliert, wird wieder zur Amöbe. Das Huhn, das gewinnt, wird Dino, sagt nun immer „Dino" und hält die Hände wie ein T-Rex. Der Dino, der gewinnt, wird Mensch und hat das Spiel gewonnen. Wer hat sich zuerst von der Amöbe zum Mensch entwickelt?
Material: keines

Elefantenthron

Die Kinder sitzen im Kreis. Zu jedem Platz gehört ein Tier mit Bewegungen. Zuerst werden mit allen Kindern die Tiere und Bewegungen besprochen (z. B. Elefant: Rüssel mit den Armen, Schildkröte: beide Hände mit dem Handrücken nach oben aufeinanderlegen und mit den Daumen wackeln, Hase: zwei Ohren mit den Händen andeuten, ein Ohr wackelt, Elch: Geweih am Kopf zeigen, Fliege: Spirale mit dem Finger anzeigen und ssss machen, Pferd: im versetzten Rhythmus mit den Füßen traben, Frosch: mit der Hand auf den Oberschenkel schlagen und die Hand abhüpfen lassen, Schlange: Arm in Wellenlinien bewegen, Affe: auf die linke Faust beißen und den rechten Arm hochstrecken). Ein Kind ist der Elefant und damit das oberste Tier, das es vom Thron zu stürzen gilt. Die restlichen Tiere werden auf die anderen Kinder verteilt. Dann klatschen alle zweimal auf die Oberschenkel und einmal in die Hand. Wenn alle den Klatschrhythmus verstanden haben, klatschen alle den Rhythmus weiter und der Elefant beginnt. Statt in die Hand zu klatschen, macht er seine eigene Bewegung, beim zweiten Klatschen die Bewegung einer anderen Figur (z. B. Affe). Beim dritten Klatschen macht der Affe seine Bewegung, beim vierten Klatschen die Bewegung eines anderen Tieres usw. Wer einen Fehler macht, setzt sich auf den Platz rechts neben den Elefanten, alle anderen rücken einen Platz gegen den Uhrzeigersinn bis der frei gewordene Stuhl wieder besetzt ist. Ziel ist es, den Elefanten vom Thron zu stürzen und möglichst weit nach oben zu kommen.
Variante: Statt Bewegungen können auch Geräusche gemacht werden.
Material: Stühle

Schlangen fangen

Die Kinder werden in zwei Gruppen eingeteilt und halten sich an den Händen fest. Das letzte Kind hat ein Tuch in der Hose stecken, das weit heraushängt. Auf „Los!" versuchen die beiden Schlangen, sich gegenseitig den Schwanz abzureißen, ohne dabei die Hände loszulassen.
Material: 2 Tücher

Hase im Kohl

Ein Kind spielt den Hasen, ein Kind den Jäger, alle anderen Kinder hocken sich über das Spielfeld verteilt als Kohlköpfe auf den Boden. Der Jäger versucht, den Hasen abzuschlagen. Gelingt es ihm, wird der Hase zum Jäger und der Jäger zum Hasen. Wenn der Hase sich neben einen Kohlkopf hinhockt, wird der Kohlkopf zum Jäger und der Jäger zum Hasen.
Variante: Die Kinder stellen sich paarweise auf und haken sich ein. Wenn der Hase sich bei einem Kind einhängt, bildet er mit ihm ein neues Paar und das jetzt übrige Kind wird der Jäger.
Material: keines

Tier erraten

Jedem Kind wird auf den Rücken ein Zettel oder an die Stirn ein Stück Kreppklebeband geklebt, auf dem ein Tier steht. Die Kinder gehen nun frei im Raum umher und suchen sich ein anderes Kind, dem sie eine Frage über sich stellen, die nur mit Ja oder Nein beantwortet werden kann. Wer findet zuerst heraus, welches Tier er ist?
Variante: Alle Kinder sitzen im Kreis. Ein Kind beginnt und stellt eine Frage über sich. Wird die Frage mit Ja beantwortet, darf es eine weitere Frage stellen. Wird sie mit Nein beantwortet, ist das nächste Kind an der Reihe. Wer errät zuerst, welches Tier auf seiner Stirn steht?
Material: Zettel und Klebeband oder Kreppklebeband, Stift

Lustige Tiere

Alle Kinder erhalten ein Blatt Papier und einen Stift. Sie haben die Aufgabe, oben auf das Blatt die Ohren eines beliebigen oder ausgedachten Tieres zu malen. Dann werden die Ohren nach hinten geknickt und die Enden der Ohren kurz auf dem weißen Blatt markiert. Sind alle fertig, wird das Blatt nach links weitergegeben. Dann malen alle einen Tierkopf, in der nächsten Runde einen Tierkörper, dann Tierbeine und schließlich Pfoten. Das Blatt darf wieder aufgefaltet und über das lustige Tier gelacht werden.

Material: pro Kind 1 Blatt Papier und 1 Stift

49. JONA HAUT AB

Bibeltext: Jona 1 – 2
Zielgedanke: Gott lässt seine Menschen nicht im Stich, auch wenn sie ihn im Stich lassen.

Einstiegsspiel

Backbord, Steuerbord, Schiffbruch

Alle Kinder sitzen auf Stühlen im Kreis. Ein Stuhl bleibt frei. Ein Kind steht in der Mitte. Wenn es „Backbord!" ruft, rücken alle einen Stuhl nach links. Ruft es „Steuerbord!" rücken die Kinder einen Stuhl nach rechts. Bei „Schiffbruch!" tauschen alle Kinder die Plätze. Das Kind in der Mitte muss einen freien Stuhl ergattern. Wer nicht weiterrückt oder nach Schiffbruch zuletzt einen Platz findet, muss in die Mitte.
Tipp: Damit die Kinder nicht absichtlich schlafen oder sich keinen Platz suchen, um auch mal in die Mitte zu können, werden Strafpunkte verteilt an alle Kinder, die in die Mitte müssen. Wer am Ende die meisten Strafpunkte hat, verliert.
Material: Stühle

Einstiegsfragen

- Wovor bist du schon einmal abgehauen?
- Was fürchtest du so sehr, dass du dich davor verstecken würdest?

Vorlesegeschichte

Jona fasst sich verwundert an sein Ohr. Hat er das eben richtig gehört? Er soll nach Ninive gehen? Gott kommt vielleicht auf Ideen! Aber ja, so hat er Gottes Stimme verstanden: „Geh nach Ninive. Ich kann nicht mehr zusehen, wie böse die Menschen miteinander umgehen. Kündige ihnen mein Strafgericht an." Das hat Gott gesagt. Ganz klar und deutlich hat Jona alles gehört. Aber Ninive? Das liegt doch in Assyrien. Das hat doch jetzt gar nichts mehr mit Israel, Jonas eigenem Land, zu tun. Die Assyrer sind ein mächtiges Volk und machen es den Menschen in Israel schwer. Jona soll sie warnen. Und dann werden sie alles bereuen, ihr Leben ändern und das Strafgericht kommt doch nicht, bla ... So hat Gott das schon öfters gemacht. Jona will den Assyrern keine Chance geben, dem Strafgericht Gottes zu entkommen. Und er will sich auch nicht blamieren und etwas ankündigen, das dann doch nicht eintritt. Lieber reist er bis ans Ende der Welt, als nach Ninive zu gehen.

„Das ist überhaupt die Idee!", denkt Jona. „Ich reise bis ans Ende der Welt, dann habe ich nichts mehr mit Gott zu schaffen und ein anderer kann nach Ninive gehen." Jona packt sein Gepäck für eine lange Reise, holt sein gespartes Geld aus dem Versteck und wandert zum

Hafen. Dort angekommen, muss er sich erst einmal orientieren. Er ist noch nie am Hafen gewesen. So riesige Schiffe! Jona staunt. Ein Schiff ist gerade angekommen und die Waren, die es aus einem fernen Land mitgebracht hat, werden entladen. Andere Schiffe werden zur Abfahrt bereitgemacht. „Entschuldigung", spricht er einen Mann an, der gerade dabei ist, das Tau eines großen Schiffes zu verknoten, „fährt dieses Schiff ans Ende der Welt?" Der Mann schaut ihn belustigt an. „Nach Spanien, meinst du? Ja, wir legen morgen früh ab." Jona ist begeistert, gleich den richtigen Mann getroffen zu haben. „Kann ich mitfahren? Wo kann ich eine Fahrkarte kaufen? Ich muss ganz dringend nach Schnapien oder wie das heißt." „Spanien heißt das. Der Mann dort vorne mit dem großen Hut, das ist der Kapitän. Bei ihm kannst du eine Fahrkarte lösen. Aber an Bord musst du natürlich mithelfen, das ist dir ja wohl klar!" „Ja, natürlich", antwortet Jona, „natürlich helfe ich mit, ist doch logo!" Ohne sich zu verabschieden läuft er zum Kapitän, kauft eine Fahrkarte und vom restlichen Geld noch so viel Essen, wie er tragen kann. Dann darf er auch schon seinen Schlafplatz vorbereiten und die erste Nacht an Bord verbringen.

Früh am Morgen wird Jona von lautem Gebrüll geweckt. Die Matrosen sind schon fleißig am Werk. Jona will sich noch einmal auf die andere Seite drehen, da wird er unsanft mit einem Tritt geweckt. „Aufstehen, du Schlafmütze! Gepennt wird in der Nacht." Jona reibt sich die Augen. Es ist der Mann, den er gestern am Hafen angesprochen hat. „Ich stehe ja schon auf. Ich heiße übrigens Jona und nicht Schlafmütze." „Alles klar, Jona, ich heiße Abedin. Und jetzt komm, wir brauchen deine Hilfe beim Rudern." Abedin zeigt Jona den Ruderplatz, an dem er kräftig mitrudern muss, bis sie das offene Meer erreicht haben. Dann erst können sie die Segel hissen. Schnell findet Jona den Schlagrhythmus der anderen Ruderer. Es ist anstrengend. Jona läuft der Schweiß über das Gesicht, aber er ist froh, dass er endlich fortkommt. Mit jedem Ruderschlag fühlt er sich ein bisschen freier. Freier von seinem Auftrag und freier von seinem Gott, der ja doch nur wieder gnädig zu den Assyrern gewesen wäre.

Nach einiger Zeit haben sie das offene Meer erreicht. Die Segel werden gehisst und Jona darf seinen Ruderplatz verlassen. Zum ersten Mal, seit sie den Hafen verlassen haben, kann Jona an Deck gehen. Die Sonne scheint hell vom Himmel. Jona hält die Hand über die Augen und blickt zurück. Am Horizont kann er noch einen Streifen Land ausmachen. Das ist Israel. Ein bisschen wehmütig ist Jona schon. Aber nur ein bisschen. Jetzt will er lieber vorausschauen. Auf sein neues Leben in Sanapien oder wie das doch gleich heißt. Er ist ganz aufgeregt. Er kennt dort niemanden, kann die Sprache nicht sprechen, kennt die Religion der Menschen nicht. Wie wird das werden? Er ganz allein in einem fremden Land? Und noch nicht mal Gott wird dabei sein. Vor dem ist er ja gerade geflohen.

Jona steht an der Reling und hängt seinen Gedanken nach. Er bekommt nicht mit, dass die Sonne hinter schwarzen Wolken verschwunden ist. Er spürt auch nicht den Wind, der immer stärker wird. Erst als ihm eine Welle kaltes Wasser ins Gesicht klatscht, stellt Jona fest, dass das Schiff in einen immer stärker werdenden Sturm hineinfährt. An Bord ist hektisches Treiben ausgebrochen. Abedin wankt Jona auf dem schaukelnden Schiff entgegen: „Jona, auf, geh zu deinem Ruderplatz! Wir müssen die Segel einholen, sonst zerreißen sie! Schnell!" Jona bleibt keine Zeit mehr, Fragen zu stellen. Abedin ist schon weitergewankt und ruft auch andere Fahrgäste zurück auf die Ruderbänke. Nur mühsam kann Jona sich auf dem schaukelnden Schiff fortbewegen. Aber dann hat er es geschafft und sein Ruder erreicht. Alle rudern völlig durcheinander, ohne Rhythmus. Mal sind die Ruder in der Luft, weil das Schiff auf einer Welle tanzt, mal ist das Schiff so tief unter Wasser, dass jede Menge Wasser durch das Ruderloch ins Innere läuft. Nach kurzer Zeit holen sie auch die Ruder ein. Es ist sinnlos, in diesem Sturm noch eine Richtung halten zu wollen.

Der Sturm wird immer schlimmer. Das Schiff ächzt und knarzt, so als würde es gleich auseinanderbrechen. Die Menschen an Bord werden immer panischer. In ihrer Angst beten sie zu ihrem Gott, jeder zu seinem eigenen. Nur Jona hat keinen mehr. Er ist vor Gott davongelaufen, dann kann er wohl jetzt nicht angeschlichen kommen und um Hilfe bitten. Jona verkriecht sich in seine Schlafdecke. Er kann sich nur noch an sich selbst festhalten. Das Schaukeln des Schiffes macht ihn müde. Jona schläft ein.

Wieder spürt er einen Tritt in den Bauch. Diesmal ist er sofort hellwach. Abedin steht vor ihm und brüllt gegen das Tosen des Sturmes: „Wie kannst du hier einfach so schlafen, wo wir doch drohen unterzugehen! Steh auf und bitte deinen Gott um Hilfe. Vielleicht greift er ja ein und rettet uns!" Jona will gerade etwas sagen, da kommt ein anderer herbeigestürmt. „Wir haben ausgelost, wer an diesem schrecklichen Sturm schuld ist. Das Los ist auf dich gefallen, Fremder." Auch andere Besatzungsmitglieder und einige Reisende kommen dazu. „Sag uns, was du gemacht hast, dass wir jetzt alle in Lebensgefahr sind!" „Ja, sag es uns! Wer bist du überhaupt?", ruft ein anderer. Immer mehr Fragen prasseln auf Jona ein. „Was für ein Geschäft betreibst du, das dich nach Spanien treibt?" „Wo kommst du eigentlich her?" „Von welchem Volk stammst du ab?"

Jona hat sich aus seiner Schlafdecke befreit und ist aufgestanden. An einem Holzpfeiler hält er sich fest. „Ich bin ein Hebräer aus Israel und ich glaube an den Gott des Himmels, der das Land und das Meer erschaffen hat. Ich bin vor Gott abgehauen, weil ich als Prophet eine Nachricht überbringen sollte, die ich nicht sagen wollte. Darum bin ich an Bord dieses Schiffs gegangen, um bis ans Ende der Welt zu fahren." Die Zuhörer sind entsetzt! „Du hast dich gegen Gott aufgelehnt? Warum hast du das getan? Jetzt müssen wir alle sterben!", ruft jemand. „Was sollen wir denn jetzt tun, damit sich das Meer wieder beruhigt?", fragt Abedin. „Alle Ladung haben wir ja schon ins Meer geworfen." „Werft mich ins Meer!", antwortet Jona. „Gott hat den Sturm wegen mir geschickt. Dann wird sich das Meer wieder beruhigen, wenn ich nicht mehr an Bord bin." Abedin antwortet: „Aber dann bist du ein toter Mann, Jona! Nein, lasst es uns zuerst noch einmal mit Rudern versuchen, ob wir nicht doch das Land erreichen können."

„Alle zurück an die Ruderbänke!", ruft der Kapitän. Aber schon nach kurzer Zeit stellen sie fest, dass es unmöglich ist, in diesem Sturm vorwärtszukommen. Die Menschen beten: „Herr, bestrafe uns nicht, wenn wir jetzt Jona über Bord werfen. Wir haben seinen Tod nicht gewollt, aber es geht nicht anders." Zwei starke Männer packen Jona an Armen und Beinen und werfen ihn über die Reling. Abedin schaut Jona nach, wie er in den Wellen verschwindet. Sofort legt sich der Wind, das Meer wird ruhiger, der Himmel heller. Sie haben Jona geopfert und damit ihr eigenes Leben gerettet. Dieser Gott von Jona muss wirklich mächtig sein. Alle an Deck fallen auf die Knie und beten diesen Gott an.

Jona ist kaum unter Wasser, da kommt ein großer Fisch, öffnet sein Maul und verschluckt ihn. Das geht so schnell, dass Jona gar nicht weiß, wie ihm geschieht. Eben noch dachte er, sein Leben wäre zu Ende. Jetzt aber ist er gerettet, im Maul eines großen Fisches. Hat Gott den Fisch geschickt? Jona begreift: Auch wenn er Gott verstoßen hat und vor ihm abhauen wollte, Gott hat Jona nicht verstoßen und verlassen. Zum ersten Mal seit langer Zeit betet Jona wieder zu Gott. „Du, Herr, bist mein Retter. Auf dich kann ich mich verlassen." Nach drei Tagen spuckt der Fisch Jona an Land. Jetzt will Jona wirklich das tun, was Gott ihm aufgetragen hat.

Vertiefungsfragen

- Gott ist überall. Macht dir das Angst oder bist du froh darüber?
- Was würdest du gern vor Gott verstecken?

Spiele mit Fischen

Krake

Alle Kinder sind Fische, ein Kind ist der Krake. Die Fische stellen sich an einem Ende des Spielfelds auf, der Krake am anderen. Auf „Los!" rennen die Fische über das Spielfeld auf die andere Seite. Sie dürfen dabei nur vorwärtslaufen. Der Krake versucht, die Fische zu fangen und darf dabei in beliebiger Richtung unterwegs sein. Wer gefangen wurde, wird ein Babykrake, setzt sich auf den Boden und versucht mit Armen und Beinen, die Fische zu fangen. Sind alle auf der anderen Seite des Spielfelds angekommen, geht auch der Krake wieder ans Spielfeldende und eine neue Runde startet. Die Babykraken bleiben sitzen. Das Spiel endet, wenn alle Fische gefangen wurden.
Material: Markierungen für Start- und Ziellinie

Fische füttern

Alle Kinder erhalten einen Eimer und bewegen sich frei im Spielfeld. Die Spielleitung steht am Rand und wirft kleine Bälle (z. B. Tischtennisbälle oder Perlen) in das Spielfeld. Die Kinder (Fische) versuchen, mit ihrem Eimer die Bälle bzw. Perlen aufzufangen. Was am Boden landet, zählt nicht. Wer hat am Ende das meiste Futter gefangen?
Variante: Es können auch mehrere die Fische gleichzeitig füttern.
Material: viele kleine Bälle, pro Kind 1 Eimer

Fische füttern mit Gewinn

Alle Kinder erhalten einen Eimer und bewegen sich frei im Spielfeld. Mehrere Personen der Spielleitung stehen am Rand und werfen Bügelperlen in verschiedenen Farben in das Spielfeld. Die Kinder (Fische) versuchen, mit ihrem Eimer die Bügelperlen aufzufangen. Was auf dem Boden landet, zählt nicht. Nach Spielstopp werden die Bügelperlen in den Eimern gezählt. Dabei geben die unterschiedlichen Farben unterschiedlich viele Punkte. Entweder stehen diese schon zu Beginn fest oder werden anschließend gemeinsam erwürfelt. Wer hat am Ende das wertvollste Futter gefangen?
Material: viele Bügelperlen in verschiedenen Farben, evtl. 1 Würfel, pro Kind 1 Eimer

Fische und Angler

Vier Kinder (je nach Gruppengröße), die sich freiwillig gemeldet haben, sind Angler und werden außer Hörweite geschickt. Alle anderen Kinder stellen sich eng zusammen und bestimmen ein Kind zum Wal. Das dürfen die Angler aber nicht wissen. Dann geht das Spiel los. Die vier Angler versuchen, die Kinder zu fangen und abzuschlagen. Wer abgeschlagen wurde, bleibt stehen, wedelt mit den Armen und ruft: „Wal, befreie mich!" Sobald der Wal das Kind leicht berührt hat, ist es wieder frei. Wenn die Angler entdeckt haben, wer der Wal ist, versuchen sie, dieses Kind zu fangen. Sobald dies geschehen ist, ist das Spiel beendet und die Rollen werden getauscht.

Material: keines

Anemone

Die Kinder (Fische) werden in drei oder mehr Gruppen eingeteilt und erhalten eine Decke, mit der sie ihre Anemone kennzeichnen. Jede Gruppe erhält einen Ball, der sich sichtbar von den Bällen der anderen Gruppen unterscheidet. Alle Kinder werden mit einem farbigen Stoffstreifen am Arm gekennzeichnet, damit jedem Kind klar ist, wer zu welcher Gruppe gehört. Auf „Los!" versuchen die Fische, die Fische der anderen Mannschaften abzuwerfen. Wird ein Kind getroffen, muss es in seine Anemone gehen. Von dort kann es sich wieder befreien, wenn es ihm gelingt, einen Fisch einer anderen Mannschaft abzuwerfen. Das Spiel endet, wenn alle Fische einer Gruppe in ihrer Anemone sind.

Material: pro Gruppe 1 Decke und 1 Ball, pro Kind 1 farbiger Stoffstreifen

Fischfang

Die Kinder werden in vier Gruppen eingeteilt, die jeweils die Aufgabe haben, eine Fischart zu angeln. Die Fischarten werden den Gruppen zugeteilt. Dazu werden am Spielfeldende verdeckte Karten ausgelegt, auf denen jeweils eine Fischart steht (z. B. Forelle, Barsch, Dorsch oder Karpfen). Pro Gruppe sollte es mindestens eine Karte pro Kind sein. Auf „Los!" rennt das erste Kind von der Startlinie los und dreht am Spielfeldende eine Karte um. Handelt es sich dabei um die zu angelnde Fischart, darf es die Karte mitnehmen, zurücklaufen und das nächste Kind abklatschen, das dann startet. Handelt es sich nicht um die zu angelnde Fischart, wird die Karte wieder umgedreht und liegen gelassen. Welche Gruppe hat zuerst alle Fische, die zu ihrer Fischart gehören, geangelt?

Variante: Jede Gruppe hat die Aufgabe, von jeder Fischart einen Fisch zu angeln.

Variante: Die Fischkarten werden nummeriert (z. B. von 1 bis 6). Die Fischkarten müssen in diese Reihenfolge gebracht werden, also erst Fisch 1, dann Fisch 2 usw. Dafür sollte die Laufstrecke nicht zu lang sein.

Material: Karten aus 160 g-Papier, Stift, Markierung für die Spielfeldlinien

Gleiche Fische

Auf einen Tisch werden zehn goldfischli® gelegt. Ein Kind geht vor die Tür und die Gruppe vereinbart einen Fisch. Das Kind wird hereingerufen und tippt auf einen Fisch. Ist dies nicht der ausgewählte Fisch, darf es ihn behalten und es tippt auf den nächsten Fisch. Ziel ist es, den ausgewählten Fisch möglichst erst am Schluss zu entdecken.

Material: goldfischlis®

Haiangriff

Ein Kind, das sich freiwillig gemeldet hat, spielt den Hai, alle anderen Kinder sind Schwimmer im Ozean. Eine Rettungswacht wird durch eine Decke markiert. Der Hai versucht, die Schwimmer zu fangen. Wer vom Hai verletzt wurde, legt sich auf den Boden und schreit laut um Hilfe. Vier Kinder, die noch nicht gefangen wurden, packen den Verletzten und tragen ihn an Armen und Beinen auf die Decke. Solange dürfen sie nicht vom Hai gefangen werden. Der Verletzte zählt auf der Decke bis zehn, dann darf er wieder mitspielen.
Material: 1 Decke

Fische fangen

Auf ein Plakat werden 10 mal 10 Felder aufgezeichnet. Die Zeilen werden am Rand von 1 bis 10 nummeriert, die Spalten von A bis J bezeichnet. Alle Felder sind leer. Das Plakat wird für alle sichtbar aufgehängt. Die Spielleitung hat denselben Spielplan, aber für die Kinder uneinsehbar. Auf diesem Plan sind viele Felder mit F für Fisch und H für Haiangriff markiert, einige Felder sind leer. Die Kinder sitzen in einer Reihe vor dem Plakat. Ein Kind beginnt und nennt ein Feld (z. B. F 5). Ist dieses Feld im Plan der Spielleitung ein Fisch, so hat dieses Kind einen Fisch gefangen und bekommt 1 Punkt, 1 Bonbon oder 1 Stein. Dann wählt das nächste Kind ein Feld aus usw. Ist das Feld leer, geschieht nichts und das nächste Kind ist an der Reihe. Ist das genannte Feld mit H markiert, so ruft die Spielleitung „Haiangriff!". Alle Kinder müssen schnell die Plätze tauschen. Wer zuletzt einen Platz findet, muss einen Fisch wieder abgeben. Wer am Ende die meisten Fische gefangen hat, hat gewonnen.
Material: Stühle oder Sitzkissen, 1 Plakat, 1 Edding, 1 kleiner Spielplan, Preise für die Fische

50. JONA IN NINIVE

Bibeltext: Jona 3 – 4
Zielgedanke: Gott vergibt uns jeden Tag unsere Schuld. Dies ist ein unverdientes Geschenk.

Einstiegsspiel

Ich sitze im Grünen und liebe ganz heimlich

Alle Kinder sitzen in Stuhlkreis, ein Stuhl ist frei. Das Kind links des freien Stuhls setzt sich auf den freien Stuhl und sagt: „Ich sitze ..." Das Kind links des jetzt freien Stuhles rückt auf und sagt: „... im Grünen ...". Das dritte Kind rückt auf und sagt: „... und liebe ..." Das vierte Kind rückt auf und sagt: „... ganz heimlich ..." Das fünfte Kind rückt auf und sagt dabei einen Namen aus der Runde, nur nicht die der Kinder rechts und links neben ihm. Das Kind, das genannt wurde, muss schnell aufstehen und sich auf den freien Stuhl setzen. Die Kinder rechts und links von ihm müssen versuchen, das Kind an den Schultern festzuhalten. Dann startet eine neue Runde.
Tipp: Um die Kinder daran zu hindern, absichtlich nachlässig zu sein, können Strafpunkte verteilt werden, wenn man das Kind neben sich ziehen lässt.
Material: Stühle

Einstiegsfragen

- Wo in der Natur ist dein Lieblingsplatz?
- Hast du schon mal jemandem Ärger an den Hals gewünscht? Warum?

Vorlesegeschichte

„Geh nach Ninive und sage den Menschen dort, dass ich mit ihrem gottlosen Leben nicht einverstanden bin. Ich werde die Stadt vernichten." Jona hört die Stimme Gottes ganz deutlich. Und er hat sich vorgenommen, diesmal wirklich Gottes Auftrag zu befolgen. Die Fahrt mit dem Schiff, das in Seenot geriet, sein Sturz ins Wasser und die Rettung durch den großen Fisch sind ihm noch lebhaft in Erinnerung. Und alles bloß deshalb, weil er Gottes Auftrag nicht ausführen wollte. Vermutlich wäre Gott ja doch nur wieder gnädig gewesen und hätte den Menschen vergeben. Und er, Jona, hätte dann als Depp dagestanden, weil Gott nicht erfüllt hätte, was er vorausgesagt hat. Und außerdem, warum interessiert sich Gott überhaupt für Ninive? Schließlich liegt diese Stadt nicht in Israel und die Menschen dort haben mit Gott nichts zu schaffen. Soll er sich doch lieber um Jerusalem kümmern! Aber nun gut, Jona will Gott diesmal gehorchen. Noch einmal will er so ein Abenteuer auf dem Meer nicht mehr erleben.

Nach einigen Tagen Wanderung kommt Jona vor den Stadttoren Ninives an. Die Stadt ist so riesig, dass man drei Tage braucht, um einmal durch sie hindurchzulaufen. So viele Menschen! So viele Häuser! Das hat Jona noch nie gesehen. Er ist beeindruckt von dieser Stadt. Doch dann erinnert er sich wieder an seinen Auftrag. Gott will diese Stadt vernichten, weil die Menschen böse sind. Sie halten sich an ihre eigenen Regeln. Jeder denkt nur an sich. Und Gott, der spielt überhaupt keine Rolle, nur irgendwelche selbst ausgedachten Götter. „Geschieht ihnen gerade recht", denkt Jona, „wenn Gott diese Stadt vernichtet. Das haben sie mehr als verdient!"

Nachdem Jona einen Tag in die Stadt hineingewandert ist, stellt er sich an eine Straßenecke und ruft: „In 40 Tagen ist diese Stadt ein Trümmerhaufen!" Dass er seine wichtige Botschaft nicht auf dem Marktplatz und nicht vor dem Königspalast verkündet, ist Jona egal. Er will ja nicht, dass Gott diese gottlosen Menschen rettet. Wenn es ihnen wichtig ist, dann können sie die Botschaft ja selbst weitererzählen. Jona erklärt auch nicht, warum Gott diese Stadt vernichten wird. Das sollen sie mal schön selbst herausfinden! So, Jona hat seinen Auftrag erledigt. Jetzt will er aus der Stadt herausgehen und sich einen schönen Aussichtsplatz suchen, von dem aus er die nächsten 40 Tage eine gute Sicht auf die Stadt hat, um dann den Untergang der Stadt Ninive beobachten zu können. Auf einem Hügel findet er ein schönes Plätzchen und baut sich eine kleine Hütte mit einem Laubdach. Hier will er erst einmal bleiben.

Die Botschaft von Jona hat sich schnell in der Stadt herumgesprochen. Sogar bis zum König ist sie vorgedrungen. Gott wird die Stadt vernichten. Nur 40 Tage bleiben ihnen noch. Was sollen sie tun? Fliehen? 40 Tage in Saus und Braus leben, denn jetzt ist ja sowieso alles egal? Oder von der Klippe springen? Oder gibt es doch noch eine Möglichkeit, sich selbst und die Stadt vor dem Untergang zu retten? Der König weiß: Sie haben es zu sehr auf die Spitze getrieben. Sie haben sich benommen, als wären sie Gott höchstpersönlich. Der König steigt von seinem Thron, denn er hat verstanden: Nur Gott allein hat es verdient, auf diesem Thron zu sitzen. Der König zieht seinen wertvollen Königsmantel aus und ein Bußgewand an. Er streut sich Asche auf den Kopf als Zeichen dafür, dass er es bereut, wie er gelebt und regiert hat. Schöne Feste feiern, gutes Essen, all das lässt er jetzt sein. Ab jetzt will er fasten. Der König lässt allen Menschen in Ninive sagen: „Ändert euer Leben! Lasst das Böse sein! Fastet mit mir! Zieht ein Bußgewand an und ruft zu Gott, damit er uns erhört und uns unsere Schuld vergibt! Auch alle Tiere sollen fasten. Vielleicht, ja, vielleicht verschont uns Gott dann doch."

Jona beobachtet dies alles aus seinem Versteck. In nur wenigen Tagen hat sich die komplette Stadt verändert. Keine Tanzmusik, kein Lachen dringt mehr zu ihm auf den Hügel. Das geschäftige Treiben wurde eingestellt. Keine Wagen mit Waren passieren die Stadt. Alle Tiere stehen auf den Feldern, sich selbst überlassen. Stattdessen sieht Jona eine Stadt, in der die Menschen mit gebücktem Kopf durch die Gassen laufen. Er hört laute Jammerrufe und Gebete. Die lebendige und geschäftige Stadt hat sich in eine trauernde Stadt verwandelt. Jona kann es kaum glauben. So was ist ja noch nicht mal in Jerusalem möglich, in der Stadt, in der Gott selbst wohnt! Niemals würden alle Menschen ihre Schuld vor Gott einsehen und in Bußgewändern herumlaufen. Aber hier, weit weg vom heiligen Tempel, da scheinen die Menschen kapiert zu haben, wer Gott wirklich ist.

„Ich wusste es doch gleich, dass du diese Stadt verschonen wirst!", ruft Jona Gott empört entgegen. „Darum wollte ich zuerst auch gar nicht kommen. Du bist immer so freundlich zu allen, auch zu denen, die sich gar nicht für dich interessieren. Du vergibst Schuld. Du lässt dich umstimmen. Dabei haben diese Menschen dein Strafgericht doch verdient!" Wütend verschränkt Jona die Arme. Seit 39 Tagen beobachtet er schon das Geschehen in Ninive. Die Bewohner der Stadt gehen noch immer in Sack und Asche. Ob Gott morgen wohl die Stadt vernichten wird? Wie gut, dass Jona hier oben auf dem Hügel ein schattiges Plätzchen hat. In den letzten Tagen hat ihm ein Rizinusstrauch mit seinen großen Blättern zusätzlichen Schatten gespendet, über den er wirklich froh ist.

Doch am nächsten Morgen, als Jona erwacht, hat der Rizinusstrauch nur noch dürre Blätter. Jona ist entsetzt! Was ist passiert? Sein schöner, schattenspendender Strauch ist über Nacht welk geworden! Die Sonne ist bereits aufgegangen und brennt Jona so sehr auf den Kopf, dass er die Hitze kaum noch aushalten kann. „Ich möchte lieber tot sein, als diese Hitze hier aushalten zu müssen!", stöhnt er. Da hört Jona wieder Gottes Stimme, die er jetzt schon so gut kennt. „Jona, hast du ein Recht darauf, dich über einen Strauch zu ärgern, den du nicht gepflanzt und den du nicht gepflegt hast?" „Natürlich habe ich das Recht", antwortet Jona patzig. „Ich habe mir schließlich diesen Platz hier ausgesucht." „Hör zu, Jona. Dir tut eine Pflanze leid, die dir gar nicht gehört. Ich habe in der Nacht einen Wurm geschickt, der ihre Wurzeln kaputt frisst, damit du mich besser verstehst. Wenn dir, Jona, schon dieser Strauch leidtut, der einfach so gewachsen ist, sollte mir dann nicht viel mehr diese große Stadt mit ihren 120.000 Menschen leidtun? Auch wenn sie nicht wissen, was Recht ist, so sind sie doch meine Geschöpfe. Darum werde ich sie nicht vernichten, sondern meinen Entschluss, die Stadt zu vernichten, rückgängig machen. Du hast es richtig vermutet: Ich bin gnädig und barmherzig zu allen Menschen, die ihre Schuld einsehen und mit mir leben wollen. So bin ich."

Vertiefungsfragen

- Wenn Gott uns unsere Schuld vergeben hat, wie leben wir dann weiter: wie die Menschen in Ninive vor Jonas Besuch oder in Sack und Asche?
- Warum vergibt Gott dir jeden Tag deine Schuld?

Spiele mit unverdientem Glück

Kopf oder Zahl

Alle Kinder tippen, ob eine Münze, nachdem man sie hochgeworfen hat, Kopf (Bild) oder Zahl anzeigt. Der Tipp wird notiert. Dann wird die Münze geworfen. Wer richtig getippt hat, erhält 1 Punkt. In der nächsten Runde können die Kinder ihre Punkte setzen. Das heißt, wer richtig getippt hat, erhält die doppelte Punktzahl dessen, was er gesetzt hat. Wer falsch tippt, verliert sie.

Material: 1 Münze, Papier und Stift

17 und 4

Aus einem Spiel mit Zahlenkarten (z. B. UNO®) werden nur die Zahlenkarten entnommen und gut gemischt. Alle Kinder erhalten zunächst zwei Karten. Ziel ist es, mit den Karten den Wert 21 zu erreichen. Die Kinder können reihum noch beliebig viele weitere Karten bekommen. Wenn niemand mehr Karten haben möchte, wird aufgedeckt. Wer den Wert 21 erreicht hat, erhält 1 Punkt.
Material: 1 Kartenspiel mit Zahlenkarten, Papier und Stift

Finde die Eins

Drei Karten, davon eine Eins, werden gemischt und verdeckt auf den Tisch gelegt. Die Kinder tippen, wo sich die Eins befindet (links, rechts, in der Mitte). Dann wird aufgedeckt. Wer richtig getippt hat, erhält 1 Punkt. Ab der zweiten Runde können die Punkte gesetzt werden. Bei einem nächsten Gewinn verdoppelt sich dann die Punktzahl. Wer falsch tippt, verliert sie.
Material: 3 Karten (davon eine Eins), Papier und Stift

Hütchenspiel

Drei Becher stehen mit der Öffnung nach unten auf dem Tisch. Unter einem Hütchen befindet sie eine kleine Perle oder Styroporkugel. Die Becher werden sehr schnell auf dem Tisch gemischt. Anschließend tippen die Kinder, unter welchem Becher sich die Perle oder Styroporkugel befindet. Wer richtig getippt hat, erhält 1 Punkt.
Tipp: Damit nicht alle es den anderen Kindern nachsagen, notiert jeder für sich den Tipp.
Material: 3 Becher, 1 Perle/Styroporkugel, pro Kind 1 Blatt Papier und 1 Stift

Wollfaden ziehen

Pro Kind wird ein Wollfaden von einem Knäuel abgeschnitten, dabei sollte einer länger als alle anderen sein. Eine Person aus dem Mitarbeiterteam hält alle Wollfäden mittig in der Hand. Jedes Kind darf einen Faden ziehen. Wer den längsten hat, erhält 1 Punkt.
Material: 1 Wollknäuel, 1 Schere, Papier und Stift

Schatz ziehen

An mehreren Wollfäden sind verschiedene Süßigkeiten / Zettel mit Zahlen befestigt (pro Kind ein Wollfaden). Die Süßigkeiten/Zettel werden in einen Korb gelegt, die Wollfäden hängen über den Rand. Jedes Kind darf einen Wollfaden ziehen und die Süßigkeit essen oder sich die Punkte gutschreiben.
Material: 1 Wollknäuel, 1 Schere, 1 Korb, Süßigkeiten oder Zettel und Stift

Flaschenroulette

Alle Kinder schreiben ihren Namen auf ein Blatt Papier und legen es verdeckt auf den Boden. Eine Person aus dem Mitarbeiterteam mischt die Blätter und legt sie in einen Kreis. Ein Kind dreht in der Kreismitte eine leere Flasche. Das Blatt Papier, auf das die Flaschenöffnung bei Stillstand zeigt, wird umgedreht. Wessen Name darauf steht, erhält 1 Punkt. Die Blätter werden wieder neu gemischt.
Material: 1 leere Flasche, pro Kind 1 Blatt Papier und 1 Stift

Kartenbingo

Alle Kinder erhalten ein Blatt Papier und zeichnen darauf eine Tabelle mit vier Spalten und vier Zeilen. Die Spalten werden mit gelb, rot, grün und blau beschriftet. In jedes Kästchen schreiben die Kinder eine Zahl zwischen eins und zwanzig. Eine Person aus dem Mitarbeiterteam mischt ein Elfer raus!®-Spiel, dann deckt sie die oberste Karte auf und liest sie laut vor (z. B. die gelbe Fünf). Alle Kinder, die in der gelben Spalte eine Fünf stehen haben, kreisen sie ein. So geht es immer weiter. Das Spiel endet, wenn ein Kind vier Zahlen in einer Reihe hat, entweder waagrecht, senkrecht oder diagonal.
Material: 1 Elfer raus!®-Spiel, pro Kind 1 Blatt Papier und 1 Stift

Höher oder tiefer?

Ein Elfer raus!®-Spiel wird gemischt und die oberste Karte des Stapels aufgedeckt. Dann geben alle Kinder einen Tipp ab, ob die nächste Karte eine höhere oder tiefere Zahl ist. Der Tipp wird notiert, dann wird die Karte umgedreht. Wer richtig getippt hat, erhält 1 Punkt.
Tipp: Um das Notieren zu verkürzen, werden zwei Zettel auf den Tisch gelegt, auf denen höher bzw. tiefer steht. Jedes Kind legt eine persönliche Spielfigur auf das entsprechende Blatt und kann selbst sehen, ob es richtig getippt hat.
Material: 1 Elfer raus!®-Spiel, Papier und Stift, evtl. Spielfiguren

Einarmiger Bandit

Drei Kinder oder Personen aus dem Mitarbeiterteam erhalten einen Satz mit drei verschiedenen Karten (z. B. aus dem Spiel Halli Galli®). Die Kinder mischen die Karten hinter dem Rücken. Die übrigen Kinder erhalten jeweils ein Startkapital von 10 Punkten. Ein Kind, das den einarmigen Banditen bedienen möchte, nennt seinen Einsatz und sagt: „Stopp!" Dann zeigen alle Kinder die oberste Karte. Zeigen zwei Kinder das gleiche Symbol, wird der Einsatz verdoppelt. Zeigen alle drei Kinder die gleiche Karte, wird er vervierfacht. Ansonsten wird der Einsatz abgezogen.
Material: Papier und Stift, 3 mal 3 gleiche Karten

Kartenduell

Immer zwei Kinder spielen gegeneinander. Jedes Kind erhält Karten im Wert von 1 bis 9. Die Karten werden gemischt. Dann legt jedes Kind die oberste Karte vom verdeckten Stapel auf den Tisch. Wer die höhere Karte hat, erhält 1 Punkt. So wird weitergespielt, bis der Stapel aufgebraucht ist. Wer hat die meisten Punkte?
Material: pro Kind 9 Karten im Wert von 1 bis 9

Die verflixte Sechs

Alle Kinder sitzen am Tisch. Ein Kind würfelt so oft, wie es möchte. Die Würfelaugen werden zusammengezählt. Das Kind kann jederzeit aufhören und sich seine Punkte aufschreiben lassen. Würfelt das Kind eine Sechs, sind alle bis dahin gesammelten Punkte ungültig und das nächste Kind ist an der Reihe. Es sollten mehrere Runden gespielt werden. Wer hat am Ende die meisten Punkte?
Material: 1 Würfel, Papier und Stift

Fuchsjagd

Alle Kinder sitzen im Kreis. Ein Kind ist der Fuchs, die anderen Kinder sind die Jäger. Fuchs und Jäger würfeln immer abwechselnd, die Würfelaugen werden zusammengezählt. Der Fuchs startet mit zwei Würfen Vorsprung. Ab dann wird abgewechselt. Hat der Fuchs die Dreißig erreicht, ist er in Sicherheit. Wird er vorher von den Jägern überrundet, hat er verloren. Nun kann ein anderes Kind der Fuchs sein.

Material: 1 Würfel

Reihenwurf

Jedes Kind muss sechsmal würfeln. Dabei muss es in der ersten Runde eine Eins, in der zweiten eine Zwei usw. würfeln. Wenn dies gelingt, wird es notiert. Am Ende zählt, wer dies am öftesten geschafft hat. Bei Gleichstand zählt die höchste Augenzahl.

Material: 1 Würfel, Papier und Stift

Hoch hinaus

Jedes Kind erhält einen Zettel und einen Stift und schreibt untereinander die Zahlen Eins bis Zehn. Dann wird reihum gewürfelt. Das Kind, das an der Reihe ist, entscheidet, mit welcher der zehn Zahlen es das Würfelergebnis multiplizieren will und schreibt dies hinter die entsprechende Zahl. Jede Zahl kann nur einmal multipliziert werden. Nach zehn Runden wird ausgerechnet, wer das höchste Ergebnis erwürfelt hat.

Material: 1 Würfel, pro Kind 1 Zettel und 1 Stift

SPIELEFINDER

SPIELE VON A BIS Z

SPIELE	BEWEGUNG	GESCHICKLICHKEIT	GLÜCK	WISSEN/GEDÄCHTNIS	SPAß	KOOPERATION	PAPIER UND STIFT	WETTKAMPF	EINZELSPIELER	SPIEL IN GRUPPEN	OHNE MATERIAL	KAPITEL	SEITENZAHL
1, 2, 3, mein Kind ist frei!	●							●	●		●	15	76
17 und 4			●					●	●			50	243
3-D-Topfschlagen	●	●	●						●			41	194
A zerstören	●					●		●		●		15	76
Ab in den Sack	●	●			●	●		●		●		14	73
Adam, Eva, Schlange			●					●	●			2	17
Alphabet sammeln	●			●	●	●		●		●	●	13	65
Amöbe	●		●		●			●	●		●	48	231
Anemone	●	●				●		●		●		49	238
Anfunken					●			●	●		●	2	17
Apfel greifen	●	●			●			●	●			2	18
Apfelbeißen		●			●			●	●			45	214
Apfelkernkette						●		●		●		24	115
Apfelwettbeißen		●	●		●			●		●		45	215
Apfelwettschälen		●				●		●	●	●		45	214
Appel und Ei	●		●		●					●		13	65
Armdrücken	●							●	●		●	28	132
Auf Umwegen ans Ziel	●	●				●				●		9	46
Aufräumarbeiten	●	●				●		●		●		39	186
Augenlandkarte	●	●			●	●		●		●		34	163
Backbord, Steuerbord, Schiffbruch	●					●		●	●			49	234
Ballfangen	●	●				●		●		●		21	103
Banditen-Mau-Mau			●	●	●				●			42	199
Bauarbeiterkette	●	●				●	●	●		●		44	211
Bauwerke erraten		●			●					●		43	205
Bauwerke kopieren		●		●		●		●		●		43	205

SPIELE	BEWEGUNG	GESCHICKLICHKEIT	GLÜCK	WISSEN/GEDÄCHTNIS	SPAß	KOOPERATION	PAPIER UND STIFT	WETTKAMPF	EINZELSPIELER	SPIEL IN GRUPPEN	OHNE MATERIAL	KAPITEL	SEITENZAHL
Bedeckt oder sternenklar	●	●	●					●		●		5	31
Befestigungsanlage bauen		●			●	●				●		44	209
Begrüßungstanz	●				●				●			9	48
Belegtes Brötchen	●					●		●		●		22	107
Besenkampf	●	●			●			●	●			18	89
Besenrein	●				●	●		●		●		17	82
Besenstiel-Puzzle	●	●		●		●		●		●		6	34
Besetzt		●	●					●	●			35	168
Betten machen	●	●						●	●			17	84
Bierdeckel im Dunkeln weitergeben		●			●	●				●		27	131
Bierdeckel weitergeben		●			●	●		●		●		6	34
Bilderrätsel				●	●				●			34	161
Bis zum Rand		●	●		●		●	●	●			26	123
Blind füttern		●			●	●		●		●		23	111
Blind verstehen				●		●				●		36	173
Blind vertrauen		●				●		●		●		4	24
Blindenfangen	●	●				●		●		●		21	102
Blindes Huhn	●	●				●		●		●		13	62
Blitzschlag	●					●				●	●	39	186
Bonbon-Zehen-Staffel		●				●		●		●		11	57
Bonbondieb	●	●	●						●			32	151
Bonbons aus dem Sack			●		●			●		●		11	56
Bonbons einsammeln	●		●		●			●	●			11	54
Bonbons essen		●			●			●	●			11	57
Bonbonwerbung					●					●		40	188
Botschaft weitergeben					●		●		●			16	81
Brettwettlauf	●	●				●		●		●		6	32
Britische Bulldogge	●				●					●		21	101

SPIELE	BEWEGUNG	GESCHICKLICHKEIT	GLÜCK	WISSEN/GEDÄCHTNIS	SPAß	KOOPERATION	PAPIER UND STIFT	WETTKAMPF	EINZELSPIELER	SPIEL IN GRUPPEN	OHNE MATERIAL	KAPITEL	SEITENZAHL
Brot schmecken				●					●			22	106
Brote schmieren	●	●			●	●		●		●		22	107
Brotsorten sammeln			●					●		●		22	104
Brückenfangen	●					●				●		21	98
Buchstaben ertasten		●		●	●		●		●	●		47	225
Buchstaben sammeln		●		●	●		●	●		●		13	66
Buchstaben verstecken	●	●			●	●	●	●	●	●		15	77
Büroklammern suchen	●		●					●	●			6	34
Countdownverstecken	●	●			●			●	●		●	15	77
Das würde ich gern mal machen	●				●					●	●	31	147
Denkmal einwerfen		●	●		●	●				●		27	129
Denkmalkopie				●	●	●				●		27	128
Denkmalnachbau				●	●	●				●		27	129
Der Boden bebt	●	●			●	●				●		39	186
Die Löwen sind los	●		●							●		48	231
Die Nase kenne ich				●	●				●			9	49
Die verflixte Sechs			●				●	●	●			50	244
Diebe in der Nacht	●	●	●		●			●	●			27	129
Diktat				●	●	●	●	●		●		16	80
Dododo	●	●								●		40	190
Donnerschreck	●		●		●			●	●			39	187
Donnerwetter, Blitz	●				●				●	●	●	39	186
Dreibeinfadenlauf	●	●				●		●		●		25	118
Dreierfangen	●	●			●	●		●		●		21	102
Drillinge				●		●	●			●		23	111
Du bist raus!			●					●	●			12	58
Dunkelmalerei		●			●		●		●			27	130
Dunkelschrift		●			●		●		●			27	130
Einarmiger Bandit			●				●	●	●			50	244

SPIELE	BEWEGUNG	GESCHICKLICHKEIT	GLÜCK	WISSEN/GEDÄCHTNIS	SPAẞ	KOOPERATION	PAPIER UND STIFT	WETTKAMPF	EINZELSPIELER	SPIEL IN GRUPPEN	OHNE MATERIAL	KAPITEL	SEITENZAHL
Elefantenthron		●			●			●	●			48	232
Engel auf Erden	●	●						●	●			34	162
Entscheidungsspiel	●				●				●		●	38	178
Erdbeben	●				●				●		●	39	185
Erdbebenbalance	●	●						●	●			39	185
Erinnerungen einpacken	●			●			●	●	●			19	92
Esel fangen	●	●			●	●				●		33	152
Eselführung	●	●				●		●		●		14	71
Essen vorkosten				●	●			●	●			17	85
Euer Gnaden	●	●						●		●		33	155
Familien finden	●				●	●		●		●		9	49
Fangen mit Herz	●					●				●	●	42	199
Fangen mit Hilfe	●				●	●			●	●	●	21	101
Feuer anfachen	●	●								●		27	130
Feuer bewachen	●	●				●		●		●		46	219
Feuer löschen	●	●						●		●		46	220
Feuer machen		●				●				●		46	221
Feuerball	●	●				●		●		●		36	173
Feuerfußball	●	●				●		●		●		46	219
Feuerschiffchen	●	●						●	●			46	220
Feuerschiffchen mit Hindernissen		●			●			●	●			46	220
Feuerschrift	●			●	●				●			46	221
Feuerwettessen		●			●			●	●			46	219
Finde die Eins			●					●	●			50	243
Fingerkampf		●			●			●	●			18	89
Fische fangen			●		●			●	●			49	239
Fische füttern	●	●						●	●			49	237
Fische füttern mit Gewinn	●	●	●					●	●			49	237
Fische und Angler	●	●	●			●		●		●	●	49	238

SPIELE	BEWEGUNG	GESCHICKLICHKEIT	GLÜCK	WISSEN/GEDÄCHTNIS	SPAß	KOOPERATION	PAPIER UND STIFT	WETTKAMPF	EINZELSPIELER	SPIEL IN GRUPPEN	OHNE MATERIAL	KAPITEL	SEITENZAHL
Fischfang	●		●			●		●		●		49	238
Flaschenparcours	●	●				●		●		●		20	96
Flaschenroulette			●				●	●	●			50	243
Flugblätter	●	●			●			●		●		6	34
Freunde treffen	●	●				●		●		●		36	172
Frühstück im Dunkeln		●	●		●	●			●	●		27	130
Fuchsen		●	●					●	●			26	123
Fuchsjagd			●					●	●			50	245
Für Genießer			●	●	●		●	●		●		3	22
Für Geschickte	●	●	●					●		●		3	23
Für Große	●	●						●		●		3	23
Für Leichte	●					●		●		●		3	22
Für Musikalische					●			●		●		3	22
Für Schlaue				●			●	●		●		3	22
Für Schnelle	●	●						●		●		3	23
Für Schwere					●			●		●		3	22
Für Wortgewandte				●	●			●		●		3	23
Gedächtnisspiel als Freundespaar			●	●		●		●		●		36	173
Gedächtnisspiel mit Bonbons			●	●		●		●	●	●		11	57
Gedächtnisspiel mit Geräuschen				●	●	●				●	●	28	135
Gedankenreise				●					●		●	43	202
Gefährlicher Weg	●	●						●	●			39	185
Gegensätzliche Paare					●	●				●		28	134
Gegenstand unter einem Tuch				●	●	●	●	●		●		34	161
Geheime Reise			●			●				●		20	97
Gemeinsam unterwegs	●	●			●	●		●		●		20	96
Gemeinsamkeiten				●	●	●				●	●	28	135
Gemüse ernten	●	●				●			●		●	45	214
Gemüse sortieren	●				●				●			45	215

SPIELE	BEWEGUNG	GESCHICKLICHKEIT	GLÜCK	WISSEN/GEDÄCHTNIS	SPAß	KOOPERATION	PAPIER UND STIFT	WETTKAMPF	EINZELSPIELER	SPIEL IN GRUPPEN	OHNE MATERIAL	KAPITEL	SEITENZAHL
Gemüseeintopf	●		●		●			●	●		●	45	215
Geräuschepaare				●		●			●			28	135
Geräuschepantomime				●	●				●			32	150
Geschenk weitergeben			●		●					●		10	50
Geschenke auspacken		●						●	●			10	52
Geschenke einpacken	●	●				●		●		●		10	52
Geschenke erraten				●			●	●	●	●		10	53
Geschenke ertasten				●			●	●	●	●		10	53
Getreide aufsammeln	●	●						●	●			13	65
Getreide mahlen		●				●		●		●		29	139
Getreide transportieren	●	●						●		●		29	138
Getreidefähigkeiten				●			●	●		●		29	139
Getreideregen	●	●	●		●			●	●			13	65
Getreidetransport	●	●						●		●		14	72
Gleiche Fische			●						●			49	238
Gleiche Paare					●	●				●		28	134
Glücks-Müllmikado		●						●		●		1	13
Glückstreffer		●	●		●			●	●			26	124
Gold klauen	●	●				●		●		●		40	191
Gold suchen auf Zeit	●	●	●		●	●		●	●			26	124
Goldsucher		●	●		●			●		●		26	124
Goldwäsche		●	●		●			●	●			26	124
Grimassenfangen	●				●					●	●	21	100
Haiangriff	●					●			●			49	239
Haltbare Keksbrücke		●			●	●		●		●		44	209
Händedruck weitergeben	●					●		●		●		14	72
Hase im Kohl	●				●				●		●	48	232
Hase und Jäger	●	●			●				●			40	190
Hemden aufhängen	●	●			●	●		●		●		17	85

SPIELE	BEWEGUNG	GESCHICKLICHKEIT	GLÜCK	WISSEN/GEDÄCHTNIS	SPAß	KOOPERATION	PAPIER UND STIFT	WETTKAMPF	EINZELSPIELER	SPIEL IN GRUPPEN	OHNE MATERIAL	KAPITEL	SEITENZAHL
Herzblatt					●		●		●			42	200
Herzenswunsch				●			●			●		42	198
Herzschmerz					●		●		●			42	200
Hoch hinaus			●				●	●	●			50	245
Hochzeitsgäste benennen				●	●			●		●		9	48
Höher oder tiefer?			●				●	●	●			50	244
Hören mit Hindernissen					●	●				●		39	184
Hören ohne Ohren				●	●				●			39	184
Hütchenspiel			●					●	●			50	243
Ich packe meinen Koffer extrem	●			●	●			●	●		●	19	92
Ich sitze im Grünen und liebe ganz heimlich	●					●			●			50	240
Ich wünsche mir			●		●				●			31	147
In Deckung	●	●			●					●		27	129
Indianerpoker			●				●	●	●			12	60
Ins Herz getroffen		●	●		●			●	●			42	201
Ja-Nein-Fangen	●			●	●			●		●		42	196
Jagdball	●	●				●		●		●		39	182
Jagen	●							●	●			2	18
Kaiser, König, Edelmann	●	●			●				●			33	155
Kampf der Spinnen	●	●			●			●	●		●	18	88
Kampf der Starken	●	●			●			●	●		●	18	88
Kartenbingo			●				●	●	●			50	244
Kartenduell			●					●	●			50	244
Kartoffelball	●	●			●	●		●	●	●		6	35
Kartoffelfechten	●	●			●			●	●			2	14
Kissenkampf	●	●			●			●	●			18	89
Kleider machen Leute				●	●			●	●		●	7	41
Kleider zusammenlegen	●	●			●	●				●		17	85

SPIELE	BEWEGUNG	GESCHICKLICHKEIT	GLÜCK	WISSEN/GEDÄCHTNIS	SPAẞ	KOOPERATION	PAPIER UND STIFT	WETTKAMPF	EINZELSPIELER	SPIEL IN GRUPPEN	OHNE MATERIAL	KAPITEL	SEITENZAHL
Kleiderstaffel	●				●			●		●		7	39
Kleidertradition					●	●				●	●	7	41
Kleidung auf- und abhängen	●	●			●			●		●		7	40
Kleidung auf- und abhängen im Rückwärtsgang	●	●			●			●		●		7	40
Kleidung ertasten		●		●	●			●	●			7	40
Kleidungsstücke finden	●		●		●			●	●			7	39
Klopapierfangen	●	●				●		●		●		21	101
Klopapierrollentransport		●				●		●		●		14	73
Knicklichträtsel	●			●		●		●		●		27	131
Kniefall	●	●				●		●		●		33	155
Knoten aufknoten		●			●			●	●			6	35
Knoten blind aufknoten		●			●			●	●			6	35
Koffer packen	●				●	●		●		●		19	90
Kofferschloss knacken		●		●		●				●		19	93
König ist Trumpf			●	●				●	●			33	156
Königlicher Gästetest		●			●				●	●		33	156
Königliches Diktat				●	●	●	●	●		●		33	157
Königsball	●	●				●		●		●		33	155
Königslauf	●	●			●	●				●	●	33	156
Königszahl			●					●	●			33	157
Kopf oder Zahl			●					●	●			50	242
Kopfstand				●	●		●		●			34	162
Körner auflesen		●						●	●			29	136
Körner erraten				●			●	●	●			29	139
Kotzendes Känguru	●				●	●				●	●	25	116
Kraft messen					●		●	●	●			18	86
Krake	●	●							●			49	237
Kronenzacke darstellen					●	●				●	●	33	155

SPIELE	BEWEGUNG	GESCHICKLICHKEIT	GLÜCK	WISSEN/GEDÄCHTNIS	SPAß	KOOPERATION	PAPIER UND STIFT	WETTKAMPF	EINZELSPIELER	SPIEL IN GRUPPEN	OHNE MATERIAL	KAPITEL	SEITENZAHL
Kronkorken sammeln					●	●		●	●			13	67
Krüge sammeln			●					●		●		41	194
Kuckucksei	●	●	●						●			32	150
Künstler steht Kopf				●	●		●		●			34	162
Land, Schiff, Meer	●			●	●			●	●			39	184
Lebendige Stadtmauer	●		●			●				●	●	44	210
Lehmann sagt	●			●	●				●		●	45	212
Liebesgedicht					●	●	●			●		42	200
Liegestützkampf	●	●			●			●	●		●	18	89
Linienball	●	●				●		●		●		21	102
Links, rechts, im Kreis	●			●				●	●		●	2	18
Löwengrube	●	●						●	●			48	228
Luftballons abschießen	●	●	●		●			●	●	●		35	167
Luftballonbillard		●	●					●		●		35	167
Luftballonwettschießen		●	●					●		●		35	167
Lustige Tiere					●		●		●			48	233
Manna sammeln		●			●	●		●		●		22	106
Mauer durchbrechen	●	●				●		●		●	●	44	206
Mauern bauen		●			●	●		●		●		44	209
Mauern umwerfen	●	●	●					●	●			44	210
Mauersteine weitergeben	●	●				●		●		●		44	210
Mauerwurf		●	●					●	●			44	210
Mein Herz			●	●				●	●			42	199
Mein rechter, rechter Platz ist frei	●	●			●			●	●		●	31	146
Milchstraße	●	●			●			●		●		5	30
Mit den Augen verfolgen	●			●	●				●			34	162
Müll werfen	●	●			●			●	●			1	12
Müllmikado		●						●		●		1	13
Müllstatuen		●			●	●				●		1	13

SPIELE	BEWEGUNG	GESCHICKLICHKEIT	GLÜCK	WISSEN/GEDÄCHTNIS	SPAß	KOOPERATION	PAPIER UND STIFT	WETTKAMPF	EINZELSPIELER	SPIEL IN GRUPPEN	OHNE MATERIAL	KAPITEL	SEITENZAHL
Münzen decken		●	●				●	●	●			26	122
Münzenversteck		●			●	●				●		26	123
Münzfußball	●	●	●			●		●		●		26	123
Mutprobe				●	●				●			46	216
Nicht sehen und doch wissen	●		●	●				●	●			34	160
Orientierungslauf	●			●		●		●		●		27	131
Paradies hüten	●	●			●	●		●	●			2	18
Paralleles Topfschlagen	●	●	●			●		●	●			41	194
Perlenkette	●	●			●	●		●		●		24	115
Piff – Paff	●	●			●			●	●		●	2	16
Plattenball	●	●			●	●		●		●		23	110
Plattmachen	●	●						●	●			47	222
Postkarten lesen				●	●		●			●		47	225
Promis treffen		●						●	●			8	42
Proviant schmieren		●			●	●				●		19	93
Quartett			●	●		●		●	●	●		13	65
Quartett zusammenraten			●	●				●		●		13	66
Raubtierfütterung		●			●			●	●			48	231
Regen fangen	●	●			●	●				●		39	184
Reihenwurf			●					●	●			50	245
Reiseleiter	●					●				●		20	94
Reißnagel werfen			●				●	●	●			12	61
Rettet den König				●		●		●		●		33	156
Riesen, Zwerge, Zauberer	●		●		●			●		●		35	164
Rucksacktransport	●	●	●					●	●			14	73
Rundlauf	●	●			●			●	●			2	17
Schablonengeheimschrift	●			●		●	●	●		●		47	227
Schablonensätze	●			●		●	●	●		●		47	226
Schatz ziehen			●					●	●			50	243

SPIELE	BEWEGUNG	GESCHICKLICHKEIT	GLÜCK	WISSEN/GEDÄCHTNIS	SPAß	KOOPERATION	PAPIER UND STIFT	WETTKAMPF	EINZELSPIELER	SPIEL IN GRUPPEN	OHNE MATERIAL	KAPITEL	SEITENZAHL
Schatzsuche mit Fotos	●			●		●	●	●		●		24	114
Schatzsuche mit Waldläuferzeichen	●				●	●		●		●		24	114
Schenkelklopfer					●			●	●		●	2	18
Schere – Stein – Papier mit Fans	●		●		●			●	●		●	2	17
Schlangen fangen	●	●				●		●		●		48	232
Schlappenhockey mit Nummern	●	●			●			●		●		30	143
Schnürsenkel einfädeln		●						●		●		17	85
Schrift weitergeben	●			●		●	●	●		●		47	226
Schubkarrenrennen	●	●				●		●		●	●	36	172
Schuhboccia	●	●						●	●			30	142
Schuhe anziehen	●	●				●		●		●		30	140
Schuhe putzen		●				●		●	●	●		17	84
Schuhhockey	●	●			●	●		●		●		30	143
Schuhstaffel	●	●			●			●		●		30	142
Schuhweitwurf	●	●						●	●			30	142
Schulranzen aufräumen	●				●	●		●		●		28	135
Schummeln		●			●			●	●			27	126
Schüsselfangen	●	●				●		●		●		41	195
Schüssellauf	●	●			●			●		●		41	195
Schüsseln besorgen	●	●				●		●		●	●	41	192
Schüttgut				●	●				●			32	151
Seelenverwandtschaft			●	●					●			23	111
Seilbilder präsentieren					●		●		●			25	119
Seilbilder raten		●		●	●	●				●		25	119
Seile aufhängen	●	●	●					●		●		25	118
Seilfangen	●	●				●				●		25	119
Seiltransport	●	●				●				●		25	119
Seiltreten	●	●			●			●	●			25	119

SPIELE	BEWEGUNG	GESCHICKLICHKEIT	GLÜCK	WISSEN/GEDÄCHTNIS	SPAẞ	KOOPERATION	PAPIER UND STIFT	WETTKAMPF	EINZELSPIELER	SPIEL IN GRUPPEN	OHNE MATERIAL	KAPITEL	SEITENZAHL
Sequenzen würfeln			●					●	●			12	60
Silben hören				●	●				●			32	150
Silben zusammensetzen				●		●	●	●		●		16	80
Silberdieb	●	●			●					●		26	120
Silberkatapult		●	●					●	●			26	125
Silberlöffelpoker		●	●		●			●	●			26	125
Silbermine	●		●					●	●			26	124
Silberner Becher	●		●		●			●	●			14	68
Situationen zeigen	●	●		●	●				●		●	34	162
Spiegellaufen	●	●						●	●			20	96
Sprung ins Ungewisse	●				●				●			24	112
Stadt – Land – Fluss				●			●	●	●			20	97
Starke Paare					●	●				●		28	134
Statuenkopie				●	●	●				●	●	27	128
Stein im Brett			●		●			●	●			42	201
Steine wegtragen	●	●				●		●		●		39	187
Steinmikado	●	●	●					●		●		35	169
Steinspirale			●		●			●	●			35	168
Steintransport	●	●						●		●		35	169
Steinwettlauf	●	●	●			●		●		●		35	168
Stempel sammeln	●		●		●	●	●	●		●		13	66
Sternbilder				●	●			●		●		5	31
Sterne schätzen			●	●			●	●		●		5	30
Sternschnuppen fangen	●				●			●		●		5	31
Stimmen erkennen				●	●				●		●	32	148
Stoffballwurf	●	●	●		●			●	●			37	177
Stoffe ertasten				●					●			37	177
Stofffühlen				●					●			37	176
Stoffschlange		●						●	●			37	177

SPIELE	BEWEGUNG	GESCHICKLICHKEIT	GLÜCK	WISSEN/GEDÄCHTNIS	SPAß	KOOPERATION	PAPIER UND STIFT	WETTKAMPF	EINZELSPIELER	SPIEL IN GRUPPEN	OHNE MATERIAL	KAPITEL	SEITENZAHL
Stofftiere		●				●				●		37	176
Stofftransport	●	●				●		●		●		37	177
Stoffweitwurf		●	●		●			●	●			37	177
Stopptanz	●				●			●	●			9	49
Streichholzdomino		●			●	●		●		●		38	180
Streichholzlauf	●	●				●		●		●		38	181
Streichholzpyramide			●	●				●	●			38	180
Streichholzschachtel aufräumen		●						●	●			46	220
Streichholzsschachtellauf	●	●				●		●		●		38	181
Streichholzstaffel		●	●					●		●		38	181
Summenverstecken	●				●	●				●		32	151
Tier erraten				●				●	●			48	232
Tiere einfangen	●				●	●		●	●		●	4	27
Tiere ertasten		●		●				●	●			4	27
Tiere hintereinander ertasten		●		●		●		●		●		4	27
Tierstaffel	●				●			●		●		4	27
Topfschlagwettbewerb	●	●	●			●		●	●			41	195
Transport auf dem Esel	●	●				●		●		●		14	72
Transport bei Erdbeben	●	●			●	●			●	●		39	185
Treppen steigen			●		●			●	●			8	44
Treppen-Dart		●				●		●		●		8	45
Treppenstaffel	●				●			●		●		8	45
Treppentransport	●	●			●	●		●		●		8	44
Trinken servieren	●	●						●		●		17	84
Tuchfußball	●	●						●		●		40	191
Turmbauwettbewerb		●	●			●		●		●		43	204
Umlaufbahnfangen	●	●				●		●		●	●	21	101
Unbekanntes Gemüse sortieren	●				●				●			45	215
Unterschriften sammeln	●		●		●	●	●	●		●		13	66

SPIELE	BEWEGUNG	GESCHICKLICHKEIT	GLÜCK	WISSEN/GEDÄCHTNIS	SPAß	KOOPERATION	PAPIER UND STIFT	WETTKAMPF	EINZELSPIELER	SPIEL IN GRUPPEN	OHNE MATERIAL	KAPITEL	SEITENZAHL
Verdrehte Münze				●					●			24	115
Verfolgungsjagd	●				●			●		●	●	21	102
Verschobene Schrift				●			●			●		47	225
Versteckspiel mit Helfern	●	●				●		●		●	●	15	74
Versteckter Fänger	●		●		●	●		●	●			27	130
Verstecktes Labyrinth			●		●		●	●	●			20	96
Vorhersehung			●				●	●	●			12	61
Vulkanausbruch	●		●					●	●			39	187
Wackelturm		●	●						●			43	204
Wackelturm mit Jagd	●	●	●		●			●	●			43	205
Wackelturm mit Punkten		●	●		●			●		●		43	205
Wadentasten				●	●				●			9	49
Wahrnehmung				●			●			●		34	161
Wahrsagen			●	●			●			●		23	108
Wall bauen		●			●	●		●		●		44	210
Was ich besonders mag				●	●			●	●			42	200
Was ist das?				●			●	●		●		16	81
Was ist modern?	●				●			●	●			7	40
Wasser verstecken		●			●			●	●			15	76
Wassertransport – Teil 1	●	●						●		●		16	78
Wassertransport – Teil 2	●	●						●		●		16	80
Wassertransport auf dem Esel	●	●				●		●		●		14	72
Wassertropfen sammeln		●			●	●		●		●		13	66
Weg im Dunkeln	●	●			●	●				●		27	129
Weg mit dem Ding	●		●		●			●	●			1	10
Weg suchen	●	●							●			20	96
Wegführung	●					●		●		●		5	28
Wegschnappen	●	●			●			●	●			3	20
Wen magst du?	●				●				●		●	36	170

SPIELE	BEWEGUNG	GESCHICKLICHKEIT	GLÜCK	WISSEN/GEDÄCHTNIS	SPAß	KOOPERATION	PAPIER UND STIFT	WETTKAMPF	EINZELSPIELER	SPIEL IN GRUPPEN	OHNE MATERIAL	KAPITEL	SEITENZAHL
Wer bist du?			●		●				●			7	36
Wer fehlt?				●				●	●			15	76
Wer hat Angst vor dem Pharao?	●				●					●		21	101
Wer hat den Rockzipfel?	●	●				●				●		37	176
Wer ist das?				●	●			●	●		●	7	41
Wiederverwertung		●			●	●				●		1	12
Wir sehen was, was ihr nicht seht			●	●	●			●		●	●	34	158
Wo ist das Geldstück?		●	●	●					●			24	115
Wo ist der Stuhl?	●		●	●				●	●			34	161
Wollfaden ziehen			●					●	●			50	243
Wort erraten			●	●			●	●	●			2	19
Wunschball	●				●			●	●			31	147
Wünsche erraten				●	●		●		●			31	144
Wünsche von den Lippen lesen		●		●	●				●			31	147
Zahlen verstecken	●	●			●	●	●	●	●	●		15	77
Zahlenschrift				●			●			●		47	226
Zehner-Lauf	●		●		●			●		●		23	110
Zeitungskampf	●	●			●			●	●			18	89
Zeitungsschlagen	●	●			●				●			37	174
Zu zweit ein Geschenk einpacken		●			●	●		●		●		10	53
Zungenmörder		●	●		●				●			34	161

SPIELE ZU EINZELNEN THEMEN

SPIEL	KAPITEL	SEITE
Herausforderungen meistern		
Anfunken	2	17
Auf Umwegen ans Ziel	9	46
Betten machen	17	84
Bonbon-Zehen-Staffel	11	57
Bonbons essen	11	57
Geschenke auspacken	10	52
Getreide mahlen	29	139
Haltbare Keksbrücke	44	209
Hemden aufhängen	17	85
Kartoffelball	6	35
Kofferschloss knacken	19	93
Mauern bauen	44	209
Regen fangen	39	184
Schablonengeheimschrift	47	227
Schenkelklopfer	2	18
Schuhstaffel	30	142
Schüsseln besorgen	41	192
Silben zusammensetzen	16	80
Spiegellaufen	20	96
Stofftransport	37	177
Streichholzdomino	38	180
Transport auf dem Esel	14	72
Verschobene Schrift	47	225
Wassertransport – Teil 1	16	78
Zahlen verstecken	15	77
Zahlenschrift	47	226
Zu zweit ein Geschenk einpacken	10	53
Hilfsbereitschaft		
Feuerball	36	173
Fische und Angler	49	238
Haiangriff	49	239
Herzschmerz	42	200
Schuhe anziehen	30	140

DIE AUTORIN

Birgit Götz, Jahrgang 1973, ist ein kreatives und wortgewandtes Multitalent. Ausgebildet an der Evangelistenschule Johanneum arbeitet sie nach Stationen als Jugendreferentin im CVJM, Schriftleiterin der Zeitschrift KON und Lektorin im Born-Verlag inzwischen als freiberufliche Lektorin und Autorin für verschiedene Bücher und Zeitschriften. Sie ist Witwe, zweifache Mutter und Haushaltsorganisatorin. Ehrenamtlich engagiert sie sich im Teenkreis und Frauenkreis und bei vielen weiteren Veranstaltungen des CVJM Michelbach. Ihre Kreativität lebt sie auch in verschiedenen Redaktionskreisen, beim Fotografieren, im Bläserkreis und in ihrem Garten aus.

buch+ musik

Andrea Kühn

So ein Ding 2

80 Andachten mit Gegenständen für Kinder ab 8 Jahren

192 Seiten, 12 x 19 cm, kartoniert

80 Gegenstände, mit denen Kinder ab 8 Jahren (fast) täglich zu tun haben, machen Zusammenhänge zwischen Glauben und Leben sichtbar. So transportieren Besen, Schlüssel, Whatsapp und andere Dinge biblische Inhalte. Jeweils mit Bibelvers, Zielgedanke, Hintergrund, Andacht, Praxisidee.

Andrea Kühn

So ein Ding

80 Andachten mit Gegenständen für Kinder ab 8 Jahren

192 Seiten, 12 x 19 cm, kartoniert

80 Gegenstände, mit denen Kinder ab 8 Jahren (fast) täglich zu tun haben, machen Zusammenhänge zwischen Glauben und Leben sichtbar. So transportieren Brotdose, Zahnbürste, Toilette und andere Dinge biblische Inhalte. Zu jedem Ding gibt es Bibelvers, Zielgedanke, eine kurze Erklärung, die Andacht und einen Impuls für die praktische Umsetzung.

Thomas Kretzschmar

Täglich grüßt ein Feiertag

48 außergewöhnliche Feiertage – Andachten und Ideen für Gruppen mit Kindern und Teens

176 Seiten, 16,5 x 23 cm, kartoniert

48 tägliche Feiertage zu Erdnussbutter, Krawatten, Sand u. v. m. bilden jeweils den Ausgangspunkt für eine Vorleseandacht, die mit Spielen und kreativen Aktionen für Kinder und Teens ab 8 Jahren erlebbar gemacht wird. Alle Ideen können ohne lange Vorbereitung sofort umgesetzt werden.

buch+ musik

ejw-service gmbh
Haeberlinstraße 1–3
70563 Stuttgart-Vaihingen

Tel.: 0711 9781 - 410
Fax: 0711 9781 - 413

buchhandlung@ejw-buch.de
www.ejw-buch.de

Birgit Götz

Ab geht die Post! NT

500 Spiele zu 55 biblischen Geschichten als fix und fertige Gruppenstunden mit Kindern von 8 bis 12 Jahren

256 Seiten, 16,5 x 23 cm, kartoniert

Biblische Geschichten aus den Evangelien und der Apostelgeschichte werden in Spieleprogramme eingebunden, die das, was in der Bibel steht, erklären und vertiefen. Die Entwürfe enthalten Fragen für Einstieg und Vertiefung, Spiele und einen Erzählvorschlag. Auch eine praktische Spielesammlung!

www.ejw-buch.de

Barbara Himmelsbach

Füße, Fotos, Paprika

Kinder von 7 bis 12 Jahren machen biblische Geschichten
15 kreative Methoden – 30 fertige Entwürfe

144 Seiten, 16,5 x 23 cm, kartoniert, zahlreiche Fotos, mit Downloads

Kinder von 7 bis 12 Jahren gestalten mit verschiedenen Materialien ihre ganz eigene Version biblischer Geschichten. 15 Erzählmethoden werden durch insgesamt 30 ausgearbeitete, praxiserprobte und bebilderte Beispielgeschichten Schritt für Schritt erklärt.

Ingo Müller

Unbelievable Stories 2

88 spannende Rätsel aus der Bibel

88 Spielkarten, Anleitung, in Stülpdeckelbox, 15,6 x 12,4 x 2 cm, durchgehend farbig

Entdecke die Bibel auf spielerische Weise. Was war passiert? Aufgabe ist, alle Einzelheiten der biblischen Geschichte hinter dem Rätsel herauszufinden. Neu: Die Rätsel sind in drei Schwierigkeitsstufen eingeteilt, für mehr Rätselspaß je nach Alter und Bibelkenntnis.

Als Buch erhältlich · Als E-Book erhältlich